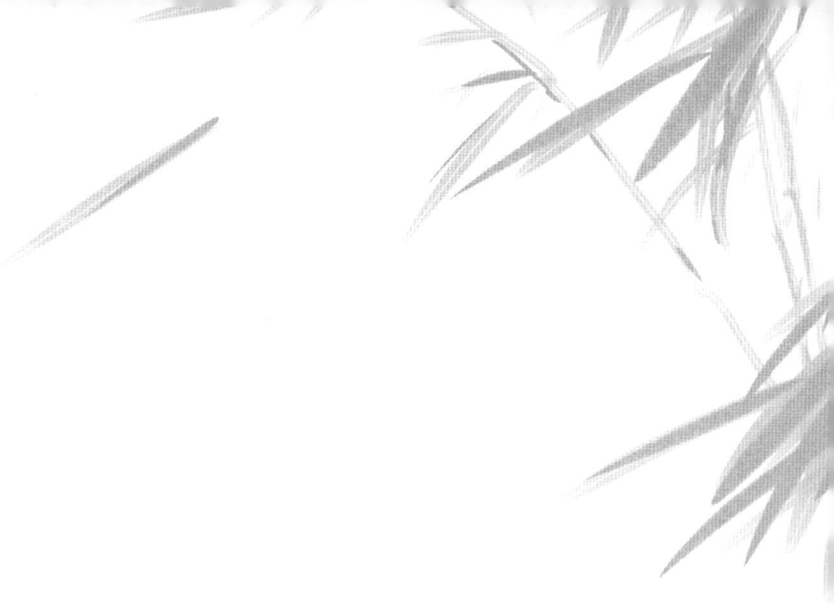

浙江文獻集成

李慈銘日記

第八册

同治十三年十二月初一日起
光緒三年正月三十日止

〔清〕李慈銘　著
盧敦基　主　編
何勇强　副主編

浙江大學出版社
ZHEJIANG UNIVERSITY PRESS
·杭州

本册目録

同治十三年十二月初一日至光緒三年正月三十日
（1875年1月8日—1877年3月14日）

桃花聖解盦日記戊集第二集

桃花聖解盦日記甲集第二集 起甲戌十二月

同治十三年十二月初一日至十二月二十九日（1875年1月8日—1875年2月5日）
光緒元年正月初一日至五月二十四日（1875年2月6日—1875年6月27日）

同治十三年甲戌冬十二月庚午朔　晴，風，至傍晚稍止。讀《後漢書》。是日市中所亭錢鋪復開，予之錢票盡取得錢矣，此又非望之喜也。夜風。讀《後漢書》。

初二日辛未　晴。濮紫泉來，尚卧，不見。作書致殷萼庭并前夕所撰鄭姬墓志。是日付米錢五十千，冬至鷄豚錢二十千，岑福工食錢六千，更夫兩月工食錢七千，槁脯之食錢十二千。魯芝友來夜談。

邸鈔：命李鴻章爲文華殿大學士，由武英進。文祥爲武英殿大學士，由體仁進。寶鋆爲體仁閣大學士。

初三日壬申　晨微晴，上午陰，下午晴。剃頭。前月印結局公費銀十五兩五錢换得票錢二百五千，付石炭錢五十千，陳媪工食錢五千，岑福月賞錢二千。校《晉書·儒林傳》一卷，《文苑傳》一卷，《外戚傳》一卷，至夜三更畢。

邸鈔：詔：初六日再遣恭親王奕訢詣大高殿恭代祈雪，時應宫等仍分遣諸王。

初四日癸酉　晴，有風，午後止。

邸鈔：詔：已故廣東鹽運使鍾謙鈞循聲卓著，著湖廣、兩廣各督撫即將該故員事迹查明，咨送國史館立傳。從左宗棠奏請也。

初五日甲戌　晴。終日酬應無謂筆墨。作片致孫鏡江、殷蕚庭。晚爲張㡳民邀食宴賓齋，夜歸。

邸鈔：兩江總督李宗羲奏病勢日增，懇請開缺調理。許之。以江西巡撫劉坤一署理兩江總督，以江西布政使劉秉璋署理江西巡撫。江南鹽巡道鄧裕功降爲同知，歸部銓選。以李宗羲劾其頗有嗜好，不知振作也。鄧裕功，湖北監生，家以販鬻積重資，久居京師。自稱鄧百萬，狹游賭博，交通賄賂，無賴之下流也。然總督且優容之兩年有餘。至商人訐其侵蝕公帑，始徹任覈實，責其補完方事劾降，外官護庇十九如是。若宗羲者，猶爲不徇情面者矣。以翰林院侍講學士錫珍轉補侍讀學士，以左春坊左庶子特亮爲翰林院侍講學士。

是日酉刻上崩，年十九歲。先是十一月朔太白貫日，上即以是日痘發，遍體蒸灼。內廷王大臣入問狀，請上權亭萬幾，兩宮皇太后裁決庶政，上許之。於是御前大臣、軍機大臣等列議四事以上，其一改引見爲驗放，如初垂簾故事，識者已惡其不祥。未幾，以痘痂將結，遂先加恩醫官。左院判李德立、右院判莊守和六品雜流官也，皆擢京堂，德立至越六級，以三品卿候補，尤故事所無者。旋遍加恩內廷諸王大臣至先朝嬪御，皆晉位號，凡所施行俱如易代登極之典。又於大清門外結壝焚燒采帛車馬，名曰送聖，都人皆竊竊私議以爲頗似大喪祖送也。上旋患癰，項腹各一，皆膿潰，先十日已屢殆不知人。於是議立皇子，而文宗無他子，宣宗諸王孫皆尚少，無有子者。貝勒載治，宣宗長子隱志郡王之嗣子也，有二子，幼者曰溥侃，生甫八月，召入宮將立爲嗣矣，未及而上宴駕，乃止。宮廷隔絕，其事莫能詳也。上幼穎悟，有成人之度，天性渾厚，自去年親政，每臨大祀，容色甚莊。而弘德殿諸師傅皆帖括學究，惟知勦録講章，性理膚末之談，以爲啓沃。故上深厭之，不喜讀書，狎近宦豎，遂爭導以嬉戲游宴。莅政以後，内務府郎中貴寶、文錫與宦官日侍上，勸上興土木修園籞。户部侍郎桂清管内務府，好直言，先斥去之。耽溺男寵，日漸羸瘠，未及再祺，遂以不起，哀哉！

初六日乙亥　晴。作片致牧莊。蓴庭來。牧莊來，談至夜飯後去。楊翰臣來，不晤。

邸鈔：惇親王奕誴、恭親王奕訢、醇親王奕譞、孚郡王奕譓、惠郡王奕詳，貝勒載治、載澂，公奕謨，御前大臣伯彦訥謨祜、奕劻、景壽，軍機大臣寶鋆、沈桂芬、李鴻藻，總管内務府大臣英桂、崇綸、魁齡、榮禄、明善、貴寶、文錫，弘德行走徐桐、翁同龢、王慶祺，南書房行走黄鈺、潘祖蔭、孫詒經、徐郙、張家驤奉慈安端裕康慶皇太后、慈禧端佑康頤皇太后懿旨，醇親王奕譞之子載湉著承繼文宗顯皇帝爲子，入承大統，爲嗣皇帝。年甫四歲，以辛未六月二十八日時生。

皇帝詔曰：朕蒙皇考文宗顯皇帝覆載隆恩，付畀神器，冲齡踐阼，寅紹丕基，仰蒙兩宫皇太后垂簾聽政，宵旰憂勞。嗣奉懿旨命朕親裁大政，仰維列聖家法，一以敬天法祖，勤政愛民爲本，自維薄德，敢不朝乾夕惕，惟日孜孜。十餘年來，雖幸官軍所至，髮、捻各逆，次第削平，滇黔關隴，苗匪、回匪分別剿撫，俱臻安静。而兵燹之餘，吾民瘡痍未復，每一念及，寤寐難安，深宫兢惕之懷，當爲中外臣民所共見。朕體氣素强，本年十一月適出天花，加意調攝，乃邇日以來，元氣日虧，以致彌留不起，豈非天乎。顧念統緒至重，亟宜傳付得人，兹奉兩宫皇太后懿旨，醇親王奕譞之子載湉著承繼文宗顯皇帝爲子，入承大統，爲嗣皇帝。嗣皇帝仁孝聰明，必能欽承付託。天生民而立之君，使司牧之。惟日矢憂勤惕厲，知人安民，永保我丕基，並孝養兩宫皇太后，仰慰慈懷。兼願中外文武臣僚，共矢公忠，各勤厥職，用輔嗣皇帝郅隆之治，則朕懷藉慰矣。喪服仍依舊制二十七日而除，布告天下，咸使聞知。

兩宫皇太后懿旨：皇帝龍馭上賓，未有儲貳，不得已以醇親王奕譞之子載湉承繼文宗顯皇帝爲子，入承大統爲嗣皇帝。俟嗣皇帝生有皇子，即承繼大行皇帝爲嗣。

嗣皇帝諭曰：本月初五日酉刻，大行皇帝龍馭上賓，朕親奉慈安端裕康慶皇太后、慈禧端佑康頤皇太后懿旨入承大統，搶地呼天，攀號莫及。伏念大行皇帝御宇十有三年，祗承家法，上禀慈謨，簡任親賢，削平巨憝，民生國計，時繫宸衷。凡有血氣者悲哀感戀，罔不出於至誠，朕之泣血椎心尚忍言乎。惟思付託至重，責在藐躬，尚賴内外文武大小臣工共矢公忠，弼予郅治，各直省督撫務當撫輯斯民，以仰慰大行皇帝在天之靈。至喪服之制，大行遺詔，令依舊制二十七日而除。朕心實所不忍，仍當恪遵古制，敬行三年之喪。其天下臣民應持服制，仍照定例行，將此通諭中外知之。

兩宫皇太后懿旨：命惇親王、恭親王、醇親王、科爾沁博多勒噶台親王伯彦訥謨祜、貝勒奕劻、固倫額駙公景壽、大學士寶鋆、吏部尚書英桂、禮部尚書靈桂、工部尚書李鴻藻恭理喪儀。

兩宫皇太后懿旨：李德立、莊守和均撤銷京堂并摘去頂翎。

詔：敬遵道光二十六年三月皇祖宣宗成皇帝諭旨，以二名不遍諱，將御名上一字仍舊書寫，無庸改避，下一字缺寫末一筆，書作湉字。詔：仍遵成例，各省將軍、督撫、都統、副都統、提、鎮、城守尉、盛京侍郎、奉天府尹、西北兩路將軍、大臣及學政、鹽政、織造、關差等均不必來京叩謁梓宫。

初七日丙子　晴，微和。殷蕚庭送來廣東新刻《四庫總目》一部，即復書將去文字一通。

邸鈔：兩宫皇太后懿旨：惇親王奕誴等奏請撤銷前次恩賞一摺。所奏出於至誠，著照所請，所有十一月十五日加賞該王大臣等恩旨著即撤銷，其王公及京外大小官員所賞加二級一併撤銷。兩宫皇太后懿旨：本日據醇親王奕譞奏舊疾復發，懇請曲賜矜全一摺。情詞懇摯，出於至誠，應如何酌理准情，摺衷至當之處，著王公、大學士、六部九卿悉心妥議具奏。

初八日丁丑　晨微晴，上午後陰。潘孺初來，借去予雜文三册。飈民來，言已移館爛麵胡同李氏。夜校《晉書》前凉張軌傳至張駿傳止。閱《四庫總目》經部書詩類及子部小説類。

邸鈔：詔：本日據王公、大學士、六部九卿等奏請，籲懇兩宫皇太后垂簾聽政一摺。朕恭呈慈覽，欽奉慈安端裕康慶皇太后、慈禧端佑康頤皇太后懿旨：覽王大臣等所奏更覺悲痛莫釋，垂簾之舉本屬一時權宜，惟念嗣皇帝尚在冲齡，時事多艱，王大臣等不能無所禀承，不得已姑如所請，一俟嗣皇帝典學有成，即行歸政。詔：大行皇帝宜上尊謚廟號，著大學士九卿詳察典禮，敬謹具奏。兩宫皇太后懿旨：三海一切工程無論已修、未修均即行停止。兩宫皇太后懿旨：御史余上華奏請將醫員立予屏斥治罪一摺。大行皇帝天花，李德立等未能力圖保護，厥咎甚重，太醫院左院判李德立、右院判莊守和均即行革職，戴罪當差。詔：直隸通永鎮總兵周得勝照總兵在營積勞病故例議恤。從李鴻章奏請也。以唐壬廉爲通永鎮總兵。

初九日戊寅　晴。校張重華傳至張天錫傳一卷訖，又校西凉武昭王李暠傳一卷。閱《四庫總目》史部正史類、編年類。

邸鈔：詔：改元光緒。

初十日己卯　晴，風。

校《晉書·孝友傳》一卷、《忠義傳》一卷。《孝友傳》中如劉殷、王延，後皆仕於劉聰，王伯厚以爲譏，然晉人如王祥、何曾、荀顗皆稱至孝，而皆不忠於魏，曾、顗至佐晉以傾魏，於殷、延何責焉？祥與延皆爲後母所虐，皆有盛冬求魚得於冰上之事，而延能死劉氏靳準之難，效子胥抉目之言，較之休、徵，加一等矣。

嵇紹與王裒不可同年語也，裒父儀雖爲司馬昭所殺，然(裒)〔儀〕本昭之司馬，因軍敗不自請罪，而反歸罪於昭，因以致死，非不順昭者也。裒本可以仕而不肯仕，所以爲孝也。紹父康則以不黨司馬氏而死，紹之所處當與諸葛靚同，觀靚之事，則紹必不可爲晉臣矣。山濤勸紹以仕，此竹林之頹風，清談之結習也。紹幸以一死蓋之，既仕則宜死也。《晉書》以裒入《孝友》，以紹入《忠義》，而論中以兩人並衡，謂趣異而理同，又引《左傳》天可讎乎之言，非也。守父之志而不仕，安得謂之讎乎？嵇含之《吊莊周文》，可爲破一代之膏肓，繪末流之毛髮，與王沈之《釋時論》、魯褒之《錢神論》，皆有晉之蓍龜也。季世不綱，險詖顛倒，千古一轍，讀之可歎！

十一日庚辰　晴。寒甚，右手五指皆瘃裂，不能校書，擁爐坐聽事南榮梳頭。閲《四庫總目》小學類。夜校《晉書》王遜至朱序傳一卷。遜以功名終，未嘗敗衄，不當入此卷中。羊鑒一無事迹，惟有討徐龕一事，不足立傳也。

邸鈔：詔：列聖尊謚未加至二十二字，列后尊謚未加至十六字者，均應恭議尊崇，該衙門詳稽典禮，敬擬奏聞。詔：各省督撫、鹽政、織造、關差停止貢獻方物，俟三年之後再候諭旨。詔：沈葆楨等奏請將福建巡撫移劄臺灣以專責成一摺，著該衙門議奏。部議如所奏，得旨允行。前任湖北巡撫曾國荃應召至京。

十二日辛巳　晴。校《晉書》陳壽至習鑿齒傳一卷，顧和至王雅傳一卷。是日付盆花支架錢十千，白灰火鑪錢一千八百。

邸鈔：詔：署兩江總督劉坤一兼署辦理通商事務大臣。

十三日壬午　晴。酉初三刻十二分大寒，十二月中。

校《晉書》王恭至楊佺期傳一卷，劉毅至魏詠之傳一卷。《晉書·劉毅傳》載毅罷江州軍府之奏，下云：『於是解悦，毅移鎮豫章。』悦者，庾悦也。按《宋書·庾悦傳》作『解悦都督將軍官，移鎮豫章』，《宋書》是也，移鎮豫章者乃悦而非毅。悦本以建威將軍兼督豫州、司州等六郡，爲江州刺史，治尋陽。毅以其時所督軍府鱗次，而江州地險民疲，置軍多費，故奏罷之。而悦遂解將軍及所督豫、司兩州之郡，但以江州刺史移鎮豫章。豫章，本江州所屬郡也。晉代以來，刺史兼都督者得專生殺，其次爲監，皆持節，而往往以此州刺史兼督彼州，其權重有至八州、十州、十六州者，而各州仍各有刺史。又一州所屬之郡，亦彼此分割，有一州而數人分督之者，并有一郡而數人兼督之者。其別有使持節都督、持節督、假節監三等，悦雖解軍府，而刺史如故，故《宋書》下云『悦不得志，疽發背，到豫章少日卒』也。毅本以都督豫州、揚州，爲豫州刺史，鎮姑孰。晉屬于湖縣，今安徽太平府當塗縣。地逼建康，雖名藩鎮，實執朝權。故劉裕討盧循，以毅知内外留事，又轉衛將軍、開府儀同三司、江州都督，乃加督江州而非莅江州也。故毅奏有『所統江州』之語，其後毅爲都督荆寧秦雍司《晉書》誤作四，從錢氏大昕説改正。州、荆州刺史，始去朝廷。故下云『既出西藩，雖上流分陝，而頓失内權』也。若豫章則在晉時爲外郡，非形勝之地，豈得以毅居之？而《晉書》又云『奪悦豫章』，何其謬也。唐人修《晉書》，不明當時官制，顛倒增改，於前後事語，亦不一相檢覈，蓋官書之疏，史官之陋，向來如是。至毅此奏，雖銜庾悦夙恨，然其言實切事勢，不愧經國，故《晉》《宋書》皆全載之。毅備經悦挫辱，而此奏尚稱悦甚有恤民《晉書》作恤隱，唐避太宗諱。之誠，且僅解其軍府，不失以直報怨。《晉書》謂其褊躁如此，則以毅與裕不平，而悦爲裕黨，故宋人歸罪於毅，而唐人沿之，此又讀史者所當知也。

邸鈔：恭理喪儀王大臣奏大行皇帝梓宮於二十一日移殯觀德殿。

十四日癸未　晴。雜校《晉書》。比夕月甚皎，而寒不可即，今夜爲佳，庭中裵回久之。

邸鈔：詔：王大臣等再疏奏三年之喪難以舉行，請仍依舊制，朕哀慟雖深，亦何敢有逾成憲，不得已勉從所請，縞素百日，仍素服二十七月，該王大臣等不必再行瀆請。兩宮皇太后懿旨：王公、大學士、六部九卿議奏醇親王奕譞因傷痛過甚，觸發舊疾，哀懇出於至誠，請將所管各項差使均予開除，惟每年東陵、西陵應行致祭時，仍請飭宗人府開列該王銜。每月朔望暨元旦各節及列聖列后忌辰誕辰應詣奉先殿行禮，恭懸恭收聖容應詣壽皇殿行禮，並大高殿等處拜表仍照向例輪流行禮。遇皇帝升殿及皇帝萬壽均請毋庸隨班行禮。如遇朝廷大政仍宜時備顧問，倘有條奏事件亦可於兩宮前呈遞等語。均著照所請行。至每年七月十月萬壽及元旦令節皇帝行禮時，毋庸隨班慶賀，均著詣壽康宮行禮。該王公忠體國，懋著賢勞，自應量予恩施，著以親王世襲罔替，用示優異。另片奏菩陀峪工程重大，請仍飭該王照料等語。即著該王隨時前往妥爲照料。

詔：派伯彥訥謨祜、景壽管理神機營事務，伯彥訥謨祜佩帶該營印鑰，醇親王辦理多年，經武整軍著有成效，仍將應辦事宜隨時會商。貝勒載治代進醇親王領侍衛内大臣班并帶領後扈。睿親王德長管理行營事務。肅新王隆懃補授正黄旗領侍衛内大臣。鄭親王慶至補授閱兵大臣。額駙公景壽調補正黄旗滿州都統。英桂調補正紅旗滿洲都統。魁齡補授鑲紅旗漢軍都統。御前侍衛護軍統領克興阿管理御鳥槍處事務。禮親王世鐸、貝勒奕劻管理火器營事務，伯彥訥謨祜毋庸管理。御前侍衛都統明慶管理善撲營事務。御前行走鎮國公棍楚克林沁管理虎槍統領事務。

上諭：御史陳彝奏儒臣品誼有虧據實參劾一摺。翰林院侍講王慶祺於同治九年伊父王祖培在江西途次病故，該員赴贛州見喪後，并不迅速扶柩回籍，輒即前往廣東，經該省大吏助以川資，實屬忘親嗜利，又上年爲河南考官出闈後微服冶游，似此素行有虧，亟應從嚴懲辦，王慶祺著即行革職，永不敘用，以肅官方。

十五日甲申　晴。得王月坡十月中旬仙居書。作書致牧莊，借以《世説》及《文選旁證》。作片致吴玉粟，詢月坡信件。裝釘乙丑至今年日記共十五册，分爲兩函，今日標寫籤柎，頗極精整。得牧莊復。閲汪龍莊先生《史姓韵編》，近年江寧書局活字版印行者也。其中於紀傳附見名氏，漏落甚多，亦頗有訛失。如漢之毋將隆、魏之毋丘儉，皆音無，而俱收入上聲，二十五宥作母。晉之高平郗氏，誤從訛本作郄，收入入聲，不知郄乃却之俗字。《晉書音義》尚能明言之，郗與却迥不同也。夜月望，閲李申耆《地理韵編》，近年合肥李氏所刻者。

邸鈔：上諭：本日禮部奏登極日期及頒詔典禮一摺。覽奏益增感慟，惟念大行皇帝以祖宗丕緒傳付朕躬，勉從所請，以明年爲光緒元年，依欽天監所擇吉日，於正月二十日戊午卯時舉行登極頒詔鉅典。兩宫皇太后懿旨：大行皇帝山陵派恭親王奕訢、醇親王奕譞、魁齡、榮禄、翁同龢於東陵、西陵附近地方察看形勢，敬謹相度，醇親王奕譞、魁齡、榮禄、翁同龢前往履勘。兩宫皇太后懿旨：醇親王奕譞奏懇辭世襲罔替親王一摺。覽奏具見悃忱，該王惟當恪遵前旨，毋庸固辭。兩宫皇太后懿旨：補派孚郡王奕譓恭理喪儀。上諭：伯彦訥謨祜奏請簡派近支親王佩帶印鑰一摺。神機營印鑰仍著伯彦訥謨祜佩帶，毋庸固辭。詔：怡親王載敦補授内大臣。詔：惇親王、恭親王、孚郡王仍依咸豐十一年大行皇帝諭旨，除朝會大典應遵定例行禮外，其尋常召對以及二十七月後内廷宴賚均免叩拜，遇有賞賜物件具摺謝恩，毋庸當面叩首，除朝祭大典外，其餘諭旨並各衙門奏摺祗書王號，毋庸書名。

十六日乙酉　晴。雜校《晉書》。都中新到瓦蚶子，價甚貴，買少許亨之以供晚飧，故鄉風味覺甚美也。此《爾雅》所謂魁陸，《説文》所謂魁蛤。一名復累，復累蓋亦以其殼之形狀名之，以其層複累累也，如今人謂之瓦櫳子。夜作書致董芸龕，詢今日内閣所上謚號，得復。夜陰，微雪。

邸鈔：内閣會奏擬上大行皇帝廟號尊謚。徽稱二十字擬『繼天開運受中居正保大定功聖智誠孝信敏恭寬』，内議定謚爲『繼天開運受中居正保大定功聖智誠孝信敏恭寬毅皇帝』，廟號穆宗。

十七日丙戌　晴，有風。阮西生來。同鄉馬家鼎來，不見。校《晉書》羊祜、杜預傳一卷，陳騫、裴秀、裴頠、魚毀切，以對音求之，當讀若皚，上聲，今讀若危，上聲，以類隔切之也。裴楷等傳一卷。

邸鈔：詔：前奉大行皇帝諭旨，崇上兩宫皇太后徽號未及舉行，兩宫皇太后悲感之際，諭令停止。朕以大行皇帝孝思純摯，仰求慈懷曲體，再三籲懇，始荷允行。朕欽奉懿旨入承大統，並應恪遵成憲，恭上兩宫皇太后徽號，以繼隆規，一切應行典禮著王公、大學士、九卿議奏。兩宫皇太后懿旨：明年元旦毋庸詣慈寧宫進表行禮，皇帝尚在二十七日期内，並停止升殿。

十八日丁亥　晴。作書致紱丈，約明日小飲。作致季弟書，并寄去近日邸鈔十五本，交輪船局寄去。得紱丈復。再得紱丈書。羊辛楣來。夜得紱丈書，借《開元占經》，即復。作書致牧莊，約明日小飲。校《晉書》衛瓘、衛恒、衛玠、張華、劉卞傳一卷，華傳後載諸瑣事，極爲可厭。

十九日戊子　晴。本生祖父生日，供饋。作書約孺初今晡小飲。紱丈來，孺初來，牧莊來。殷蕚庭來，即去。晡後小設，偕紱丈、孺初、牧莊、梅卿共飲，至晚而散，偕牧莊夜談，至人定時去。

邸鈔：上諭：大學士、九卿會同議上大行皇帝尊謚曰毅皇帝，廟號曰穆宗，上配列聖同爲百世不祧之廟，所議詳慎公允，於大行皇帝綏猷建極之宏模洵相符合，深協朕懷。此天下萬世之公論，非朕一人哀慕尊崇之私願，亦非臣下尊親頌美之私情也。謹據所奏恭上尊謚廟號，所有應行典禮該部敬稽成例以聞。兩宮皇太后懿旨：皇后作配大行皇帝懋著坤儀著封爲嘉順皇后，皇貴妃侍奉大行皇帝夙昭淑慎著封爲敦宜皇貴妃，所有應行典禮各該衙門查例辦理。懿旨戒諭各省督撫實心任事，考覈屬員，整頓武備。懿旨戒諭中外臣工九卿科道有言事之責者據實直陳時政，並崇節儉，戒因循，值班王大臣嚴稽門衛。庫倫辦事大臣正白旗蒙古副都統張廷岳卒。乙亥正月予謚成勤。詔：張廷岳由印務參領擢任在庫倫多年，籌辦防剿，悉協機宜，兹聞溘逝，殊深軫惜，加恩照都統例賜恤，准其入城治喪，賞銀五百兩，由庫倫給發。伊子工部郎中張國正俟服闋後以知府即選，用示篤念藎臣至意。以副都統銜志剛爲庫倫掌印辦事大臣，馳驛前往。

二十日己丑　晨晴，上午陰，午復晴。得紱丈書，以昨日小集賦詩二首見示，并借日記，即復。有安州人陳□□來，此人是湖北布政德榮、康熙壬辰進士，與先中書公同入武英殿修書，國史循吏有傳。禮部尚書德華雍正甲辰狀元。之六世孫也，不晤而去。手瘃痛甚，至晚始稍能閱書作字。黄昏燈下和紱翁詩韻，即寫送之，得復。夜初更後風起。

東坡先生生日招潘紱庭封翁潘孺初户部存張牧莊舍人小集寓齋紱丈賦詩見贈即用元韵奉答二首

當年上壽祖庭時，笑共坡翁晉一卮。先本生王父與坡公同生日。千歲自飛遼海鶴，雙龕戲配水仙祠。欄前梅萼依燈艷，雪裹茶烟出户遲。屈指滄桑人事改，家風傳硯不勝思。

卧病經年傍鳳城，典衣買酒了浮生。清芬述祖差無忝，老輩如公尚有情。大雅詩壇應繼迹，閑官朝籍孰知名。孺初、牧莊、梅卿與予皆需次在都。紫裘吹笛非吾事，同飽茆堂玉糝羹。

附紱丈原作：

妙手今無李伯時，海天笠屐最相思。千年若個真傳髓，三徑能來共倒卮。石鼎篆烟飄細細，磚盆梅蕊放遲遲。一冬正眄連番雪，好賦尖叉疊韵詩。

少歲才華最有名，老來終日擁書城。居然小集皆風雅，偶得新詩總性情。孤鶴南飛人不見，大江東去月無聲。紙窗竹屋盤桓處，清福真堪了一生。

邸鈔：詔：明年元旦暫御青長袍褂，冠綴纓緯，詣兩宫皇太后前請安，王公大臣及文武官員均穿青長袍褂一日，並帽綴纓緯。是日詣觀德殿几筵前行禮，御青長袍褂，冠摘纓緯，停止舉哀，幾筵前執事人等均仍服縞素。上諭：李鴻藻等奏請開去弘德殿差使一摺。李鴻藻、徐桐、翁同龢、廣壽均開去弘德殿行走差使。

二十一日庚寅　晴，終日大風。得紱丈書，還日記，即復。校《晉書》宗室安平獻王孚至任城景王陵傳一卷。

二十二日辛卯　晴。得族弟竹樓十月杪家書。得吴清卿秦中書，并饋歲銀十二兩，由汪柳門送來，即作片復柳門，犒其使一千。校《晉書》夏侯湛傳、潘岳傳。

邸鈔：太子少保工部左侍郎明善卒。次年正月予謚勤恪。詔：明善由内務府司員洊升卿貳，補授總管内務府大臣，辦事熟練，克勤厥職，兹聞溘逝，軫惜殊深，加恩賞給陀羅經被，晉贈太子太保銜，照尚書例賜恤。以理藩院左侍郎成林爲工部左侍郎，以内閣學士德椿爲理藩院左侍郎。

二十三日壬辰　晴。補付是月賃屋銀四兩，付供像春燈錢十千。劉仙洲邀飲并游廟市，不赴。張憓民來，不晤。祭竈，具花餳秸馬送之。校《晉書》潘尼傳、張載、張協傳共一卷訖。比日手瘃坼裂，右五指俱尰，不能作字，至夜始稍可握管耳。

二十四日癸巳　晴，大風，至晡後稍止。得潘伯寅書，以長興臧壽恭伯辰《春秋左氏古義》六卷屬校，并與湘陰郭嵩燾《禮記鄭注質疑》《中庸章句質疑》各撰一跋，饋銀三十兩，即復，犒其使六千。作書致潘孺初，還官本《晉書》十册。

邸鈔：以盛京刑部侍郎銘安爲朝鮮頒遺詔正使，委散秩大臣立瑞爲副使。户部郎中瑞斌授山西汾州府知府。

二十五日甲午　晴。閱《困學紀聞》。買長桌子一以庋書，付直十三千。

二十六日乙未　晴。

爲伯寅校臧壽恭眉卿《春秋左氏傳古義》，得三卷。其書於經文之有漢儒舊説者，皆采而存之，附以案語，多本之《漢志》《説文》《五經異義》及《左傳正義》，大恉主駁杜氏以復左氏經之舊，然不輕改經文，頗爲謹嚴，又往往據《經典釋文》參互考證，以知三傳經文今本多有轉相竄改之誤，亦阮氏校勘所未及。其人通算學，據《三統術》以考歲星超辰及朔閏積分之法，亦較諸家爲密也。

是日料理伏臘賽神之費，付岑福錢五十千，買市中雜物。夜三更時交丑正祀門行五祀之神，偕梅卿合賽。

邸鈔：兩宫皇太后懿旨：御史李宏謨奏特參内務府不職官員一摺。總管内務府大臣貴寶前據御史孫鳳翔奏參李光昭報效木植一案，該員蒙混具稿，呈堂入奏，曾經部議革職。總管内務府大臣文錫前據御史張景青奏參該員承辦公事，巧於營私，曾經撤去一切差使。該二員本屬聲名平常，不能稱職之員，貴寶、文錫均著即行革職。疏言：親君子遠小人，爲今日第一急務。而今日所共稱爲君子者，則有盛京工部侍郎桂清；今日所共稱爲小人者，莫如總管内務府大臣文錫、貴寶，請召還桂清，而嚴懲文錫等云云。兩宫皇太后懿旨：我朝列聖家法相承，整飭宦寺，綱紀至嚴，乃近來太監中竟有膽大妄爲，不安本分，甚或遇事招摇，與内務府官員因緣爲奸，種種營私舞弊，實堪痛恨，所有情罪尤重之總管太監張得喜、孟忠吉，頂帶太監周增壽均著即行斥革，發往黑龍江給官兵爲奴，遇赦不赦。頂帶太監梁吉慶、王得喜著一併斥革，與太監任延壽、薛進壽均著敬事房從重板責，交總管内務府大臣發往吴甸鍘草，以示懲儆。並著内務府大臣查明該衙門官員中有結交太監，通同作弊等劣員，即行據實指名嚴參，倘敢瞻徇情面，意存護庇，别經發覺，定惟總管内務府大臣是問。

上諭：御史李桂林奏請將丁憂道員破格留用一摺。前任直隸天津道丁壽昌既據奏稱該員潔己愛民，輿情感戴，著俟百日孝滿後，准其留於直隸，交李鴻章差遣委用。上諭：給事中郭從矩奏上年磨勘試卷顯違定章，請飭釐正一摺。上年鄉試舉人徐景春等試卷既因文理荒謬，經磨勘簽出應議，業已照例辦理，何得另議更張。嗣後鄉會試考官當認真校閲，不得以空疏之卷濫竽充數，亦不得因字句小疵，將佳卷屏斥不録，致屈真才，磨勘各官仍當平心校勘，毋得有意吹求。其疏直參禮部侍郎黄倬之倡議從重梁僧寶之妄事，條陳惟必爲徐景春訟冤，謂『公羊』二字拆開是疵謬，非荒謬，則不必也。

二十七日丙申　晴。予生日。梅卿姬人饋蓮子茶湯，犒使二千。諸僕媪叩壽，各賦以糕麵并錢，胡升二千，胡元二千，岑福二千，陳媪二千，更夫一千。

邸鈔：上諭：御史袁承業奏請疏通正途人員酌復捐納舊例并尋常勞績，保舉宜示限制各摺片，著該部議奏。其疏專爲即用進士補缺而發，又請捐例俱用正數實銀，已捐者照數補足。蓋承業山西人，習於市儈之言，不知有國體也。又謂必富人報捐始能講求廉耻，直喪心病狂之言。疏中文理不通，多有可笑。

二十八日丁酉　午正初刻十四分立春，明年正月節　晴。祀財神，祝曰：『乞爲有用之文，足以潤身，無求於人。』祀火神，祝曰：『乞以光明之體，張文章之氣，修身學禮，以享精意。』殷萼庭來送潤筆銀十兩，以酬鄭姬志銘也。此文本非百金不可，予前年曾向假五十金未還，今年又送《四庫提要》一部，翁注《困學紀聞》一部，價亦約直十金，既爲知好，將就而已。萼庭饋予生日糕麵，犒使二千。署吏送冬季養廉銀十六兩來，賞以車錢三千。兩日來指裂不能作字，今日少可自力，校《晉書》江統、江彪、江惇傳。

邸鈔：上諭：太常寺少卿周瑞清奏故員夙著勛勞，請給予恤典一摺。降調廣東巡撫、前任山西按察使蔣益澧前在湖北、江西等省剿賊極爲得力，移師廣西迭復堅城，蕩平巨匪，迨統兵援浙，奮勇力戰，所向有功。本年夏間，大行皇帝垂念前功，令其來京陛見，方將量加擢用，乃以力疾來京，遽爾溘逝，殊堪軫惜。蔣益澧著開復原官，照巡撫例賜恤，生平政績，宣付史館立傳。蔣益澧者，湖南湘鄉人，貧民子，與其父俱無賴爲盜賊，積犯累累。揚州人朱孫詒知湘鄉縣，捕其父子，痛懲之，置之立籠，將枷斃之，其黨潛入署，放益澧出得免，而其父竟死。道光末，粵寇起，益澧投羅澤南營，爲勇丁火夫。一日營中出戰敗，兵勇皆逃，益澧獨在後，澤南奇之，拔以爲勇。未幾，戰有功，澤南賞以把總，不受。再戰，予千總，又不受。固請換文職，乃改保從九品縣丞。不數年爲廣西道員，旋擢布政使，時年未三十也。遂驕縱挾制督撫，詬辱文吏。中允李載熙爲廣西學政，益澧屢侮之，嘗曰：『若六品官耳，不足爲我輿卒。』載熙積不堪，疏劾其冒餉殃民狀，覆降爲道員，旋晉按察使。同治改元，調浙江布政使，統兵援浙，屬於巡撫左宗棠。宗棠鉗束之嚴，故戰頗盡力，杭州之復，益澧之功也。洎晉布政使，而宗棠遷去，遂護理巡撫。後巡撫馬新貽至，益澧視之蔑如也。於是專浙事横甚，賄賂公行，府州縣吏補署皆有定價，以始輕學政而被劾也。乃僞禮貌京官，京官之至者，必厚贐之，而杭之士子多叏達好奔競，争走其門稱弟子，亦頗得其微利。於是朝官及會試之舉人，郡縣之生員，無不籍籍頌蔣布政者。性奢侈，每出則以紅頂黄馬褂者數人扶輿。又好男色，官吏皆熏香新衣以見之，其年少得軍功及捐班之吏，多被污辱，即杭士之輕俊者亦不免焉。及御史陳廷經、編修蔡壽祺劾其粗愎，不宜爲方面監司之官，益澧憤甚，上書總督左宗棠，乞代奏請改爲武職。宗棠復書慰藉之甚厚，有曰『陳蔡之厄，鷄鳴狗吠，不足介懷也』。益澧喜甚，出其書遍示坐客，予時在坐親見之也。五年，遷廣東巡撫，與總督瑞麟争鬻官，屢相忿詈，各引朋黨，交訌不已，上疏互訐。瑞麟有奥援，益澧遂左降去。今年夏以臺灣有倭警，中詔密召曾國荃、楊岳斌、閻敬銘、丁日昌、鮑超、劉銘傳及益澧、郭嵩燾等八人。益澧獨先至，體肥甚，不能行，須兩人扶掖之，會穆宗已病，不得召見。益澧寓居法源寺，日怏怏，而朝官多往丐索之，益澧不能應，一夕暴疾死。其請恤也，宜出於湖南督撫，或立功之省若浙江、廣西等督撫言之，如以其死於京師，則宜吏部爲之奏聞。周瑞清者，廣西臨桂人，爲軍機章京領班，獨汲汲先疏言之，蓋周亦寒人，在廣西時或亦受其卵翼者耳。

上諭：前據御史李桂林奏丁憂前任直隸天津道丁壽昌潔己愛民，懇請破格留用，當將該員留於直隸差委。兹據太常寺少卿周瑞清奏，丁憂人員例應終制，請飭該員回籍等語。丁壽昌係留於直隸差遣委用，並非實缺可比，所奏著毋庸議。丁壽昌者，合肥舉人，由軍功至今官。李桂林，直隸鹽山人，其特疏乞留，而瑞清即奏駁之，均不知其何意也。時有兩丁壽昌，一山陽進士，由御史爲嚴州知府，已卒。又有兩周壽昌，一桐城人，貴州總兵。浙江巡撫楊昌濬奏餘杭縣在籍布政使銜山東鹽運使鄭蘭之母沈氏現年八十三歲，有子一人，孫三人，曾孫八人，元孫一人，五世同堂，請旨旌表。詔：禮部議奏。例載三品以上文武大員之父母或未届百齡五世同堂，例得建坊給扁者，請旨飭交内閣，擬字進呈。

二十九日戊戌　小盡歲除。晴。早起恭懸先人三代神位圖。迎竈神。還年債，付米錢六十四千，石炭錢六十六千五百，廣益公鋪乾果錢六十八千，廣和居酒食飲四兩八錢，泰豐樓酒食錢二十四千三百。賞僕媪壓歲錢，岑福十千，姬人加賞四千。陳媪十五千加賞四千，姬人加賞三千。胡升四千，胡元四千，胡氏兩媪六千，更夫三千，車夫二千，胡升之婦金搦絲來叩，賞八千。賞各長班全浙館一千，鄉祠一千，邑館二千，直省庚午科二千，浙榜庚午科一千，本司茶房二千，皮衣賞三千，走卒二千。晚祀先，以豚肩、鷄、鳧、魚四大簋，雉蛤之屬四簋，素饌七簋，火鍋一器，年糕一盤，角黍一盤，烝粟一盤，粃兩盤，醬兩盤，時果四盤，蓮子湯一巡，酒三巡，飯兩巡，至夜一更而畢，焚楮鏹四千。祀屋之故主。是日買桌子一、几二，付錢十八千。詒梅卿孩子壓歲錢四百。

邸鈔：山東巡撫丁寶楨奏按察使長賡患病，懇請開缺調理。許之。以前江蘇按察使陳士杰爲山東按察使。榮安固倫公主薨，文宗女也。麗貴妃所生也，文宗止一女，故稱大公主，去年下嫁額駙符珍。兩宫皇太后懿旨：公主性成淑孝，敬慎柔嘉，兹聞薨逝，憫惻實深，即日親往賜奠，所有應行事宜，該衙門察例辦理。

光緒元年（一八七五）

光緒元年太歲在旃蒙大淵獻正月月在厲陬元日己亥　晴晏和煦。予年四十七歲。晨起拜竈神，叩先人神位，書春勝曰：『光緒元年端蒙大淵獻正始建極，受福於天，靈臺伯偃，以享萬億。惟吴越之民，濫迹朝貫，食文章之力，願日益其餐錢，致身於西清東觀，以無負吾筆。』今年以國恤罷元會，臣民皆不相賀新年，九衢寂然，無一車馬，寓室内外，凝塵湛如。偕眉卿閑話。梅卿之姬人及吴升之婦金醲絲來，張姬留之小食。夜擲采選格再周，予首擲得全紅。讀《左傳正義》。先像前晨供湯圓，晚以茶。

邸鈔：命吏部尚書英桂、兵部尚書沈桂芬俱協辦大學士。

初二日庚子　晨晴，上午後微陰。以餅餤供先。都中今日祀財神，復隨俗買豚肩祀之，祝曰：『維帝改元，小臣求福，三日再祭，繹而非黷，豚蹄、壺酒，神饗其苾。』梅卿以所作河傳十二月閏詞送閲，略點改還之。作片致殷蕚庭，饋以豚肉及鷄卵餤。讀《左傳正義》。

初三日辛丑　晴。以炒年糕供先。作書致雅齋，以家中刊修族譜，催其將在都支派名第開列寄回。偕梅卿閑話小食。得雅齋復。讀《左傳正義》。夜再擲采選格，姬人一擲得全紅。

初四日壬寅　密雪大作，至午後積寸許，晡微晴。以紗帽餤子供先。校臧氏《春秋左氏古義》一卷。夜得紱丈書，饋所製饅頭十枚，即復謝，報以紗帽餤子一盤。讀《左傳正義》。今日有客來，言朱修伯病卒。修伯名學勤，杭州之塘栖人，其父名以升，道光丙戌進士，官直隸知縣，以經學名。修伯承其家學，頗知探討，聚書甚多而精。咸豐癸丑進士，由庶吉士改户部主事入直軍機章京房，不數年爲領班，官至宗人府府丞，丁母憂服闋，仍直軍機房，久不補官。去冬十一月始補大理寺卿而遽卒，年甫五十耳。其在軍機也，深爲恭邸所眷，十餘年來，聲氣灼甚，外吏争走其門。曾湘鄉、左湘陰諸公皆深惡之，然其人尚自檢敕，好與文士游。予識之在同治初，時方以户部郎中丁父憂，及此次入都相見亦甚致殷勤。予以其居要津，不甚答也，今聞其死，殊爲悵然。蓋此人猶能讀書，習掌故，在軍機中自勝餘人，又其儲藏既富，可以暫相借讀，今則并此等人亦無之矣。

初五日癸卯　晴。袁爽秋來，久談。祀先以六簋加火鍋。閱《四庫提要》史部傳記類、雜史類。讀《左傳正義》。

邸鈔：上諭：御史王榮琯奏敬陳管見一摺。外省督撫遇有地方差委事宜，不得率調他省人員，以杜奔競。京員勞績保舉，務當核實請奬，不准驟保，越級升階，致滋冒濫。漕糧征收折色，豈容該州縣任意浮收，并私立樣盤名目，强取于民，嗣後著該督撫核定摺征價直，先其曉示，並將樣盤名目永遠禁革，以恤民生。上年黄流漫溢，下注江境，現籌築堤堵禦，至大清河、南北舊河及利津縣牡蠣口河道，應如何設法疏瀹，以分水勢之處，著丁寳楨通籌全局，妥爲辦理。上諭：御史王立清奏辦理鹺鹽各局請明定章程等語。各省抽釐分局及江皖兩湖等省督銷兩淮票鹽分局，該州縣往往以本籍紳士經管，弊竇叢生，亟宜嚴行禁止，著各該省督撫及鹽政衙門，嗣後委辦鹺鹽，各分局不准用本州本縣紳士，其已委者即行裁撤，並將委員職名、籍貫年終報部，以憑查核。上諭：御史游百川奏丁憂人員留省差委宜防流弊一摺。前任直隸天津道丁壽昌據御史李桂林奏稱輿情感戴，是以允其所請，嗣後丁憂人員均不得援以爲例。謹案：士民聯名赴上司保留地方官，乾隆四十七年、嘉慶七年疊奉旨嚴禁。此次天津人吏部主事李世珍等先呈狀總督請留丁壽昌，而李桂林即據以入奏朝廷，收此輩作進士，且布之清要，天下事何可問也，百川疏中亦引此例。上諭：翰林院侍講楊紹和奏請將捐輸加廣之案概行停止，並將已加學額飭議核減，暨整頓各省營務。又據御史王榮琯奏學額宜慎，請飭從嚴核減各一摺，均著該部議奏。

初六日甲辰　晴。潘星齋丈來，久談，留小飲而去。得紱丈書，借《道古堂集》。校臧氏《春秋左氏古義》一卷，共六卷訖，所載實止經文。據其門人楊峴跋言，臧氏本以經傳分編，先爲經文後爲傳文，未成而卒。經自昭公二十三年以後亦全闕，峴爲之補完。則此書當題曰《左氏春秋經古誼考》，今之所名殊未妥也。其列三家經文異同，多以趙寬夫《春秋異文箋》爲藍本，而約略其語，其采掇賈、服、潁諸家古義，亦遠不如李次白《春秋左傳賈服注輯述》之詳。然其長處亦不可没，予前已論之。

初七日乙巳　晴，有風。梳頭。鄉人張景藩父子來見。出門答拜潘星丈、紱丈及朱偉侯、殷萼庭、張芝圃、袁爽秋、羊辛楣，詣劉鎸山師，俱不晤。至琉璃廠火神廟閲書攤，遇牧莊及許竹篔、袁爽秋、羊辛楣、魯芝友、楊惺吾。復偕牧莊閲廠市，至宜文齋購殿版《通典》，寶名齋購殿版《南》《北史》，俱索五十金。購授堂所著書共兩函，武虚谷經說三種及金石跋詩文集也，楊氏以增所刻者亦不成。以錢十千買李氏富孫《説文辨字正俗》、薛氏《説文答問疏證》。又從寶森購得洪氏瑩所輯《元和姓纂》

而歸。得伯寅書，饋龍井茶葉四瓶，即復謝，犒使二千。再得伯寅書，贈馬氏《玉函山房輯佚書》一部、《目耕帖》一部，共十四函，可感之至，再復書謝，犒使四千。

初八日丙午　晴。姬人詣廠甸，買燈節花供數枝而歸。得紱丈書，還《道古堂集》，即復。閱《目耕帖》，共三十一卷，歷城馬氏國翰竹吾所著，乃其經説之屬，爲《易》六卷、《書》六卷、《詩》十卷、《周禮》九卷，無序、無目録，蓋未全之本也。其書多最録前人之説，間附己意，揆其命名，蓋以目涉而記之帖者，取唐人明經試帖括之意，謙辭也。

初九日丁未　晴，大風。得星丈書。作書請劉鎸山師十二日小飲寓齋。作書請星丈、紱丈十二日小飲。孫鏡江來。得星丈復。得伯寅書，即復。再得伯寅書，贈陳氏《明紀》一部，即復謝，犒使二千。《明紀》共六十卷，元和陳工部鶴撰，起元至正十一年至莊烈崇禎元年，未訖稿而卒。其孫中書克家續成之，莊烈以後附以福王始末、唐王始末、桂王始末。唐、桂二王兩卷，皆低一格書之，從《御批通鑑輯覽》附書唐、桂例也。克家更爲《考異》若干卷，言去取之意，尚藏稿未刻。

邸鈔：詔：菩陀峪萬年吉地工程派副都統景瑞會同辦理。

初十日戊申　晴，上午後有風。作書致胡石查。得伯寅書，贈秀水杜文瀾所輯《古謡諺》一部，共一百卷。文瀾以諸生從戎，今爲江蘇候補道，屢署兩司，聞其精於詞律，有補正萬紅友之作。此書雖體例紛糅，出入任意，然以經、史、子、集分編，采取博洽，亦可觀矣。再得伯寅書，即復。濮紫泉來，不晤。汪柳門來，胡石查來，皆暢談終日。夜作《春秋左氏古義序》，即致書伯寅。得紱丈書，即復。

十一日己酉　晴。先妣生日，供饋十三簋，火鍋一器，饅頭兩盤，紗帽餃子兩盤，杏酪一巡，汋麵一巡，酒三巡，茶兩巡，時果四盤，哺後畢事。得伯寅書，即復。再得伯寅書，贈河南所刻《經苑》一部，共十二函，即復謝。

《經苑》者，錢衍石所校定唐、宋、元、明人經解，爲《通志堂》所未有者，共四十一種。錢氏主講河南大梁書院時，張布政日晸、王按察簡、楊兵備以增張後官雲南巡撫，王後官河南布政，楊後官南河總督，此據當時所官言。等鳩資刻之，開工於道光乙巳秋，至庚戌夏得二十五種。而衍石卒，遂輟工，今所有止二十五種也。宋司馬光温公《易説》六卷，宋張根《吴園易解》九卷，宋楊萬里《誠齋易傳》二十卷，宋徐總幹《易傳燈》四卷，元黄澤《易學濫觴》一卷，宋鄭伯熊《敷文書説》一卷，宋黄倫《尚書精義》五十卷，宋趙善湘《洪範統一》一卷，宋王質《詩總聞》二十卷，宋吕祖謙《吕氏家塾讀詩記》三十卷，宋戴溪《續讀詩記》三卷，宋王安石《周官新義》十六卷，附二卷，宋李如圭《儀禮集釋》三十卷，《釋宫》一卷，唐陸淳《春秋集傳纂例》十卷、《春秋微旨》三卷，宋蘇轍《春秋集解》十二卷，宋朱熹《孝經刊誤》一卷，明吕維祺《孝經本義》二卷、《孝經或問》三卷、《孝經翼》一卷，宋鄭汝諧《論語意原》四卷，宋熙時子《孟子外篇注》一卷，元許謙《讀四書叢説》七卷，元熊朋來《瑟譜》六卷。其張、徐、黄之《易》，朱、吕之《孝經》，亦徒灾梨棗者矣。原訂目録中有朱子《儀禮經傳通解》三十七卷，黄榦等續二十九卷，黄震《讀禮記日鈔》十六卷，吴澄《禮記纂言》三十六卷，陳祥道《禮書》一百五十卷，陳暘《樂書》二百卷，皆未及刻，則可惜也。

得紱丈書，即復。夜再得紱丈書，借《南宋雜事詩》，即復。得王月坡十一月廿五日仙居書。

邸鈔：上諭：沈葆禎奏請將開山出力員弁獎勵一摺。福建臺灣府番地經沈葆禎等督率文武員弁次第開闢，漸著成效，在事各員自應量予獎勵。福建陸路提督羅大春著開復革職留任處分，交部從優議敘，降調總兵曾元福著開復原官，並免繳捐復銀兩，以示鼓厲。餘升賞有差。另片奏提督唐定奎統領銘武等軍到臺，布置周密，紀律嚴明，懇請獎敘。唐定奎著賞穿黄馬褂，以示優異。上諭：沈葆禎等奏臺灣後山亟須墾耕，請開舊禁一摺。福建臺灣全島自隸版圖以來，因後山各番社習俗異宜，曾禁内地人民渡臺及私入番境，以杜事端，現經沈葆禎等將後山地面設法開闢曠土，亟須招墾，一切規制自宜因時變通，所有從前不准内地民人渡臺各例禁，著悉與開除，其販買鐵竹兩項，並著一律弛禁，以廣招徠。上諭：沈葆禎等奏請調員差委等語，工部候補員外郎陳一鶴、補用同知文煒、候選知縣李益林，著楊昌濬、王文韶飭令該員等即赴臺灣交沈葆禎等差遣。上諭：沈葆禎等奏請將明室遺臣賜謚建祠一摺。前明故藩朱成功曾于康熙年間奉旨准在南安地方建祠，兹據奏稱，該故藩杖節守義、忠烈昭然，遇有水旱，祈禱輒應，尤屬有功臺郡，著照所請，准于臺灣府城建立專祠並予追謚，以順輿情。朱成功即鄭成功，唐王賜姓朱，桂王時封延平王。康熙三十九年，上諭有曰：『朱成功是明室遺臣，非朕之亂臣賊子。』則此稱朱成功可也，稱故藩不可也。旋予謚忠節。

十二日庚戌　晴。劉鎸山師來，潘星齋丈來，午設小飲，至晚而散。得紱丈書，以舊疾復發辭飲。閲玉函山房所輯《倉頡篇》及《三倉》。夜得星丈書，以近詩一律見商，即復。

十三日辛亥　晨陰，旋微晴，上午復陰。早得星丈書，賦五古一首，紀昨日之聚，并以近詩一律見商。和星翁見寄詩，得七古一章，即寫致星丈。閲《倉頡篇》《三蒼》《古文官書》。再得星丈書，言今晨得一曾孫女，名曰圓官，取燈月團圓之意，即復。是日爲上燈節，夜以茶湯供先，换坐前果食，燃燈數枝，月色甚佳。

劉鎸山師潘星齋丈小集寓齋星丈賦詩見贈奉答短歌

春風十日吹雪晴，市中浩浩鴉鵲聲。閉門僵卧絶剥啄，惟公杖履時將迎。茅堂榾炭一壺酒，折頸葫蘆伴三韭。清談所舉輒會心，塵世難逢笑開口。識公廿載鬢皓然，優游京輦如林泉。兒曹衮衮據臺閣，衣冠誰識人中仙。新詩落紙總清妙，吐納烟霞振鸞嘯。偏喜覓句商山人，不肯拈花示年少。我生結契江湖中，漁樵歌唱稱能工。自入長安落塵海，筆頭所至無春風。湖塘烟水柯山石，兩地牽船未營宅。得公詩畫相映輝，丘壑千秋照丹碧。兩翁相對清且癯，我亦鬖鬖稱老夫。幾時釣艇相隨逐，萬樹梅花壓石湖。

附星丈原作：

君負離俗懷，結念在林嶼。杜門息酬應，幽寂若巖處。招我坐竹屋，清談散塵緒。茶烟裊寒碧，静聽風甌語。烹鮮掇嘉蔬，鄉味耐含咀。圖書寓古歡，杯盤眷芳序。因憶柯巖中，烟翠圍一墅。梅花滃白雲，春氣浮遠渚。他年鏡湖側，結屋臨芳漵。松屑合飽餐，相邀碧山侶。

十四日壬子　辰正一刻四分雨水，正月中。陰，晡後微晴。

以馬氏所輯《蒼頡篇》與任氏《小學鉤沉》本、孫氏岱南閣本參校。馬氏采取最密，而孫氏最有條理，其中篇以下依《説文》部目爲次，便於檢尋，則孫、馬兩家所同也。惟諸書所引《蒼頡篇》，既合趙高之《爰歷》、胡毋敬之《博學》，又合楊雄之《訓纂》、賈魴之《滂喜》，故或稱『三蒼』，亦稱『五蒼』。而杜林之《訓故》，張揖之《訓詁》，郭璞之《解詁》，亦皆不能分晰。任氏於《蒼頡篇》下附《蒼頡訓詁》《蒼頡解詁》各數條，固嫌疣贅。馬氏既言不能分别，故於《蒼頡篇》開卷并題《爰歷》《博學》《訓纂》《滂喜》諸篇名，又並列張揖《訓詁》、郭璞《解詁》於下方，而復别輯楊雄之《訓纂篇》、杜林之《蒼頡訓詁》及《三蒼》各爲一卷，出入紛挐，轉亂耳目，不如孫氏之脊合爲一也。

作書致劉仙洲問其病。夜以香茗供先。得紱丈書，還《南宋雜事詩》，即復。得星丈書，饋粉團一盤，即復謝。作郭氏《質疑》跋尾文兩首，郭氏之書一則疑所不可疑，一則質所不必質，蓋湖南人總不知學問也。即作書致伯寅。

十五日癸丑　晴，有風。坐聽事梳頭。王廉生來，久談而去。夜祀先以八簋，加火鍋一器，湯圓一巡，酒兩巡，燃燈數枝，三更而畢。月色如晝，偕姬人戲擲采選格，予兩得全紅。是夕望。買高麗參一斤，付錢三十八千，又賒二十千。比日春氣稍暄，便覺足軟思睡，舊疾皆作，藥裹之用，何可無儲。

十六日甲寅　晴和，春氣甚佳。讀書既暇，意行宅之前後，緣街度巷，入保安寺而還。張㠭民來。紱丈書來，以去年東坡生日詩予所寫致之葉，較日記中有不同者，乞更寫與之。蓋予作近體詩向不起草，凡致人者皆元稿也，及追録之日記或詩集中，則往往有所改易，若有時無暇，便亦忘之，故題贈諸篇近體之詩十不存五也。老輩摯愛，極爲難得，日晡無事，以佳箋更録一通，即作書致紱翁，并元夜奉懷星丈、紱丈絶句各一首。得孫鏡江書，約明夕飲桂枝家。得星丈復，紱丈復。夜月甚佳，覺體中小倦，雜閲《古謡諺》數卷，可謂非要著書，徒勞心力者矣。前有儀徵劉毓崧序，聞是書即出於劉，非杜所能爲也。

元夜懷星齋紱庭兩丈時星丈新得曾女孫紱丈有小恙未愈各得絶句一首

白鬚紅舄鬥年華，璧月團欒宰相家。奪鳳磊棋燈宴裏，膝前春發一枝花。

總覺春風杖履輕，試茶量藥稱閑情。戟門夜宴停燒燭，愛向梅花看月生。

十七日乙卯　晨雪，巳後日出仍雪，旋晴。雜閲小學諸書。作書致孫鏡江辭飲。同鄉張景藩具柬招飲，即作片辭之。作片致牧莊，約明日夜談。許竹篔來。濮紫泉來。得陶子縝去秋九月及去冬十二月書，言秋後大病至臘盡未愈，并重九寄懷七律一首，吴姬水景四幅。得陳藍洲去冬武昌書。夜以水餃子供先，仍燃燈數枝，越俗燈節以今夕止也。宋人説部謂十七、十八兩夜燈，始於宋初，吴越王錢俶入朝所請，謂之金錢買夜。劉侗《帝京景物略》謂始於宋乾德五年，謂之五夜燈，至南宋淳祐三年更加十三日，謂之六夜燈。蓋太平無事，朝野歡娱，因時爲制，增減不一。如唐代自明皇時，放三夜燈，上元前後各一日，然《朝野僉載》言睿宗先天二年正月十五至十七作燈輪，蹋歌三日夜，則已至十七矣。《歲華紀麗譜》言咸通十年正月二日燃燈張樂，猶大中承平之餘風，則唐時初二日有燈矣。梁簡文帝有《正月八日燃燈》詩，則六朝時初八日有燈矣。

邸鈔：慈安端裕康慶皇太后、慈禧端佑康頤皇太后懿旨：前降旨俟嗣皇帝生有皇子即承繼大行皇帝爲嗣，明白宣示，中外咸知。兹據内閣侍讀學士廣安奏請飭廷臣會議頒立鐵券等語，冒昧瀆陳，殊堪詫異，廣安著傳旨申飭。詔：刑部尚書崇實、内閣學士岐元前往奉天查辦事件，所有隨帶司員一併馳驛。山海關副都統寶珣奏舊疾復發，懇請開缺回旗調理。許之。詔：已革總督銜前署貴州巡撫張亮基開復原銜，准於貴州省城建立專祠。從貴州巡撫曾璧光請也。

十八日丙辰　晴。祭先以十簋，杏酪一巡，酒兩巡，火鍋湯一器，焚楮鏹，收先人三代神位圖，晡後畢事。紫泉來，竹篔來，爽秋來，夜留飲暢談。竹篔近治小學甚勤，爽秋多聞善記誦，今之僅見者也。飯後同擲采選格，三更而散。

十九日丁巳　晨晴，上午微陰，午後陰。雜閱小學諸書。傍晚倦甚，閱《古謡諺》。

邸鈔：以正黄旗漢軍副都統崇禮爲山海關副都統。以前駐藏辦事大臣恩麟爲正黄旗漢軍副都統。

二十日戊午　晴。上登極御保和殿受禮，太和殿受賀。得星齋丈書，約廿四日午飲，即復。陳六舟送來謝麐伯饋歲銀十二兩，即作片復六舟，犒使一千。題籤近所得書，作篆百餘。夜擲采選圖。

邸鈔：上諭：爲政以得人爲首務，我朝列聖御極建元均於三年大比之外，特開鄉會恩科，廣羅俊彦，朕纂承大統，宜遵成式，嘉惠士林，著於光緒元年舉行鄉試恩科，二年舉行會試恩科，用副朕作育賢才至意。

二十一日己未　晴。讀《漢書》，比日因久咳嗽，當作欬欶。遂致小極，舊疾屢動，欠伸思睡，春氣漸暄，病體非宜。潘孺初來。阮酉生來。是日付賃屋銀四兩。夜早睡。

二十二日庚申　晨微晴，上午後陰。讀《漢書》數葉，思善本校之不得，因閲近刻《明紀》。楊惺吾來。鄉人周福清以庶常散館選得金谿知縣，來辭行。言金谿刻書甚賤，可任剞劂之事，此人能爲此言，蓋窺予所好也。予因屬其購王氏謨所著書。

邸鈔：上諭：鴻臚寺少卿梁僧寶奏給事中郭從矩請釐正磨勘試卷摺内於該少卿前陳磨勘事例，多有誤會，請飭部查覆等語，著該部按照該少卿所陳，與郭從矩前摺一併覆核具奏。郭從矩疏謂：本年三月分校闈中，因梁僧寶條陳磨勘有禁用後世語一條，皆兢兢以避處分爲重，試卷有用史事者，概未敢録。鄉會爲國家掄才大典，必須取博通經史之人，異日方期有用。若有心規避，以爲去取，恐天下之士皆可置史書而不讀，于造就人才之道大有關係。至梁僧寶所陳各條，如磨勘官于所分各卷均須籤出疵謬數處，持論甚屬不通，豈考官所中試卷必須有瑕可摘，以爲磨勘地步乎？抑實無疵謬而磨勘官必當吹求周内，故入人罪乎？云云。

二十三日辛酉　晨雪大作，至午止，積二寸餘，晡後又雪，入夜不止，又積寸許。得星丈書，堅約明日早飲賞雪，即復。閲《明紀》，此書采取不博，而疵病尚少，蓋陳稽亭守桐城家法，謹敕足多耳。錢辛伯喪，其夫人來訃，比日窘甚，止送二千而已。

邸鈔：兵部奏郎中魏綱條陳整頓吏治。詔：申飭各省督撫，振刷精神，嚴加考核，毋得粉飾瞻徇，致負委任。魏綱，湖南附生，所奏皆用偶句，文理多不甚通，中有一條請重用正途，而有云守令必膠庠素列，方許捐輸，可笑甚矣。

近日應詔陳言，大氐皆此類也。

何澤春授福建漳州府知府。翰林院侍讀學士鍾寶華告病開缺。崔尊彝授雲南糧儲道。

二十四日壬戌　晴寒。上午赴星翁之約，坐有紱丈、嚴六谿及蘇州人徐兵部、吴舍人，午後飲於星丈内中精舍，小有竹石，几席清妍，肴饌皆吴味，極佳，晡後酒畢歸寓。讀《漢書》。

二十五日癸亥　晴，有風。嚴六谿來，紫泉來，爽秋來，同至龍樹寺，坐蒹葭簃看殘雪，晴日滿郊，亭榭點綴，蒼寒蕭瑟，清絶宜詩。下午登看山樓望西嶺，丹翠之中，間有積素而已。晡後答拜同鄉兩俗客，回至廣和居，偕三君飲，六谿爲主人，傍晚歸，付車錢十千。夜讀《漢書》。

二十六日甲子　上午晴，下午陰。星丈來，久談。比日心甚不寧，讀書無緒，不知何故也。今午神觀稍清，姑閲近儒説部，以祛煩惑。

洪稚存《曉讀書齋二録》，言晉郤缺謚成子，見内外傳，而《新唐書·吕諲傳》，博士獨狐及議謚曰『冀缺之恪，寧俞之忠，隨會不忘其君，而皆謚曰武』，是缺之謚又當爲武，非謚成矣。成、武字正書本相近，豈武字傳寫誤爲成耶？　慈銘案：古書成、武字相溷者多矣，即以《左傳》言之，昭公二十五年，『吾聞文、成之世』，謂魯文公及成公之世也，今本皆作『文、武之世』，此類是矣。洪氏又謂《三國·魏武帝紀》『漢相國參之後』，然裴注引《魏書》建安二十二年八月令云『蕭何、曹參縣吏也』，若果爲參後，則操自作令，不宜如此。　慈銘案：此正如劉裕自謂楚元王之後，蕭道成自謂蕭何之後，楊堅自謂楊震之後，遥遥華胄，何容置辯耶？

邸鈔：吏部侍郎承恩公崇綺赴喀爾喀賜奠，以理藩院左侍郎德椿兼署吏部右侍郎。

二十七日乙丑　晴，是日天氣和煦，春光甚媚。讀書稍有所得。下午南墻返照，小窗轉明，案頭水仙花盛開，幽香近人，詩興忽發，因得五古、七律各一首。殷萼庭來。得竹樓十二月初旬書。今日來一客、一書，既敗詩興，而同居者忽置酒，遍召同鄉惡客，凡僉壬之遺孽、敗賣之呰郎、屠酤之市兒、村塾之鄙豎，奇形醜狀，臭穢滿堂。予塞牖拒扉，不與聞接，而酒半以後，忽相毆争，狂吠勃跳，四鄰驚集。予素懷絶俗，門無雜賓，今擇不處仁，致斯垢污，古人洗床鏟石不爲過也。作書約牧莊明日來談。

星齋侍郎雪後招飲次日賦謝

梅花晴日敞朱門，扶杖相邀笑語温。前夜雪痕明竹石，首春風信上琴尊。蓴鱸盡入三吴饌，松鶴長怡五畝園。自是吐茵東閣地，典型耆舊至今存。

次日偕嚴六谿户部袁爽秋舍人昶**濮紫泉比部**子潼**至龍樹寺眺城南殘雪久坐蒹葭簃**

昨飲侍郎宅，竹樹清且寒。因之發佳興，看雪來郊堧。城南多古寺，興誠據廣原。寺建於唐，名興誠寺，國朝已久圮。嘉慶中有松筠庵，一浙西僧修之，爲松筠下院。補植倒垂槐一樹，金匱顧侍郎皋題曰龍樹寺。最愛蒹葭簃，面場恰開軒。積素半已消，林皋何斑斑。流澌滿平壤，水鳥鳴關關。森森郊壇樹，渺渺墟里烟。城堞澹回繞，亭榭標晴鮮。予懷本幽寂，况此初地閑。蕭疏不可極，久坐忘行還。嚴生本畸侣，二子能清言。欲盡殘雪理，晚對樓上山。

邸鈔：上諭都興阿等奏遵議興京添設副都統，應行籌辦各事，宜請旨辦理一摺，著該部議奏。

二十八日丙寅　晨及上午微雲澹晴，午陰，晡日景復出，旋陰。牧莊來，暢談終日。

二十九日丁卯　卯正三刻一分驚蟄，二月節。晨陰，旋日出，上午晴，午後澹晴，晡後陰。雜閲架上書，取適而已。作書并寫前日兩詩致星翁。得星丈復，以近詩兩首屬商。星丈《怡園宴集詩》中有及虞山吾谷之勝，因憶昔年一日與秦宜亭談南中里居樂事，宜亭言常熟山水清麗，田園饒美，較錫山尤勝，最宜移家，予聞之欣然有卜鄰之約。今宜老逝已三載，展復此詩，爲之悵然，復賦一詩，呈星齋、紱庭兩丈，即書致星翁。傍晚坐檐下讀王岑《諸家詩》。得星丈復。夜坐無事，戲取子縝所寄《吴姬倩景》四幅，各題小詞一闋於上，皆隱括子縝評語爲之。

星丈詩中言虞山之勝因憶昔年秦宜老曾相約移家悵然賦之

詩成忽憶秦宜叟，曾話虞山好景來。飛瀑瓏玲滿松桂，晴嵐深淺出樓臺。買田陽羡終難必，化鶴遼城豈重回。吾谷烟霞無恙否，祇應猨鳥有餘哀。

十六字令 戲題蘭當所寄《吴姬小景》四幀，人各得一闋。

姝，羅袖難勝怯自扶。熏香坐，嬌極未抛書。顧阿男

翩，豆蔻梢頭碧玉年。妝纔竟，小扇立人前。顧愛寳

穠，袿衱矜嚴舊院風。宜平視，繡褥隱芙蓉。黎惠蘭

嬌，斜倚妝臺彈翠翹。簪花笑，紅袖若爲招。陸翠鳳

三十日戊辰　晴，春氣漸暖。得星翁書，以前日怡園宴集七律一首見示。怡園者，太傅居第，本宛平王文貞宅也，陳其年曾爲園記，相傳其山石猶出張南園手，今傾頽半矣。梅卿饋唐花牡丹兩盆，即復謝，并賦小詩兩章。理去年至今同人所寫致詩文付裝池，爲横幅三事。孺初來，久談。夜續録《熙朝宰輔》，自丙辰至今，滿洲共得十二人，漢得十人，其再入者，滿有瑞麟，漢有賈楨，皆不數焉。

匡伯惠唐花牡丹兩盆下承以水仙賦兩絶句爲謝

風情合作探平花使，獨向天寧平寺裏回。最愛朝衫騎馬並，擔頭一路牡丹開。都中天寧寺賣花最盛。

曾記小桃梅作媵，翾風還倚宋褘憐。昔年里居時，君曾饋梅花、碧桃四樹。也嫌富貴冬烘色，爲借凌波配水仙。

二月己巳朔　晴。閲《四庫提要》子部類書類。梳頭，見白髮種種，不勝慨然。跋《宰輔録》。得紱翁書，即復。

《四庫》子部提要多出歷城周書倉永年之手，書倉專精丙部，而紀河間之學，亦長於諸子，故精密在史部、集部之上。即以類書一門言之，鉤貫淹通，於極繁重之書，皆指瑕尋間，得其條理，誠自古目録家所未有。然亦有失之眉睫者，如李瀚《蒙求集注》於『顔叔秉燭』句云『事出毛公《詩傳》』。案《小雅·巷伯》『哆兮侈兮』下，毛《傳》載顔叔子獨處於室，使鄰婦執燭達旦事，其文甚詳，是注本不誤，而《提要》乃云今《詩傳》實無此文。《藝文類聚》引《莊子》梁君射白雁事，案此與《新序·雜事篇二》所載大略相同，《太平御覽》三百九十《人事部》引此亦作《莊子》。《困學紀聞》卷十載《莊子逸篇》三十九條，此事亦據《類聚》《御覽》諸書輯入，是本不誤。而《提要》乃據彭叔夏《文苑英華辨證》，云《莊子》無其語，謂所摘中其失，以是知考據之難也。

邸鈔：以光禄寺卿長敘爲太常寺卿。翰林院侍講張家驤、楊紹和俱轉補侍讀。左春坊左中允張鵬翼、左贊善歐陽保極俱升補翰林院侍講。

初二日庚午　晴。閲《四庫提要》史部别史類、政書類。韶晝漸長，便苦小極，讀書凌雜，考索多忘。寫《提要》書跗六十册，已得半矣，此處作字最難，加以敗筆總書，目力爲昏。夜無憀，戲擲采選格三周，得全紅。劉貢父以此事爲《漢官儀》，行之固佳，予欲試以《周官》爲之，其黜陟雖無可考，然依卿、大夫、士命數，亦可得其大略，以教子弟，較勝於王禕之《周官急就》也。當采莊氏存與《周官表》，胡氏秉虔《儀禮釋官》二書，參以内外傳及顧棟高《春秋大事表》、程廷祚《春秋職官考略》。

初三日辛未　晨至午陰，下午薄晴。揭《提要》書跗又六十册訖。印結局送來十二月、正月公費銀十兩三錢。張飈民來，饋樂陵棗兩苞。得伯寅書，約明日午飲。付高麗參錢二十千，岑福工食錢十千，更夫工食七千，陳媪工食五千，吴姬倩影小鏡錢四千，朱修伯大理奠分二千。夜閲《提要》子部雜家類存目、小説家類存目。比日所爲皆小慧之用心，猶賢博弈而已。

邸鈔：慈安端裕康慶皇太后、慈禧端佑康頤皇太后懿旨：翰林院奏代遞侍讀寶廷條陳一摺。皇帝冲齡踐阼，蒙養最關緊要，允宜俾一言一動，胥出於正，以爲典學之本。至我朝整敕宦寺，家法至嚴，前經降旨，將不法太監嚴加懲創，朝廷深知此輩不可稍涉寬假，該侍讀所陳深得杜漸防微之意。内務府向有應用經費，與部庫本屬判然，嗣後著總管内務府大臣，將應入專款認真整頓，應用各款加意撙節，量入爲出，不得動輒奏請借撥部款，所有借撥之款作何開銷，並著造册報部。一面咨明稽察内務府御史，以備查覈，該衙門司員倘有浮冒情弊，即著隨時查明，嚴參懲辦。

初四日壬申　晴和。閲《潛研堂集》。午赴伯寅之招，坐惟石查，賓主三人而已，暢談至晡後而歸。閲《潛研堂集》。夜得伯寅書，并所刻《滂喜齋叢書》十六種。予爲牧莊轉乞者也，即復謝。

邸鈔：上諭：左宗棠奏請將道員革職永不敘用並自請議處等語。甘肅署安肅道何元普係曾被參之員，經左宗棠奏請開復原官，委署安肅道篆，乃不知愧奮，阻撓公事，實屬鄙詐無良。何元普著即革職，永不敘用，左宗棠將革職劣員率行調營，咎亦難辭，著交部議處。

初五日癸酉　雨。終日無事，以篆書《四庫總目》籤，分別部居，察而可識。

初六日甲戌　上午晴，下午陰，地氣蒸潤。閱《四庫總目》子部雜家類，題籤共得六十册，剛及半矣，當暫輟耳。施敏先來。

初七日乙亥　晨陰，上午微有日景，下午澂雨，不久止，潮濕更甚。閱《總目》史部雜史類、目録類、子部藝術類。作書致雅齋，催其開寫一房譜系，彼家兄弟，昏昏過日，於此等事，亦漫不關心。科甲中人，大氐如是，正不知其有底忙耳。

邸鈔：詔修穆宗實録，命大學士寶鋆爲監修總裁官，協辦大學士尚書英桂、尚書毛昶熙、靈桂、李鴻藻爲總裁，侍郎恩承、彭久餘、殷兆鏞、察杭阿、徐桐、德椿爲副總裁官，理藩院尚書皂保爲蒙古總裁官。以盛京工部侍郎桂清爲工部右侍郎，兼管錢法堂事務。以工部右侍郎訥仁爲盛京工部侍郎。

初八日丙子　晴，有風。作書致牡莊，并滂喜齋所刻書一帙。題《文選》二十四册書跗。作書致紫泉，聞以其太翁病赴保定省覲矣。作書致嚴鹿谿，約後日小飲。楊惺吾索書屏聯。

閱毛西河《論語稽求篇》，此書佳處固多，然如謂哀公問社是問社義，宰我答以社名樹松曰松社，樹栗曰栗社，是臆造典故，絶無依據。謂不有祝鮀之佞而有宋朝之美，是喻無希世之資，而徒抱美質以游於人。謂『人之生也直，罔之生也幸而免』，生字如《孟子》『生斯世也』之『生』，言人之生於斯世，與世相接，以直道故也，若誣罔而猶在人世，是倖免耳。其誼皆不甚異舊注，而故作迂曲。至若『唐棣之華』二節，舊本與『可與共學』節合作一章，漢儒因有反經合道之説。何氏謂偏反喻權道之反，此先儒舊誼之不可從者。取《詩》中一反字以喻道之可反，聖門説《詩》，絶無此例。皇、邢二疏皆謂『樹木之花，皆先合而後開』，唐棣之花獨先開而後合，以喻權道之爲用，先反而後順，此即後世辭賦家取義，亦無若此之纖巧。蓋漢人傳《論語》者，此處偶失分章，遂因而附會之，其説實不可通，當以朱子分章爲正。毛氏必申舊説，引《王祥傳》爲證，謂祥臨歿屬後人使不澣濯，不含斂，不沐棺槨，不起墳塋，家人不送喪，祥禫不饗祀，雖不用古法，而反經行權，期合於道，故終之曰『未之思也，夫何遠之有』，正取《唐棣》是篇以反作正之證。案《晉書·王祥傳》祥著遺令訓子孫，先言生無毗佐之勳，没無以報，故自氣絶，但洗手足，不須沐浴，以至『大小祥乃設特牲，無違余命』，皆言終制之事。其下自言『行可復，信之至也』，至『臨財莫過乎讓，此五者立身之本，顔子所以爲命，未之思也，夫何遠之有』，乃是訓子孫之語，與上截然兩事，辭意亦絶不相涉。毛氏任意割裂，牽相比附，其謂《晉書》亦無人能讀耶？

又若『君子之道，孰先傳焉，孰後倦焉』，注疏皆無異説。朱子謂倦如『誨人不倦』之『倦』，以傳與倦皆指教者言，尤爲直截。毛氏謂倦即古券字，傳與券皆古印契傳信之物，傳者符傳，券者契券，以喻教者之與學者，兩相印契。按《説文》券下从力，古倦字；券下从刀，契也；券、券迥然兩字。疲倦之倦可作券，未聞書券之券可作倦也。乃又引《考工記·輈人》『左不券』，鄭注謂券字即今倦字可驗。案《考工記·輈人》本作『終日馳騁左不楗』，杜子春云楗讀爲蹇，書楗或作券，康成謂券今倦字也，輈和則久馳騁，載在左者不罷倦，尊者在左也，是正謂券即罷倦字。鄭君誼與許同，即楗爲楗歫，蹇爲蹇澀，亦皆倦極之意，與契券何涉？而强改經、文注文以就己説，其謂《周禮》亦無人能讀耶？此等恃其辯博，疑誤後人，不可以不正也。

初九日丁丑　晴暖，始去綿帽，敝羊裘。牧莊來，暢談終日。得嚴六谿書。

邸鈔：福建布政使潘霨告病開缺。許之。以福建按察使葆亨爲布政使，以前兩淮鹽運使署廣東巡撫郭嵩燾爲福建按察使。有湖州舉人陸心源者，入貲爲廣東督糧道，貪穢著聞，被劾開缺引見。閩浙總督李鶴年奏調至福建差委，復署糧道，遂專閩事，招摇納賄，權出布、按兩司上，至屢與巡撫王凱泰競，去年凱泰請入覲，未至乞病，亦以此也。及潘霨入覲，頗爲當路者言之，心源因被劾，復詔開署缺送部引見。鶴年怒，遂亦因事劾霨，有詔查辦，霨因乞假還蘇州就醫，而御史恭鎧復疏請凡開缺送部者，不得籍事逗留，意亦在心源也。鶴年懼因兩解之故，霨遂請養疾，而心源亦歸湖州矣。心源，己未舉人，好爲詩古文而不工，多蓄金石書畫，以爲聲譽。其鄉人言其險薄鄙詐，劣迹甚衆，一郡皆不齒之。然聚書極多，凡《四庫》所著録及存目者，聞悉已購得，僅少三種。云郭嵩燾以去夏日本事被召入都，與蔣益澧、曾國荃先後至，同寓法源寺，國荃意望總督，益澧、嵩燾亦望得巡撫，此授也必甚怏怏，其將稱疾不至乎？

初十日戊寅　晨晴旋陰，上午微晴，下午陰。作書致石查、致竹篔，俱約今晚小飲，聞石查他出，竹篔已進城矣。雜作篆字。晚邀鹿谿、金忠甫、孫鏡江、殷萼庭、吴松堂飲福興居，初更後歸，付下賞錢三千，車錢四千。夜二更後雨。

十一日己卯　晨日出即陰，上午雨，晡後雜以雪。得石查書。閲《四庫總目》經部四書類、史部雜史類、傳記類。夜晴。是日考索群書，間附記注，密行細字，稍覺罷乏，夜卧復苦咳嗽。

邸鈔：盛京將軍世襲一等輕車都尉都興阿卒。詔：都興阿老成謹慤，懋著勳勞，由侍衛洊升將軍，出師江、皖、陝、甘等省辦理軍務，均能得力。前因患病，請假調理，方冀漸次就痊，長資倚畀，兹聞溘逝，軫惜殊深。加恩追贈太子太保銜，照將軍例賜恤，賞銀一千兩治喪，由盛京户部給發，靈柩回旗時，沿途地方官妥爲照料。伊子三等侍衛卓勒洪額俟百日孝滿後，由該旗帶領引見，伊孫尚安泰俟及歲時，帶領引見，用示篤念藎臣至意。都興阿後予謚清慤，以光緒三年署盛京將軍崇厚爲之請也。詔：崇實署理盛京將軍，志和俟崇實到任後交卸。

十二日庚辰　晴。得紱丈書，即復。寫畢氏《續資治通鑑》書跗六十四册，予喜爲此事，以省檢閲之勞。買玫瑰花兩樹，栽之庭隅。聞劉仙洲以前日病卒，鐫山師無它子，又尚無孫，可哀也。

十三日辛巳　晴，微陰。殷葶庭招飲揚州館，辭之。午詣鎸山師，唁其喪子，久坐而出。訪孫鏡江，不值。詣潘孺初，值其姬人病甚，少坐而歸。買水仙花三本，京錢二千四百。雅齋來。得族叔允升書，言族叔清源以去年病卒。族弟幼香以去冬在祠堂監刻家譜，忽乘無人時，持剪自刺其喉而死，可駭歎也。幼香之父國香以道光時，在嘉善縣襄理刑名，時其從兄頡青理縣之錢穀，忽一夕頡青以刀自剖其腹，國香亦剪斷其嗌，俱立死。縣令傅某大驚，即夕自詣嘉興府知府，請嘉興知縣往驗，復急走行省遍白大吏，其事卒莫能明也。今幼香復有此慘，果何爲耶？衰宗不振，日益零落，悲念彌深。夜閲書至四更始睡，五更大風徹旦。

十四日壬午　辰正初刻五分春分，二月中。晴，風至下午稍止。祀曾祖考妣、祖考妣、先考妣，肴饌十三簋，杏酪一巡，酒兩巡，時果四盤，晡後焚楮畢事。孫鏡江來。作書致孺初，問其姬人病，并以橘四枚詒其稚子，得復。饋梅卿豚肩一器，肴饌兩器。

十五日癸未　晴和。望夜，月頗佳。終日雜考群書。

邸鈔：陝西巡撫邵亨豫奏病難速痊，懇請開缺調理。詔：邵亨豫准其開缺調理，以前湖北巡撫曾國荃爲陝西巡撫。詔：莊親王奕仁之子委散秩大臣載勛承襲莊親王爵。英俊、啓泰均賞給委散秩大臣。

十六日甲申　晴。牧莊來，暢談竟日。得紱丈書，還所校《世説》。飈民來。夜雜考群書。

十七日乙酉　終日陰，夜有風。雜閲國朝乾隆以前大臣碑志傳，近世既無人能爲古文，而士夫家又不講碑碣銘表之制，其達官得賜祭葬者，大率刻諭祭諭葬文以爲墓碑而已，八旗人尤罕見碑表，故事迹多不可考也。

十八日丙戌　晴，上午有風。終日閲吴荷屋中丞《吾學録》，其書雖乏體要，多略於朝廷大典制，而泛及官府常行事例，不脱公牘家言，然於品官士民、祭禮喪儀及刑名例禁獨爲詳悉，亦教子弟者所必需也。取自去年來同人所詒詩札，略汰擇之，裝成三横幅，縣之聽事兩壁，以當雅談。

邸鈔：户部員外郎廷彦授廣西思恩府知府。

十九日丁亥　晴，晡後陰。得伯寅書，以聖祖仁皇帝《庭訓格言》一帙見贈，雍正初世宗憲皇帝偕誠隱親王等所纂録，伯寅之從弟福建布政使霨新刻者也，即作書復謝。又贈梁維樞《玉劍尊聞》一部，時人王霞舉詩一部，俱還之。遣人至廠肆，取李次青《先正事略》一部來，此書雖陋略，然鈔輯之功，亦不可没，藉作稿本亦佳耳。終日增注《熙朝宰輔録》中字號及官銜封爵，當改爲表更刻之。傍晚自汲水澆花。

二十日戊子　晨陰，上午小雨，至夜稍密。聞昨夜漏三下，穆宗皇后阿魯特氏崩，年止十九。后幼讀書，知大義，端静婉肅，内外稱賢。洎正位六宫，每聞諫助，自奉儉約，時手一編。然道路之言謂入選時，聖母意在慧妃，而母后以后莊重力贊成之，聖母終不慊也。故宫中服食供御，妃后略等。去冬十一月，穆宗以天花將愈加恩宫廷，即晉妃爲皇貴妃，及穆宗病甚，聖母頗責讓后。上崩，后即服金屑欲自殺以殉，救之而解，禁中事秘，莫能質也。然自大喪，后即寢疾，屢聞危殆，竟以弗療，從先帝於地下，后何恨哉。謹記其略，以待信史。潘星丈來，弗晤而去。今日先祖考鏡齋府君忌日，又張節孝忌日，以貧甚不能具酒肴，待清明日合薦之。終日讀《禮經·特牲饋食》篇。金忠甫來。於庭前種竹七竿，栧梅一株，巴蕉一本，計直十二千，付擔竹人酒錢二千，栽花人一千。

邸鈔：上諭：嘉順皇后于同治十一年作配大行皇帝，正位中宫，淑慎柔嘉，壼儀足式，侍奉兩宫皇太后承顔順志，孝敬無違。上年十二月大行皇帝龍馭上賓，毁傷過甚，遂抱沉痾，于本日寅刻崩逝，哀痛實深，著派禮親王世鐸、禮部尚書萬青藜、總管内務府大臣魁齡、工部右侍郎桂清恭理喪儀。兩宫皇太后懿旨：嘉順皇后孝敬性成，温恭夙著，兹於本日寅刻遽爾崩逝。距大行皇帝大喪未逾百日，復遭此變，痛何可言，著于壽康宫行斂奠禮，擇期移至永思殿暫安，所有一切事宜，著派恭親王奕訢會同恭理喪儀王大臣暨各衙門，查照例案，隨時妥籌具奏。

以前協辦大學士、刑部尚書全慶爲内閣學士兼禮部侍郎銜。以詹事府詹事奎潤爲大理寺卿。河東河道總督喬松年卒。松年字鶴儕，山西徐溝人，道光乙未進士，故御史大興劉位坦之婿也。御史精於金石之學，收藏甚富，松年得其指授，亦喜書畫，能爲詩而性不好人，卒無子。詔：喬松年老成諳練，學識素優，由部員洊擢封圻，前在安徽、陝西巡撫任内因粤匪滋擾，籌餉籌防，諸臻妥協，迨簡任河督，于沿河修守事宜，辦理亦無貽誤。兹聞溘逝，軫惜殊殷，著加恩追贈太子少保銜，照河道總督例賜恤，其靈柩回籍時，沿途地方官妥爲照料。伊子喬聯寶著以主事用，用示篤念藎臣至意。喬松年後予謚勤恪，以光緒三年江督沈葆楨爲之請也。以新授陝西巡撫曾國荃爲河東河道總督，以陝西布政使譚鐘麟爲陝西巡撫。

二十一日己丑　晨陰，旋日出杲杲，俄頃復陰，下午雨作，入晚漸密，夜點滴有聲。鄭同年暉吉來，馬同年良駿來。天氣霒陰，對此等客，益令人悶損。張颬坪來。殷蕚庭來。閲《先正事略》。國初梅勒章京即漢言男爵也，乃《范文程傳》云加一等梅勒章京、世襲一等男爵，此由不識官制也。《阿桂傳》云孫那彦成官大學士，那彦成何嘗官大學士乎，其疏如此。

邸鈔：以山西按察使蔣凝學爲陝西布政使，以山西雁平道程豫爲山西按察使。詹事府右贊善吴仁傑升司經局洗馬。

二十二日庚寅　晴，微陰，午後凉風蕭然，晚雲又合。得伯寅書，屬撰彭文敬神道碑，即復。作書致潘孺初，取還文稿兩册，得復。作書致殷萼庭，還其從兄某行略，萼庭乞爲某撰墓銘，而其人不應銘法，故婉辭之，并略告以志銘之法及予作文之例。貧甚，以紗衣質京錢十五千。閲《四庫提要》小説類。

邸鈔：兩宫皇太后懿旨：恭親王奕訢、醇親王奕譞等奏稱，謹看得附近東陵之雙山峪，地勢寬平，係上吉之地等語。雙山峪著定爲惠陵，即行擇吉興工，派醇親王奕譞、魁齡、榮禄、翁同龢敬謹辦理。步軍統領衙門員外郎文治授山西雁平兵備道。

二十三日辛卯　澹晴，上午微陰，風起，下午風益勁，寒如冬中。梅卿第三郎周晬，饋以糕桃，梅卿饋肴饌四器及壺酒、炒麵。閲《養新録》。夜梅卿招飲，一更而罷。（此處塗抹）復相見，言語鄙穢，可憎之甚。梅卿以予故亦相識，屢招之飲，而予轉疏之，今夕竟使酒罵坐，平生不嚴絶此輩，是予過也。

二十四日壬辰　晴和。步詣殷萼庭家，送其家屬南還，小坐即返。萼庭從予至寓，偕梅卿閑話終日，夜飯而去。

二十五日癸巳　晨陰，上午微晴，下午溦雨，旋日出而雨益甚，俄雨止，晚晴。牧莊來，暢談竟日，偕梅卿同留夜飯，牧莊借予日記三帙去。夜貓産五子，去年所畧一雛貍耳。今人以一産四男以上爲瑞，聞之於朝，不知此乃妖異。唐虞以來，聖神未聞此事，陸終老童亦妄説耳。故此等人十九不育，即能成長，亦無有具知識者。《魏書·靈徵志》以秀容郡婦人一産四男，四産十六男列之人痾。《舊唐書·五行志》亦載昭應婦人張氏産一男二女，延州人賀文妻一産三男。後世官吏無識，夸爲瑞應，實則嘼生道也。其事率出於市井小民，有至十二男者，與卵化何異。李奇生《勺録》載，康熙五十三年，易州呼姓民家婦産一胞，剖之得男子三十六人，見風而長，蓋妄言也。果有其事，亦爲大怪異矣。

二十六日甲午　晴，有風，晡後陰。終日雜考群書，自昨夕痔發不能久坐，多以卧閲之。梅卿生日，饋以桃麵。

二十七日乙未　晨陰，上午微有日景，午後霒陰，晡後雨，晚止。痔大發，卧閲雜書。盛伯希來，與之略論國朝掌故及滿洲氏族，俱頗能留心近來宗族子弟中不易覯者也。得何竟山正月二十四日越中書，并寄所得商父乙彝拓本。以敝舍利裘質得京錢四十五千。

二十八日丙申　晴。

二十九日丁酉　午正二刻三分清明，三月節，小盡。晴，大風，午後小止。薦曾祖考妣、祖考妣、本生祖考妣、先考妣以大小十六簋，艾餃一盤，時果四色，酒兩巡，蓮子湯一巡，焚楮鏹一千，下午畢事，又以素饌供張節孝，焚楮鏹二百。作書致潘星丈、紱丈，俱約明日小飲，得復。作書致伯寅，問其疾，得復。再得伯寅書，即復。作書致孺初，約明日午飲，夜閲《曝書亭文集》。印結局送來是月公費銀十一兩四錢。是日得七律二首。

乙亥清明寓中祀先感賦二首

清明作客總凄然，典得朝衫也薦先。麥飯祇供貧士饌，紙錢誰上郭門船。桃花津渚新停鼓，楊柳人家欲禁烟。爲問京華何事業，滿頭霜雪不歸田。

丙舍移家得幾時，松陰鐘梵不勝思。六峰翠靄尚書塢，一曲清谿下相祠。先曾祖墓在漓渚金釵隴，近六峰山有謝尚書塢。先考妣墓在項里，有清溪十八橋，項王祠在焉。漓渚之寶壽寺，項里之翠峰寺，境皆幽絶，常欲構丙舍其旁。永叔表阡何日就，先祖及本生先祖俱尚權殯未葬。右軍誓墓此生遲。卅年舊句成愁絶，莫向旗亭唱我詩。予十七歲時嘗作《上塚詞》十餘絶句，内一首云：『紅橋漓渚春風市，緑樹亭山細雨天。更有謝公遺墅在，衣香人影滿春田。』頗爲時所傳誦，予得詩名實始於此，其稿久棄，聊附記之。

三月戊戌朔　晴，上午微風。紱丈來，星丈來。孺初來，贈廣東衛生丸四粒，贊育、白鳳等丸各一包。齋中小飲暢談，晡後始散。得陶少篔去冬十二月十日書，陶心雲十一月廿四日書，得竹樓二月十五日書。是日申正日食。

邸鈔：詔：列聖御極之初，蠲免積逋，覃敷闓澤，允宜祗遵成憲，特沛恩綸，所有各直省民欠錢糧即著户部酌核奏請蠲免。

初二日己亥　晨晴，上午後陰，大風，傍晚風少止，復晴，夜又風。得董芸龕書，以便面乞書，并贈王霞舉詩集，即作復，還其集。作復竹樓書，致季弟書。買紫荆、金雀各一樹，植之窗下。付花竹錢，共十五千。付前月賃屋銀四兩，岑福工食錢十千。是日得種花七絶二首。

去年所移花樹半死今年復補栽之戲成兩絶句示後人

詩老朱藤翰長梧，先生風調復何如。元規塵土何須問，日有清陰爲掃除。

叔孫所至須完葺，曾子臨行戒毁傷。他日莫逢蕭少府，盡刊花草種衰楊。

初三日庚子　晴，下午有風。發家書，交輪船信局。偕梅卿至慈仁寺看花，惟山桃迎春已開耳。杏花萼已紅綻，榆葉梅有一二枝半開者，丁香、海棠則尚早也。遇嚴鹿谿，久談而出。遊法源寺，丁香亦未開，樹較往年漸少矣。晡後飢甚，邀梅卿小飲廣和居，傍晚復游龍樹寺，坐蒹葭簃，日落而歸，得七古一首。

乙亥上巳日游慈仁寺看花復至法源寺探丁香出飲酒家歷龍樹寺而歸

三月三日春氣佳，出游宣武城西街。慈仁蘭若據大道，當門老樹相推排。寺寂僧貧鳥聲樂，百級香臺聳危閣。蒼松偃蹇匝地風，吹過山桃亂花落。春陽晼晼開午晴，一枝艷照楧梅明。北地有榆葉梅，繁英淡紅，千葉而小，《爾雅》時英梅郭注云：雀梅，《説文》作楧梅，《玉篇》作楧梅，疑即此也。石闌久坐狎馴雀，經房静聽茶鐺聲。良辰催箭急星火，東游西游無不可。憫忠古刹重扣扉，萬蕊丁香雪猶裹。戰士埋骨千年香，古德天花開道場。軋犖窣干自屠剥，猶誇佛力收漁陽。蟻垤爭雄事如此，暮鼓晨鐘等閑耳。乘時一醉非偶然，杖頭百錢足生死。酡顏風送城南來，夕陽千頃蒹葭堆。西山爲我掃眉黛，贏得浮生笑口開。

邸鈔：上諭：文祥奏病仍未痊懇准開缺一摺。文祥著開去鑲白旗滿洲都統，毋庸管理工部及神機營事務，以示體恤，仍留大學士之任，在軍機大臣總理各國事務衙門行走，俟病體稍痊，即行入直。

初四日辛丑　風，陰，下午微有日景。賣花人王榮來，又補種海棠一樹，添栽紫荆一樹，復移梧桐植之竹下，付錢九千。家人告典質盡矣。復賦種花絶句二首示之。作書致伯寅，問其疾，得復。比日痔創未愈，昨夜舊疾又動，憊甚多卧。

後種花兩絶句示家人

先生性癖只耽花，紅紫閑庭丁倒斜。有地今朝還種樹，無錢明日便移家。

莫笑囊中無一錢，園官圃老識經年。何時結就團蕉屋，萬樹花中自在眠。予嘗有『桃花萬樹一蒲團』之句，屬畫師繪爲圖。

邸鈔：上諭：沈葆楨等奏請將陣亡之游擊優恤並賜謚建祠等語。副將銜儘先參將、浙江温州右營游擊黄開俊在福建臺灣地方剿辦土匪，甚爲出力。本年正月間，帶隧搜捕獅道社番，遇伏陣亡，深堪憫惻。王開俊著照副將例，從優議恤，並加恩予謚，准於臺南建立專祠，隨同陣亡之花翎都司銜守備周占魁等及勇丁九十三名均交部從優議恤，一併祔祀。王開俊旋予謚勇烈。科爾沁親王伯彦訥謨祜調補鑲白旗滿洲都統，肅親王隆懃補授鑲藍旗漢軍都統。

初五日壬寅　晴。

邸鈔：上諭：都察院奏鑲藍旗四品宗室恩詔以伊叔已革伊犁將軍常清前在伊犁全家殉難等詞赴該衙門呈訴。據稱同治四年，回匪攻撲伊犁時，常清因革職留伊查辦，隨同該將軍等登陴固守，城陷後，常清巷戰陣亡，全家同時殉難，殊堪憫惻。常清著照四品官議恤，其庶母程氏、子德潤，女貞格、蘭格、格安、格定，妾王氏、越氏一併分别旌恤。

初六日癸卯　晴。庭前花樹俱令圬人砌磚圍之，賒磚錢六千，付圬工錢二千四百。得紱丈書，借《全唐詩》，即復。兩日治庭下之溝，泥水喧雜，甚不可耐。

邸鈔：以前户部左侍郎潘祖蔭爲大理寺卿。

初七日甲辰　晨微陰，上午晴，午後有風。得星丈書，即復。得紱丈書，即復。張飈民來，以洪北江題其叔祖春巖訓導詩集七古手蹟見示，後附三月晦日即事絶句二首。春巖名景運，字静旃，晚更名泰復，自號秋坪道人，兩浙運使惟寅之子，乾隆丁酉拔貢，由順天府學訓導升浙江太平縣知縣。到官僅數月，以海盗案革職，發軍臺贖罪，捐復學官，選遷安訓導以卒。著《因樹山房詩鈔》《秋坪新語》已刊行，又有《浮筠書屋文集》《半一軒詩集》等五六種。北江此詩見《卷施閣集》卷第十一，題作《暇日校法學士式善張大令景運近詩率賦一篇代柬》，其絶句則《卷施閣餞春》十首之二也，詩以粗宣紙寫之，颭民得於故紙堆中。北江又有《張烈婦詩》七古一首并序，亦見集中，卷第十七。即爲春巖子婦王氏殉其夫慧裕作也。詩有云：『婦先兒，兒童烏，阿翁復作鬼董狐，一家奇行皆堪圖。』自注：『大令近作《述異記》數種。』北江詩筆力健舉，而時病淺率，其校法、張二君詩，尤叫囂，集中最下作也。烈婦詩所云『婦先兒』，乃用《魏書・列女傳》涇州貞女兒先氏許嫁彭老生爲妻，未嫁而老生逼之，不從，遂爲老生所殺事。事既不倫，又易兒先爲先兒，皆其疏也。比日既患痔，大半偃卧，不能讀書，又肝氣大發，所遇輒忤，惝怳之甚。惟雜閱諸史及近人説部文集，略無端緒，藉遣光陰，嘗謂欲學漢儒之治經，當先學宋儒之治心，一生不敢菲薄宋儒，良以此也。夜静坐一時許，補寫近日日記及所作詩。

初八日乙巳　晨至下午微晴，晡後陰。蓄髮將百日矣。禮部議奏上以十一日辰刻詣觀德殿几筵前釋縞素，已刻清髮，官民一律剃頭，限期七日止。再以皇后喪，百官及滿蒙軍民仍蓄髮至五月三十日始剃頭，漢人軍民不禁。向例後喪蓄髮官弁六十日，漢人軍民二十七日，今以先帝之后，故百官視皇太后例蓄髮百日，而軍民仍止二十七日，已爲出入無據。又先計先帝喪期百日之數，剃而復留，自古喪禮未聞此制，且軍民之二十七日尚在先帝百日之末，則爲后喪蓄髮止五日耳，尤爲非禮也。

邸鈔：以太常寺卿長敘爲内閣學士兼禮部侍郎銜。

初九日丙午　終日陰，午後微有日景。得伯寅書，即復。卧閲《洪北江集》。殷萼庭來，竟日始去，以後當用淵明法辭之。

初十日丁未　晴暖，有春中意。得紱丈書，即復。近以肝氣、痔病，半多偃卧。昨以對客無聊，今日尤覺形神昏憊，因閲洪北江詩遂及張秋坪詩。其《因樹山房集》予未之見，其

《半一軒集》則飏民所寫示者也，詩約百數十首，飏民蓋節録之。雖時病率易，或苦槎牙，未有醖釀之功，而辭旨清辯，筆亦健達，與北江詩格相近。北江謂其落筆有古人，則未確也。北方詩人似此已爲難得，故當日如吴白華、紀文達皆稱許之。其詩七古如《五人墓》《刀山女技歌》，五古如《歸里述懷六首》《興濟道中有感》《明孝康張后事》，五律如《淮陰吊古》《寧武雜詠》《景忠山》，七律如《臨清懷謝山人茂秦》《良鄉郊勞臺》《定興有感鹿忠節公》《白雪樓懷李滄溟先生》《三屯營有感戚少保故蹟》《斑竹嶺吊潘玉蘭校書》，皆風格不愧作家，七絶如《舟過山陰》云：『雲容水態逼秋清，迤邐青山入越城。十里迴塘樓兩岸，夕陽無數畫船行。』亦可傳也。

日來貧甚，無可典質矣。平生不向人乞貸，今日以有人酬字未足兩，作書致之，竟不應。文章不能自重，輕以與人，予之過也，一笑置之而已。

十一日戊申　晴，有風。閲江慎修《群經補義》，買櫻桃一樹，當歸四本，玉簪兩本，石昌蒲三本，洋水仙兩本，計直十千，賒之，分植庭隅。作書致牧莊，相約看花。夜閲惠氏《九經古義》，貸園本、省吾堂本，皆有誤字，學海堂經解本亦承誤而刻之，今日略校正數處。連夕月甚佳。

十二日己酉　晴暖，可著單綿衣，晡後微陰，有風，傍晚陰。閲《九經古義》。夜月仍佳。

十三日庚戌　微晴，多陰。閲孔氏《公羊春秋通義》。午後自課澆花培土，勞而不罷，性所憙也，然此亦是嗜欲之一累。買柰樹一，植之西窗下，都人呼爲聞聞果，以其子圓而香可聞也，其樹似梨，花似桃而紅白色，子亦微甜可食，惟生澀耳。或以頻婆果爲柰，然此果實出西域，非柰也。古以柰爲佳果，而今不甚可口，蓋物性有變異耳。吴梅村詩作文官果，湯西崖詩作文丸果。

十四日辛亥　晨至午陰，下午薄晴，傍晚復陰。終日無憀，雜考國朝科名官制十餘事。

十五日壬子　晴，晨至上午大風，午後止。閲《愛日精廬藏書志》。牧莊來。雅齋來。以敝裘質錢百二十千，付前日買花錢十三千。夜月極佳，徙倚庭下久之。戌正初刻十三分穀雨，三月中。比日早睡，今夕以閲桂未谷《札樸》，且貪好月，時時理詠，四更始罷。

十六日癸丑　晴。

閲桂氏《札樸》，同邑李吏目宏信所刻也。桂氏精於小學，故是書於名物訓詁，研析獨精。吏目號柯谿，居柯山裏村，與予家同姓而不同宗。凡山陰、會稽城鄉李氏約十餘宗，其可數者趙墅有松雲中丞，東郭在明有國華中丞懋芳，國朝有秩南編修平，皆與予家同出上虞爲同宗。山泉村科第仕宦較多，傳出於宋之忠襄公李顯忠，天樂村亦有登科者，不知所出。此外有柯橋李氏、李家漊李氏，皆有祠堂而無科第。吏目爲柯山李氏，又别爲一宗，亦有祠堂而無爲弟子員者。吏目亦由部之供事爲雲南吏目。據此書跋尾，自言在滇時謬以下僚，蒙被推許，引與談論，朝夕商榷，因以此稿付之，屬其刊刻。考未谷以永平縣知縣攝鄧川州，則李君蓋爲鄧川州吏目也。其小李山房藏書極精，今其後嗣已絶，書亦久散矣。札樸者，蓋取《説文》柹下『削木札樸也』之語，以札爲簡札，樸爲木皮，自比於削牘所棄之餘。今段氏《説文》已改『削木札樸也』爲『削木朴也』，言朴是木皮，樸是木素，削木安得有素，札是衍字。近年莫子偲所刻唐本《説文》，木部正作『削木朴也』。然《説文》下云『陳楚謂櫝爲柹』，段氏依《韵會》改爲『陳楚謂之札柹』，而唐本仍作『陳楚謂櫝柹』。蓋櫝即牘也，言陳楚謂所削札牘之皮爲櫝柹也。

潘孺初、楊惺吾來，縱談竟晷。

邸鈔：上諭：丁寶楨奏河神靈蹟顯著，請加封建祠一摺。山東賈莊决口經丁寶楨督率，在事員弁實力堵築，奇險迭生，仰賴神靈顯應，大工告成，實深寅感金龍四大王封號，著禮部查照康熙二十三年加封天后成案辦理，其黄大王、朱大王、栗大王、陳九龍將軍、楊四將軍、党將軍、劉將軍、曹將軍應加封號，著吏部一併議奏並建立栗大王專祠，以答神庥。案：栗大王者河督栗毓美，朱大王者河督朱之錫，皆本朝臣子，自有官稱，而被以大王之號，疆臣之不學、樞臣之無識，即此可見，嘉慶以前代言者必無是也。栗公，山西渾源州人，嘉慶辛酉拔貢，道光二十年卒於河東總督任，已贈太子太保，謚恭勤。朱公，義烏人，順治丙戌進士，由翰林歷官學士、吏部右侍郎、兵部尚書銜總督河道，駐濟寧州，康熙元年加太子少保，五年卒於官，年四十有二，乾隆四十五年封助順永寧侯。竊謂栗公宜加贈封爵，朱公宜加贈保傅及追謚，以後再著靈效可加三公至太師，或晉王公之封，庶爲得體。

十七日甲寅　晴，有風，下午益甚。閲《札樸》。令圬人於庭之西隅又砌磚爲壇，以護花樹，付工直及墍泥錢四千。羊辛楣來，久談，偕梅卿同留夜飯後去。聞前月二十八日黑水洋壞火輪船一，溺死六十餘人，江蘇海運委員死者二十一人，鄉人通判王綬與焉，浙江委員亦死一人，又有來應順天鄉試者數人同罹此慘，有田不耕，而沉没巨海，哀哉。

邸鈔：上諭：楊岳斌奏懇請仍准回籍養親一摺。楊岳斌前在江、楚等省統帶水師，剿除賊匪，懋著勛勤，上年奉旨召令來京，該前督以母病未痊未即就道，今來京叩謁梓宫。朝廷念其前功正資倚畀，兹據奏稱伊父母年老多疾，仍請回籍侍養，情詞懇摯，出於至誠，該前督於水師一切事宜，最爲熟悉，著前赴長江一帶，每年與彭玉麟往來巡閲，將各營水師認真整頓，並准其會銜奏事，應需辦公經費著兩江、湖廣各總督籌款奏明，撥交應用，該前督於巡閲之餘隨時回籍省親，仍可藉修子職也。上諭：前因都察院奏四川監生張事周等呈控永川縣兵差局紳士吞公病民一案，内閣侍讀學士廣安奏川省積弊，請嚴禁苛斂，裁徹釐卡各節。御史吴鴻恩奏敘州營勇索餉滋事，並知縣責押紳士等情，當派廣壽、夏同善前往查辦，並諭令將添設之兵差局與路不當衝之夫馬局查明裁撤。兹據廣壽等奏，查明所控各情，現擬辦結，並交查各件查明具奏云云，均著照所擬辦理。内僅咨革永川縣廩生、監生數人，擬杖笞仍均准援免。統領達字營總兵鄭學德以約束不嚴，任令勇丁入敘州城索餉議處。總督吴棠以不劾鄭學德亦擬處。署巴府知州王麟飛以打責職官黄萬鶱，致萬鶱自盡；分發廣東知縣以其嫂黄李氏訟其吞産；成都府知府朱潮以崇慶州人龍廷獻訟其弟進士已革湖北武昌縣知縣龍雲因失怙賴廷獻買易培植讀書，今廷獻年老窮苦，龍雲回家置産，視同陌路，經前任成都府斷，令幫給銀錢，龍雲昧良抗斷，朱潮委令署成都縣三台縣知縣王宫午、署華陽縣梁山縣知縣國璋審訊，王宫午等將龍雲打責手心，鎖押上府，朱潮將其掌嘴，鎖押發縣看守一月始放，致龍雲因病身死。查龍雲係革職暫留署任，奉差回川，察探軍情，遽將責押未免過當，俱交部議處。署永川縣知州陳焆以設立烟秤抽錢；署宜賓縣知縣張那鈞以錢數出入，疏不立案，俱分别議處。調停和鼓，化有爲無，以致太平，以養相度，不過如是而已。

十八日乙卯　晴，大風。

終日閲《札樸》，其辨六宗，引《月令》『天宗』蔡氏章句云：『日爲陽宗，月爲陰宗，北辰爲星宗。』與賈逵説六宗云『天宗三，日、月、星辰；地宗三，泰山、河、海』合。賈説與古《尚書》説同。鄭注以爲星辰、司中、司命、風師、雨師，與其《月令》注『天宗謂日月星辰也』，又『天之神祇』注謂『司中、司命、風師、雨師』，自相歧異。案賈逵説見《禮記・祭法》正義引《五經異義》。即賈所注《古文尚書》説也，非别有古《尚書》説。六宗之義，近時陳恭甫《五經異義疏證》備列二十六家之説，紛如聚訟，莫能折衷。《續漢書・祭祀志》載晉太學博士吴商之説，申明鄭義，最有據依。蓋禋是祭天神之名，非地與山川及宗廟人鬼之祭所可混。《月令》天宗，亦當是六宗之誤。篆文天作[illegible]，六作[illegible]最相近，天安得尚有宗，爲不辭矣。

其説『秬鬯一卣』，引《周禮・春官》『廟用修』，謂卣字當作修。案《説文》無卣字，《春官》『鬯人廟用脩』，注謂『脩讀曰卣，卣中尊』。其下云『凡山川四方用蜃，凡祼事用概，凡疈事用散』，注云：『故書匽或爲謨。杜子春云：謨當爲匽。鄭司農云：脩謨概散，皆器名。』以此推之，則脩不得即爲卣字，猶謨不得即爲匽字也。賈疏謂脩字於尊義無所取，故鄭從卣，則脩非可當卣字明矣。江艮庭篆《尚書》，以卤當卣，亦止取其音同也。竊謂卣本字當作酉，干支『申酉』之『酉』，篆文作丣，古文作丣，見《汗簡》。皆與卯之篆文𩇨、古文𠨒開合相對。《說文》：『酉，就也，八月黍成，可爲酎酒。』又『酒，就也』。蓋今本有脫誤，酉即酒字也，故醪醲等六十七文，皆从酉，而酉、酒兩字說解并同。𠧪者从丣省，酒以八月始酎，故从丣，又取以爲聲也。囗象尊形，𠆢象酒形，『𩰫鬯一卣』之『卣』，本字宜以酉爲之也。說詳予所著《說文隅得》。

其辨《燕禮記》『賓爲茍敬』，謂茍音己力反。《說文》『茍，自急敕也』，从芈省，與从艸之苟字異。《詩》『無曰苟矣』，苟亦當爲从芈之茍，與下逝字爲韵，鄭並注爲苟且者非。案『茍敬』之『茍』，當音亟，孫頤谷《讀書脞録》中亦言之，其實非也。《燕禮》《聘禮》兩記之茍敬皆宴賓，至此時其禮已殺，故止爲小敬。若云自急敕之敬，則其敬反加於聘饗時矣。敬本从茍，言敬已足包茍，不當連文言茍敬也。《詩》之當作茍，與逝字韵，則與予舊說合。予說在壬戌日記中册。

其說《檀弓》鄭注『申生雉經』，《正義》云：『雉，牛鼻繩也。申生以牛繩自經。』引《地官・封人》『凡祭祀飾其牛牲，置其絼』。鄭司農云：『絼，著牛鼻繩。』案雉經之當作絼，阮文達力申其說，然陸氏《禮記釋文》已云如『雉之自經』也，孔氏《正義》雖亦引《封人》之絼，而備載雉屈其頸而死之說。《堯典》『二生一死』，今在《舜典》。鄭注雉死，蓋雉性耿介，故士以雉摯，俗作贄。取必死之誼。雉經之說，古人蓋親驗之以爲喻，如必作絼，則豈縊死者必用牛鼻繩乎？

其辨學官，謂當作『斅官』，《說文》：『斅，覺悟也。』篆文省作學，引《檀弓》『叔仲皮學子柳』注『學，教也』爲證。案《漢書》所謂學官者，謂太學之官耳。故後世謂之校官、學校一也，不必改學爲教。

其辨『子卯不樂』，引《漢書》翼奉説北方好行貪狼，申子主之；東方怒行陰賊，亥卯主之。五行有刑德，行在東方，子刑卯；行在北方，卯刑子。謂賈、鄭注言紂以甲子死，桀以乙卯亡者非。案近儒多主翼奉説，其實好異之過者，風角刑德之説，聖人所不言。如其説，則浹辰之中，必兩遇子卯，疾日亦太多矣。周以前亡天下者，夏、殷爲慘。周之先王，又親誅紂，故忌其亡日，以示警惕。且王者存三統以通三微，夏、殷在三正之世，杞、宋猶存，故子卯不樂，恤亡國，存殷鑒，其義深也。後世尚以甲子日用兵爲戒。武王以甲子興，乃一時折諫者之言，何足以難鄭乎？

其辨龍輔，謂龍節以玉爲函輔，非玉名，亦非禱旱之瓏。案龍節以金爲之，不聞以玉爲函輔；即國之旌節，皆受之天子，有宫守之，不當私以爲獻。杜注玉名，雖不知所出，蓋説《左氏》者相傳如此。孔疏引《説文》『瓏，禱旱玉也』，本以無可比附，姑取一龍、瓏同音者言之。桂氏所説，則更爲臆決矣。

其説『季氏介其鷄』，謂當從韋昭云，以芥傅鷄羽，説者謂介爲甲，非。案賈逵、服虔及高誘《淮南子注》皆同韋説，其實非也。果以芥子傅羽，則傳文當云芥其鷄羽，不宜止云介其鷄也。以介爲甲，云鷄著甲，是鄭衆説，爲説《左氏》者最先之人，而高誘注《吕覽》亦云『介，甲也，作小鎧著鷄頭』，則高氏亦用仲師之義，惟以甲蒙鷄，故郈氏爲金距以破之，此事之易瞭者。蓋傳文介一本誤作芥，《釋文》介又作芥。賈、服遂以擣芥子播羽爲説，而杜氏本即賈、服本，遂亦沿用舊注，此亦陸、孔本不同之一，陸本作介，孔本作芥也。今注疏本乃依陸本改之，傳作介，而注義、疏義皆作芥，不可通矣，是以《釋文》注疏合刻之病也。即如上條記《周官》鬯人職，鄭注『蚌曰合將』，此陸氏本也，故《釋文》云『合音含，本亦作含。將如字，本又作漿』，而賈公彦所疏之本，則作『蚌曰含漿』，故疏云『蚌蛤一名含漿』，今注疏本亦作『蚌曰合將』。是依陸本改之也。十二經中如此者甚多，不可枚指。宋人謂以芥末傳羽，揚之欲以眯敵鷄之目，亦當自眯其目，其説是也。

其謂趙衰當是趙裒，故字子餘。《釋詁》：『裒，多也。』案裒是俗字，古祇作捊，趙衰字子餘，自當從王伯申説，以相反爲義，如鄭公孫黑字子晳，魯曾點亦字晳，鄭豐卷字子張之比。王氏謂卷當作弮，似爲臆改。

其辨《魏志》鄧哀王沖以大船量巨象事，謂《符子》載燕昭王以舟量大豕，是古有此法。案《符子》當作《苻子》，是苻堅兄子苻朗所作，在東晉末。其載燕昭王事，蓋即影撰曹沖事而爲之，子書體多寓言，未必别有所本也。

其賜惡姓一條，謂江西有哀氏、辜氏，皆賜姓。今哀改爲衷。案《風俗通》言哀姓魯哀公之後，因謚爲姓，是非賜惡姓者也。《漢書》王莽時有哀章，《後漢書》有掖庭技人哀置。《世説》注引舊語『秣陵有哀仲家梨甚美』，則哀亦爲著姓矣。惟《急就篇》言姓名有曰痛無忌，顔師古注痛氏本盛國之後，實姬姓也。周穆王盛姬死，哀痛不已，遂改其族謂之痛氏，則賜姓實有類此者耳。

張牋民來。洗足。夜復雜記科名故事數則於《貢舉考略》中。

十九日丙辰　晴，上午有風。

雜考彆、疴、䩕、耵、婐、妬六字，略辨釋之。《説文》無彆字，段氏據《詩・采薇》釋文、正義補入弓部，訓云『弓戾也』，謂弓很戾不調。案《采薇》『象弭』傳『象弭，弓反末也』。鄭箋『弭，弓反末彆者，以象骨爲之』。《釋文》引《埤蒼》云：『彆，弓末反戾也。』《正義》言象弭爲弓反末彆戾之處，以象骨爲之也。又引《爾雅》『弓有緣者謂之弓，無緣者謂之弭』。孫炎曰：『有緣者以繳束，無緣者不以繳束，以骨飾兩頭。』然則弭者弓弰之名，以象骨爲末，弛之則反曲，故云『象弭，弓反末也』。合考鄭君及陸、孔之說，則彎自爲弓末反曲處之名，其處飾以象骨，即謂之象弭，非很戾不調之名。蓋彎弭即辟咡，皆疊韵字。鄭注『辟咡傾頭與語』，亦是折曲之意。《玉篇》《廣韵》彎皆作弼，又作晢，訓爲弓戾，皆非本誼也。弓之矯戾，自當用弗字，弗即拂也，从弓，丿者右戾，乀者左戾，故从弓丿會意。《說文》以弗从弓，謂从韋省，恐非。

《漢書·五行志》『時則有下體生上之痾』，師古曰：『痾音阿。』又《志》曰『災及人謂之痾』。志五行者自漢及隋皆有人痾一門。案《說文》『疴，病也』，引《五行傳》曰：『時即有口疴。』今傳本《尚書大傳》卷三《鴻範五行傳》云『時則有口舌之疴』，又『時則有下體生于上之疴』，鄭注『疴，病也』，字皆作疴。《玉篇》痾同疴，是以疴爲正。《廣韵》痾下注云亦作疴，則又以痾爲正。大徐本《說文》疒下云『倚也』，小徐本作『痾也』。班書多古字，疑《說文》本作痾，或作疴耳。《集韵》疴、痾並列，下引《說文》『病也，或从阿』，是《說文》並有兩字之明證。

《廣川書跋》引《說文》『⿰束支音奇，木別生也』。案《說文》無⿰束支字，《玉篇》攴部『攲巨宜切，杈也』。《廣韵》五支，渠羈切，『攲，木別生也』，『⿰束支，上同』。古岐、枝字只作岐，且枝字从木从支，已含別生之誼，故《說文》枝下云『木別生條也』，其不當別有⿰束支字，明甚。⿰束支字从束从支，已爲繁複無義。《玉篇》入之攴部則尤謬矣，其从市者，市當作朩，形誤也。𠂔字隸變作市，𣎵字隸變作朩，遂亦與市亂，故柹果之柹今作柿矣。

午後偕梅卿同車游憫忠寺及謝公祠看花，又至慈仁寺，杏花、榆葉梅已盡落，惟丁香盛開，其樹高且多幾倍於法源也。寺後梨、桃各一樹，作花正繁，紅白穠映，草花紫色者滿地，亦爲可愛，復久坐丁香花下，啜茗而歸。孫鏡江來，不值。

邸鈔：上諭：左宗棠奏遵查通判陣亡並全家殉難情形請飭部優恤一摺。前署甘肅貴德廳同知候補通判承順於同治六年二月間逆回攻破廳城，該故員奮力巷戰，陣亡甚慘，伊母薩克達氏、伊弟候補州同通判崇順及吉順同時被害，家丁七名俱以身殉，深堪矜憫。承順著交部從優議恤，准其於死事地方建立專祠並加恩予謚，親屬僕從一併附祀。此昔年御史吴可讀請恤者，承順旋予謚勤愍。

二十日丁巳　陰，午後薄晴。上午偕梅卿詣極樂寺看海棠，車出西直門，山光野色已豁羈目，寺中花事正穠，遍憩僧廊，流連花下，紅香四照，艷絶人天，此非南中所有者也。予至此看花六度，惟壬申陳、蔡兩同年之招及今日爲際其盛耳。佛殿前有梨一樹，蔭盈及畝，作數萬花，雪疊烟霏，清綺尤絶，惜不得於月夜觀之。殿西有勺亭，眺望亦美。梅卿邀食蔬蔌糕麵數品，過晡而歸。付車飯錢十二千，高粱橋買脆餅錢三千。庭隅窗下用葦稈編花障子一層，既以護花，亦以當簾幕也，付工錢二千二百。寺中折海棠數十枝，賣花人王榮又送紅白碧桃折枝及櫻桃、欒子各十餘枝來，汲水插之，盆盎俱滿。是日得詞一闋。

國香 乙亥暮春極樂寺看海棠

輦路琳宫。又猩屏錦幄，争鬥妝濃。多情内家羅綺，來繞珍叢。天上霓裳已换，問沉香、誰被恩醲。傷心舊時話，寂寞連昌，玉樹青葱。　翠華停幾度，倏珠塵霧捲，長信都空。嬌鶯雛燕，無數盡泣鵑紅。獨擅昭陽第一，倚雕闌、愁對春風。休提夢中事，細仗珠燈，合隊花驄。

二十一日戊午　晨至午陰，午後晴。鄧鐵香自惠州入都迎其孥，來訪，久談。趙桐孫以直隸知府請分發入都，來訪。閲《説文》，作兢隸兢。競隸競。二字説。

二十二日己未　晴，傍晚微陰，有風。阮西生來。鄧鐵香饋竹絲冠一頂，筒中葛一端，化州橘紅一包，年時茶三匣，丸藥三封，即作書復謝，犒使二千。

邸鈔：吏部郎中何樞授湖南長沙府遺缺知府。

二十三日庚申　晨至午晴，午後陰，有風，傍晚微晴即陰，晚天色黄晦，大風，有溦雨。作書致牧莊，約過談。得紱丈書，約廿七日飲宴賓齋，即復辭。夜大風，竟夕震撼。

邸鈔：工部節慎庫郎中玉珩授直隸口北兵備道。

二十四日辛酉　晴，午微陰，終日大風，傍晚少止，夜復風。閲《五經異義疏證》。比日窘甚，而心體轉覺安舒，足副鑽研，雜考經説，頗有所得，而懶於疏記，隨過即忘，亦可惜也。得紱丈書。煮鷄蝦，食之甚美，予所名玉雛團也。

二十五日壬戌　晴，傍晚陰。楊惺吾約明日飲宴賓齋，即作片辭之。牧莊來，贈蜜漬梅薑一器，暢談至晚去。補栽紅杏、碧桃、欒子各一樹，紫薇兩樹，城外載土兩車來壅之。付車力錢八千，花直暫欠之，署中知會初一日陪祀太廟。

邸鈔：致仕副都統前大學士賽尚阿卒。詔：崇綺現在穿孝，吏部右侍郎著崇厚兼署。

二十六日癸亥　晴，晡後微陰，晚有風。

考據之學愈後而愈精，然非心細而識高，不能獨出己見也。國朝全氏、錢氏、王氏之史學可謂精矣，全與王、錢雖取徑不同，錢又非王所及，要其考證皆有獨絶處。惠氏棟史次於經，而兩漢則致力亦甚深，何氏焯、陳氏景雲、姚氏範尤非三君之匹，其校正馬、班、范、陳四史之功，亦不可没也。然如《漢書》宋景文校本之僞，錢氏亦不能辨之，全氏《鮚埼亭集外編》中列其五可疑，而僞乃灼然矣。梁劉之遴傳中載《漢書》古本，王氏亦信之，桂氏馥《札樸》中深以無可考見爲恨，邵氏晉涵《南江文鈔》中列其五謬，而妄不待攻矣。邵氏説即《四庫》之《提要》也，《提要》史部多出邵手，今《南江文鈔》中惟刻《史記》《漢書》《後漢書》提要三首，而官本已多所删節矣。蓋王、錢俱未及見也。《漢書》古本之妄，全氏《經史問答》中已發其端，此以知謝山史學之不可及，惟其喜言道學，薄視馬、班，所指摘兩家史裁之疏，皆拘於宋人義法之説，其言分傳、合傳之不當，又未免以時文法律之。然錢氏能知《史》《漢》之用意，而猶輕視范書，惠氏亦致不滿，而王氏獨深知其佳處。宋儒如王厚齋猶極詆陳志，何氏、錢氏始力爲表微，益見讀史之難耳。

梳頭剃面。傅子蓴來。

邸鈔：上諭：李鴻章奏已故大員曾著勞績懇請賜恤一摺。前烏理雅蘇臺將軍福濟於咸豐年間在安徽巡撫任内辦理軍務，宣力有年，現在因病身故，殊堪軫惜。福濟著加恩照巡撫例賜恤。福濟字元修，癸巳翰林，丁未主會試，合肥之座主也。編修汪鳴鑾升補國子監司業。

二十七日甲子　晴，傍晚有風。又添栽月季花兩樹，且移植前日花草，使疏密相間，培泥注水，俱躬親之，不勝其勞。作書致鐵香，約其小飲。自前月恭賦嘉順皇后輓詩，僅得數聯而未成，今日檢得其稿，因足成二律。后以狀元之女作合天家，爲千古所僅見，其賢又足以副之，彼蒼不祐，降喪迭至，得非故相之餘殃耶！悕矣。

恭賦嘉順皇后輓詩二章

纔唱廉歌送素車，永安宫裏咽悲笳。碧桃愛種千年果，白柰愁簪二月花。阿母層城誰遣使，玉皇天上自携家。靈衣颯颯因風舉，知是長門望翠華。

凶門柏歷罷繁儀，猶象深宫大練衣。扶荔風香圖史富，濯龍花發宴游稀。傷心寶玦辭瑶幐，幾見圓璫妒玉妃。鳳御裴回知有恨，平恩銜命向金微。

二十八日乙丑　晨及上午薄陰間晴，午至晡多晴，晡後黄晦，旋急雨數作，有雷震，晚陰，溦雨即止。閲全氏《經史問答》。新種緋桃作花正禯，今日得小雨後，晚陰闇然，明艷尤絶，裵回庭下，賞詠久之。夜密雨旋止。一更後大風，時雜飛雨。

臨江仙 新種緋桃一樹，試花正妍，薄陰罥之，宛然愁絶。夜來風雨，眷焉於懷，賦此寫之。

落盡櫻桃飛盡絮，晚花一樹穠新。薄陰低眷小窗晴。似憐春老，來試靚妝明。　轉罷輕雷飄罷雨，滿階芳草多情。夜來風信近三更。暗凝紅淚，誰與伴明星。

邸鈔：詔：左宗棠以欽差大臣督辦新疆軍務，金順仍幫辦軍務。西征糧臺諭令左宗棠責成陝西藩司經理。詔：户部左侍郎袁保恒回京供職。左宗棠疏劾保恒驕奢淫佚，保恒亦劾宗棠恃才傲物，專輒自恣。硃批保恒摺云：左宗棠持躬之儉約，謀國之公忠，察吏之精明，行軍之周密，自非袁保恒所及云。

二十九日丙寅小盡　晴。趙桐孫來。鄭寅谷來。濮紫泉饋保定醬菜兩小筥，即復謝。印結局送來是月公費銀十六兩七錢。梅卿邀同趙、鄭兩同年晚飲廣和居，夜二更歸。付是月賃屋銀四兩。

邸鈔：詔：金順調補烏魯木齊都統，景廉調補正白旗漢軍都統，即行回京當差。

夏四月丁卯朔　上午晴，午後微陰，晡後陰，傍晚溦雨。牧莊來。紱丈來。得董峴樵二月中旬秦州書，并寄懷七律三章。紫泉來。傍晚偕牧莊、紫泉、梅卿小坐花下啜茗，夜飯後兩君去。夜一更雨作，二更漸密，有檐滴聲，四更後止。

邸鈔：上諭：崇實等奏查明奉省各案先行定擬一摺。盛京户部侍郎兼管奉天府府尹志和、奉天府府尹恭鏜雖查無藉缺營私確據，惟於委署毫無定章，奉天府府尹署中並任令劣幕黄慕憲盤踞招摇，實屬有乖政體，不洽與情。志和、恭鏜著一并交部議處，志和著即回京聽候部儀，盛京户部侍郎兼管奉天府府尹著崇實兼署，運同銜同知黄慕憲著革去職銜，交地方官解回原籍。金州副都統毓福等抄辦巨匪高希殄，雖無賄縱實據，惟未能立時擒獲，致令遠颺，又未派水師與山東師船會抄，實難辭咎，毓福著開缺，交部議處。前署金州海防同知候補通判宜崇額於門丁高升不加管束，致有勾結賊匪情事，實非尋常疏忽可比，宜崇額著即革職，不准投效捐復。佐領春鐸雖無與賊首戴發通函兑錢確證，惟闔省軍民無不疑其通賊，實屬聲名狼藉，僅予革職，不足蔽辜，春鐸著即革職，從重發往軍臺效力，不准收贖，以示懲儆。旋吏部議志和降調，恭鏜革職，兵部議毓福亦革職。以成廉爲金州副都統。詔：内閣部院各衙門於京察一等未經記名各員内遴選保送，由吏部帶領引見。

初二日戊辰　卯正三刻十一分立夏，四月節。晨陰微晴，巳後晴，午後有風，比日頗寒，今午稍暖。

錢竹汀氏之學浩博而精密，國朝漢學諸儒中爲大家，然千慮一失，亦或不免。如武進劉申甫駁其《春秋答問》楚商臣、蔡般之弑，子不子，父不父也，故楚成王、蔡景公皆不書葬，謂吴、楚之君從無書葬之例。至蔡景公實書葬，三傳經文皆同，不知錢氏所見何經？實爲失檢之甚者。今日閲其集中題跋六卷，兼綜百氏，抉摘得失，誠爲學者資糧。

然如《跋復古編》云：『罙與突，須與湏，畗與荅，形聲俱别，而併爲一文，此誤之甚。』案：《復古編》罙下云：『周行也，从网米，武移切，别作寀，音深，竈突也。』須下云：『面毛也，从頁彡，借爲所頿字，相俞切，别作湏，荒内切，與沬同。』皆分别畫然，何嘗并合。畗下云：『滿也，从高省，象高厚之形；又當也，或作荅，小尗即菽字。也，别作答、畣並非，德合切，又伏、堛二音。』詳張氏之意，蓋以今用荅當之，荅當作畐，不當借小尗之荅。許君畐讀若伏，而大徐本音芳逼切，小徐本音彼式反，古音職、德同在一部，故張氏讀畐爲德合切，並不誤也。段氏十七部音韵表第一部並列德聲、伏聲。謙中於小學甚深，豈有此等字尚不能辨別者？

其《跋會稽志》云：『陸氏家世貴顯，放翁父子預修此志，而傳人物祇及左丞佃一人，古人志乘，皆寓史法，不私其親如此。』案嘉泰時志，其傳人物鄉賢，例止及宰執。陸氏惟農師官尚書左丞，得稱執政，故止及一人。其後寶慶續志，始補列侍從，張淏序例中明言之，錢氏考之未審也。

其《跋渭南文集》云，宋初有凌遲之刑而未嘗用，讀放翁《請除凌遲奏狀》，謂自五季多故，始於法外特置凌遲一條，非聖世所宜遵，乃知此刑昉於五代，而南渡時固已用之。案宋自神宗熙寧八年趙世居及餘姚縣主簿李逢、河中府觀察推官徐革等逆謀之獄，徽宗崇寧四年妖人張懷素及朝散郎吴儲兄弟等之獄，皆凌遲處斬，不待南渡時也。錢氏《養新録》中亦已載之，而此尚未及追改，皆檢記之偶疏耳。

傍晚頗不適。傅子蓴來夜飯，此輩何事復來親人，予甥出見之，乃知其非爲予也。

邸鈔：委散秩大臣一等誠謀英勇公承霈准其告病開缺，以通政司副使桂全爲光禄寺卿。户部江南司郎中董潤授四川川北兵備道。董潤，漢軍蔭生，原任張兆辰病故。

初三日己巳　晴。再得紱丈書，借日記及《吾學録》，俱復。紱丈惠墨兩挺。是日付米錢六十千，石炭錢三十千，首飾翠花錢二十五千，新栽花草錢十五千，碧桃紅杏計直九千，紫薇兩樹三千，朱砂欒子三千。更夫傭錢油火錢七千，陳媪庸錢五千。

邸鈔：寧夏將軍穆圖善入京署理景廉所管正白旗漢軍都統，以翰林院侍讀學士烏拉喜崇阿爲詹事府詹事。

初四日庚午　晨及上午晴，午後晴陰相間，天氣極暖。得紱丈書，即復。作書致鄧鐵香問行期，則已行矣。

是日偶考《尚書》如五器説，江氏、王氏、段氏、孫氏皆主鄭説，然鄭音乃個切，惟見《集韵》所引，鄭君不當言反切。江氏謂鄭當讀爲筎，亦近曲説。段氏謂筎是鳥籠，下既有器字，則此不得云筎者，是也。鄭訓如爲以物相授與之言，蓋以與字釋如字，故《集韵》乃個切下云『若也』，若猶與也。王氏引之《述聞》謂『如者，與也，及也』，其説較諸家爲直截。然以五器爲公、侯、伯、子、男朝聘之禮器，亦屬空言無徵。又謂如字蒙上文修字言之。果如其説，則五器當在三帛之下，不當間以二牲今作生字，後人所改。一死卿大夫士之摯矣。鄭注謂授摯之器有五，卿、大夫、上士、中士、下士也，器各異飾，其説必有所本。《史記·五帝本紀》云『二牲一死爲摯，如五器』，加一爲字，則五器指授摯之器，蓋無疑義。此謂修治公、侯、伯、子、男朝聘之五禮，躬、桓、信、穀、蒲，瑞節之五玉；赤繒、黑繒、白繒，薦玉之三帛；卿大夫羔雁二牲、士雉一死之摯與授摯之五器，則文從字順矣。惟五器爲盛摯之物，故加如字以明之，若亦是五等之禮器，則以五玉三帛五器連文可也。至馬季常謂五器即五玉，下云『卒乃復』，謂事畢而還之，然則如字又何解也。蔡沈乃妄移『五玉』至『摯』九字於『協時月正日』之上，而以『修五禮』『如五器』連文，其陋不足辯矣。

邸鈔：詔：本月初七日大高殿祈雨，惇親王奕誴恭代拈香，時應宫等分遣諸王。

初五日辛未　晨及上午陰，午後晴。得趙桐孫書，以近年所作雜文一帙、近詩四章見示，即復。作片問孺初疾。雅齋來。胡升之婦金釀絲赴河南，來叩辭，賞錢十千，藥物數種。

邸鈔：左春坊左贊善温忠翰補原官，編修黄師誾升右春坊右贊善。

初六日壬申　晨陰，上午微晴，午晴，下午陰。潘孺初來。張𢘿民來。羊辛楣約明晚飲萬福居，辭之。閲《鮚埼亭集》，比日倦甚，時若發熱，飯後尤覺疲疾，蓋元氣不足，又有濕熱，脾弱不張，故中多積滯耳。

初七日癸酉　晨及上午陰，時有微雨，下午微晴。閲《鮚埼亭集》。得袁爽秋片，招飲宴賓齋，辭之。

邸鈔：兩宮皇太后懿旨：惠陵現在興工神路及石像先無庸修建，其餘均照定陵規制。

初八日甲戌　晴。

左氏經傳文之誤，如桓十五年傳『人盡夫也，父一而已』，誤『天』作『夫』，遂致杜注『婦人在室則天父、出則天夫』二語爲虚設。段氏玉裁據《唐律疏義》《音義》兩引俱作『人盡天也』以正之。莊三十二年經傳『城穀』誤作『城小穀』，此後人據《公》《穀》二傳以改《左傳》也。二傳經文誤多一小字，遂以爲魯邑。凡二傳之與左異者，往往因文字訛脱。遂致杜注引穀城縣有管仲井爲不相應。孫氏志祖據《公羊疏》稱《左傳》作『穀』，與二傳異；且引昭十一年傳文齊桓公城穀而置管仲焉。杜注城穀在莊三十二年以正之。此條阮文達已採入校勘記。

今日偶閲《左氏正義》，如昭八年傳『游服而逆之，請命，對曰：聞彊氏授甲將攻子，子聞諸？曰：弗聞。子盍亦授甲，無宇請從。』案：『將攻子』當作『將攻予』。《左傳》『予』皆作『余』，此偶作『予』，遂因下文誤爲『子』耳。請命者，乃陳桓子請子旗之命，蓋桓子忽見子旗之至，以爲事露，故既改服而逆，且問子旗之來何所見命也。游服者，宴游之常服，杜注以爲游戲之服，似非。對曰云云者，子旗對也。

曰弗聞者，桓子詭言弗聞也。蓋子旗本欲往子良家，子旗兼治子良之室，自當往其家，故《正義》駁服虔説，以將往爲欲往陳氏者非也。因數人有授甲之告，故至陳氏問之不得，桓子告以授甲而反云弗聞也。且子旗自言弗聞，則桓子亦不得遽有授甲請從之言。杜注請命爲子旗問桓子所至者，蓋誤，此以情事推而得之耳。

『遂世守之，及胡公不淫』，注『胡公滿，遂之後也』。案不淫者，滿之字也，淫者滿也。《説文》：『淫，浸淫隨理也。一曰久雨曰淫。』浸淫即衍溢之意，淫雨亦作霪雨，亦言其久而滿淫也。淫佚、淫亂之字，本作婬，𡈼者近求也。此等字皆以聲包義，婬亂作淫者，乃通借字，亦引伸義。滿字不淫者，滿而不溢之誼也。

『輿嬖袁克殺馬毀玉以葬，楚人將殺之，請置之。』注云：『置馬玉。』案：既殺馬毀玉以葬矣，安得而復置之。置者，置弗殺也，置猶舍也，讀如『唯執政所置之』之『置』，謂袁克請而赦之也。

『桓子授甲而如鮑氏，遭子良醉而騁。』注云：『欲及子良醉，故騁告鮑文子。』案：醉而騁者子良也，加『而騁』二字，醉狀如見。故下文又云『皆將飲酒』，情事宛然。若如杜注，則此時未遣人視二子，安知其醉？

初九日乙亥　晴，下午有風。潘星丈來。讀《左傳正義》。傅子尊片來，乞書扇，復之。夜月暈，五更後大風。

初十日丙子　晴，大風，下午風稍止，陰。

桂氏《札樸》云：《左傳》『賜我先君履，東至於海，西至於河，南至於穆陵，北至於無棣』，杜注穆陵、無棣皆齊境者，非也。京相璠曰：『無棣在遼西孤竹縣。』案此引見《水經·淇水》篇注，無棣上有『舊説』二字。《漢書·地理志》遼西郡令支縣有孤竹城，管仲舉此者，以曾伐山戎也。《史記索隱》云：『舊説穆陵在會稽，非也。今淮南有故穆陵關，是楚之境。無棣在遼西孤竹，服虔以爲太公受封境界所至，不然也，蓋言其征伐所至之域。』小司馬之説是也。管仲舉楚境之穆陵，以證齊伐楚非無因涉其地；又特舉無棣，以示踐履之遠，使楚知畏。若但舉齊之四境，不足威楚，出言何謂？且楚自知之，無煩界量矣。慈銘案：桂説是也。酈注所引是京相《春秋土地名》語，玩其文加『舊説』二字，似京相亦主服説，而酈氏斷之云管仲以責楚，無棣在此方之爲近，方之者，謂方服説也。則道元已取京相所引舊説。杜氏《通典》云：『鹽山，春秋之無棣邑也。』則君卿亦取之。至穆陵，則高氏士奇《春秋地名考》云：『青州府臨朐縣東南一百五里大峴山上有穆陵關。』顧氏棟高《春秋大事表》亦同。而《索隱》云在淮南之説，無所取證。然青州在晉時曹嶷、慕容超等皆據大峴以爲固，不聞有所謂穆陵關者。而淮南之合肥，漢屬九江，六朝改曰汝陰縣，屬南汝陰郡。六朝時爲重鎮，其通壽陽、建康之要路，亦有大峴、小峴二山。合肥在春秋爲舒巢國，楚之北竟，後遂屬楚，疑穆陵本在今廬州府境，後以青州大峴名同，遂移穆陵關於此，小司馬在唐初，聞見固確耳。

桂氏云：哀十五年傳楚伐吴，陳使公孫貞子吊焉，及良而卒。吴人云：『以水潦之不時，無乃廩然隕大夫之尸。』芋尹蓋曰：『雖隕于深淵，則天命也，非君與涉人之過也。』審其前後之言，貞子殁於水，杜注孔疏皆未之及。慈銘案：桂説非也。傳文明云將以尸入，尸者柩也，故注引《聘禮》『賓死未將命則既斂于棺，造于朝』以明之。芋尹對太宰嚭亦備言朝聘以尸將事之禮，是吴所云『隕大夫之尸』者，謂恐隕其柩也，故曰無乃。而芋尹曰『雖隕于深淵』，皆設爲未然之辭，且殁於水，亦不當言隕其尸也。

桂氏云《尚書序》『皋陶矢厥謨』，《釋文》：『矢，本又作矣。』《隸釋・唐扶頌》『惟直如矣』。《説文》匕部𠤕下云：『𠤕，古文矢字。』矣蓋隸體，從古文變也。《廣韵》以矣爲俗字。慈銘案：矣者，失之篆體也，《説文》失从手乙聲，《尚書序》矢一本作失者，蓋矢、失音近通用。《唐扶頌》之𡗗，是漢人作隸之誤認𡗗爲矢耳。矢之古文作𡗥者，其上以反匕爲聲，矢篆體作矢，失篆體作失，本遠不相蒙。自隸變爲矢、失，遂易相混亂，《廣韻》至以𡗗爲矢之俗字矣。世之講求小學，喜依《説文》作楷者，自《六書故》《復古編》《通雅》以及陳氏《毛詩稽古編》等書，皆書失作𡗗，則非篆非隸，於失字形聲，盡不可考，蓋亦以𡗗爲矢之俗説誤之，致變作𡗗耳。

得星丈書，送其《小鷗波館集》兩部來。

邸鈔：刑部郎中瑞璋授浙江寧紹台兵備道。原任顧文彬告病。

十一日丁丑　晴，晡後微陰有風。撰《彭文敬神道碑文》。牧莊來，暢談竟日，至夜二更時去。趙桐孫來。阮酉生來，此人以嚴先生書來爲之先容，故屢接見之，而年少無所知識。今日語言尤鄙甚，聞其父爲浙江捐班知縣，必是貪吏無疑也，以後當絶之。

邸鈔：鎮國公前禮部尚書奕湘奏病難速痊，請停公俸，詔：奕湘開去差使，加恩賞給全俸。

十二日戊寅　晴，晡陰。撰彭公碑銘辭，碑文以昌黎法爲之，銘辭以龍門扶風贊論法爲韵語，此非唐後人所知者也，稿別具不録。作書致伯寅，得復。得伯寅書，即復。再得伯寅書。桐孫約後明日飲宴賓齋，辭之。昨夜夢感一事，悲懷莫釋，賦一詞寫之，皆隱括夢中語也。

陌上花 久病客中，忽夢所憶，前塵宛在，語之甚悲，寫以曼聲，譜以楚徵，不自知其愁絶也。

穗燈夢膩，無端相見，淚痕凝袖。影事烟空，依約訴來如舊。鈿蟬仍試新妝好，只有黛眉微瘦。尚相憐老去，惜離傷逝，萬千僝僽。　斷腸癡絶語，檀欒願得，生小花紅人壽。鬥草歸來，長傍畫堂春晝。卅年幾慟人間世，還問玉簫生否。詎纏綿、未化夜臺塵鏡，斷香還守。

邸鈔：詔：盛京户部侍郎兼管奉天府府尹志和、奉天府府尹恭鏜委署豪無定章，均照吏部議降三級調用，不准抵銷，恭鏜並任令劣幕，盤踞招摇，仍照部議即行革職。

十三日己卯　晨微晴，上午晴，下午陰。終日閲雜書。張蓉江之淵來，香濤之兄也，以湖北道員入都引見。傍晚坐庭下洗足。夜月甚佳，有微風。

邸鈔：詔：十五日再祈雨大高殿及時應宫等處。

十四日庚辰　晨至上午晴，午後微陰埃饍，傍晚晴爽。終日閲雜書。桐孫書來催飲，作復辭之。

邸鈔：以湖北鄖陽府知府慶裕爲奉天府府尹，未到任以前岐元署理。理藩院郎中英謙授直隸熱河兵備道，前江蘇常鎮道蔡世俊以同知用，編修樓譽普授山西道監察御史。

十五日辛巳　晨晴，上午微陰，旋晴，午後熱可單衣，晡後微陰。今日部院諸員考試，差者二百八十餘人。文題：『蕩蕩乎民無能名焉』兩句；詩題：『膏雨潤公田得霖字』，擬題者侍郎殷兆鏞。比日雜閲近人文集，皆乾隆至道光時僂指可數之名家也。其中敘事之文不特無識力也，能知剪裁者十不一二也，能講稱謂者亦十不三四也，可見文辭之難工。夜無月有風。

邸鈔：詔：由進士出身之滿漢侍郎、内閣學士、三品京堂及四五品京堂内未與考試、試差者，俱於本月二十八日在上書房考試。上諭：左宗棠奏本年舉行鄉試請簡派正副考官一摺。甘肅、陝西兩省現在分闈考試，甘肅路途較遠，所有請派考官著禮部於陝西之前具題。先是左宗棠奏請陝、甘分闈鄉試下部議行，旋奏定陝西中額四十一名，甘肅中額二十一名，今年恩詔陝、甘共加額二十名，甘肅應分七名，又應帶補壬戌恩科劃留中額十八名，恩詔廣額七名，捐輸加廣一名，共應取中五十四名。兵部郎中承禄授湖北鄖陽府知府。

十六日壬午　晨溦雨即止，上午晴，晡後陰，傍晚有風。讀《周禮注疏》，自此以爲夏課。得趙心泉書，約十八日飲廣和居，即復。始食豌豆，配以竹笋，家鄉貧士之常饌，都中爲珍鮭矣。

邸鈔：劉松亭補浙江處州鎮總兵。

十七日癸未　晨至午後晴，晡陰，晚晴。戌正一刻七分小滿，四月中。同司李壽蓉來辭行。

十八日甲申　晴。作書致桐孫，贈以《越三子集》等書數種。約桐孫、爽秋、紫泉諸君後明日飲廣和居。作書致趙心泉，辭今日之飲。以敝裘質京錢七十千，自此篋中物盡矣。

邸鈔：上諭：丁寶楨奏現辦堤壩工情形請設立廳汛一摺，著該部會同河東河道總督妥議具奏。

十九日乙酉　晴。得桐孫書，并還《鮚埼亭集外編》。得李篁軒壽蓉書，言廿二日赴楚，當作一聚爲佳。作書致桐孫，并還其近文一帙。作片致牧莊，還《札樸》等書。作片致許竹篔、致朱偉侯，俱約明晚飲廣和居。作書致李篁軒，約其明日飲廣和居，并贈以《建初買地記》一通。得牧莊復。瓞民來。作片致張蓉江，約明日飲廣和居。金忠甫來。

二十日丙戌　晨陰微見日景，上午溦雨，下午小雨，晚晴。梳頭。上午詣廣和居，邀趙心泉、李篁軒、嚴鹿谿、許竹篔、濮紫泉同飲，并招秋蓤，午後心泉先去，蓉江來，晡後篁軒去，更邀羊辛楣、袁爽秋、朱少蓮及梅卿夜飲，二更後歸。是日在酒家終日，雖無佳興，亦不覺疲也。酒債至八十餘千，付下賞六千，秋蓤車飯二千。

二十一日丁亥　晴，有風。得紱丈書，即復。吴松堂來。孫鏡江來。比日凉燠不均，風乾氣燥，大有旱意。

邸鈔：詔：於本月二十五日遴選光明殿道士在大高殿開壇祈雨，遴選僧人在覺生寺諷經，仍分遣近支王公詣殿寺及時應宫、昭顯、宣仁、凝和等廟拈香，鄭親王慶至禱黑龍潭，豫親王本格禱白龍潭。

翰林院侍講學士許應騤轉補侍讀學士，以左春坊左庶子徐郙爲侍講學士，司經局洗馬吴仁傑升翰林院侍講。

二十二日戊子　晴，晨晡微陰，熱不能袷衣。趙桐孫來言廿四日行。得伯寅書，并惠銀二十兩，言先以潤筆，即復謝，犒使五千。

邸鈔：以太僕寺卿宗室載慶爲太常寺卿。

二十三日己丑　晴，晚陰，溦雨即止。身熱不快。晡後詣福興居，偕羊辛楣、袁爽秋、紫泉、金忠甫、梅卿公餞桐孫，晚至桐孫寓送行，付車錢十三千。

邸鈔：詔：前任大學士兩廣總督瑞麟靈柩現已到京，派貝勒載澂帶領侍衛十員前往奠醊。詔：本月二十七日保和殿考試翰詹。

二十四日庚寅　晴。得爽秋書，即復。身熱，胸腹悶甚，卧閲《金石萃編》。夜又疾動。

二十五日辛卯　晴。病甚，終日卧而閲書。得朱偉侯書。夜神思稍清爽。

邸鈔：上諭：有人奏問官覆審重案意存瞻徇請派大員查辦一摺。據稱浙江餘杭縣民婦葛畢氏毒斃本夫葛品連，誣攀舉人楊乃武因奸同謀一案，經楊昌濬委員覆審，葛畢氏等俱已供出實情，屢用嚴刑逼令照依原供，該氏仍堅稱誤信人言因讎誣攀，實與楊乃武無干等語。此案情節極重，既經葛畢氏等供出實情，自應徹底根究，以雪冤誣而成信讞。著派胡瑞瀾提集全案人證卷宗，秉公研訊確情，以期水落石出，毋得迴護同官，含糊結案，致干咎戾。聞之杭州士夫言，楊乃武者，本餘杭諸生，無賴習訟，惡跡衆著。嘗以小忿殺其妻，託言病死，其婦家莫之何也。葛品連者，楊之鄰人，以磨豆乳爲業。畢氏未嫁時，楊與之通，因爲葛娶之，恣其淫。及癸酉，楊舉於鄉，因謀殺葛，而娶畢爲妾。或云葛病，畢求醫於楊，楊以砒霜與之，而僞言神藥，畢以飲葛，即斃，畢實不知也。或云畢喜楊得舉人，欲棄葛以從楊。楊爲之計殺葛，畢曰奈事發何，楊曰我力能庇，若無懼也。畢遂從其計，毒殺葛。其詳弗敢質，而楊之爲匪人，則衆口若一。及事露，畢稱砒霜爲楊所親購，藥肆供證明白，楊亦自承購藥是實矣。既讞定，而楊令其妻及姊兩次京控，言爲人所誣，事下巡撫。巡撫檄調紹興知府龔嘉儁、湖州知府錫光至省會鞫之，尚未報，而長興王給事書瑞疏上矣。於是浙人皆言楊之冤，實餘杭知縣劉錫彤之子某與畢奸同謀殺葛。錫彤既懼其子當誅，又一縣人無不惡楊者，因誘畢誣楊，而劫脅藥肆人以證之，楊固無行，然與畢則不相識也，其事究不知若何耳。上諭：御史劉瑞祺奏請飭籌修運河復行河運一摺。南糧運赴通州，近年因河道阻塞，改由海運，原屬權宜之計，該御史所陳不爲無見，著直隸兩江、山東、江蘇各督撫，漕運總督、河東河道總督體察全河情形，應如何設法疏濬，俾利漕行之處，妥籌具奏。户部郎中管貽葄選授福建興化府知府。原任知府方熊祥報捐道員離任。貽葄，陽湖人，乙未副榜。

二十六日壬辰　晴。謝夢漁來，新以服闋入都者。得紱丈書，借《貢舉考略》。付是月賃屋銀四兩。聞黄卣香以今日死。卣香名體立，刑部主事，予昔與之爲兄弟交者也，其年小於予，早成進士，頗有時文名，好飲博狹游，遂以致死。吾鄉人管印結局者，戴工部堯臣、施兵部應藻及黄君，三年之中，連喪三人矣。

邸鈔：以前江西巡撫沈葆楨爲兩江總督兼充辦理通商事務大臣，未到任以前仍著劉坤一署理。

二十七日癸巳　晴。是日大考翰詹，恭邸擬題『進善旌賦』，以『光啓帝道，輝映天衢』爲韵；『所寶惟賢論』；『十風五雨歲豐穰得風字』，七言八韵詩。

二十八日甲午　晴。得紱丈書，即復。是日大考。閱卷爲侍郎黄倬、黄鈺、夏同善、徐桐、殷兆鏞、何廷謙，閣學翁同龢、景其濬。定擬一等五人，吴寶恕、吴縣，戊辰。瞿鴻禨、善化，辛未。鈕玉庚，大興，乙丑。以上皆編修；孫詒經、侍讀學士，錢塘，庚申。鍾駿聲。修撰，仁和，庚申。二等七十人，第一徐郙。侍講學士，嘉定，壬戌。三等八十人，侍讀學士王之翰、少詹文澂、侍講學士特亮、侍講嵩申皆列三等。又四等四人，贊善寶瑛在四等。聞有旨交軍機覆閲，未知有無更易耳。吴爲棣華按察之孫。瞿，庚午舉人，其年甚少，聞好學而文。鈕本山陰人，素以不學名者，其父以游幕山東，遂占大興籍。

邸鈔：詔：四川布政使王德固勒令休致，以廣西布政使文格調補四川布政使，以廣西按察使嚴樹森爲布政使，以四川按察使英祥調補廣西按察使。詔：新設興京副都統以黑龍江協領阿啓泰補授。

二十九日乙未　晴。上午出門詣潘星丈、紱丈、王信甫、許竹篔、張蓉江、劉鎸山師，俱晤。答拜謝夢漁，不值，在鎸師處久坐而歸。牧莊來，留共夜飯，暢談至二更而去。

邸鈔：以河南按察使沈秉成調補四川按察使，以南汝光兵備道傅壽彤爲河南按察使。右春坊右中允錢桂森轉左春坊左中允，左贊善温忠翰升右中允。

三十日丙申　晴，晡後陰，是日酷熱。先本生王父忌日，上午供饋，晡後畢事。得伯寅書，惠銀二十兩，即復謝，犒使八千。比日疲困，不能讀書，今日尤劇，幾不克行拜跪之禮，憂患餘生，殆將已乎。是日付買寄家首飾錢十五千，昨日車錢五千。印結局送來是月公費銀八兩。

邸鈔：詔：京察一等覆帶引見之内閣侍讀額圖渾、劉恩溥、詹事府右贊善黄師誾，翰林京察。翰林院編修畢保釐、吏部郎中黄大鶴、員外郎文啓、户部員外郎鍾珂、禮部郎中松林、兵部員外郎英敏、刑部郎中景維、余撰、蔡賡良、工部郎中阿克達、春毓、户部坐糧廳京察璋松、椿慶、錫綸、理藩院郎中清瑞、吏科給事中王道源、御史王榮瑄、奎光、陳彝、翰林京察。王兆蘭，户部京察。俱記名以道府用。

五月丁酉朔　晨陰，上午有㵎雨，因風即止，午晴。閲玉函山房所輯諸子書。得紱丈書，饋玫瑰餅及花卷糕，即復謝。傍晚有風甚涼爽。

邸鈔：命編修張楷蘄水，辛未。爲雲南正考官，御史王榮琯樂陵，庚申。爲副考官，編修畢保釐蘄水，庚申。爲貴州正考官，張清華番禺，乙丑。爲副考官。

初二日戊戌　晴。作篆數十字。閱玉函山房所輯諸子書，其中訛字甚多，又僅存一二條者至十餘種，皆可不必。其輯孔穿《讕言》一卷，據《孔叢子》録出，以當《漢志》儒家之《讕言》十篇，既與班氏自注不知作者相違，而又忘《孔叢》之爲僞書，乃反駁顔注爲誤，亦嗜奇之過矣。作書致紱丈，饋以煬麂及饅頭。是日付竹簾錢十三千，廣五尺餘，施之檐下以當内屏，又姬人皂裙錢十七千。傅子蓴喪其長男婦來赴，賻錢三千。得紱丈復。張颭民來。賣花傭來培樹，糞以芋麻醬，賞錢三千。

邸鈔：以理藩院右侍郎蘇勒布爲盛京禮部侍郎，以盛京禮侍郎麟書爲理藩院右侍郎。詔：本月初六日再分遣王公貝勒禱雨大高殿等處，並派輔國將軍載瀾禱白龍潭，貝勒載漪禱清漪園龍神祠，輔國公載濂禱静明園龍神祠。　前任常州府知府扎克丹補直隸河間府知府。

初三日己亥　午初三刻十一分芒種，五月節。晴，午後微陰，晚涼。

唐人言更制周興嗣《千字文》惟枇杷二字不能拆，此不學之言也。枇字古用作梳比後人作篦。字，《後漢書·濟北惠王壽傳》：『頭不枇沐。』《集韵》十二齊：『枇，篇迷切，櫛木。或書作柴，亦音婢。』黄庭堅《急就章注》云：『細櫛也。』杷字，《方言》云：『杷，宋魏之間謂之渠挐，亦謂之渠疏。』郭注『無齒爲朳』。《説文》：『杷，收麥器。』《急就章》『捃獲秉把插捌杷』，顔注『無齒爲捌，有齒爲杷』。《太平御覽》引《周生子要論》云：『夫忠謇，朝之杷朳；正人，國之埽篲也。秉杷執篲，除凶掃穢，國之福，主之利也。』枇又通作匕箸字，《禮·雜記》『枇以桑』注：『枇所以載牲體者，吉祭枇用棘。』《釋文》：『枇音匕，本又作杝。』《儀禮》皆作杝，枇、杝一字也。

作致嚴菊泉師嘉興書，并寄去敕命二軸。作致季弟書，即交信局寄去。署吏送來端午節養廉銀十二兩九錢六分。夜凉甚。

邸鈔：桂清補授正黄旗蒙古副都統。

初四日庚子　晨微晴，巳刻小雨，旋晴，午後陰晴餖飣，時有飛雨，傍晚陰。

今人呼鳥之胃曰肫，亦有所本。《内則》『鴇奥』，鄭注：『奥，脾肶也。』脾肶本字當作膍胵，《説文》：膍，一曰鳥膍胵，胵，鳥胃也。胵之轉音爲肫，肫本權，俗作䪼。肫字，《史記》《漢書》皆借準爲肫，《中庸》又借肫爲忳，《儀禮》借肫爲腨，爲純。眉批：徐鍇膍下注云：『百葉，牛肚也。』胃亦名胘，《廣雅》胃謂之胘，《説文》胘下徐鍇注云：『今俗言肚胘也。』知今人呼牛羊豕之胃爲肚，五代時已如此矣。而漢時則牛之胃謂之百葉，故《説文》於膍胘下皆曰牛百葉也。《周禮·醢人》鄭司農注云：『脾析，牛百葉也。』《儀禮·既夕》鄭君注云：『脾析，百葉也。』

予前以人一産三男以上爲妖，今日又得兩事，馬總《意林》及《太平御覽》卷三百六十一俱引應劭《風俗通》云：『不舉併生三子。俗説：生子至於三似六畜，言其妨父母，故不舉之也。』瞿曇悉達《開元占經》卷一百十三引《天鏡》云：『婦女一時生三男，不出三年，外國來伐；生三女，國有陰私。』而應氏又引《國語》：『越王句踐令民生二子者與之餼，生三子者與之乳母。』而論之云：『三子力不能獨養，故與乳母，所以人民繁息，卒滅强吴。』『今人多生三子，子悉成長，父母完安，豈有天所孕育而害其父母者哉？』案：今制一産三男者，由督撫咨報禮、户二部，給米五石、布十匹，其男女並育及一産三女者不給，亦取人丁蕃息之義耳。

梅卿惠蕉扇一柄，報以手串香囊。許竹篔來。是日付廣和居酒食銀六兩，同茂鋪米錢七十四千，元隆鋪石炭錢三十七千，寶森堂書銀二兩，李申耆《地理韵編》。又錢十千，《元和姓纂》五千，又製日記韜帙及裝釘書錢五千。福興居酒食錢二十九千六百，廣益公鋪乾果錢二十一千六百，松竹齋裝池錢十八千，又銀飾錢十三千，花磚錢五千，岑福工食錢十千，節賞錢四千，外賞兩千，外借十千，陳媪工食錢十千，月食錢五千，節賞四千，外賞兩千，胡元節賞五千，饒富三千，王媪四千，乳媪二千，車夫二千，更夫三千，署吏送廉銀賞錢三千，茶隸三千，走隸、皂隸各一千，全浙館、紹興鄉祠、山會館、庚午直省浙江長班各一千。

邸鈔：上諭：此次考試翰詹各員經閲卷大臣等校閲進呈，親定等第。一等四員，二等六十一員，三等九十員，四等四員。其考列一等之編修吴寶恕、瞿鴻禨均以侍講學士升用。鈕玉庚以庶子升用。侍講學士孫詒經以詹事升用。考列二等之侍講學士徐郙以少詹事升用。編修張登瀛、崞縣，戊辰。張佩綸、豐潤，辛未。均以侍講升用。廖壽恒嘉定，癸亥。以洗馬升用。王先謙、長沙，乙丑。修撰鍾駿聲均以中允升用。編修陳翼、閩縣，癸亥。、葉大焯、閩縣，戊辰。張楷均以贊善升用。以上各員現在無缺可補者，均先換頂帶，在任候缺。編修潘衍桐、南海，戊辰。侍講歐陽保極、江夏，庚申。編修唐景崇、廣西灌陽，辛未。惲彦彬、陽湖，辛未。崔國因、安徽太平，辛未。陳寶琛、閩縣，戊辰。侍講吴仁傑震澤，乙丑。均記名遇缺題奏，並各賞大卷緞袍料一匹，小卷緞袍褂料各一件。編修朱琛、貴溪涇縣，辛未。許有麟、仁和，戊辰。侍讀楊紹和、聊城，乙丑。編修曾培祺、漢軍，辛未。畢保釐、張清華、逄潤古、膠州，乙丑。侍讀學士錫珍、蒙古，戊辰。編修劉恩溥、吴橋，乙丑。廖壽豐嘉定，辛未。均各賞大卷綢袍料一匹。考列三等之七十七名左中允錢桂森泰州，庚戌。降爲編修。侍讀宗室寶廷、侍講聯元皆戊辰。均以中允降補編修。洪良品、黄岡，戊辰。劉治平昌平，戊辰。均罰俸半年。右贊善黄師誾山東寧陽，壬子。降爲編修。編修吕紹端、南海，辛未。彭世昌廬陵，庚申。均罰俸半年。左中允恩承癸丑。降爲編修，編修蕭晉卿、長沙，乙丑。陳振瀛、宛平，癸亥。孫欽昂滎陽，丙辰。均罰俸半年。李端罰俸一年。貴定，辛未。侍講學士宗室松森乙丑。以庶子降補，仍罰俸半年。編修周德潤、臨桂，壬戌。歐德芳、鬱林，辛未。易子彬光山，乙丑。均罰俸一年。李培元祥符，戊辰。罰俸二年。侍講張鵬翼光山，癸亥。以中允降補，仍罰俸半年。編修胡聘之、天門，乙丑。、熊景釗貴筑，辛未。均罰俸二年。李肇錫諸城，戊辰。罰俸三年。考列四等之編修謝元福臨桂，辛未。罰俸四年。雷鍾德、陝西安康，辛未。周崇傅零陵，戊辰。均改爲内閣中書，仍罰俸一年。左贊善寶瑛己未。改爲主事，仍罰俸一年。其考試繙譯列入一等之右贊善銓林以侍講學士升用，考列二等之洗馬崇勳以庶子升用，右中允興廉以洗馬升用，考列三等之侍讀慶麟以贊善降補，餘俱照舊供職。向例翰詹自贊善以上列三等者皆降官，此次於三等七十名外，始左降一級，爲寬典矣。寶瑛居末，而以從六品改正六品，雖云左降，實右遷矣。蓋以爲恭邸司書記，故諸應降官者，皆因以得從輕議也。

夜中有雨，旋止。

初五日辛丑　晴熱，下午有風。過節蕭然，而賒責畢還，僮僕欣喜，先生雖病，亦不自憂，吾心清涼，足祛煩熱。姬人烹鳧具酒果，午以薦先，即以自酌。王信甫饋銀，辭之。殷蕚庭饋銀，作書還之。篆門户符帖子。袁爽秋來。作書致濮紫泉，約共弈，不至。作片致竹篔，以嚴菊泉師敕軸託轉寄，得復。

初六日壬寅　晴，酷熱。作書致牧莊。董芸龕來。得朱偉侯書，乞書團扇，即復。

邸鈔：上諭：延煦、畢道遠奏抽查漕糧滿御史耽延運務據實奏參一摺。京通轉運漕糧必須迅速查驗，庶免剥船守候，漕糧亦不致受傷，乃抽查漕糧滿御史全善不肯多加驗數，經延煦等兩次行文催促，該御史置若罔聞，實屬任意耽延，且據奏稱該御史操守亦甚平常，全善著回原衙門行走，並交部嚴加議處，所有滿御史抽查漕糧差使著都察院開單奏請簡派。詔：黄師誾仍准其記名以道府用，所有京察一等加一級毋庸隨帶。

初七日癸卯　晴，下午微陰，酷熱，夜有電。

邸鈔：上諭：丁日昌奏舊恙增劇請假回籍調理一摺。前江蘇巡撫丁日昌著前赴天津幫同北洋大臣李鴻章商辦事務，並賞假兩月安心調理。時有旨以北洋事專責李鴻章，以南洋事專責沈葆楨，故有北洋大臣之稱。

初八日甲辰　晨雲合，至巳不雨，傍午漸霽，午後陰晴相間，晡後密雲，晝晦有雷，頃許雨作，即止，晚晴。緘三師爲仙洲開吊，送賻二金。牧莊來。是日復寫大卷，録《周禮》經文，并逐日補完去年所寫《爾雅》，先生於此復何所求，藉以温經而已，非欲與三五少年競鷄蟲生活也。夜月頗佳，有風甚涼。

初九日乙巳　晴，微陰，熱甚，始作酸梅涼飲子。

初十日丙午　晨陰，小雨，上午大雨有雷，此今年第一次快雨也，午後溦雨間作，時露日景，傍晚晴。始作冷布窗，付工料錢八千七百二十。

果以李柰並稱，而柰之屬少於李，種亦屢變，故今少知者。《西京雜記》載漢上林苑名果異木有李十五、柰三，曰白柰、紫柰、花紫色。緑柰。花緑色。《廣雅》：『楉榴、石榴，柰也。』《埤倉》：『石榴，柰屬也。』《爾雅》『棪，樕其』，郭注：『棪實似柰，赤可食。』王象晉《群芳譜》據《廣志》以佛書之蘋婆果爲柰。全祖望《鮚埼亭集外編》云：『蘋婆果、來禽皆柰之屬，特其産少異耳。蘋婆果雄於北，來禽貴於南，柰盛於西，其風味則以蘋婆爲上，柰次之，來禽又次之。』案《説文》杏、柰、李、桃四文連比，而下俱曰果也，以四者之爲果，古今所盡知，不煩解釋爲何果，而四文相連，其果必亦相似。《廣雅》以爲楉榴、石榴者，《爾雅》『劉，劉杙』，郭注：『劉子生山中，實如梨，酢甜，核堅。』稽含《南方草木狀》云：『劉樹子大如李實，三月花，七八月熟，其色黄，其味酢，煮膏藏之，仍甘好。』《文選·吴都賦》劉逵注云：『榴子出山中，實如梨。』是《廣雅》《埤倉》之所謂石榴即劉杙，亦是柰屬，非今五月花之安石榴也。安石榴乃外國種，邵氏晉涵、郝氏懿行疏《爾雅》皆辨之甚詳。王氏念孫疏《廣雅》合而一之，蓋考之未審。《玉篇》：『楉榴，柰屬也。』劉杙亦見《説文》，今不知爲何種。要之，林檎、即林禽，《玉篇》：『林檎果似柰。』頻婆果、文官果皆柰種之少變者耳。至用作『柰何』字者，是『乃何』之借，乃何即如何也，如古音轉而，而古音轉能，能、乃一音之轉，故如、而、乃三字古通用相訓，説詳王氏《經傳釋詞》。後人別製㮏爲柰果字，始見《玉篇》，俗字之不合六書者。其後又製『柰何』之『柰』爲奈字，益鄙謬矣。

夜疾大動。

十一日丁未　陰晴靉靆。得紱丈書，即復。袁爽秋約十四日飲。作書致紱丈，得復。聞吴蓉圃於數日前卒，爲之歎悵。再得紱丈書。

十二日戊申　晨微陰，上午微雨，下午薄晴，晡後陰，有風甚涼。得伯寅書，饋茶葉四瓶，即復謝。下午偕梅卿游龍樹寺，久坐蒹葭簃，緑葦萬畝，烟光菴藹，簃之前軒，馬纓始花，紅蕤翠縷，因風倚移。《爾雅》所謂『髦柔英』，翟晴江以馬纓樹當之，其説似可信也。傍晚循先農壇墻出天街，駐車天橋，看都人走馬，士女甚盛。夜小飲福興居而歸。夜小雨數作。

邸鈔：命翰林院侍讀學士許應騤番禺，庚戌。爲福建正考官，編修慕榮幹蓬萊，戊辰。爲副考官；候補侍講學士吴寶恕爲廣東正考官，編修朱琛爲副考官；候補洗馬廖壽恒爲廣西正考官，編修陸芝祥番禺，戊辰。爲副考官。芝祥，祖籍浙之嘉興人，其家貧甚，行至湖北而卒。詔：福建邵武府知府彭世芬、雲南普洱府知府文光俱開缺送部引見。

十三日己酉　晴陰霎靆。

邸鈔：内閣侍讀額圖琿授貴州貴陽府遺缺知府。

十四日庚戌　晴，午後大風。爽秋來催飲，午後赴之，惟食燒鴨數片，餘未嘗一舉箸也。晡時邀潘孺初、楊惺吾、羊辛楣及爽秋至寓暢談，間以茶弈。夜飯後二更時散去。季士周兵部來。是日午刻東華門外火。下午風益甚，夜月甚清綺。

邸鈔：詔：本月十八日仍派惇親王奕誴詣大高殿恭代拈香，虔敬禱雨，睿親王德長恭祀天神壇，肅親王隆懃恭祀地祇壇，豫親王本格恭祀太歲壇，仍派鎮國公奕謨禱覺生寺，鄭親王慶至禱黑龍潭，恭親王奕訢禱時應宫，惠郡王奕祥禱昭顯廟，貝勒載治禱宣仁廟，載澂禱凝和廟，載漪詣清漪園龍神祠，輔國公載濂詣静明園龍神祠，均先期齋宿，並派怡親王載敦禱白龍潭，所有應行典禮，該衙門敬謹豫備。

十五日辛亥　晴，風。得伯寅書，以新詠盆蘭並蒂詩索和。昨夕疾復動，終日憊甚，惟卧而已。晚雲忽合，小雨因風即止，月出甚佳。夜又疾動，是日洗足。

邸鈔：詔：十四日午刻東安門内工部門神庫不戒於火，延燒庫房三間，耳房二間，工部堂官及兼管門神庫郎中、司庫等均交部議處。　欽天監右監副恩明升監正。

十六日壬子　晴，酷熱。是日力自振作，不近卧榻，借吟詠詩詞以消遣之，得詞一闋、詩一首。作書致伯寅，得復。得朱偉侯書。是夜月望，清光甚皎。

夏晚偕匡伯試茶龍樹寺

暫學清涼法，招提就夕陽。林迴連堞勢，蘆缺見山光。鳥去孤烟定，風來衆緑忙。茶香禪榻畔，元賞等濠梁。

綺羅香 鄭盦齋中盆蘭作並蒂花，賦詩索和，爲填此解。

萼紫雙含，苞香對坼，生小盈盈相並。不鬥春風，空谷自商幽恨。經宿雨、笑齒齊芬，背明月、辮鬟同影。是何時、雙寫湘靈，夢回依約淚痕凝。　芳華知有誰惜，喜河陽種就，同心堪證。宮體南朝，風貌侍中剛稱。提舊事、並照金蓮，記佳讖、綴行瑤笋。試簪髻、定卜宜男，玉窗人暗省。

邸鈔：詔：十五日刑部山東司科房不戒於火，延燒陝西、廣東、湖廣三司共十餘間，刑部堂官及值宿主事筆帖式均交部議處。詔：前任刑部右侍郎常恩由部曹轉補翰詹，洊擢卿貳，勤慎供職，因病開缺調理。兹聞溘逝，軫惜殊深，加恩照侍郎例賜恤。詔：李瀚章馳驛前往雲南查辦事件，翁同爵暫兼署湖廣總督。聞去年英吉利及米利堅夷酋由雲南赴印度傳教過騰越神護關，至猛卯土司境。土官之弟李四者，以軍功保至道員，領兵巡境上遇之，酋出通商衙門所給護照，責犒饗，李怒，盡執而殺之。夷人因責言於我，必欲誅李四。朝廷以責雲南巡撫岑毓英，毓英既素忿夷之無狀，又内畏李四，不敢討，游辭往復，思以金帛釋其恨，而英吉利遽以兵三千，由印度駐緬甸境示恐，獨滇人皆憤爭欲致死，毓英因馳疏請戰。詔嚴責毓英無妄動，廷寄十四諭相繼發，不知作何布置也。又聞有湖南人李沅者，以軍功保至知府。去年赴滇請之毓英，借數萬金，言赴印度爲貨易，毓英給之。沅既得金，則募結楚中弁勇之在滇者，率數千人以去。印度地已悉屬英吉利，緬甸國土亦半入英吉利矣。沅入印度即奮擊英吉利，屢敗之，得數十城，衆至十餘萬，英吉利甚懼。故毓英外恃二李，而滇中諸將如楊玉科等皆經百戰，多欲立奇功。廷議以戰既不可必勝，又恐其入擾天津各海口也，故力尼之，今命楚督往，其事可知矣。李四或云名師太，所殺英酋名馬加里，頗狡黠云。

十七日癸丑　晴，酷熱，晡後微陰，鬱悶尤甚，晚雲合，炎歊異常。終日爲人書扇，可厭之至。予素不喜作書，書既不工，又苦無暇，而有此酬應，亦怪事也。作片致董芸龕、羊辛楣、楊惺吾、袁爽秋。得爽秋復。夜人定時，大風雲散，有雨數點，旋月出少涼。是夕始卧涼席，猶須扇耳。

十八日甲寅　晨小雨，終日多陰，風雨數作，午後微有檐滴聲。以明日夏至，先爲屋之故主小設酒饌禮之。得羊辛楣書，即復。

戴凱之《竹譜》有云：『蓋竹所生，大抵江東，上密防露，下疏來風，連畝接町，竦散岡潭。』《四庫提要》以爲潭字於韵不協，蓋四字誤倒，其文當作『潭岡散竦』，以竦韵東、風也。案：此臆决之辭。潭从覃聲，覃、談兩韵同部，而談有同音。眉批：《儀禮》『中月而禫』之『禫』古文作導，《説文》亦作『三年導服』，是禫、導音轉，而導與同亦雙聲。《左傳》趙同亦作趙談；司馬遷父名談，《史記》諱談爲同。又覃韵有湛，與耽字通。《詩》『和樂且湛』，《中庸》引作『和樂且耽』，而湛字，宋玉《九辯》以韵豐字，則兩部之字，古音固有相通者矣。

庾子山《謝趙王賚息絲布啓》云：『春服既成，童子得雩沂之舞。』此用《論衡·明雩》篇説也。其文曰『魯設雩祭於沂水之上』，『冠者、童子，雩祭樂人也』，『風乎舞雩，風歌也。詠而饋，詠歌饋祭也』。此本古《論語》説。鄭君《論語》亦從古本作『詠而饋』，注云：『饋，饋酒食也。』古人舉必以禮，無群出嬉戲如後世宴游之事，曾皙自言所志，亦必合乎先王之禮法，非如莊、列一輩語也，故鄭君獨用古義。

是日復覺病甚，往往昏睡。晚晴，夜涼。復去草席。

邸鈔：上諭：御史余上華奏户部郎中啓續質本輕浮，性尤狂悖，辦公每多顢頇，遇事一味把持等語，著派寶鋆、毛昶熙秉公查辦，據實具奏，毋得稍涉徇隱。予初入都時，户部司員氣力最盛者爲今順天府尹彭祖賢，今內閣侍讀學士鍾佩賢、前太僕少卿德克津泰，候補京堂富績，皆肅順黨也。及癸亥觀政户部時，則司員中今湖南巡撫王文韶、前嚴州知府丁壽昌、今山西河東道昇泰最稱能吏。辛未再入都，則今四川川東道姚覲元、今直隸候補知州楊鴻典、前江西督糧道錫縝有三大將之目，今則啓續及郎中董儁翰熏灼尤甚，其貪緣賄賂，橫於曹中者，指不勝屈也，略舉其最者而類次之，亦可以觀世變矣。上諭：御史余上華奏請飭户部通盤籌畫，變通裒益，以節虛糜，而防匱乏摺，著户部議奏。

十九日乙卯　寅正三刻十一分夏至，五月中。晨至午晴，下午微陰，傍晚有風雨即止。祀曾祖考妣、祖考妣、先考妣，下午畢事。牧莊來，殷蕚庭來，張飇民來。晡後偕牧莊、蕚庭、梅卿擲采選圖，夜飯後復數周，二更時散去。

二十日丙辰　晴，晡後微陰。

予前取桂未谷之説，以穆陵當從《史記索隱》非在青州，而顧震滄《春秋大事表》於《列國地形犬牙相錯表》中亦沿舊説爲誤。今日觀《大事表》有《齊穆陵辨》一篇，載其弟子華師茂之説，則亦主《索隱》而謂劉裕伐南燕時，止言大峴，不言穆陵，知爾時青州尚無此關，尤與予意同也。惟引《元和志》穆陵關在淮南道黄州麻城縣西北八十八里穆陵山上，一名木陵關，南北朝爲戍守重鎮，唐元和中鄂岳帥李道古出木陵關討吴元濟，其地在召陵與陘之南，尤合當日語意。考《元和志》淮南一道，今本已全闕，胡朏明《禹貢錐指》亦引《元和志》穆陵關在麻城縣穆陵山上，不知據何書所引也，當再考。

二十一日丁巳　晨至晡晴，晡後微陰，晚雲合小雨，夜雷電大雨。譚研孫來。

《水經·洛水》篇注，載洛陽上東門石橋右柱銘云：『陽嘉四年，河南尹邳崇隴、丞渤海重合雙福。』按邳當是下邳，東漢徐州有下邳國下邳縣，此誤脱一下字。《元和姓纂》『崇，夏、殷時侯國也，崇侯虎爲文王所滅。』王伯厚《姓氏急就章》自注：『崇氏以國爲氏，鯀爲崇伯，殷有崇侯，見《廣韵》。』今《廣韵》

崇下但云又姓，則今本删節多矣。崇隴之名，不見於范書。盧抱經《補正熊氏後漢書表》、錢可廬《後漢書補表》亦俱未采及。漢人題名多舉郡，間或系縣，此渤海、重合郡縣連書。雙姓，《元和姓纂》云：『顓頊之後，封於蒙城，當從《通志·氏族略》作雙蒙城。因以命氏。』有天水望，後魏梁州刺史、疊水公雙上洛家天水；又東郡白馬縣有唐瀛、莒二州刺史雙子符。《廣韵》雙姓出《姓苑》，後魏有將軍雙仕洛，仕即上字之訛。《姓氏急就章》注雙氏下即引《水經注》漢有雙福。

五更時雷電又雨，俄頃止。

二十二日戊午　晨至上午薄晴，午後陰，晡後小雨即止，傍晚晴。閱胡墨莊《儀禮古今文疏義》，非特小學之奥窔，亦爲鄭學之津梁，習《曲臺禮》者不可不讀也。

邸鈔：命光禄寺少卿潘斯濂南海，丁未。爲四川正考官，右中允温忠翰太谷，壬戌。爲副考官；修撰梁耀樞順德，辛未。爲湖南正考官，編修尹琳基日照，癸亥。爲副考官；侍講學士徐郙爲甘肅正考官，御史劉瑞祺德化，壬戌。爲副考官。編修黃師誾授廣西思恩府知府。思恩，廣西極瘠郡也，有瘴氣，多蛇虫，知府歲入止白金八百兩而已。二月間以授户部員外廷彦，予同司也，告病不去，今以授師誾云。

二十三日己未　終日陰曀，間有溦雨，晚有虹東見。

邸鈔：上諭：内閣侍讀學士廣安奏正途人員選缺壅滯，請飭變通章程一摺，著吏部議奏。

二十四日庚申　晴熱埃𣅜。新授寧紹台道瑞君來。張寶卿來。朱蓉生自浙來。是日復以物質錢六十千。作書至殷萼庭。是日上及百官皆清髮，以孝哲毅皇后之喪將屆百日也。

桃花聖解盦日記乙集第二集

光緒元年五月二十五日至十月二十三日(1875年6月28日—1875年11月20日)

光緒元年乙亥夏五月二十五日辛酉　晴。昧爽即起，徧澆花樹，夜復換涼席。

予前主孔仲遠《易正義》之説辨，以《彖》《象傳》合經文由於王輔嗣，非特不始費直，亦不始康成，而以《三國志·高貴鄉公紀》淳于俊言鄭合《彖》《象》於經者，謂是鄭合經文《彖》《象》注之，以補費氏之止釋《十翼》，不注經文。今日閲《詁經精舍文集》李遇孫《六朝經術流派論》，則直以《魏志》彖、象二字爲注字之誤，較予説爲直截而尤確。其説云：高貴問俊以孔子作《彖》《象》不與經文相連，而鄭玄作注連之，何也？俊當對以鄭玄合注於經者，欲使學者尋省易了也。今乃云鄭合《彖》《象》於經，欲使學者易了，此時方論《彖》《象》不與經連，何轉云合之耶？方疑鄭注與經文相連，何忽及《彖》《象》之合不合耶？此史家承上文有彖、象二字而誤，所以帝又云：『鄭玄何獨不謙耶？』蓋因俊言孔子以不合《彖》《象》爲謙，故言鄭何不謙而合注於經，是則康成之非合《彖》《象》於經，瞭然可見，皆由六朝諸儒廢棄不講，以致鄭、王之是非莫辨也。此可謂能抉千古之疑矣。然以爲承祚本誤，恐未必然，當是後來傳刻之訛耳。

大抵南朝自劉宋以後不甚講考據，范蔚宗《後漢書》足稱良史，又承武子家法，最重鄭學，而《後漢書》中有三事之失，關於學術不淺。鄭君傳不舉其所注《周禮》而載其《孝經》，致歷齊及唐辯論不决，此一失也。《儒林傳序》稱《熹平石經》爲古文、篆、隸三體書法，致古今聚訟，此二失也。《衛宏傳》言宏作《毛詩序》，致宋以後人集矢小序，此三失也。衛宏作序之説，後人雖爲辨之，謂是宏別作一書，非指小序，然終無以關人之口，且漢人解經亦鮮有名序者。

《廣韵》以准爲準之俗，昔人以爲趙宋避寇萊公名，又以爲避劉宋順帝諱，近儒多據《逸周書》『准德以義』，《管子》『規矩繩准』，《莊子》『平中准』等文，又緯書名有『靈准聽』，以證周、秦時已有此字。然諸書皆後世轉刻，不足爲據。盧抱經更引《北史・魏・長孫肥傳》，中山太守仇儒推趙准爲主，造祆言云欲知其名，淮水不足，以爲唐以前有此字之明證。慈銘案：准即淮字，淮有準音，故古人通借用之耳。《春秋説題辭》云：『淮出桐柏，淮者均也，均其務。』『雒之爲言繹也』，言水絡繹光耀。淮均雒繹，皆以同音爲訓。《風俗通》云：『淮者均，均其務也。』與上下文『江者，貢也』『濟者，齊也』一例。《廣雅》『海，晦也；江，貢也；河，何也；淮，均也；濟，濟也；伊，因也；洛，驛也；漢，古讀如歎。達也；渭，謂也；汝，汝也；涇，徑也』，是淮、均同音。《儀禮》『畢袗玄』，古文袗爲均。《左傳》『均服振振』，《漢書》均作袀，《説文》作袗，是均、袗同音。袗，之忍切，準，之允切，《説文》『準，平也』，《廣韵》『準，均也』，是淮有準音矣。准爲淮之俗省，亦爲準之俗省，古人或假淮爲準，後人文書便俗省準作准者，因少一點以別於淮耳。且淮从隹爲聲，而隹音似水，準亦有水音。《周禮・考工記》『輈注則利準』，注：『故書準作水。』《釋文》云：『準音水。』又『權之然後準之』，注：『準，故書或作水。杜子春云當爲水。』是古音準與淮可互通也。由此推之，《風俗通・皇霸》篇『舜者，推也，循也』，推即淮之誤，淮者，準之借也。盧氏《群書拾補》校《風俗通》改推作准，云准音近舜。《尚書大傳》『別風淮雨』，別者，烈字形近之誤；淮者，淫字音近之借也。淫、冘音同，故『冘豫』亦作『淫豫』。古音侵、真可通轉，吳才老《韵補》以林、簪、葚、湛等字入真韵，故淫亦可借淮字爲之。《文心雕龍》謂淮、別字新異，引傅毅用『淮雨』、王融用『別風』爲證，文人屬辭，非典要也。《周禮職方》『其浸潁湛』，注：『湛，或爲淮。』此尤淮音近準之確證。

朱蓉生饋堯脯一肩及臘舌十枚，即復謝，犒使二千。

二十六日壬戌　晨晴，上午後晴陰相間，晡時日景中忽大雨有雷，傍晚晴。

邸鈔：上諭：都察院奏前浙江嘉興府乍浦理事同知志文以大計參劾不公等詞赴該衙門呈訴，據稱伊歷次差委署事均無貽誤，被參屈抑，並此次大計内有海寧州州判宋勳鉞、青田縣知縣王承霖業經列入，旋因徇情撤省，另以他員抵補等語，著胡瑞瀾確切查明具奏。　以右春坊右庶子宗室崑岡爲翰林院侍講學士。

二十七日癸亥　晨陰晴相間，上午雲合，午雷電密雨，下午陰晴不定，小雨時作，晚晴。作答陶子縝書，并寫寄詩詞數首。又作答心雲書，答王杏泉書，答芝仙書，皆長牘。爽秋、紫泉約初二日飲廣和居。

《堯典》『象恭滔天』，滔蓋本作慆，或作謟，慆、謟皆慢也，故《史記》作『慢天』，後涉下文『浩浩滔天』語，遂亦誤爲滔字。據《左傳·昭二十六年》『官不滔』之文，則滔、慆字本可通，而下文既有『滔天』字，則此處必不作滔，此經典一定之例也。栖霞牟廷相説經多不可訓，而其解此經『滔天』謂本作『而慆』，篆文天作□，而作□，二字相似，後人因下有滔天語，遂亦誤倒作『滔天』，則説甚有理。蓋『静言庸違，象恭而慆』，二語相對爲文。『静言』即《秦誓》之『諞言』，《公羊》引作『竫言』，《説文》引作『巧言』，庸者，語辭，即《左傳》『庸何傷』『庸愈乎』之『庸』，亦可作用。違者，回邪也，『静言庸違』者，謂其言善而實違也。《史記》作『善言其用辟』，言字當略讀，謂雖善言而其用實辟，辟同僻，僻亦邪也。象恭者，謂貌恭，故《史記》以『似龔』解之。『象恭而慆』者，謂其貌似恭而實慢也，合之即《皋陶謨》所謂『巧言令色』。以文從字順求之，牟氏之説不爲無稽，今即不敢改變經文，但以滔作慆，訓爲慢天，於經恉已自憭然。天者上也，慢天即包慢君言之，孫氏星衍訓天爲性，轉爲偏迂。《僞孔傳》謂『貌象恭敬而心傲很，若漫天不可用』，則謬甚矣。乃徐文靖《管城碩記》據《竹書紀年》有共工治河之文，遂謂滔天即指其治河無效，而盧氏文弨、梁氏玉繩皆取之，是何異郢書燕説也。

夜作唁鍾慎齋丁外艱書，予前月見教職選單中義烏訓導已別選人，前日問蓉生始知之耳。

二十八日甲子　晴熇微陰。翁巳蘭之弟孝廉某開吊，送賻二千。

作復張薌濤書：

孝達仁兄太史閣下：自使車西邁，日月駪征，歷歲改元，已逾二稔。唯畫筱所至，搜巖采幹，東西兩川，揚馬蔚興，勤宣令聞，膺受多福。

國朝經儒，寰瀛系踵，蜀之一隅，闃乎無述。豈非閩冶多士，待常相而始生，牂柯學徒，得許君而遂盛乎。去年之冬，奉到雅州所發手書，並拜廉泉之惠，循誦再四，以當良儥。人事軥録，郵驛阻長，侵尋未報，良用愧赧。然每讀一書，紬繹考索，闇茐疑橥，未嘗一日不思執事也。弟窮居輦下，本爲僇民，招侮集尤，舉世怪棄。自執事奉使，肯夫憂歸，麐伯、清卿一時俱出，庭芷、逸山又以去年相繼南返，都門還往，遂無一人。若師乞養，鄭盦左官，荇丈驟陟六卿，由是文讌從容，亦皆絶軫。

弟之於世，本無異趣，文章學問，俱揣時好。未嘗炫芾冕於倮國，陳鐘鼓於海瀕，家世恭敬，以忤人爲戒，偶出應接，傴僂揖攘，惟恐後人。而袿飾倚門，見者以爲蒙蝟，蕭虋在御，聞者疑其載鮑。故應舉之技，十試而不收，納粟之官，五考而不調。此由命之舛馳，非行之職咎。

然其致此者，亦有由焉。校格論資，晚世尤甚。一升禮部，即蚩孝廉爲濁泥；幸列秘書，便笑郎署爲俗物。而同歲之中，復分寒燠；一廷之上，又判渭涇。況非給廩之蛙，有異附羶之蟻，豈得追隨纓組，參預華流，此其一也。舐痔嘗穢，官方以爲常，柔面脅肩，妻子所不耻。朋曹共進，相夸以附鑽，死友密親，不諱其傾軋。而弟則裹足於華屋，垟顔於廣筵，是猶却行而登山，重裘而止暍，此其二也。《折楊》之歌，市里皆悦，《回波》之曲，廟堂所珍。字百十而足供，言千萬而如一，以腐穢爲合格，以鄙俗爲盡情。而欲於聾聵之前，辨其同律，盲瞽之肆，分其丹青，是何異樹荷芰於崇岡，繪雲於糞壤，此其三也。斫趾適履，士之見幾，臨穴制淚，事之應會。故游東坡之門，即詆理學，入荆公之室，争毁《春秋》。以況今兹，亦有兩道，侈陳商、周之器，可束注疏而不觀，高談程、朱之書，可薄班、馬爲無用。求雁鼎於賤賈，訪學究於三家，亦足以竦譽公卿，附勢貴要。弟則貿貿於古文，斷斷於語録，是猶黄老方盛，轅生詆爲家人，圖讖大滋，尹敏以爲鄙别，此其四也。

而時之論者，多謂宜稍刓屈以就通方，是則盗跖膾肝，將屈伯夷以執爨，鍾離奔室，必强柳下爲淫夫。且禀性不馴，出辭易犯，畜噬狗以酤酒，取敗葉以掩金，反道而行，適形其拙。是以逃俗若狂，守静若寐，奘駔大賈，不接於門，令史功曹，未知其面。遂使群吠蔽日，衆响漂山，或忌其獨醒，以爲眠娗，或訾其輕怒，以爲啀喍。揚堁塞涂，樹荆滿術，賈逵婁空，將從於首陽，照鄰固疾，欲湛於潁水。然勞魚尾赤，尚在方羊，窮鳥口瘏，猶知鼓臭。昔者桑雩裹飯，惟待子輿，范宣裁褌，實資韓伯，計在執事，能爲緩急耳。儻乘便羽，潤以餘波，庶義突生烟，常帶錦江之色，商歌出户，遠揚益州之風。生不干人，亮惟垂察。

去冬聞大令兄滇中之耗，地遠言岐，不敢致詢。今年蓉江觀察入都，始知其審，麗江鳴琴，中道輟響。執事令原之痛，定過恒人，修短有期，所宜抑損。又聞魚軒百兩，裴回未迎，豈過慎於蹇修，何久虛其中饋。畫眉幾廢，垢背誰搔，想乘使槎之回，當夢新銚之喜。浣花溪上，桂子香時，定有文君載後車矣。聊資一笑，不盡欲言。

夜凉。

二十九日乙丑小盡　上午密雨，下午雨益甚，晚晴，甚凉。作復孫琴士書，復鄧獻之書，皆久遲作答矣。又作致江蘇應臬使書，以前年所索《資治通鑑》及《通鑑目録》，屬其託吴碩卿寄都。

邸鈔：河南巡撫錢鼎銘卒。鼎銘字調甫，太倉州人，道光己酉舉人。詔：錢鼎銘由部曹洊擢封圻，辦事實心，克稱厥職。兹聞溘逝，悼惜殊深，著照巡撫例賜恤，伊子内閣中書錢溯耆加恩賞給主事，生員錢溯時加恩賞給舉人，服闋後一體會試，用示篤念藎臣至意。以山西布政使李慶翱爲河南巡撫，以廣東按察使張瀛爲山西布政使，以〈山〉東督糧道周恒祺爲廣東按察使。

六月丙寅朔　晴，酷暑。得史寶卿書，并寄惠龍井芽茶一大瓶。剃頭。作復寶卿書。

邸鈔：詔：李慶翱未到任以前，河南布政使劉齊銜署理河南巡撫。山東沂州府知府崧駿升山東督糧道。

初二日丁卯　晨晴，上午陰晴埃𩞄，下午陰，終日溽暑酷蒸，下午尤悶絶。作書致竹樓，以致子縝、心雲、寶卿、慎齋諸書都爲一函附去。是日料理緘封，以紹興、蘇州、寧波、陝西各書分交信局。得印結局片，送來前月公費銀十一兩四錢。紫泉來催飲，晚赴之酒家，斗室燠溽歊蒸，不堪其苦，夜更餘歸。得趙桐孫天津書。夜酷熱，終夕扇汗，不得瞑。是日付車錢三千，寄書錢二千二百。

邸鈔：詔：禮部精膳司郎中宗室豫璋仍以五品京堂補用，理藩院王會司員外郎福裕交軍機處記名，專以道員用。福裕，倭文端子也，以善奔競聞。　吏部考功司郎中黄大鶴授山東沂州府知府。

初三日戊辰　終日霠陰，時有小雨。　作書致董芸龕，以致香濤書託其轉交温味秋附去，又以致鄧獻之書屬其覓鄉人之便寄蒲縣。　牧莊來，暢談至夜飯後二更去。　是日付岑福工食錢十千，更夫工食錢七千，陳媪五千，苦水錢三千五百，京報錢二千。　晚凉。

邸鈔：詔：穆圖善署理吉林將軍。

初四日己巳　終日晴陰相間，黄昏時雨逾頃止。

今人喻患難相依，多用蛩駏，其實本當作『蟨駏』或『蛩蟨』也。《爾雅・釋地》：『西方有比肩獸焉，與邛邛岠虚比，爲邛邛岠虚齧甘草，即有難，邛邛岠虚負而走，其名謂之蟨。』《吕氏春秋・不廣》篇云：『北方有獸名曰蹶，《爾雅》郭注引作其名爲蟨。鼠前而兔後，趨則跲，郭注引作頓。走則顛，常爲蛩蛩距虚取甘草以與之。　蹶有患害也，蛩蛩距虚必負而走。』《淮南子・道應訓》文全與《吕氏春秋》同，惟『蹶』作『蟨』，『距虚』作『駏驉』。《説文》：『蛩，蛩蛩，獸也。』『蟨，鼠也。　一曰西方有獸，前足短，與蛩蛩巨虚比，其名曰蟨。』是蛩蛩巨虚爲一獸，故司馬相如《子虚賦》『蹵蛩蛩，轔距虚』，郭景純注：『距虚即蛩蛩，變文互言耳。』又《穆天子傳》『邛邛距虚走百里』，郭注引《山海經》云：『蛩蛩距虚，並言之耳。』《史記・司馬相如傳》集解引郭璞曰：『邛邛，似馬而青，距虚即邛邛，變文互言之。《穆天子傳》曰「邛邛距虚，日走五百里」也。』所引《穆天子傳》云云，蓋裴駰所增，今本《穆傳》似脱『日』『五』兩字。　或據《逸周書・王會》篇『獨鹿邛邛善走也』，孔晁注：『邛邛，獸，似距虚，負蟨而走也。』又云『孤竹距虚』，孔晁注：『距虚，野獸，驢騾之屬。』《説苑》孔子曰：『蛩蛩距虚，見人將來，必負蟨以走。』『二獸者非性心愛蟨也，爲得甘草而貴之故也。』《子虚賦》張揖注曰：

『蛩蛩，青獸，狀如馬；距虛，似鸁而小。』則蛩蛩、巨虛，又爲兩獸。《漢書》顔注主郭説，近儒段氏《説文注》亦主郭説，而郝氏《爾雅注》主張説。　慈銘案：合《爾雅》《穆天子傳》諸書證之，郭説爲長，即云兩物，亦是一類相依之誼，自當以蟨並言。　而王符《潛夫論·實邊》篇云：『内人奉其養，外人禦其難，蛩蛩距虛，更相恃仰，乃俱安存。』則後人之相沿誤用，實始於此矣。　今本《逸周書·王會解》作『獨鹿、邛邛距虛善走也』，注云：『獨鹿，西方之戎也。　邛邛獸似鼠，距虛負蟨而走也。』王氏應麟《補注》本所載同，而王氏亦歷引《爾雅》、《吕氏春秋》、《穆天子傳》、《爾雅翼》、《説苑》、張揖《子虛賦注》諸書，而斷之曰：然則負蟨者或邛邛或距虛，二物不相須也。　《王會》注以爲邛邛似鼠，距虛負而走，是以邛邛爲蟨也。　與《爾雅》《説苑》異，今不取。　慈銘案：王氏所謂《王會》注者，即孔晁注也。　據此則孔注本作『距虛負而走也』，無蟨字，今本及《補注》本皆後人所加。　孔晁晉人，固亦以邛邛距虛爲相依之獸矣。　至《王會》文本作『獨鹿邛邛』，無『距虛善走也』五字，與下『孤竹距虛』『不令支玄獏』『不屠何青熊』等句一例。　如『邛邛』下本有『距虛』字，則下文不應復出『距虛』，而孔晁亦不應復於下句作注。　如有『善走也』三字，則孔注不應曰『邛邛獸(如)〔似〕鼠，距虛負而走』，顯與正文背矣。　惟其文既以邛邛系獨鹿，距虛系孤竹，故孔注分爲二物，且以邛邛當蟨而曰如鼠耳。　後人習於邛邛距虛四字連文，又知《爾雅》等書皆言邛邛距虛負蟨而行，遂於正文妄增『距虛善走也』五字，於注妄增一『蟨』字，致正文、注文皆不可通矣。　盧氏文弨校正本疑『邛邛』下『距虛』二字爲衍，近儒多從之，而尚未悟『善走也』三字亦衍文也。　至盧氏謂注文『獸似鼠』，『鼠』字後人所增，因删去之，而不知後人所增者乃『蟨』字非『鼠』字也。　古書脱落，又經竄改，非博觀細考，不得而知，故昔人謂書之訛脱者尚可推而知，經校改者無迹可尋。　予謂不學之人，據誤文校改者，尚有迹可尋，惟學人依他書校改，而或有千慮之一失，則幾無可推求矣。　蓋古書之難讀如此也。　《山海經·海外北經》云：『北海内有素獸焉，狀如馬，名曰蛩蛩。』郭注亦云：『即蛩蛩鉅虛也。』皆堅主爲一獸。　《韓詩外傳》：『西方有獸名曰蟨，前足鼠，後足兔，得甘草必銜以遺蛩蛩距虛，其性非能蛩蛩距虛，將爲假之故也。』以蛩蛩距虛連文，蓋亦以爲一物。

伯寅昨又續假十五日，作書詢之，得復。　謝夢漁來。　朱蓉生及其鄉人余中書烈來。　牧莊來，傍晚牧莊邀同朱、余二君及梅卿飲廣和居，夜雨後歸。

邸鈔：上諭：前因御史張觀準奏佐領榮廉勾匪陷城，將軍奕榕並不查究，及理事同知倫敘因有參款，該將軍授意告病，協領那斯洪阿爲子納賄謀缺，刑司員外郎毛鎮撫受賄放賊，刑逼反坐各節，旋據奕榕等奏毛鎮撫服毒身故，及繕摺時將案證姓氏誤張爲李等情，當經先後諭令崇實、岐元確切查究。茲據崇實等奏稱，查明榮廉並無虧缺侵吞款項，亦無挾署副都統雙壽拏賭嫌隙，遣姪文瑞勾匪陷城之事。商人張春亭與榮廉不識，劉起亦非將軍門丁，並無爲榮廉賄説，惟榮廉被賊擄去，經毛殿選與商人張自寬等求賊放還，實無李自寬其人，係該將軍繕摺時筆誤。同知倫敘曾向商人借貸錢文，並非歛錢演戲，惟卸任時積案至一百數十件，被參亦屬有因。那斯洪阿之子博勒忠武，經該將軍面試繙譯補授堂主事，查無別情。毛鎮撫承審雲騎尉鳳德詐贓誣良爲盜一案，據該故員生供係秉公訊斷，所釋劉新章現在緝捕未獲，賄託等弊訊質案内人證堅不承招，現擬辦結等語。此案榮廉帶隊抄賊，城陷後私自回家，復爲賊擄放還，實屬大乖法紀，已革佐領榮廉著斬監候，秋後處決。雲騎尉文瑞被脅同逃，罪有應得，業經革職，著發往軍臺效力贖罪。協領雙壽於榮廉敗逃後，並不立時禀參，仍令當差，實屬有心回護，著再行交部議處。同知倫敘身任職官，借貸商民錢文一萬七千餘千，實屬不合，著即革職，發往黑龍江當差。主事博勒忠武雖查無該將軍授意賄買等情，惟才具不能勝任，著以筆帖式降補。協領那斯洪阿控案纍纍，聲名平常，著即行革職。毛鎮撫定擬鳳德詐贓誣良一案，劉新章雖無爲盜確據，惟既供有販馬賭博各情，且其子於事前求函囑託，事後又均避不到，案情弊顯，然鳳德並未詐贓入手，何得遂據爲斷，實屬辦理錯誤，毛鎮撫業已身故，著毋庸議。隨同審辦之郎中傑光、主事何友濟于函託公事雖不知情，究有不合，均著交部分別議處。鳳德既無詐贓入手情事，著准其暫免發遣，開復雲騎尉世職，仍革去捕盜差使，交旗聽傳，俟緝獲劉新章到案，再行訊結。將軍奕榕於賊掠雙陽站等處擁兵不救，迨賊陷塔城，亦無防備，且於榮廉等案並不即時奏參，及聞查辦，始請革職，實爲有意彌縫，奕榕著即行革職，發往軍臺效力。副都統奕艾同城辦事，亦難辭咎，著交部嚴加議處，餘照所議辦理。塔城者，寧古塔城也，明爲建州衛，國朝始基之地，康熙初設將軍鎮守之。十五年將軍移今吉林城，而副都統留鎮焉。去年七月六日爲騎馬賊所陷，而署副都雙壽僅革職留任。崇實等原擬以榮廉情罪重大，請即行處決，而詔改秋後，何其寬也。

初五日庚午　晨雷震，終日小雨數作，晚有密雨。亥正二刻三分小暑，六月節。

初六日辛未　晨晴，上午晴陰相間，午後晴，晡後陰，傍晚密雨，入夜止。

邸鈔：詔：穆宗毅皇帝暨孝哲毅皇后梓宮奉移山陵，著欽天監於九月内敬謹選擇吉期具奏。十一日奏謹擇於九月十八日奉移，詔一切典禮事宜各衙門及直隸總督敬謹豫備。

初七日壬申　晴，暑埃暟，傍晚雲合，睒電矃矃，雷鳴，潵雨，有風即止，晚月出，夜半後有雷，小雨。

邸鈔：上諭：崇實奏官軍平燬賊巢擒斬首要各逆一摺。奉省賊匪宋三好等勾結巨匪高希殄，盤踞大東溝等處，抗拒官軍，經崇實派令兵勇，分路進剿，五月十七日，輪船官兵直逼賊巢，用炮轟擊，該匪傾巢北竄，官軍節節兜剿，先後斃賊八百餘，生擒二百餘。匪首高希殄業已陣斬，並將宋澐和、宋三好等拏獲正法，辦理尚爲妥速。總兵陳濟清賞穿黃馬褂，並賞换圖勒炳阿巴圖魯名號。副將左寶貴以總兵記名簡放，並賞給鏗色巴圖魯名號。提督王恒風賞給一品封典，並賞换業普肯巴圖魯名號。餘升賞有差。

初八日癸酉　晨及上午陰，午晴，晡後陰，傍晚有夕陽，晚復雲合，夜大雨雷震，至二更後始止。作篆數百。作書致紫泉，約玉蝀橋看荷花之期。吴蓉圃今日開吊，送奠分四千，又直省同年高中書父某、錢中書溯耆父調甫中丞公幛分二千。得紫泉書，得陶子縝五月間書，并近作《一萼紅》詞一闋，詞翰雙絶，此君真可愛也。

邸鈔：上諭：李鶴年等奏職員恃符妄爲，請旨斥革等語。福建古田縣職員候選知縣林寵銘前曾保舉孝廉方正，宜如何束身自愛，乃既縱子行凶，又復咆哮公堂，實屬行同無賴。林寵銘著即行革職，並將保舉孝廉方正之案注銷，照例訊辦。朝廷令各府州縣衛保舉孝廉方正，原欲得學行兼優之員以備録用，乃竟至如此冒濫，尚復成何事體。本年已有恩詔令各省保舉，著該督撫、府尹等悉心探訪，必須名實相符方登薦剡，用副朝廷敦崇實行至意。

嗚呼，今之所謂孝廉方正者，何人哉！其入仕之途既隘，用之又卑，世皆不知其名之可貴，其得之者皆庠序之潦倒，鄉曲之齷齪，諂附縉紳爲之一言於官吏。徵書夕下，章服朝换，遂以炫鄰里之愚蒙，結胥吏之下走，把持瑣事，武斷荒村，蓋出於窮困無聊，以效奔走之下策而已。清議不興，偷俗日甚，惟取實利，不竇虚名。利有纖豪，雖衆目以下流豪强者，必力赴而恐失；名惟空器，雖高待以賢聖，劣弱者亦鄙薄而不爲。嗚呼，以孝廉方正之科，而被行同無賴之諭，即此一端，觀之天下，事尚可問哉。

試略而言之，今之所謂翰林皆不識一字，狂騃蚩鄙之淵藪也；今之所謂軍機皆不通一語，卑污詭險之津轄也。然且自命爲文章之極選，詔令之自出，而居之不疑。提持衡鑒，則曰舍我其誰，出内絲綸，則曰當仁不讓。其次於此者曰吏部、曰禮部、曰内閣，皆清華之地，科甲之區也，則皆效法此二處者以爲準的，襲其稱謂，學其逢迎，肖其趨蹌，竊其熏灼。佻夫崽子，栩栩然皆翰林軍機之餘竅矣，而蒙面喪心、甘居下流者，則又有户部爲之窟穴，其鬼蜮所聚、狗彘不食者，則又有通商衙門爲之陷阱，由户部而分之有工部，由通商衙門而分之有同文館，皆以綱常爲桎梏，名教爲縲紲，學問爲膏肓，文章爲痏疻。稍有人心者，處之則群，逐而大詬矣。其餘部院府寺，才者吮公卿之癰，不才者咀吏胥之糞，其合轍一也。而言事者，尚以分别正途爲大經濟，以重用進士爲極治平，不知所謂正途。進士者，即不識一字之翰林中所黜落者也。語其學，則不辨唐宋；語其行，則不判方圓；語其文，則不究焉哉乎也爲何義。其童而習者，破句之四書；其長而效者，録舊之墨卷；其應試也，懷挾小書，鑽營關節；其應制也，描畫肥字，研磨墨光。自以爲周孔不及知，鍾王不及講，廟堂以此求宰相，家塾以此希聖賢，是豈一朝一夕之故哉？以予聞近日翰詹大考者百六十人，試進善旌賦，無一人知旌字爲何義者。其部院考差之人所作四書文，以應道光時吴越童子之試，無一人可録取也。

嗚呼，今日之捐班之軍功，吾不忍論之矣。明人謂三十年不科舉，方可議太平。予謂必不得已，則減天下舉額、學額各三之二，而停選翰林者三十年，庶漸可言品節，言政事，言文學也。昔者之言治也，謂在於無赦。赦者，小人之幸，而君子之不幸。予謂今日之治本在學校，而學校有三害。恩科者，不學者之幸，而學者之不幸。何以言之？三年之間藏修砥礪可以小成，倏而開科，則志紛於揣摩捷取之技，而不得自守其學，主司復以白爲黑，而輕薄僥倖之徒競售其技矣。廣額者，不自愛者之幸，而自愛者之不幸。何以言之？天下大縣，子弟好學能文者，至多不過百人，餘皆逐隊充數者也。此百人中，亦非一時皆能成就也，今定制大縣學額二十五人，又有府學之額，三年兩試取六十餘人，已患其多矣。軍興以後，捐額日廣，而兵火喪亂，世家大族往往破散，黨塾空虚，人無師資，學者日少，而諸生日多，於是市井之童豎，皆青其衿，而好學自愛之人，無以自别於其類，人亦以其多也而益輕之。吾見道光以前，諸生有官簿尉充幕友者，人皆笑其變操失步，而自好者以爲耻。今則爲書吏、爲屠沽，至有以舉人而充門丁者，而踽踽守廉隅者，至求爲童子師而不得矣。分省編號者，無志者之幸，而有志者之不幸。何以言之？國家取人，冀收其用，非示德於天下也。士之立志者，聖賢不難，何論科第？使以地遠而安於不學，即學而必不能逮衆，則其人巽愞不材，取將焉用，即令老死，亦何足惜。今則會試既分省矣，順天鄉試分南、北、中，分滿洲、蒙古、漢軍，分奉天、承德、宣化，而山東則分聖裔，山西、陝西、雲南則分邊郡，各直省又皆分官生，此其因陋就簡之制，始於宋，詳於明，而今爲尤甚。於是詩不辨對偶，字不辨偏旁者，皆累累充館閣，列棘槐，持節主文，謬種流傳，而率天下以不狂爲狂矣。

此三者皆爲科目進取言之也，迨入仕途矣，而朝廷開一館，設一局，無一不爲不肖射利者之幸，而爲君子自守者之不幸。翰林之實録館、國史館及奏辦院事爲熱要之地無論矣。即至功臣館、武英殿以及撰文教習，皆非工夤緣熟奔走不能得也。部曹如户部之捐納房、軍需局，刑部之秋審處，兵部之馬館，工部之木廠、窑廠，各部之飯銀處，倉場之坐糧廳，以及保送實録館之校對，皆京官之所謂捷徑利藪無論矣。即各司之幫印、幫稿以及循資引見之寶泉、寶源各局，亦非干暮夜、效婢妾不能得也。都察院之六科十三道稱風憲，列言路，其於都御史、副都御史稱臺長，非堂屬也，然如巡城街道之差，及京畿道之調，非百計鑽營不能得也。故如今日者保送軍機矣，保送實録館矣，保送會典館矣，且將保送各國差官創千古未有之例矣。其所得者，皆不賢者居十之九也。未幾而敘勞矣，則不賢之尤者得優敘，而其次者瞠乎後矣。未幾而擢用矣，則優敘之尤不賢者又舉其魁帥，而稍次者又向隅矣。於是聯翩進用皆窮奇饕餮、軟骨媸皮、不識羞耻、負國殉利之徒，而朝廷之延攬人才，皆適足以自害，如豢虎於家，蓄虻於身，求藥而吞蛭，求衣而蒙蝟，是非特祖宗創制者所不及料。即今之柄國者，亦豈知其禍至此哉。蓋狃於目見，錮於耳聞，以奔競爲材，以便給爲智，以諂媚爲忠，以親附爲信，而其進身之始，亦皆由此得之，賄賂逢迎，相尚不諱，衣鉢傳授，習爲固然，妻子所不羞，清夜所不悔，父兄所不誡，朋友所不規。

嗚呼，蓋世道人心今日而絶矣。區區一林寵銘者，彼何責哉，彼何責哉！王節信符《潛夫論・考績》篇云，群僚舉士者以頑魯應茂才，以桀逆應至孝，以貪饕應廉吏，以狡猾應方正，以諛諂應直言，以輕薄應敦厚，以空虛應有道，以嚚闇應明經，以殘酷應寬博，以怯弱應武猛，以愚頑應治劇，名實不相副，求貢不相稱。富者乘其財力，貴者阻其勢要，以錢多爲賢，以剛强爲上，凡在位所以多非其人，而官聽所以數亂荒也。葛稚川洪《抱樸子・審舉》篇云，靈獻之世，臺閣失選用於上，州郡輕貢舉於下，故時人語曰：舉秀才，不知書；察孝廉，父别居。寒素清白濁如泥，高第良將怯如鷄。晉人王彦伯沈《釋時論》云，談名位者以諂媚附勢，舉高譽者因資而隨形，至乃空嚚者以泓噌爲雅量，瑣慧者以淺利爲鎗鎗，脢胎者以無檢爲宏曠，僂垢者以守意爲堅貞，嘲哮者以粗發爲高亮，韞蠢者以色厚爲篤誠，痷婪者以博納爲能濟，眂照者以難入爲凝清，拉答者有沉重之譽，嗛閃者得清剿之聲，嗆哼怯畏於謙讓，闒茸勇敢於饕争，斯皆寒素之死病，榮達之嘉名。又云京邑翼翼，群士千億，奔集勢門，求官買職，童僕闚其車乘，閽寺相其服飾，親客陰參於靖室，疏賓徒倚於門側。時因接見，矜厲容色，心懷内荏，外詐剛直。譚道義謂之俗生，論政刑以爲鄙極。高會曲宴，惟言遷除消息，官無大小，問是誰力。以上三君子之論，皆與今日若合符契，故取而附之。通商衙門之設，朝廷之不得已，國之大耻也。而保舉行走者以爲利藪，且夸其名曰洋軍機，蒙面喪心，可謂極矣。乃今復有各國通商差官之保舉，而奔競者復如騖馬。吾知朝廷如開一檮杌館，設一魑魅差，而少餌以微利，其鑽之者復如蠅矣。

初九日甲戌　晨晴，上午後陰。素食。作篆數百。濮紫泉、袁爽秋來。比日黴溽特甚。

邸鈔：廣西巡撫劉長佑奏請改思恩府之土田州爲流，革去土田州知州岑氏世職，于燕峒險要之地，設立知縣一員，作爲苗疆衝繁調缺，其附近百色廳者歸百色同知管轄，升爲苗疆直隸廳，以新設之縣屬之，附近奉議州者，歸奉議管轄，將奉議州州判升爲簡缺知州，以資控制。詔下部議。原奏稱土田州在思恩府境内，西界雲南土富州，地廣俗悍，内外共分十里，每里分三都，每都分四圖，每圖廣十里二十里不等，多與百色廳、奉議州緊相毗連。世襲土知州岑氏係宋時隨征有功，承襲土官，自明以來，叛服不常。明臣王守仁討平之，仍以岑氏爲土吏目，後復升爲土知州，頒給銅印，其命盗等案歸百色同知承審。乃岑氏族衆支分，争襲仇鬥，層見疊出。嘉慶年間，岑勳兩次争襲。至咸豐五年，土知州岑乃青病故無子，争端又起，于是岑裕基争襲，岑鉅、岑鋐又争襲，官族附黨構禍，土目乘勢殃民。署土知州岑森又與岑鋐分黨仇殺，土民流離轉徙，日不聊生。當以岑森不職徹革，而岑鋐等構黨未散，仍復肆行劫殺，臣派左江鎮道及統領防軍候補道趙沃、補用道梧州府知府徐延旭、署思恩府知府柳增秀前往分别剿撫，岑鋐懾於兵威，與其黨麻景翠潛逃，檄飭東蘭州文武在鳳山一帶，兜緝無踪，餘匪亦紛然逃散，第土民横被焚掠，其困苦情形，視遭賊最久之區爲尤甚。自岑乃青病故後，又無近支合例應襲之人，如立遠支一人，即可無争，亦何樂岑氏失其世守。但立一岑，而諸岑必争，其禍亂將相尋不已。現在該土民等陸續來營泣訴苦狀，均願歸流官管轄，不願復爲岑氏土民，其望切改流，甚避水火，自應及早定計，以救民生。查廣西慶遠府屬之東蘭州、鎮安府屬之小鎮安通判、思恩府屬之那馬通判均因地方多故，承襲不得其人，先後改土歸流，今土田州自可援案辦理。至岑氏一族，其構禍逃亡者，現飭密緝懲辦，餘皆疏遠之族，應如何處置，俾免遷徙失所，及此外添設官員，建立學校，移添營汛弁兵，修建城垣、衙署，清查田畝、地糧、烟户各事宜，續行妥議奏辦云云。

初十日乙亥　晨晴，上午晴陰相間，午後大雨雷震，下午晴。

洪稚存《曉讀書齋録》據張守節《史記正義》卷九十七，言漢制一金直千貫，因謂家累千金，則直百萬貫，故陶頓之富，皆以千金爲率。慈銘案：其説未可信也。秦漢時黄金之價，遠不如後世。《史記·平準書》《漢書·食貨志》皆云『秦兼天下，幣爲二等，黄金以溢爲名上幣』，溢者十六兩，猶周、漢之稱斤也。《漢書》孟康注『二十兩爲溢』者，非也。漢復舊制，以十六兩爲斤，因復舊制，以二十兩爲溢，若秦并天下時，則改溢爲十六兩矣。孟康據前後爲説耳。顔師古注：『上幣者，二等之中黄金爲上而錢爲下。』據此，則黄金特與錢相權爲輕重，故秦、漢之所謂一金者，皆一斤金也，臣瓚據《水經》是薛瓚，《博物志》謂于瓚者非，《索隱》謂傅瓚者亦非。注云『秦以一溢爲一金，漢以一斤爲一金』是也。《食貨志》言王莽時黄金重一斤直錢萬，朱提銀重八兩爲一流，直一千五百八十，它銀一流直千，所謂萬者十千也。故如淳注言秦制，亦云黄金一斤直萬錢也，是千金者千萬錢，乃一萬貫耳。《意林》及《太平御覽》卷六百三十三俱引應劭《風俗通》云：『《孫子兵書》：「日費千金。」千金，百萬錢也。或云一金亦是一萬錢也。』《史記索隱》卷九引大顔蓋是師古叔父游秦《漢書》注語。云：『一金，萬錢也。』合考諸書，斷無一金直千貫之理。

王西莊《十七史商榷》云，漢錢五銖之制，唐宋以下，蓋悉用之。東吴顧氏謂五銖錢十枚，當今之一兩弱，今以十錢爲一兩。如顧氏説，則今錢即五銖錢也。慈銘案：錢之名本起於唐之開元通寶，以十枚重一兩，遂分之爲十錢，而以錢爲權之數名。古人以二十四銖爲一兩。《舊唐書・食貨志》云開元通寶徑八分，重二銖四絫，積十錢，重一兩。然則今之一錢，於古爲二銖四絫，其算方合。如以一錢五銖計之，則未及五枚，已得二十四銖，盈一兩之數矣。以此知今時之權，倍重於漢。顧氏《日知録》謂南北朝皆鑄五銖錢，齊文襄以錢文五銖，名須稱實，宜稱錢一文重五銖者聽入市用，計百錢重一斤四兩二十銖。隋文帝更鑄新錢，文曰『五銖』而重如之，每錢一千重四斤二兩。今之所傳五銖錢，大抵皆隋物，世云漢物，非也。

案齊文襄之制，固以漢五銖計之，百錢當重五百銖，爲一斤四兩二十銖也。若隋錢一千止四斤二兩，則百錢止六兩十四銖二絫，何得謂重如其文？顧氏謂當時大小稱之差，小稱者古權，大稱者今權，然不應計錢則言小稱，計千則言大稱。予所見五銖錢，亦大小不一，其小者與唐之開元錢，宋之淳化、景祐等錢，明之洪武、永樂錢無異，與《隋志》所言皆不合，《漢書・食貨志》：漢興，鑄榆今本無榆字，據《史記》集解引增。莢錢。《史記索隱》引《古今注》云榆莢錢重三銖。《通典》注云重銖半。夫名曰榆莢，其小可知，如重三銖，則尚大於開元等錢，蓋名曰三銖，實止銖半也。又孝文五年更鑄四銖錢，其文曰半兩，夫半兩當得十二銖，而止四銖，此猶隋之五銖錢實止得二銖二絫有餘也。以此推之，漢武所鑄之五銖錢，亦特文云五銖耳，實亦不過其半，故史謂其得輕重之中，言重於榆莢，輕於四銖。唐後之開元錢，皆沿其制。高澄不知，必欲取盈其數，故不能施行耳。又後世錢之好者，實亦不止二銖四絫。顧氏棟高云嘗見南唐李氏唐國通寶重一錢一分；宋仁宗慶曆錢重一錢八分；神宗元豐錢重二錢；哲宗紹聖錢重二錢一分。亭林亦謂明隆慶、萬歷錢重一錢三分。予見明之嘉靖錢，重亦不止一錢；國朝順治、康熙錢，重皆一錢二分；雍正、乾隆錢重者至一錢四五分，輕亦一錢二分也。《日知録》言古今權量最詳，然所引《左傳正義》，謂魏、齊斗稱於古二而爲一，周、隋斗稱於古三而爲一，《隋志》謂開皇以古斗三升爲一升，古稱三斤爲一斤，《通典》謂六朝量三升當今一升，稱三兩當今一兩者，亦皆約略之辭，細覈其實，大率今倍於古耳，亦不至以三當一也。

得紱丈書，饋口香一合，并借近日日記，即復謝。

邸鈔：貴州提督周達武奏假期將滿，病難速痊，懇請開缺回籍調理。許之。烏里雅蘇臺將軍額勒和布奏參贊大臣多布沁札木楚患病，請開缺回旗調理。許之。以車林多爾濟爲烏里雅蘇臺蒙古參贊大臣。

十一日丙子　晴。

《漢書・食貨志》『諸買武功爵官首者試補吏，句。官首者，武功爵之第五級也。先除，句。『先除』上疑當有『秉鐸』二字，秉鐸者，武功爵之第六級，謂爵秉鐸者得先除吏也。但《史記》文亦如此，索隱讀『試補吏先除』爲句，俱屬之官首。千夫如五大夫』，千夫者，武功爵之第七級，五大夫者，舊二十等爵之第九級。五大夫得復卒一人，千夫如五大夫，亦得免徭役。下文言：『兵革數動，民多買復及五大夫、千夫（自『民多』至此爲一句）。徵發之士益鮮，於是除千夫、五大夫爲吏，不欲者出馬。』足見復役者優於補吏，以爲吏多得罪謫也。師古注皆誤。

《漢志》臣瓚注引《茂陵中書》武功爵第十級曰政戾庶長，《史記集解》亦引瓚注作左庶長。左庶長與舊二十等爵之第十級正同，此既别置，其名不應相混，而政戾二字又不可解。王伯厚《小學紺珠》引《漢志》亦作『政戾庶長』，蓋其誤久矣。

得傅子尊書，索所寫扇，即還之。得紱丈書，還日記。夜四更時大風雨，有雷電，徹旦雨不止。比日讀書復稍勞，是夕患咳嗽，疾大動。

邸鈔：詔：禮部右侍郎徐桐充恭纂穆宗毅皇帝實録稿本總裁。

十二日丁丑　晨陰雨，上午大雨，晝晦，午後稍止，晡後小雨數作，晚有霽色。終日讀書作字，自力不就卧。夜凉，雨數作。

《左傳》成二年之逢丑父，昭二十年之有逢伯陵，《釋文》皆無音，是讀如字也。《孟子》之逄蒙，《史記》《漢書》《荀子》皆作逢門，《吕氏春秋》作逢蒙，是亦無二字二音也。後人妄造逄字，讀之如龐，《孟子音義》遂音薄江切，云字从夆，而《元和姓纂》以逢伯陵、逢丑父皆系之於四江，然字尚作逢，《廣韵》四江則并改爲逄丑父矣，王伯厚《姓氏急就章》用作逄掖，固不誤也。

邸鈔：命大理寺卿宗室奎潤正藍，癸亥。爲浙江正考官，編修逢潤古爲副考官；右中允王先謙爲江西正考官，編修潘衍桐爲副考官；編修朱福基無錫，乙丑。爲湖北正考官，惲彦彬爲副考官。以貴州威寧鎮城總兵張文德爲貴州提督，以記名提督鍾開蘭爲威寧鎮總兵。詔：本年七月十二日慈安端裕康慶皇太后萬壽，奉兩宮皇太后懿旨停止升慈寧宮寶坐及筵宴儀仗作樂，皇帝於養心殿行禮，王公大臣二品以上各員在慈寧門外行禮，三品以下在午門外行禮，内廷宫眷及公主、福晉、命婦均停止行禮。

十三日戊寅　晨陰，上午晴陰埃𡏖，下午薄晴，是日鬱悶溽暑。讀《日知録》。得曉湖之弟校亭五月間書，言選得廣東揭陽縣典史，足以分任曉湖絜白之養矣。是日素食。

邸鈔：上諭：昨日召見之禮部郎中豫璋，人甚平庸，所有京察一等記名以五品京堂補用，並工程處暨寶源局監督差使均著徹銷，回原衙門行走。新授兩江總督兼辦理通商事務大臣沈葆楨疏陳衰憊情形，難期勝任，請收回成命。詔：沈葆楨經朝廷簡任以來，懋著勤勞，深資倚畀，正宜力圖報稱，共濟時艱，毋得固辭，並即來京陛見。

十四日己卯　晨及上午陰曀，午後晴，晡後陰，是日溽暑尤甚。讀《日知録》。始以瓜薦先。晡後浴，中年此事不宜數也。夜鬱溽尤不堪，二更後有雷雨，達旦雨數作。

十五日庚辰　初伏。晨至午密雨，下午稍止，晡後晴。讀《日知録》。剃頭。比日多雨，新種竹漸青青可愛。今日雨後爲除敗葉，婆娑至晚，亦足遣釋閑情，爲賦一詩紀之，知者以爲泉明之高曠，不知者以爲屈子之牢愁，聽之而已。夜月清妍，有晴意。寫單約孺初，惺吾、牧莊、爽秋、鼎甫、紫泉明日晚飯。

雨後竹下作三首

我生喜種藝，所至無田園。揭來京華居，間歲常數遷。偶賃一弓地，荷鍤彌拳拳。種樹八九本，栽竹四五竿。其下有隙壤，蘿蔓相延緣。一當新雨過，葱翠紛盈前。弱枝手扶將，敗葉爲棄捐。人世苦逼仄，所樂胸懷間。萬物各有託，吾事同精專。

修竹生亭亭，其志非異俗。雜卉互依附，菉葹共蕭薵。高下雖殊資，拭濯競新緑。聖人一定名，貴賤遂殊目。雖有賤場師，不能毁佳木。人生同一形，所别在慝淑。妍媸尚能分，賢愚定誰屬。所以柳下徒，同流泯榮辱。此事非吾願，閉門謝塵黷。

昔賢愛花樹，其意各有寄。舉世無可友，乃結古天契。吾今又異此，藉作養生計。每當讀書暇，裴回廣庭際。所樂覺有餘，尋香步階砌。四顧無與言，粲然識花意。亦或嬰煩疴，幽憂苦積滯。徙倚緑陰中，清風灑然至。怳若夢故山，携琴在松桂。數葉時理吟，嗅蕊亦知醉。陶治萬物懷，即在一室地。林下成彼風，請以言吾志。

十六日辛巳　晨及上午晴陰相間，傍午晴。張節孝生日，上午供饋素饌八簋，瓜果五盤，叔弟亦以是日生，爲設蔬蔌茶酒，下午畢事。得孺初書，以病辭飲。晡後蓉生、牧莊來，惺吾來，紫泉、爽秋來。談飲極暢，夜二更後始散，有𩅾雨，蓉生寓東小市，涉淖而去，此寒士無車之苦矣。五更時枕上時聞雨聲。

十七日壬午　晨及午小雨數作，午後霒陰，有風甚凉，傍晚又雨，入夜瀟瀟。

邸鈔：上諭：九月十八日朕奉慈安端裕康慶皇太后、慈禧端佑康頤皇太后躬送穆宗毅皇帝、孝哲毅皇后梓宮奉移山陵，沿途地方毋庸另備御道。詔：景霖來京另候簡用，以副都統景瑞爲馬蘭鎮總兵兼總管内務府大臣。

十八日癸未　晴熇，竟日多卧。

十九日甲申　晨及上午晴，午微陰，午後有急雨，旋復晴，傍晚陰晦，大風，旋大雷雨，至晚止。力自振竦，終日作字。令圬人修水溝，付工食錢四千。庭前紫薇花盛開，吟賞久之。作書致張颫民，爲篆其扇，還之。

二十日乙酉　晨陰，上午後晴。終日作書。讀《爾雅》。得紱丈書，即復。

邸鈔：詔：吉林副都統奕艾照兵部議即行革職，協領雙壽照部議降三級調用。以太常寺少卿鍾濂爲通政司副使。

二十一日丙戌　申初三刻十三分大暑，六月中。晨霃陰，食時小雨，上午後晴，下午晴陰相間，傍晚雷雨入夜。終日輯録所作駢文。張爕民來。

邸鈔：以鑲白旗蒙古副都統西蒙克仁克調補吉林副都統。

二十二日丁亥　晨陰，上午晴，午後密雨，霡霂入夜，凉如秋中。是日晨起，感凉不快。比日，外間有疾疫，且傷風之證遍於一城也。

下午卧閲張氏太復《晉游草》。其周忠武詩注云：『城將陷，賊揚言，獻公一城勿死，公曰：「我生不能報國，豈惜一死以累衆。」遂縋城下，賊勸降不從，乃大罵，賊叢射之，遂磔死。』予嘗見吾鄉胡稚威氏《石笥山房集》中有記周忠武事，所言死狀與張氏同，謂得於寧武父老相傳，足正史稱戰敗被執之誤。眉批：又案，王韞輝晦《石和文集》亦云，城將陷，賊募獻遇吉者，遇吉謂左右曰：『豈惜一死以累衆，可獻我。』遂以繩繫下，有兩賊挾之去，見賊大罵，倒縣演武廳磔之。所言皆同。石和，山西盂縣人，康熙丙戌進士，官檢討，可知晉人皆有此説。予頗不信其説，今張氏亦云然，蓋彼郡士人皆如此説也。至胡氏謂同一死也，而其死爲近於愚，則亦不然。城既不可守矣，闔城之命懸於一身，身誓一死，姑從賊言，以免百姓，仍以大罵要賊必死，俾賊泄其恨於己，而一城之人可活，且使賊知天地之有名義，而己之毅烈，益以昭著，此忠武之所以爲忠也。《晉游草》節烈劉夫人周忠武配。墓詩注云：『鄧艾入陰平，守將馮邈不爲備，歸與妻李擁鑪，李怪問，邈曰：「兵至，吾直降耳。」李唾其面曰：「負國如此，吾何面目共立耶。」邈降遂自縊。』案《三國志·鄧艾傳》言艾至江由，蜀守將馬邈降，既馮、馬字異，而陳志、裴注皆不載李氏事，惟《華陽國志》卷十二載廣漢郡士女有李珥，字進娥，郪人，李氏女，馮季宰妻，既不詳事迹，未知即此人否也。張氏云云不知所出，容再考。

下午身熱。夜雨聲淒密達旦。

邸鈔：上諭：軍機大臣會同禮部奏擬請舉行升祔典禮一摺。本年九月十八日穆宗毅皇帝、孝哲毅皇后奉移山陵，距永遠奉安之期爲時尚遠，若俟永安後，始行升祔，朕心實有未安，毅皇帝、毅皇后神牌即於奉先殿神庫内擇吉恭製，先行升祔奉先殿，俟將來山陵禮成後，再行升祔太廟，該衙門其詳查典禮，敬謹遵行。命太常寺少卿周瑞清臨桂，己未。爲江南正考官，編修王炳南鄭，癸亥。爲副考官；編修顧奎甘泉，乙丑。爲陝西正考官，陳啓泰長沙，戊辰。爲副考官。命吴寶恕爲廣東學政。原任學政國子監祭酒章鋆病故。

二十三日戊子　晨密雨，至午稍止，午後日出，仍時有小雨。身熱不快。得紱丈書。

二十四日己丑　晴微陰，溽暑。身熱不食，卧病。

邸鈔：詔：貝勒載漪之第一子命名溥僎。詔：新授四川按察使沈秉成患病未痊，准其開缺。

二十五日庚寅　中伏。晴歊酷暑。初似傷風，今日又似中暑，近民間有疾疫此字本止作役。遍染内外城，予雖經月杜門，澹泊自養，而每日循行竹樹，躬自掃除，泥水熏蒸，因以中疾。又耳目聞見，怪事日生，中心鬱宛，受病益甚。此皆有生之累，不能自戒者也。中午孱食，下午遂益不快。晚陰，夜有電，竟夕鬱熱不可耐，幾不成寐。

邸鈔：以湖南辰沅永靖道杜瑞聯爲四川按察使。

二十六日辛卯　晨及上午陰，午晴，下午陰，終日酷暑鬱悶，傍晚大風，小雨即止，晚晴，稍涼。中午孱食，復不快。比日無憀之甚，閱《南宋雜事詩》及畢氏《續通鑑》宋理宗、度宗紀、帝㬎紀、元世祖紀，以相參證，詩注多小説無稽，畢書亦可議甚多。

二十七日壬辰　晴微陰，酷暑。牧莊來。得鮑敦甫五月中書。得紱丈書，還《春融堂集》，再借《鮚埼亭集》，即復。是日小愈，衄涕大作，身仍微熱。傍晚復覺不快。

二十八日癸巳　今上生日。晨晴，上午後晴陰相間，酷暑，入晚益不可耐。孺初來。得紱丈書，還《謝山集》，即復。得何達夫書，送來族姪文寬保定書。夜半後雨達旦漸密。

二十九日甲午小盡　晨密雨，上午稍止，午後晴陰不定，時有小雨，蒸溽不堪。印結局送來是月公費銀十六兩二錢。是日付擴誼園孟蘭會錢二千，周荇農之子淪蕃輓障公分錢一千，買晚香玉兩叢，錢一千。黄昏密雨數作，一更時雷電又雨，夜半後大雷雨，竟夕淋浪。

秋七月乙未朔　晴，酷暑，午後有風，熇暴益甚。剃頭。得紱丈書。庭下有花開，其葉春茁翠闊，而長似萱草，夏間葉萎始抽莖，亭直而長作圓管，似水仙，其端生四五花，花六七瓣，形長如牽牛，色澹紅，都人呼洋水仙，不知是何花也。得潘星丈書，詢病狀，即復。夜熱悶不可當。

邸鈔：上諭：榮全奏查明伊犁陣亡殉難大員並官員家屬請飭部旌恤一摺。同治五年回匪攻陷伊犁時，前任將軍明緒等或打仗陣亡，或見危授命，大節凛然，殊堪憫惻，除已革將軍常清業經降旨議恤外，前任伊犁將軍明緒、領隊大臣崇熙、葉爾羌參贊大臣額騰額、巴彦岱、領隊大臣富勒敦泰、錫伯營領隊大臣烏勒德春、綏定城總兵沈玉桂、理事同知穆津、糧餉同知增智、已革知縣季應誥均交部從優議恤，同時殉難各家屬一併分別旌恤。

初二日丙申　晴，酷暑不可堪，上午微陰有飛雨。是日外感漸除，復苦咳嗽。孺初約明日晚飲，辭之。付岑福工食錢十千，陳媪五千，苦水錢三千五百，京報錢二千。

邸鈔：上諭：前因御史佘上華奏參户部郎中啓續輕浮狂悖，顢頇把持等情，當派寶鋆、毛昶熙查辦。兹奏稱該郎中被參專擅攬權，罔上營私各節，據户部覆稱，均無實據，惟於辦理鍾珂升補郎中應行陳奏之件漏未呈堂，請將該員交部議處，裁徹所管差務，並請飭該御史將原參各節指實覆奏等語。即照所請，著佘上華指實覆奏，再降諭旨。

初三日丁酉　晴，酷暑如焚，竟日夕汗不得乾。夜疾動。

邸鈔：上諭：御史佘上華奏遵旨將户部郎中啓續各劣款據實覆陳一摺，仍著寶鋆、毛昶熙按照該御史所奏各款認真查辦，據實覆奏。

初四日戊戌　晴，酷暑如焚，都中所未遘也，夜鬱熱，室中灼氣不得舒。

邸鈔：詔：直隸天津鎮總兵陳濟清與廣西右江鎮總兵周盛傳對調。

初五日己亥　晴，酷暑益熾，南中亦所少也，几席灼暴如火，至竟日席地，以冰沁西瓜飲之，猶流汗如雨。是日聞都中冰廠藏冰已罄，一斤許者須京錢一千矣。傍晚雲陰而藴燨益甚。得伯寅書，以去年所刻績谿胡氏秉虔《卦本圖考》《尚書序録》《説文管見》《古韵論》及臧氏壽恭《春秋左氏古義》等書共十二種爲贈。復伯寅書，并爲牧莊轉乞所刻書一分，得復。晚有風，少有凉意，夜雷電不雨，熱灼如故，竟夕不得寐，胸腹悶甚。

邸鈔：以大理寺少卿慶福爲太僕寺卿。

初六日庚子　晨晴，炎赫少減，午後陰，鬱攸如故，傍晚又微晴。胸悶似發沙，卧地閲書。鄭寅谷約後日晚飲，辭之。黄昏有密雨雷電，夜仍熱悶。

初七日辛丑　晨陰，旋晴，終日酷熱，而暑鬱稍舒。先君子生日，上午供饋鷄鳧魚肉等十器，時果四盤，西瓜四盤，冰一盤，饅頭一盤，茗一巡，扁豆茶一巡，酒三巡，飯二巡，午後畢事。梅卿招夜飲廣和居，辭之。夜熱悶甚，竟夕席地卧。

邸鈔：上諭：李鴻章奏永安河南二工漫口，在工各員分别參辦，並自請議處一摺。署南岸同知吴廷斌著革職留任，署南二工良鄉縣丞汪仰山著革職留工效力，永定河道李朝儀著革職留任，李鴻章督率無方著交部議處。

初八日壬寅　辰正一刻三分立秋，七月節。晨及上午陰晴相間，午有風，下午有風雨，旋復晴，傍晚大風雨，至夜止。剃頭。閲《明紀》。是日溽暑鬱煩，復不可堪，晚得雨後少凉。

邸鈔：命候補侍講學士瞿鴻禨爲河南正考官，左贊善陳翼爲副考官；翰林院侍讀學士錫珍爲山東正考官，侍讀黄毓恩鍾祥，乙丑。爲副考官；候補右庶子鈕玉庚爲山西正考官，編修許有麟爲副考官。

瞿、陳、錫、鈕、許等科分籍貫，俱已見大考單，是科浙江惟許有麟一人得差。

初九日癸卯　晴陰埃皆，溽暑如故。周荇農爲其子琥孫州牧開吊來赴，送奠分四千。（此處塗抹）聞昔年安得海市寵時，曾文正入覲。一日湖廣會館公宴，酒酣，文正慨然曰：盛哉我兩湖之人物也。因屈指曰，湖北一人，湖南一人。蓋其時有兩侍郎皆與安暨款密也，聞者爲之悚慄。（此處塗抹）兩侍郎者，其一與予相識，爲諱其名，然中外無不知者。以兩人論，予相識者差賢而有文，今已左官，遂益爲人口實。其一卑諂儇險，素論尤輕，而近躋一品，故指目之者頗少。予因連而記之，非欲發人之覆，冀以激揚名教，垂戒將來。作書致牧莊，并鄭盦新刻書十二種。得楊惺吾書，言明日還宜都，甚致戀戀之意，即作復書，答其鄭重，并言同志之日少爲可慨也。夜四更後密雨有雷。

邸鈔：詔：前署陝西巡撫劉典以三品京堂候補幫辦陝甘軍務。以記名提督譚拔萃爲甘肅寧夏鎮總兵。以工科掌印給事中陳鴻翊爲福建汀漳龍兵備道。原任汀漳龍道文吉調任延建邵道，從總督李鶴年等請，改延建邵道題缺爲題調要缺也。鴻翊，寧河人，戊戌進士。

初十日甲辰　晴，溽暑如故。牧莊來，談至夜二更時去。得張子中同年吴門書。是日付五、六兩月賃屋銀八兩。

邸鈔：詔：免湖北省米穀釐金。從署總督巡撫翁同爵奏請也。

十一日乙巳　晴陰相間，溽暑甚酷。閱《四庫提要》總集類。傍晚坐庭下取巾箱本明萬曆間張嗣修所刻宋陳玉父本《玉臺新詠》，以《提要》所言陳本優絀，及紀容舒考異本、馮武增注本一一證之，知張本極爲精審，紀氏謂其多所竄亂者，非也。作書致殷蕚庭，贈以楊惺吾新翻宋拓《醴泉觀銘》及伯寅新刻許海秋《玉井山房筆記》《南苑唱和詩》。許海秋，名宗衡，上元人，咸豐壬子進士，由庶吉士官起居注主事。居京師，極負時名。殁後刻其《玉井山館集》，詩文皆模擬桐城，絶無真詣，文尤淺率。蓋道光以後名士，皆剽竊浮言，坐致虚聲，不知有根柢之學。亦緣時無真賞，聾瞽滿朝，非此不能得名也。今伯寅復爲刻其《筆記》，以六十之年，僅得一卷，而見聞荒陋，出語蠢俗，但誇其得翰林，負詩名，飲饌之精，妻妾之奉。其尤可笑者，謂人但知王右軍《蘭亭序》，而不知尚有詩，因備載其詩，謂遼懿德皇后事人皆知之，今閲王鼎《焚椒録》述其事甚詳，因備録其語。其所謂人但知《蘭亭序》者不知何人，殆即一時唱和之名流。《遼史》懿德皇后事甚略，不知《焚椒録》外何處知之？蓋坊肆有《情史》一書，中亦載《焚椒録》，此君垂老得見，遂詫爲奇書也。又述毛西河姬人曼殊事，全載西河《曼殊志銘》一篇，以示其博，蓋不足責矣。伯寅以與所刻葉潤臣《橋西雜記》並稱，然葉雖不知學，其書亦一無心得，而守其父之藏書，聞見較多，故猶不失爲底下之書，若此者，乃徒酷楮槧耳。

邸鈔：上諭：張兆棟奏闈姓賭局已禁，不宜復開一摺。廣東闈姓賭局，前經降旨裁革，該督撫自應遵旨嚴禁。嗣本年五月内，英翰以此項操捐罰收款甚鉅，可指爲辦防之用，輒於具奏後，不候諭旨，遽行出示弛禁，殊屬不合。英翰著交部議處，仍著該督撫遵照六月初四日諭旨，將闈姓賭款嚴申禁令，永遠裁革，不准藉詞復開，以肅政體。闈姓賭局者，廣東近年大商主之，遇開科之年，設局賣票，令人入錢，豫擬榜中每姓幾人，以千萬爲一決，俟揭曉，按其中否以定輸贏。其始僅行之童子試，後行之鄉試，今漸行之會試，其大力者，至爲所擬之姓，廣通關節，以冀必勝。於是房官及提調、監試各官皆陰行賄賂，轉相販鬻。自督撫收其税以爲利，名爲罰款，故行者益縱，士之應試者多託贄商賈，自稱門生，大爲風俗之害。去年御史鄧承脩疏陳其弊，下詔禁止。今年六月給事中黄槐森復疏言，近有宵人改换名目，仍行決賭，且有公然入京爲之營説者，香港此局亦尚未徹，請再申諭革懲，復下詔嚴禁，即所謂六月初四日之諭也。今讀此諭，則五月中總督英翰已奏請弛禁，而朝廷隱而不言，黄給事蓋已知之，故不敢訟言，而宛約其辭耳。自古未聞有以罰款爲税額者，以作奸犯科之事爲損下益上之謀，將淫娼劫賊皆可佐司農度支矣。英翰起自軍營，驕淫日著，自瑞麟督兩廣，捊克聚斂，專務進奉，貪貨無執，布政俊達爲效爪牙，巡撫不能誰何。英翰繼之縱恣益甚，以所統防勇需餉爲名，添設釐金，廣布卡局，粤人至追思瑞麟。烏虖，世亂極矣！復縱此曹肆於高位，即此一事觀之，疆臣之貪縱，政府之蒙蔽，其皆殺有餘辜哉。粤東此事不禁，上海、寧波與之朝夕通海舶，事事慕效，其地皆駔儈所聚，勢必遍行之江浙。不出數年，上第高科，皆商賈之餘臭矣。以今日主司之所取，士子之所習，荒謬腐爛，何益於風俗，有害於國家，反不如付之探籌，託之奇貨，然利仍歸於商販，而官不過收其千百之一。何若竟停科舉，飭下有司，明定章程，進士以萬金爲率，舉人以千金爲率，則既奪賈豎之利權，又絶科場之謬種，較爲一舉而兩得也。即舉侍郎温葆深世襲舉人生員之奏而行之，亦未始不可也。兆棟疏稱，安懷堂商人在總督衙門呈稱，創立守助會承辦乙亥、丙子、丁丑三年生息，共繳餉銀八十萬元，督臣批示，事屬可行，並有以廣東全省文武鄉會童試榜上姓名爲準等語。

十二日丙午　晴，酷暑益熾不可堪。自昨夕鬱溽不能成寐，兼苦咳嗽，五更舊疾又動。今日酷熱如焚，困卧輾轉，汗傾喘結，擘脱扇摇，都中乃有此暍，真驚倒百歲翁也。得紱丈書。夜尚暍甚，飯後移具露卧，食冰沁西瓜，至一更時雲合，有電，風起頗凉，三更始得好睡，五更有小雨。是日慈安皇太后壽節。

十三日丁未　晨陰，午前晴，下午復陰，傍晚又晴，少有凉意。得紱丈書。有聞喜同年新捐刑部員外郎楊深秀來拜。傍晚坐庭前紫薇花下，閱近人駢體文。風來修俗作脩。然，凉生於夾。俗作腋。夜飯後微雲卷霄，初月映宇，須臾天衢碧净，清光滿空，較之前夜，便有仙凡之别，因語家人曰：我生於世，雖窮極無憀，然此時之閑中消受，京師亦無第二人也。

十四日戊申　晴，酷暑少減。《漢書》『燕燕尾涎涎，張公子時相見』，汲本《五行志》《外戚傳》俱作涎字不誤。錢氏泰吉謂吴免床所藏宋本亦作涎，惟監本、評林本及今官本俱作『涎涎』。案《玉臺新詠》作『燕燕尾殿殿』，殿與涎《廣韵》《集韵》俱同在三十二霰堂練切電紐下，是同音假借之字。後來俗本《玉臺新詠》乃依誤本《漢書》改作『涎涎』矣。作書致孺初問楊惺吾行，未得復。作書致紫泉索還前所携去駢文稿數篇。紫泉及爽秋來。夜飯月出後，清絶如水，新凉近人，露卧久之。

十五日己酉　先君子忌日。晴，酷暑復熾。辨色即起，率家人治具滌器，并以素饌祭先。作書致牧莊，得紫泉書。謝夢漁來。得爽秋書。傍晚夢漁復來，以素食饗之。殷蕚庭來。夜大風，有電，五更有雨。

十六日庚戌　末伏。晨密雨時作，上午凉風斗起，日晴，午風益甚，復陰，下午溦雨數作，晚密雨，入夜蕭蕭，是日頓凉，需夾衣矣。《四庫提要》言陳其年駢文《毛貞女墜樓詩序》有云『空空實下天之狀』，此自用李斯對秦始皇『鑿之空空，如下天狀』語，而注乃引《劍俠傳》妙手空空兒，極爲可笑。案《繹史》卷一百四十九引蔡質《漢儀》云：『李斯治驪山陵，上書云臣所將隸徒七十二萬人，治驪山者已深已極，鑿之不入，燒之不燃，扣之空空，如下天狀。』非鑿之空空也。夜雨聲凄瑟達旦，凉飈間之，去簟擁衾，頓深秋思。

十七日辛亥　晨小雨，上午漸止，有日景，午又小雨，下午日景復出，旋陰。作書致紫泉，終日多卧。得紱丈書，還昔年所借去《紀元彙考》一册，即復。以紗袍褂質京錢二十千。

十八日壬子　晴，凉。得紫泉書，即復。讀《漢書·西域傳》。紫泉、爽秋來，夜飯後談至二更時去。夜肝氣作痛。

十九日癸丑　晴，有風。近日隨時輯録所作駢文，今日寫第二卷訖。祀屋之故主。傍晚坐庭下讀《漢書》，秋氣甚清。腹中時覺不快，夜半後復痛，蓋又感寒，非止肝氣矣。

二十日甲寅　晴，風甚凉。感寒不食，暴下憊卧。宋偉度來。剃頭。

二十一日乙卯　晴。讀《漢書》。牧莊來，久談而去。畜一白貓，甚馴，已三年矣，前日爲鄰貓所噬，創歸，三日死，痛惜之甚，令人裹以故絮葦席束之，埋之南下窪隙地，爲作悼貓詩。

悼貓

玉猧唐所貴，雪獅宋見稱。爾身全白質，尾黄如栗蒸。於種實爲美，皮相庶可憑。三歲豢我家，馴擾不取憎。常愛傍書睡，我讀如爲聽。亦飲硯池水，兼嗅瓶花馨。茵伏均坐起，簾幕無留停。我性喜花樹，紅紫彌中庭。爾也任嬉戲，趁蝶還驅蠅。倦或藉花卧，怒亦緣木升。薄荷偶一醉，涼風吹爾醒。頗知主人性，良由爾質靈。圖史從未觸，卉草避不陵。捕鼠獨俊健，狙覗逞厥能。我日具三韭，爲爾治魚腥。時時撫爾戲，呼之輒我應。何期被毒噬，一旦委爾形。似悲别其主，睛爍死不瞑。銅山有大賊，惟恐不速殞。此類豈爾比，痛惜何能勝。襚爾繫縨裹，橝爾蒲蒻縢。差勝吴太傅，葦衣篋鉤膺。南窪叢冢地，風雨聞佩鈴。玉環及崇國，相遇當爾矜。時逢壖間祭，或得沾餘腥。我無次山筆，元次山有祭貓文。作詩爲爾銘。篇中凡朱、厲兩家詞中所用貓事，皆不更出。玉環二語本擬作『倘遇張搏輩，妝樓定相矜』。因檢《竹垞集》中附錢芳標作用妝樓事，故改用今句，以與起應。

二十二日丙辰　晴，秋暑復盛，晚陰，微雷，有雨數點。得紫泉書，即復。紱丈來。作片致殷蕚庭，託其代借數金。

二十三日丁巳　晴，暑，晚微陰，有零雨，夜晴。亥正三刻三分處暑，七月中。

得爽秋書，并近作《蟪蛄詩》五古一首，其意以諷世，措詞典雅，然全首皆主蛙言，自注謂蟪蛄即螻蛄，螻蟈之屬，則非也。蟪蛄自是蟬屬，蟪蛄爲蟬，《廣雅》釋蟲、《爾雅》釋蟲郭注，《莊子·逍遥游》釋文皆甚明，本祇作惠蛄，亦謂之蝭蟧，又謂之蛁蟟，唐詩謂之遮了，今越人謂之知了。其異名各具見《方言》《廣雅》。眉批：《方言》『蛥蚗，楚謂之蟪蛄』，又云『蟬，楚謂之蜩』，兩條相連，而各分其名，蓋小别於蟬類，故云是蟬屬耳。高誘《淮南·道應訓》注：『蟪蛄，蛁蟟也。』蛁蟟即本《方言》『蛁蟧』二字之音。螻蛄、螻蟈或可合爲一物，此郝氏《爾雅義疏》説，然《月令》之螻蟈鳴，終以指蛙爲是，螻蛄則土狗也，聲如丘螾。郝氏不主螻蟈爲蛙之説，但以蛄、蟈聲轉。《廣雅》又云：『螻蜮，螻蛄也。』《説文》蜮、蟈爲一字，故謂螻蟈即螻蛄耳。必不能牽蟪蛄而一之。爽秋蓋以《本草》云『螻蛄，一名蟪蛄』，不知此蟪是誤字。《太平御覽》引作『蟉蛄』，蟉、螻疊韵字，《孟子》『蠅蚋姑嘬之』孫宣公音義出『蚋姑』二字云：『蚋，諸本或作蟉。』一説云蟉姑即螻蛄也。』蓋草書蟪作⿰虫⿱十⿱口厶，蟈作蝠，字形相近而誤耳，且螻蛄亦斷不是蛙也。爽秋又謂蔡中郎誤以蟪蛄爲鼫鼠，案《月令》『螻蟈鳴』，《釋文》引蔡邕章句，以螻爲螻蛄，蟈爲蛙。惟《廣雅》云：『螻蛄，一名炙鼠。』《易》釋文引《本草》『螻蛄，一名鼫鼠』，陸璣詩疏引《本草》謂螻蛄爲石鼠，蓋《廣雅》之炙鼠不過以博異名，後以音近遂轉爲鼫鼠、石鼠，亦與《詩》之碩鼠，《易》之鼫鼠皆無涉，與蟪蛄更無涉，又皆不云是蔡中郎説，爽秋之言俱不知其何所本也。即作復書，略舉所疑而已。

邸鈔：户部左侍郎袁保恒由甘肅到京。周荇農卸署户部事。

二十四日戊午　晴，暑復熾。牧莊來談，竟日去。得爽秋書，復言蟪蛄事，即復。得紱丈書。殷萼庭來言其兒病，即作書饋以藥物數種。

閲荆谿任氏（太）〔泰〕與先君子同名，故用《後漢書》例。《質疑》一册，無序目，僅三十葉，雜論經學。其説經無家法。然如謂『濟盈不濡軌』，《毛傳》由輈以上爲軌，上乃下之訛；軌者兩輪之間，軌即徹也，徹者通也，中空可通者皆謂之軌，其説皆與段若膺氏同。謂『衆維魚矣』，衆即螽字，《公羊》作蝝，古字往往無偏旁，其説與盧召弓氏引丁敬身説同。二説王伯申氏《經義述聞》皆駁之，然以段氏、丁氏説爲長。其説《左傳》『富父終甥舂其喉』，疏謂六尺六寸之戈得及長狄之喉，必改其兵者非也。狄皆徒步，魯自乘車，車崇六尺六寸，人長八尺，戈長六尺六寸，已得二丈餘，故得舂其喉耳。所辯獨爲精晰。此書以活字版印之，又多空處，皆以墨筆填補，卷首有高郵王氏藏書印。近日聞文簡之孫兵部主事某者卒於京邸，其書盡出售，此即其一也。

邸鈔：上諭：崇實奏遵旨變通奉天吏治章程一摺，著軍機大臣六部九卿會議具奏。疏請改設奉天督撫，仍置五部侍郎，而去將軍府尹之官，改治中爲驛巡道，以兵刑糧餉盡歸督撫，一其事權，以旗民案件專歸同通州縣管理，旗界各員只理旗租、緝盗之事。深言刺弊，剴切詳盡，爲近來奏疏所僅見。聞刑部主事溧陽濮文暹所代草者也。以内閣學士宗室岐元爲盛京户部侍郎，仍兼署奉天府府尹。

二十五日己未　晴，秋暑極盛。比夕疾動，憊甚，終日惟卧閲雜書而已。傍晚坐庭下，讀段氏《毛詩故訓》傳定本。得殷蕚庭書，言爲代借得銀一溢，明日當往取之。夜復换席。

邸鈔：命都察院左都御史魁齡充崇文門正監督，鑲白旗蒙古副都統鎮國公奕謨充副監督。

二十六日庚申　晴，熱甚。殷蕚庭來，張飈民來。作書致紫泉，得復。飈民言前日至憫忠寺西華陀庵訪明季御史趙忠愍公祠墓，其地爲雲南久客者所聚居，庵之東偏，祠屋三楹，荒陋已甚，祠後皆雲南人叢葬地，荆榛没徑，忠愍墓亦在焉，前僅立一石識之，亦無碑碣。案趙昆明人，由舉人知縣官御史，甲申之變，巡視中城，死於賊，福王時贈謚恭節。見陳鼎《東林列傳》。乾隆四年御史雲南人傅爲詝疏陳其事，賜謚忠愍，建祠憫忠祠，右額曰景忠，今知之者鮮矣。寧州劉大紳《寄庵文鈔》言忠愍死於白帽胡同，其長子從德亦死，蓋即其地也。

邸鈔：上諭：萬青藜等奏宗室冒認地畝請旨辦理一摺。據稱同治十一年間，宗室惠齡控洪澤遠不准贖地一案，業經户部會同宗人府訊明斷令，入官升科，今輔國將軍宗室載坤輒稱係伊地畝，載坤並有被控私設公堂，捆人搶麥情事。案關宗室冒認地畝，沿村滋擾，亟應徹底根究，即著宗人府會同刑部提集人證研訊，定擬具奏。輔國將軍宗室載坤先行解任，聽候傳質。

二十七日辛酉　晴，酷熱。閲胡伯敬《説文管見》及《古韵論》。《管見》所得甚淺，然有益於初學之讀《説文》者。《古韵論》亦不過述江、戴、段、孔四家之説，互相證左，稍有補正，然所舉《詩經》用韵數則，不免拆裂牽就，劈以從我，蓋言古韵之分合者，欲證之古書，往往諱彼舉此，以信其説，雖段、孔諸家亦時有此病也。得袁爽秋書。孫鏡江來。夜熱甚，坐燈下讀書，至二更而罷，自入夏早睡，久無此事矣。

邸鈔：詔：已故河南巡撫錢鼎銘前在江蘇原籍辦理團防，並隨同李鴻章剿辦賊匪，料理糧餉，諸臻妥協，歷官直隸、河南，於吏治民生盡心籌辦，遺愛在民，著將事蹟宣付史館立傳，以彰忠藎。從曾國荃奏請也。户部郎中鍾珂授江西吉安府知府，陝西道御史王兆蘭授河南汝寧府知府，湖廣道御史陳彝升工科給事中。

二十八日壬戌　晴，酷熱。紫泉來談竟日去。

向書肆取《孔子家語疏證》，閱之乃蘄水陳士珂所爲也。士珂字琢軒，修撰沆之祖父，今内閣侍讀學士廷經之曾祖也。其書惟載《家語》本文，而每條下引它書互見者，低一格附之，不加論斷，亦絶無考辨。所引皆經子習見之書，無者則闕。前有其族人名詩者序一首，言書刻於嘉慶戊寅，在其身後。作者序者，皆不知孫氏志祖有此書而偶同其名。序謂朱子注《四書》，屢引此書，而顔監注《漢書·藝文志》，以爲非今所有《家語》，後或謂出王肅增加，近之宗漢學者遂置不道。夫事必兩證而後是非明，小顔既未見安國舊本，安知今本之非是云云。其意正與孫氏相反。然列引諸書以見其所本，適以發作僞者之覆，亦未始不與孫氏同，惟隘陋不足稱著書耳。

邸鈔：詔：福建按察使郭嵩燾開缺以侍郎候補。

二十九日癸亥　晨陰，旋雷雨，不久止，上午晴，午陰，下午風雨數作，晡後復晴，夜一更時有雷雨。

邸鈔：以前甘肅按察使張岳齡爲福建按察使。

三十日甲子　晴，晡後陰。買鞋一雙，錢八千八百，納錦帶版一對，錢十千八百，此先生充貲郎之服飾也。署吏知會八月初四日社稷壇陪祀，初六日監押户部書吏入科場，此先生慕貲郎所得之差使也。前日尚書載齡等覆啓續查辦事，言户部要差未派啓續者尚多，殆即指此等事耶。夜半後大雨。

八月乙丑朔　上午晴，微陰，午後多陰。

洪氏《更生居士集》，載畢總督沅在翰林爲講官日，以耕耤侍班，高宗顧問布穀、戴勝是一鳥是二鳥，畢對以布穀即戴勝，因此被眷。然考之畢語，殊未的也。布穀即鳲鳩，以鳲鳩合戴勝爲一物，始於《方言》，而《廣雅》因之。然《爾雅》『鳲鳩，鴶鵴』，與五鳩自爲一列；而『鵖鴔，戴鵀』，自列七鳸之下。眉批：今本《爾雅》有八鳸，以前已别出『鳸鴳』及『桑鳸竊脂』，而此處復重出『桑鳸竊脂』一句，明是後人妄增。邵氏正義本去之是也。《詩·召南·鵲巢》傳云：『鳲鳩，秸鞠也。』《曹風》『鳲鳩』傳同。《禮·月令》：『鳴鳩拂其羽，戴勝降于桑。』眉批：段氏玉裁《説文注》云，《月令》『鳴鳩拂其羽』，鄭注『鳴鳩飛翼相擊，趨農急也』，鄭意鳴鳩即搏穀。　鳴鳩者，鶻鳩也，與鳲鳩皆五鳩之一，文以鳴鳩、戴勝别言之，則戴勝非鳩類可知。故郭注《爾雅》『鳲鳩』云：『今之布穀。』注『戴鵀』云：『鵀，即頭上勝，今亦呼爲戴勝。』其注《方言》云：『鳲鳩，按《爾雅》即布穀，非戴勝也。』《詩·召南》正義云：『鳲鳩，《釋鳥》云秸鞠，郭氏云今布穀也。《埤蒼》云鴶鵴，《方言》云戴勝，謝氏云布穀類也。』『布穀者近得之』，《月令》正義云：『孫炎云鳲鳩自關而東謂之戴鵀，非也。』《左傳·昭十七年》正義引陸璣《毛詩義疏》云：『今梁、宋之間謂布穀爲鴶鵴，則布穀是鳲鳩明矣。而揚雄云鳲鳩是戴勝，今戴勝自生穴中，不巢生，雄言非也。』《吕氏春秋》高注云：『戴勝，鵖也，部生於桑。三月，其子彊，飛從桑空中來下，故曰『戴任吕氏文作戴任。降于桑』也。

合考諸説，則布穀與戴勝，二物甚明。近儒郝氏懿行《爾雅義疏》、王氏念孫《廣雅疏證》、陳氏奂《毛詩傳疏》，皆辯正之。布穀者，以鳲鳩之鳴聲言之也，亦作搏穀，《月令》鄭注。亦作穫穀，《爾雅》郭注。亦作擊穀，《方言》。亦作結誥，同上。亦作秸鞠，《説文》。又轉爲郭公，陳藏器《本草（提）〔拾〕遺》。亦作撥穀，同上。亦作勃姑，戴侗《六書故》。亦作步姑，同上。皆方音之通轉，而象其鳥聲則一也。由是遞演其語，則曰郭嫂打婆，又曰割麥插禾，又曰脱却布絝，遂爲農俗野言。而詞賦家謂之鵓鴣，亦曰鵓鳩，吾越方言謂之渴殺姑，亦象其自呼也。至戴勝則未能目論爲何鳥，《月令》鄭注云『織紝之鳥』；郭氏以爲頭上勝；《廣韵》云『頭上毛似勝』，《爾雅翼》云『毛冠俱有文』。王氏念孫謂其名又曰戴鵀，又作戴紝，則其義安可諦知。郝氏懿行謂小於鵓鴣，黄白斑文，頭上毛冠如戴華勝，鳴聲亦曰搏穀，又曰耬耬穀。案《月令》正義引李巡云：『戴勝，一名鵖鳩。』高誘亦云：『戴勝，鵖也。』鵖萑頭有蔟毛如角，蓋以戴勝頭上有毛冠，故冒以鵖名，則勝自爲華勝之勝。郝氏得之目見，良不誣也。

至《方言》《廣雅》之合鳲鳩、戴勝爲一，則又有辨。考《方言》先云：『布穀，自關東西梁楚之間謂之結誥，周魏之間謂之繫穀，自關而西或謂之布穀。』此一條言布穀也。眉批：戴氏震《方言疏證》云布穀二字當作尸鳩，今以《廣雅》證之，戴説未確，然亦可證下條之不當作鳲鳩矣。後云：『鳩，自關而東周鄭之郊、韓魏之都謂之鵖鷎。』以至梁宋之間謂之鵻，凡九名，此一條則統言鳩也。中有云其鵒鳩秦漢之間謂之鵴鳩，即《爾雅》所云鳲鳩、鴶鵴也，是已包鳲鳩在内，而布穀又先已別出一條，則鳩之名已悉著矣。乃下復云：『鳲鳩，燕之東北、朝鮮洌水之間謂之鶝鵖，自關而東謂之戴鵀。』以下凡十名，絶不牽入布穀、秸鞠等名。《廣雅》亦先出一條云：『擊穀、鴶鵴，布穀也。』此單言布穀者也。後云：『鵖鷎，鳩也。』『鶻鵃，鴶鳩也。』『鵒鳩、鶏鳩、鶌鷎、鶉鳩、鵴鳩也。』此統言鳩也。後云：『戴鵀、戴紝、鶝鵖、澤虞、鵖鶝、尸鳩，戴勝也。』

稚讓所載，全本子雲，兩家精通名物，豈有不辨鳲鳩即布穀者。特以布穀自有數名，故別出之，而鳩之諸名，則自爲一類。若《方言》於鳩下復別出鳲鳩一類，則何不并布穀一條入之乎？尸鳩自是主名，《廣雅》何不以尸鳩領戴鵀諸名，而以戴勝領之？皆與二書體例不合。細覈之，則《方言》鳲鳩乃鳸鳩之誤，《廣雅》尸鳩亦户鳩之誤也。《爾雅》於春鳸、鳻鶝等七鳸之下，繼以鵖鴔、戴鵀及鶭澤虞，郭注：『鶭，澤虞。常在澤中，見人輒鳴唤不去，有象主守之官，因名云，俗呼爲護田鳥。』《御覽》引孫炎注亦同。《説文》『鶭，澤虞也』，《廣雅》止稱澤虞，蓋即以《周禮》官名名之，是鶭澤虞固鳸屬也。《左傳》『九扈爲九農正，扈民無淫者也』注：『扈，止也。』《説文》：『雇，九雇，農桑候鳥，扈民不淫者也。』或从鳥作鳲。《左傳》『屈蕩户今俗本作尸。之。』注：『户，止也。』鳸者皆主農桑之候，戴勝主織紝，故與鶭澤虞皆附九扈之列。《方言》《廣雅》皆先言鳩，後言鳸，猶《爾雅》之例。其曰鳸鳩者，鳸雖雀類，亦可假鳩名，猶戴勝之稱鵖鳩也。鳸取户義，故《廣雅》作户鳩，鳸與鳲，户與尸，字尤易混，故訛作鳲鳩及尸鳩。據孫叔然、陸元恪、郭景純所説，則《方言》在魏晉時已誤，或稚讓亦據誤本，故遂以尸鳩入之戴勝。特以《廣雅》全書之例言之，不當有是耳。古書雖多竄亂，推其體例，自可見矣。惟鶭澤虞與戴勝自爲各鳥，而《方言》牽入鶭鸅，《廣雅》牽入澤虞，則並爲誤。

牧莊來，暢談竟日，至夜一更後去。印結局送來前月分公費銀十兩五錢。

邸鈔：詔：直隸正定鎮總兵譚勝達自湖南帶勇剿賊，轉戰湖北、江蘇、安徽、江西、廣東等省，迭克城隘，著有功績。兹以積勞病故，深堪憫惻，交部照總兵立功後積勞病故例議恤，並附祀曾國藩專祠。從李鴻章奏請也。以唐定奎爲直隸正定鎮總兵。詔：河南歸德鎮總兵徐鶴前在安徽剿賊，歷著戰功，嗣統領長淮水師，於操防事宜頗稱得力。兹以積勞身故，殊堪憫惻，交部照軍營立功後病故例從優議恤。從安徽巡撫裕禄奏請也。以牛師韓爲河南歸德鎮總兵。

初二日丙寅　晨陰，旋晴，午後陰。得子縝七月二十一日書并見懷詩三首，次通州寄懷韵五律一首，次題畫蘭韵七絶一首，五日寄懷五古一首，詞意俱高。又所作揚雄《方言》即《倉頡》《訓纂》《説文》一首，語甚有理，文長不備録。得心雲七月十六日書。

明人王子宣宫詞云：『南風吹斷采蓮歌，夜雨新添太液波。水殿雲房三十六，不知何處月明多。』元人薩天錫宫詞云：『清夜宫車出上央，一作未央，一作建章。紫衣小隧兩三行。石闌干外一作畔。銀燈過，照見芙蓉葉上霜。』王詩源於唐人之『今夜月明人共望，不知秋思在誰家』，而較爲渾化。薩詩源於唐人之『玉顔不及寒鴉色，猶帶昭陽日影來』，而特爲幽折。二詩一以超妙勝，一以婉麗勝，各極其工，本非一致，不可以優劣論。乃嚴蓀友謂薩詩較王作爲入妙，姚薑塢謂薩作詩意雖佳，然興象風調去王作遠矣，皆非深知詩者也。至元人楊瑀《山居新語》譏薩詩未諳當時體制，謂宫車無夜出之例，『擎執宫人紫衣，大朝賀則於侍儀司法物庫關用，平日則無有』，宫中無石闌，北地無芙蓉，論雖少苛，詩人之言，不得字字繩以典制。《四庫提要》亦援杜牧驪山詩用荔支事爲之解，然作詩者亦不可不知此等典要，觀王建宫詞多足以補正國史。詞章之學，談何容易耶。

夜雨。

初三日丁卯　晨有濛雨，旋霽，終日晴。剃頭。是日作《紂之不善論》文一首。

紂之不善論

子貢謂紂之不善，不如是之甚也。吾嘗三復斯言，而歎聖賢救世之心，何其深且切也。夫言紂之不善者，僞《尚書》古文之言不足據，若《西伯戡黎》《微子》《坶誓》《大誥》《酒誥》《多士》《多方》之篇，《史記・周本紀》所載《大誓》古文及《論語》《孟子》所言，不過謂其淫戲酗酒，遺棄耆舊，崇信奸回，喜用婦言，昏棄肆祀，指爲天喪，名爲獨夫。而其事之顯著者，則比干之死，箕子之囚，妲己之寵，崇侯之譖及文王之拘而已，較之後世孫皓、劉聰、石虎、苻生、慕容熙、劉子業、劉彧、劉昱、蕭鸞、蕭寶卷、高洋、高湛、高緯、楊廣、朱温、劉龑、劉鋹、完顔亮之窮凶極暴，墮滅三綱，其罪固百不逮一；即以視秦始皇、漢武帝、後漢靈帝、宋孝武、魏太武、明成祖、世宗之誅殺臣下，如刈草菅，亦爲少勝焉。而亡國之罪獨懸以爲百世之鑒，子貢乃猶原之以爲下流歸惡者。蓋傳記百家之説，如《史記》所謂九侯之女不喜淫，殺之，而醢九侯，脯鄂侯，《淮南子》謂并脯其女，《史記》又謂剖比干而觀其心，皇甫謐謂剖比干妻以視其胎，《淮南子》謂斫朝涉之脛，劉向謂爲炮格俗作烙。之法以悦妲己，賈誼謂作梏數千，睨諸侯之不謟己者杖而梏之。凡此慘酷無人理之事，春秋時蓋已有道之者。孔子删定周書，雖削而不著，而子貢猶恐後世人主或聞其言也，下愚之流瞀不知畏，且以國之亡也，委於氣運之適然，而姑以逞其生性之忍，一日之怒，則天地將日以睢刺，而淫刑荼毒之滋增，不知其所止矣。此惟辭而闢之，以見其不足信，即或有其事，而惟表其大端，以示戒於天下。後世不必窮其形相，以爲殘賊者導之觀，而樹之型，庶後之爲人君者，知亡國之易，益凜凜於無道之不可爲，則中人以下，皆得長保其社稷，而倫常綱紀，猶得以不絶於天下。

嗚呼，此聖賢之立言，其苦心無一不系於君與民者也。蓋其事之已著者，戮諫臣，棄親戚，溺嬖寵，近殘賊，不得而諱者也。其菹醢之法，横决之毒，以及房幃隱微醜悖之行，則太史所不書，下民所不悉，且事非衆著，安知其有不出於誣者。故子貢之言，非徒以示忠厚，欲爲商紂寬其罪也。前之夏桀，後之幽厲，其行事載於聖賢之經傳者，皆絶無不忍睹聞。如漢以後之所紀，而其禍皆足以覆國，人亦未有以其被放、被流、被殺爲過者，則以舉其大者之已足以示戒也。後世史官，不知此義，於前代亡國之主，必備列罪狀，披抉隱私，以見其惡之萬無可逭，又或阿其世主，景飾增加，以快所欲。吾觀楊衒之述趙逸之言曰，晉時十六國君，皆目見其事。國滅之後，觀其史書，皆非實録，莫不推過於人，引善自向。苻生雖好勇嗜酒，亦仁而不殺，苻堅自是賢主，賊君取位，妄書生惡。凡諸史官，皆此類也。又元好問述賈益謙之言曰，世宗大定三十年中，能暴海陵蟄惡者得美仕，史官修實録，誣其淫毒狠鷙，遺臭無窮。自今觀之，百無一信。又稱衛王勤儉，慎惜名器，較其行事，中材不能及者多。今試由此而推之，宋前廢帝之惡，明帝爲之也；明帝、蒼梧之惡，齊人爲之也；齊鬱林之惡，齊明帝爲之也；齊明帝、東昏之惡，梁人爲之也；北齊高氏之惡，周人爲之也；隋煬帝之惡，唐人爲之也。蓋諸君之童昏狂暴，其罪萬不足原，至於游戲之穢褻，誅夷之慘鷙，以及蒸報淫亂之醜，有梟獍所不爲，犬彘所不食者，此則朝野無所質證，宫商無所發揚。如其有之，亦非君子之所忍言也；如其無之，則彼其人已大則亡國，次則殺身，次則絶嗣矣。不足以益其罪也，徒使不肖之君，觀其所行，以爲我之惡尚未至於此，可以益縱其所爲。且其人亦有非及身而亡者，尤將諉之我躬不閲，遑恤我後，而力行其豺狼之心，以肆毒於畢世，此其爲禍於生民，不更大哉。

嗚呼，謂人君不可觀史者，奸人之言也。吾獨以爲後世如《南》《北史》《宋書》《齊書》《北齊書》及今所行之《十六國春秋》《十國春秋》等，誠非人主之所宜觀也。惜乎司馬氏之《資治通鑑》於三國、六朝、五代諸君之事，猶不能慎之又慎，别擇而書之也。孟子曰：『盡信書則不如無書。』君子觀子貢之言，而可以知史法矣。

邸鈔：上諭：廣州將軍長善、廣州漢軍副都統果勒敏奏督臣隨員人等招搖滋事，張兆棟奏請將辦事謬妄各員交部嚴議，並請飭督臣將隨帶各員勒令回籍，及隨員濫支款項應行追繳各摺片。英翰簡任兩廣總督宜如何整頓吏治，綏靖地方，乃此次隨帶員弁甚多，道員裕庚尤爲該督所信任，把持招搖。廣東闈姓賭局前經降旨裁革，嗣有商人潘姓改爲守助會名目，在總督衙門呈請捐繳餉銀，委員文星瑞等商同裕庚慫慂該督批准，並不稟明張兆棟，遽行出示弛禁，實屬不成事體。至該督隨帶各員並未奏准留省，遽令支領薪水等項，尤形冒濫。兩廣總督英翰著交部議處，開缺來京，聽候部議。道員裕庚、文星瑞、知縣陳樹霖均著交部嚴加議處。提督奎光暨該督隨帶之文武員弁、哨官勇丁等均著仍回安徽原省及各原籍。其報捐省分者，各回本省當差。該隨員等所支薪水、公費等項，並著照數追繳。以江西巡撫劉坤一爲兩廣總督，未到任以前，張兆棟暫行兼署。以江西布政使劉秉璋爲江西巡撫，以江西按察使李文敏爲布政使，以河南開歸陳許道任道鎔爲江西按察使。詔：湖北布政使林之望、江蘇按察使應寶時均開缺來京，另候簡用。翰林院侍講嵩申轉補侍讀，檢討英煦升侍講，工部節慎司員外郎松長、理藩院典屬司員外郎崇綱俱交軍機處記名，以道府用。雲南巡撫岑毓英奏福建侯官縣人三品銜補用道翁道鴻之祖母林氏，已故處士翁仰園之妻，原任雲貴總督林則徐之胞姊。子祖烈，丙申進士，翰林院庶吉士，原任四川成都府知府；長孫道鈞，現任四川簡州知州；次孫即道鴻，現辦雲南京銅事；曾孫二人，長慰萱，癸酉舉人；元孫鶴齡。生於乾隆四十一年丙申，屆今光緒元年乙亥，現年一百歲，五世同堂，請旨旌表，以彰人瑞。詔禮部議奏。

初四日戊辰　晴，復熱甚。上午入署爲押送書吏入闈事，晤趙心泉及商丘吳主事協中、字時齋，乙丑進士。武昌吳主事汝霖、字允堂，壬戌進士。奉新余主事九穀，字□□，己未進士。皆年五十餘矣。午後出城答拜宋偉度，則已行矣。詣董芸龕、何達夫，俱晤。詣牧莊、潘星丈、紱丈，俱不值。晡時歸，付車錢七千。

邸鈔：以安徽按察使孫衣言爲湖北布政使，以江安等十府糧儲道衛榮光河南新鄉人，壬子進士，由翰林侍讀學士外授濟東道，丁憂後再授今缺。爲安徽按察使，以江南鹽法道勒方錡江西新建人，甲辰舉人，由郎中授廣西南寧府，捐升江蘇道員，今年四月，始補今缺。爲江蘇按察使。江西南昌府知府德馨升河南開歸陳許兵備道。德馨新以臨江府調南昌府，送部引見，復有此授，其人蚩鄙，不知以何術得之也。

初五日己巳　終日秋陰，時有溦雨，夜有小雨。

邸鈔：安徽安慶府知府劉傳祺升江安等十府糧儲道。江南道御史孫鳳翔授江西南昌府遺缺知府。

初六日庚午　終日凉陰疏雨，入晚雨漸密有聲。得紱丈書，還《貢舉考略》，即復。夜大雨數作，徹旦淋浪。

邸鈔：命吏部尚書毛昶熙武陟，乙巳。爲順天正考官，吏部右侍郎承恩公崇綺、鑲黄，乙丑。殷兆鏞、吴江，庚子。禮部右侍郎徐桐漢軍，庚戌。爲副考官，翰林院侍讀張家驤、鄞縣，壬戌。修撰洪鈞、吴縣，戊辰。編修慶錫榮、含山，乙丑。龍湛霖、攸縣，壬戌。李鴻逵、德化，戊辰。陳寶琛、閩縣，戊辰。許景澄嘉興，戊辰。等爲同考官。計編修十三人，檢討二人，給事中一人（黄槐森，香山，壬戌），部曹中書無一得與者，滿洲亦止一人（檢討貴恒，辛未）。刑部郎中蔡賡良授河南歸德府知府。山西河東監掣同知高崇基升安徽安慶府遺缺知府。崇基，静海人，庚戌進士。

初七日辛未　晴，風甚凉。庭中紫豆一叢，作花甚繁，芭蕉展葉，緑滿窗户，紫薇久花，離離散紅，每晴晝晚陰，徙倚其下，嘯傲甚適，此亦予之三友也，各爲一小賦系之。

籬豆花賦以『野人籬落豆花初』爲韻。

有豆一叢，移來自野，其莖深紫，厥根淡赭，匪澆灌而自抽，遂延緣而盈把。敷翠階前，紆青庭下，蔓與風牽，葉承露寫，粲秋色之蕭疏，獨吐花而姚冶。纍纍始發，兩兩初勻，梢頭月上，柎際霞新。錦襭艷脱，燕支淡陳，瓊釵鬥晚，珊鈿争晨，疑伶俜之宿蝶，稱婉約於秋人。每當雨後，小趁風時，蕊珠齊綻，莢粉輕施，似花勝之簇戴，訝寶珞之紛披。暮烟縈早，凉燈上遲，耿星河其欲映，與悉蟀而爲期，非斷腸之將化，亦嫣絶於疏籬。喜其種别荏菽，性近藜藿，依我之宇，得其所託，掩書幔以翳垂，傍硯池而開落。絳實含苞，紫囊承鄂，比菱角以紅深，較𨂂苗以翠弱，笑一頃之不治，指霜殷而可汋。還憶故里田園，農家清晝，新雁來時，寒蟬鳴候，瓜架低垂，稻田將秀。枳格横斜，茅檐暗覆，映村落之晴霞，簇柴門而如繡，訪老圃兮優閑，辨青黄於胡豆。亦有嬌癡兒女，愛學山家，蠣墻深隱，翠檻交加，種疏紅之一捻，數新莢之紛拏。殷勤盆護，宛轉簾遮，折枝簪髻，弹艷盤鴉，緑蘿避葉，紅蓼扶花。爰爲之辭曰：裊裊凉風八月初，輕紅淡白足愁予。不解藏金屋，無緣傍綺疏。慣充寒士饌，愛伴野人居。相思未必輸紅豆，爲補當年氾勝書。

蕉陰賦

愔愔院静，沉沉晝長，枕簟都潤，簾櫳就凉，階僅一弓之拓，庭無十笏之量，惟江南之佳植，移北地而爲良。爾其種擅巴苴，名假蕉萃，西方以之稱樹，南越從而號卉。緝比布輕，書當紙貴，或製扇以祛炎，或卷醪以引醉，偉厥用之繽繁，吾獨珍其敷翠。一葉初展，清風已生，卓青玉以峙幹，裁縹綃以披榮。外體甫弛，中心已呈，聶炕相促，卷舒不驚，遂葳蕤以四布，喜菴藹之日成。

炎曦赫張，猗靡委屬，旌游下垂，蓮茄倒覆，碾碧平鋪，漏金微蹙。仰見隙光，俯惟一緑，色將染窗，影欲藏屋，屏聶聶之素槐，笑娟娟之修竹。其或晚風弄涼，早秋初霽，宿雨留檐，雜花在砌。函扶逞容，飄姚益勢，暝色轉清，澹香無際，既夭翹以竦亭，亦薆嫮以緣裔。至於瑶琴乍張，翠幃虛閉，銀荷光射，玉扆烟細。羅襦半揚，湘裙低曳，循曲檻而月迴，拂修廊而雲麗。當此蘭杜將歇，蘿薜未尋，效崇墀之薄植，表百結之深心，奉端居之盼睞。託晦雨於清音，碧雲天末，蒼苔遠岑，寤言清宴，極望蕭森，恐霜雪之將近，吾且以此爲山林。

紫薇花賦以『月鉤初上紫薇花』爲韻。

茸茸翠葉圓鈿滑，枝頭火齊遲遲發。乍覺玲瓏散綺霞，旋看綽約扶秋月。鳳池宮體擅風流，鳷鵲秋深十二樓。曾見珮環迎燭炬，慣聞鈴索報詞頭。九霄夜瑣珊瑚架，七寶凉侵悲翠鉤。爾乃未移禁苑，且傍郊居，莖抽蕊綴，萼破荂舒，始似明星之細綴，繼疑采縷之交挐。苞含翠綻，鬚簇紅疏，緋鮮雨後，錦笑風初，低侵三徑草，斜拂半床書。於是密陰晝濃，閑庭日朗，鳥驚護鈴，蛛停結網，燕支之暈百重，鸞釵之光十丈。碎觸猩屏，艷交玳幌，兜晝扇以半傾，扶繡襟而欲上。則有少婦東鄰，名姝北里，宿醉初醒，晝眠乍起。倚朱闌而淺窺，殢紅妝而慵理，時拈朵以嗅香，或挼花而弄蕊。睡鴨縈烟，流蘇亂紫，誤樓臺之斷虹，照步摇於臨水。綷縩横歌席，繽紛襯舞衣。淚隨清露落，夢逐絳雲歸。梧桐相映翠，蛺蝶作團飛。不教輕拗折，常自惜芳菲。肯向東風怨桃杏，猶殊無力架薔薇。亂曰：織錦天孫碎剪霞，散飄香霧入人家。紺珠一斛須勤拾，種遍宜春苑裏花。

邸鈔：上諭：鮑源深奏降調按察使興奎前經吏部以該員在歸綏道任内，督催清水河廳經征錢糧，原欠二分以上，照例降四級調用。現據藩司查明，清水河廳原參未完銀兩業已全數征完，均於節年隨本奏銷案内分晰，聲明造報。且興奎係於限内離任，應照離任官例議結，請將興奎降調處分照例開復等語。山西清水河廳同治六年未完民欠錢糧已於同治十一年全數征完，該撫是否於節年隨本奏銷案内聲叙，興奎是否應照離任官例辦理，著該部查明具奏。旋部議請准開復。

初八日壬申　晴，熱甚。牧莊來，暢談竟日去。夜半忽腹痛吐瀉，蓋晚飯時誤吞蒼蠅所致。邸鈔：上諭：候補侍郎郭嵩燾、二品頂帶直隸候補道許鈐身派充出使英國，欽差大臣應行隨帶人員並中國繙譯官，著與李鴻章妥商揀派。許鈐身者，錢唐人，尚書許文恪之子，以捐班郎中改捐直隸知府。今以保升道員送部驗放，而即有此授，蓋李合肥疏薦也，後兩日始赴内閣驗放。聞賀左都、袁侍郎等出語人曰，今日驗放欽差大臣一員來，中外傳爲笑柄。初十日派驗放者，賀、袁及紹祺、明瑶也。

初九日癸酉　巳正三刻四分白露，八月節。上午晴，下午陰，傍晚雨作。潘星丈來。得沈曉湖浦江書，并去冬寄懷《探春慢》詞兩闋。礎民來，不晤。得袁爽秋書。得竹樓七月十五日書，言自五月廿九日至七月二日，族中病故者四人。兄弟行二人，族母一人，族子婦一人。衰宗不振，亦可知矣。夏間科試，族子入學者一人。是日不食，憊卧，腹瀉兩次。夜雨聲漸密，二更後淋浪達旦。

初十日甲戌　晨陰，巳初晴。是日猶不快，少食多卧。付賃屋銀四兩。順天鄉試題：『有德者必有言』四句，『陳其宗器』三句，『老吾老以及人之老』三句，詩『爽氣朝來萬里清得秋字』。

十一日乙亥　晴陰不定，甚熱。孺初來言昨得一女。得紱丈書，饋月餅、蘋果，即復謝。夜小雨。邸鈔：是日有祥符童生李正元先赴都察院呈所著《中興大寶箴》及策十二篇，條陳二十四篇，發南城吏目看守，旋報稱乘間逃逸，都御史等奏請查拏。詔：步軍統領衙門、順天府、五城御史一體嚴拏務獲，并著河南巡撫查明懲治。命内閣學士翁同龢署理刑部，右侍郎夏同善毋庸兼署。

十二日丙子　晨日出，旋陰，上午微晴，下午陰。早以月餅、蘋果、蒲桃薦先。作書致孺初，饋其郎蘋果八枚。得孺初復。作書致萼庭，饋以月餅、蒲桃，萼庭報蒸蹄、蘋果。作書致紱丈，饋燒鴨、醬臑、青梨、林檎。得紱丈復。牧莊來，同作劇棋，夜飯後一更時去。二更後密雨，蕭蕭達旦。

邸鈔：命吏部左侍郎恩承爲總管内務府大臣。以翰林院侍講吴仁傑爲國子監祭酒。

十三日丁丑　終日密雨，甚凉，晚始稍止。得伯寅侍郎書，惠銀二十兩，即復謝，犒使六千。

十四日戊寅　薄晴，時陰。署中送秋季養廉銀十二兩九錢來，賞車錢三千。剃頭。梅卿饋生鳧及蒲桃，作書返鳧，報以青梨，梅卿再送鳧來，受之。

邸鈔：詔：前兩廣總督英翰、安徽候補道裕庚、廣東候補道文星瑞、候補知縣陳澍霖均照部議，即行革職。　工部郎中毓璋授福建漳州府知府。　福建陸路提督羅大春因病請開缺調理。許之。以直隸正定鎮總兵唐定奎爲福建陸路提督，以吴長慶爲正定鎮總兵。

十五日己卯　晴，傍晚陰，晚景仍見有霞。紫泉來。買秋海棠花十一叢，付錢五千四百，桂花一盆，付錢五千八百。是日還節債米錢八十一千，石炭錢七十千，廣和居酒食錢二十八千，廣益公乾果錢二十五千，寶森書錢十二千。岑福節賞十千，陳媪節賞十千，胡元節賞五千，更夫三千，車夫二千，胡宅王媪四千，乳嫗二千，各長班各一千。夜月甚佳，梅卿招飲，散後成《銀燭賦》一首。

銀燭賦以『銀燭未消窗送曙』爲韵。

屜窗就掩，蘭燈罷陳，明河泛玉，素月流銀，院深深而可見，漏隱隱而欲巡。清光滿室，瘦影依人，漸輝輝兮綺户，照的的兮文茵。東荁始興，然蒸可續，後用蠟脂，乃有膏燭，既無煩於執持，彌取便於覽矚。承以荷蕸，峙以雁足，桯小堪容，紗籠不觸，踵采飾以侈華，或刻雕而愈縟。吾獨愛夫清宵，卓一枝之寒玉，青編既開，棐几相次，硯匣花函，筆床月墜，擎蓮朵以低燒，綽亭亭以位置。艷欲添豪，明宜映字，粲若語以古歡，炯若引其清思。微雲在天，凝塵無地，隔風露以益清，知夜眠之還未。良朋偶至，文讌相邀，談生采溢，酒趣花消，上銅盤而齊颭，流華簪而欲摇。明珠亂唾，寒冰削條，洎廣坐之將散，迺茶烟而沉寥，波光浮席，劍氣横霄。亦有瓊閨窈窕，羅幌輕揚，爇百枝之瑶樹，理二等之金釭。珠鈿掩映，珩珮琤瑽，晶簾下押，銀𩙪注香，拈粉指以一色，承玉顔以注光。倩景媚耦，鉛淚凝雙，射紗幬而疑霧，並曉鏡以臨窗。又有矮屋比鱗，風櫓若夢，才擅雕龍，文成吐鳳，耀紵袍之萬隊，懸明星於列洞。户低礙烟，隙穿成霧，争刻寸以飛豪，羞曳白之無用，珠斗光迴，玉繩風送。至若天上蓬萊，五雲深處，瑞靄依辰，清光奉御，論思承明之廷，視草玉堂之署。莫不綺網延輝，瑶房流素，瑋鑠朱霞，皓凝湛露，又何羡火城夾道之朝，蠟液子亭之曙。江韵古與東、冬通，不與陽通，兹姑從唐宋人江、陽互通之説，以今音合之東、冬，則駭俗也。

十六日庚辰　晴暖，晚凉更甚。終日作書。紱丈來。是夕望，夜小雨。

邸鈔：詔：九月十八日朕奉兩宫皇太后躬送穆宗帝后梓宫奉移山陵，途次長蘆鹽政應進食品，兩淮鹽政應進銀緞均行停止。

十七日辛巳　晴。先妣忌日，供饋肴饌十一器，茗一巡，栗子湯一巡，果四盤，饅頭一盤，酒兩巡，下午進飯畢，復供茶。作書致殷蕚庭，饋以𩙪肉兩器，得復。

邸鈔：湖南巡撫王文韶奏幫辦陝甘軍務候補三品京堂劉典呈稱母年衰邁，病尚未痊，懇請在籍養親治病，據情代奏一摺。詔：覽其代奏各節，尚屬實在情形，劉典著毋庸幫辦陝甘軍務。

十八日壬午　晴。

十九日癸未　晴，稍熱。得紱丈書，以近作五律一首索和。牧莊來。和紱丈詩送去。阮西生來。偕牧莊象弈，夜飯後復觀同梅卿弈，至二更去。晚時有溦雨，一更後月出甚佳。

紱丈枉過寓廬賦詩屬和依韵奉呈

山林吾自有，忘却在天涯。晚竈香菰米，秋籬足豆花。過從惟老輩，相對感年華。杖履公真健，行吟到日斜。

原作：

居近得頻到，秋心天一涯。風來先護笋，雨過欲分花。催老驚時節，因人感鬢華。眼中名士盡，坐久夕陽斜。

二十日甲申　晨有小雨即止，終日晴，有風。盆桂盛華，香溢一室，以夜間疾動小極，倚榻讀書，坐卧聞之，真鼻功德也。晚得紱丈書，借《衎石記事稿》，即復。

邸鈔：上諭：國子監司業汪鳴鑾奏請漢儒許慎從祀文廟一摺，著禮部議奏。詔：伯都訥副都統雙福、寧古塔副都統烏勒興阿互相對調。

二十一日乙酉　晴。

大者葦，小者萑。葦亦曰蘆，初生曰葭，已秀則曰葦，或曰長大而未秀曰蘆，此葦之異名也。萑俗曰荻，初生曰薍，亦曰菼，亦曰騅，已秀則曰萑，亦曰蒹，又曰薕；或曰長大而未秀曰薍，此萑之異名也。《詩·衛風》言葭菼，《秦風》言蒹葭，《豳風》言萑葦，皆二物並舉。《王風·大車》毛傳云：『菼，騅也，蘆之初生者也。』蘆是萑字之誤。戴氏震、段氏玉裁、李氏惇、郝氏懿行、陳氏奂皆主是説。《説文》艸部云『薍，菼也』，

『八月萑爲葦』，葦亦萑字之誤，段氏謂本當作八月萑爲萑，葭爲葦，今本脱萑葭爲三字耳。二者大小迥别，《夏小正》、《詩》毛傳、許氏《説文》、陸元恪《毛詩疏》、孫叔然、郭景純《爾雅注》皆辨之甚晰，孔沖遠《詩正義》亦不誤。惟舍人李巡、樊光《爾雅注》、見《詩·碩人》正義及《爾雅·釋草》正義引。邢叔明《爾雅正義》誤以蘆萑爲一草。郭景純又誤以蒹與萑爲二草。近儒陳長發、戴東原、段若膺、邵二雲、郝蘭臯、李成裕諸先生皆詳辨之，是也。萑葦之萌可食者曰虇蘺，唐宋詩所云蘆芽、荻芽，今俗所云蘆笋也。虇蘺猶權輿，《説文》作灌渝，郭注《爾雅》以其萌虇讀句，而以蘺字屬下『芛葟華榮』爲句，非也。其秀曰艻，艻亦作苕，又作蔄，亦曰葝，亦曰華，亦曰荼，今所謂蘆花、荻花也。其根可食者曰茐，亦曰茭，亦曰茇，今京師所謂茭兒菜，秋時食之者也。萑字今隸省作萑，葯字今隸省作茭，經典相承用之。荻字不載《説文》，始見於陸元恪疏，即郭注《爾雅》之所謂薍也。

二十二日丙戌　晴。

二十三日丁亥　晨及上午薄晴，午後陰，傍晚雨入夜。牧莊來談，至夜一更時去。姬人製錫奩具一事，付京錢二十千，澤髪器一，錢四千，茶壺一對，錢七千。

邸鈔：廣東布政使俊達病故。詔：俊達前在直隸軍營屢著勞績，歷任九江奉錦道、江西、廣東按察使，升任藩司，辦事勤能，循聲卓著，交部照布政使例議恤。從張兆棟等請也。以順天府府尹楊慶麟吴江人，庚戌翰林。爲廣東布政使，以直隸天津河間兵備道吴贊誠廬江人，己酉拔貢。爲順天府府尹，正定府知府劉秉琳升天津道。翰林院侍講英煦轉補侍讀，宗人府主事宗室桂昂壬戌，庶吉士。升補侍講。

二十四日戊子　晴，凉甚。戌初三刻九分秋分，八月中。是日社，祀曾祖考妣、祖考妣、本生祖考妣、先考妣、張太太，以肴饌十二器、時果四盤、饅頭一盤、栗子茶一巡，酒三巡，飯二巡，下午畢事。付果饌等錢二十五千。豚肩一，鳬一，鷄一，魚二，海味羹一，蝦羹一，果羹一，餘皆蔬蔌之屬。以豚肩，燖鷄饋梅卿。殷蓴庭來，從牧莊轉借同鄉李姓銀二十兩以寄家用，每月息銀三分。

二十五日己丑　晴。作書致牧莊。得蓴庭書。得紱丈書，還《記事稿》，即復。

邸鈔：四川寧遠府知府王福保選江南鹽法道。

二十六日庚寅　上午晴，稍熱，下午陰。剃頭。作書致伯寅，致胡石查，致王信甫，以近日當派陵差故，託伯寅乞免此役，又託石查言之袁侍郎，託信甫言之廣東司主稿劉善初郎中耳。劉名餘慶，陝西人，户部以廣東司爲首領司，凡分司派差皆由廣東司開單呈堂。刑部以貴州司爲首領司，皆以所轄之省，僻小事簡，故兼司其事。户部之以山東司管鹽，雲南司管漕，廣東司管銅，貴州司管關，亦以此也。既爲利藪所在，遂稱鹽、漕、銅、關爲四大司。軍興以後，漕糧罕至，滇銅久絶，於是雲南、廣西爲小司，而號山、陝、福建爲三大司。山者山東也，陝者陝西也，以兼轄甘肅及新疆，且管宗室及京官文俸禄，各衙門錢糧，各路茶馬、茶引也。福建以兼管順天、直隸錢糧也。江浙既平，漕運稍興，雲南司官吏復灼灼然起，於是稱山、陝、雲、福四大司矣。其頭司爲江南司，則尚仍明代之舊也。猶之明十三道御史，首河南道，其掌印者，稱掌道，權最重。國朝增設京畿、江南爲十五道，而河南尚居江南之上，稱首道，亦沿明制也。此亦故事所系，且可以考世變，因附記之。得石查復、信甫復。信甫來，紫泉來，爽秋來，留之夜飯後去。

閲蕭山王小穀端履《重論文齋筆録》，共十二卷。小穀字子臨，嘉慶甲戌庶吉士，告歸，遂不出。其父穀人先生宗炎，乾隆庚子進士，未授官而歸，藏書甚富，號十萬卷樓，校勘極精，年八十餘，猶孜孜不訖，著有《晚聞居士集》者也。小穀濡染家學，又受業於其族父南陔中丞，早歲歸田，見聞頗廣。是書刻於道光丙午，亦多有所考證。又一時交游，如儀徵鍾保岐懷、仁和蔣蔣村炯、仁和陸爾雅堯春、同邑汪蘇潭繼培、傅子經學灝、徐北溟鯤，皆湛深經術，載其論著數首，尤足以傳。惟多存其自作之詩，詩又不甚工，且至載其場屋試律及鄉曲酬應瑣事，爲可厭耳。其所載陶安生定山、金登園廷棟諸作，則已刻於阮文達《詁精經舍文集》；徐北溟文亦有見集中者。趙寬夫坦、沈補堂豫之作，已見兩家文集中。南陔先生文及詩詞所載特多，言其《思惟居士存稿》以卷帙繁重，未能付刻，故録存之。然往年平景蓀言，曾見其《許鄭學廬文集》已有刻本，未知諸文收入否也。是《録》載有《擬江式求撰集古來文字表》一首，乃其爲諸生時應學使朱文正公試所作，文至二千五百餘言，爲考小學者之資糧，云已刻入《廣雅樓試卷》，予亦未見其書也。中丞著書至二十餘種，皆考訂經義，兼及子史，家貧未刻，今亂後聞已盡亡。其幼子養壽，以舉人爲直隸知縣，今號能吏，而絶不知學，未嘗以此措意，可歎也。

得陳藍洲八月十日武昌書，言譚仲修已調江南闈差。又當出許多小鴻博矣，不務實而好標榜，仲修之所以無成也。夜痔發。

二十七日辛卯　晨及上午微晴，多陰，午後雨，晡後晴。嚴六谿來，久談去。鄭寅谷約後日飲宴賓齋，辭之。

《左傳》『亥有二首六身』，注疏皆以字形爲解而不能明晰，後人遂滋異説。近儒孔氏廣森言之最詳，云：『宣城梅氏以此證古籌算縱横記數之法。按宋元人算草，六七八九或爲丅𝍦𝍧𝍨，或爲⊥ ⊥二 ⊥三 ⊥亖，蓋權輿自古射禮釋獲，横縮相變，即其遺象。留侯發八難云『請借前箸以籌之』，言以箸當籌，時方食有兩箸，復借高帝前箸得四箸，每發一難，輒下一籌，至五横之（案謂㐅也），六丅之，七𝍦之，八𝍧之，故用四箸而足。篆文亥爲[glyph]，其乚與丄相似，𠃌與丅相似，是有三六形。若移首上二畫下置身旁，則成[glyph]，正如布算横列四位，起二萬，次六千，次六百，次六十也。』

今閲《重論文齋筆録》載南陔先生説云：『《商鍾銘》「吉日丁亥」之「亥」作[glyph]，正合二首六身。古之造文者，本有移置之法，右旁之丨，横之爲一，置於中丨之下，即爲丄矣。左旁之二豎，其上畫作丨，置於一上，亦爲丄矣。左旁之ナ，伸其丿作丨，置於一上，亦爲丄矣。總其六身，則爲丄丄丄，合其二首則丄丄丄，豎其二首，則爲川，下而置於丄丄丄之左旁，則爲丄丄丄，於是士文伯見而數之曰：「然則二萬六千六百有六旬也。」』其說正與孔氏相發明，而所據尤爲精確。若孫氏星衍謂亥有二首者，十干配十二支，從甲寅數至亥則餘甲子、乙丑，子與丑實支之首，故云二首；六甲爲身，故云六身。下甲子、乙丑與甲寅、甲辰、甲午、甲申、甲戌，同計之，方成六甲，故云下二如身，是其日數言不外二與六也。二萬大數在先，故曰首六千六百六旬；餘數在下，故曰身支有十二而干十。史趙舉亥，士文伯即知以旬計；史趙舉二六之數，大數在前，餘數在後，士文伯即知是二萬六千六百有六旬矣。案其說支離之甚。數起甲寅者乃曆法，與此無涉。絳縣人言臣生之歲正月甲子朔，何不從甲子布算，而必以甲寅布算？從甲寅數至癸亥餘甲子、乙丑，則在下餘而非在首，何得云二首？且子可稱十二支之首，何得連丑數之？甲子、乙丑，既在所餘，又安得並數之爲六甲？况以六十干支一周計之，則自甲寅至癸丑六十年中已得六甲，若數至癸亥，則七十年且成七甲矣。史趙但舉二六之數，又安知非二萬六千或二萬六百或二萬有六旬，何以必知爲二萬六千六百有六旬乎？十干自十干，干者幹也；十二支自十二支，支者枝也；豈有干而假支爲首之理？既以甲子并數之爲六甲，是方得成六身而已失二首，何以得云二首六身？且身字何解？下二如身又何解乎？孫氏之言，按之文義算法，無一而合。又謂亥字如不以干支求之，所云二首六身，安知非二萬六千六百有六日，而必云旬？案二萬六千六百有六旬者，謂二萬六千六百日又六十日，正合七十三年之數。杜氏《長曆》、孔氏《正義》所説甚明，是以旬計者止六旬奇零之數，其二萬六千六百，皆以日計，何嘗以旬計乎？是益爲曲説矣。

《筆録》又載乾隆辛亥八月南陔先生寓杭州吴山火德廟録《道藏》，寄晚聞居士札云：《潛研堂金石文跋尾》三續，已得一册。竹汀先生學問精博，惟《燉煌長史武斑碑跋》云春秋時周有武氏子來求賻，此武氏見於經傳者，而姓氏書惟舉趙武臣爲始，亦弗深考也。案襄四年《左氏傳》言羿臣有武羅，是夏時人，較武氏子爲先矣。《淮南子》校本家懷祖先生校出誤處二百十一條，陳觀樓先生校出十五條，皆精當不可易，此外尚未能盡刊舛駁也。盧校《釋文》已見其書，不甚精審，考證亦多疏舛。如《爾雅・釋詁》箌考證云，《説文》艸部『𦵔，艸大也』，竹部『箌』，訓『艸木到』。案《説文》竹部無箌字，艸部有菿字，訓『艸木倒』，慈銘案：當作到，古無倒字。盧誤記耳。慈銘案：盧氏考證云，據陸氏知今本爲《説文》誤，然訓爲艸大，則字當从艸。今《爾雅》亦从竹，疑皆誤。是盧氏固以从竹爲誤矣。後段若膺氏《説文注》改『𦵔，艸大也』之『𦵔』爲菿，而删去部末菿篆及『艸木倒』之解，謂是後人所綴。紐氏樹玉説亦同。詢之王、謂懷祖氏。邵謂二雲氏。二公，均不滿其書，謂盧郎老矣，而刻書甚易，能無誤乎？邵公謂盧公喜與時賢作難，是其一蔽。《鍾山札記》駁及許緑紂紅，駢四儷六，各有體裁，豈可以經義繩之？《爾雅考證》厈山條下之『近人』，指洪稚存也，稚存謂厈山即沂山，原屬臆説，然作《釋文考證》，則不直與此等無稽之談辨也。慈銘案：以厈山爲即沂山，固洪氏之説，見《卷葹閣文甲集・與邵二雲編修書》，然盧氏考證，謂近人本遂改作斤，謂即《周禮》沂山省，則洪氏未嘗有校刻《爾雅》之本，疑別有所指。且洪氏列有八證，雖未必盡確，亦自粲然成理，不得竟斥爲無稽之談。王氏所駁考證二條，誠爲有見，然盧氏此書，用力甚深，其中刊定疑誤，卓然發千載之蒙者不少。《釋文》宋本及葉石君影鈔本不可得見，盧本終遠勝通志堂本。近來耳食之徒，多訾盧之臆改，實不然也，學者毋爲所誤。至卷首校勘姓氏，有云東吴朱文游兄、海鹽吴槎客兄、東吴嚴豹人兄等云云，《經典釋文》是何等古書，乃有此九兄之稱，竟同屠沽家酒肉簿，都人傳爲笑柄，不意抱經先生鄙俚至此，豈所謂老將至而耄及之者耶？言之可發一噱。慈銘案：此誠不典，然亦足見先輩真璞處。予所見同輩中有年弱於予幾半者，予未嘗直呼其字，而公然先施之，其名士刻集者，往往直斥人名，亦世風之日下也。《復古編》自葛君罷官，竟不刷印，坊間絶響。聞鮑氏謂以文。有刻本，似可無容遠購，希與蔡君言之。《爾雅正義》《貸園叢書》都已買得。《陔餘叢考》閲過，僅勝席上談天，只可場中對策，無補經術，不必急於購求也。新刻《抱朴子》，此間已有，無所校補，不及藏本遠甚，俟歸後重坐吴山，懷餅就鈔矣。小穀謂先生此時將謁朱文正公於皖，故有歸後重鈔之言也。其書關係一時學術，先生時尚爲諸生，而所得已如此，足徵學力之深。

《筆録》所載考證經義，多有可采，其訓詁具有心得，蓋承南陔先生之指受也。今最其三則云：

《論語》『子張學干禄』，鄭云『干，求也。禄，禄位也。』案《廣雅釋詁》『禄，善也』，子張欲求善，猶今俗語欲討好。故夫子告以寡過，寡過則善自在其中。由此推之，《詩・旱麓》『干禄豈弟』，言求善而得樂易也；《假樂》『干禄百福』，言求善而得百福也。孟子曰：『經德不回，非以干禄也。』言行德自不回邪，非有意求善所謂性者也。『干禄』與下『正行』對文，益知非爵禄之禄，《廣雅》所釋，自爲古訓。自鄭、趙諸注，俱以禄爲禄位，而禄善之詁遂昧。王懷祖、錢晦之作《廣雅疏證》，俱引《周禮・天府》注禄之言穀也，穀訓善，禄亦當訓善爲釋，由不得其本義故也。

《論語》『大哉堯之爲君也』節，《孟子・滕文公篇》『大哉堯之爲君也，惟天爲大，惟堯則之，蕩蕩乎民無能名焉』，『惟天』上無『巍巍乎』三字，似《論語》涉上下節而衍耳。《白虎通》『唐猶蕩蕩也，蕩蕩者道德至大之貌也』，是蕩蕩正釋堯之所以大，若增『巍巍』字，似兼高言，而非專言大矣。故趙岐彼注云：『天道蕩蕩乎大無私，生萬物而不知其所由來，堯法天，故民無能名堯德者也。』《漢書・儒林傳》『唯天爲大』上亦無『巍巍乎』三字。

《孟子》『吾何脩而可以比於先王觀也』，趙注以治釋脩。案脩與循古字通，循，從也，由也。《易・繫辭》『德之脩也』，《釋文》『脩，馬本作循』。《莊子・大宗師》篇『以德爲循』，《釋文》『循，本作脩』，是也。慈銘案：隸脩、循字相似，古書互訛者多矣，未必相通。『吾何脩而可以比於先王觀』，猶言『吾何由而可以比於先王觀』也，比讀如《樂記》『比于慢矣』之『比』。鄭彼注云『比猶同也』。其餘可取者尚有一二，不及備載。

又《答嘉興沈西雝濤書》，言陳氏湖海樓所刻《周易鄭注》，尚有數條未及補正云，如《小畜》九三『輿説輻』，《釋文》本亦作輹，馬云『車下縛也』，鄭云『伏菟』。案《説文》『輹，車下縛也』，『轐，車伏兔也』，似馬《易》作輹而鄭《易》當作轐，疑《釋文》鄭字下傳寫脱『作轐』二字，不得蒙《釋文》『本亦作輹』之文，遂改經輻字爲輹而注云『伏兔』也。又《井》九二注坎爲水上直巽，義不可通，胡刻《文選注》引作『上直魚』。案《晉書・天文志》『魚一星，在尾後河中，主陰事，知雲雨之期』，與坎義相合，知巽字乃魚字之訛，此必須改者。慈銘案：今湖海樓本尚未改正，又錢晦之《廣雅疏義》二十卷，僅知其名，今據《筆録》，則已刊行矣。又言所藏有青浦湯運泰《南唐書注》十八卷，徵引極詳贍。

《筆録》言《爾雅》所載多古藥名，嘗欲據《周禮・疾醫》五藥鄭注『草木蟲石穀也』，取《爾雅》區分五類，著《釋藥》一篇，以老不能成書，將所得諸條散附《筆録》中。今按其説，往往直録邵氏《正義》、郝氏《義疏》之文，鮮所發明，然亦間有訂正兩家之誤者。如《釋草》『離南活莌』注『零陵人祖日貫之爲樹』，據《中山經》注『零陵人植而日灌之以爲樹』，邵氏既引此文，而又云『祖日貫之』四字疑有脱誤。慈銘案：此乃邵氏之慎，郝疏則明云『祖貫』即『植灌』形聲之訛矣。又『蘠蘼虋冬』注『門冬一名滿冬』，邵氏謂上文顛棘爲今之天門冬，此則今之麥門冬。《本草》陶注謂根似穬麥，故謂之麥門冬，虋、門音同也，郝氏謂即今之薔薇，恐非。慈銘案：郝氏謂今薔薇華白，子若棠梨，多生水側，春初葉芽可啖。然吾越所見薔薇皆花具紅黄而大，間有白者，亦無子，葉亦無人啖之。京師花亦有紅、黄、白三色，郝氏蓋徒以蘠蘼、薔薇音同而附合之，未可信。又『菟奚顆凍』注『款冬也』，又『中馗菌小者菌』注『地蕈也』，似蓋郝氏據《釋文》『中馗，舍人本作中鳩，云菟奚名顆東，顆東名中鳩』，是讀『中鳩』上屬。又《説文》『菌，地蕈』，蓋許亦讀中馗屬上，與舍人同。案中馗即終葵，《考工記》『玉人抒上終葵首』，鄭注『終葵，椎也』。凡物之豐上而鋭下者，皆謂之終葵，菌之形正似之。則中馗自屬菌言，其小者則謂之菌耳，菌亦以其形言之，郝説非也。慈銘案：《説文》菌下止云地蕈，不及中馗，許君解字，不必備舉異文，此例多有。郝氏遽謂其于《爾雅》亦讀『中馗』屬上，自出臆斷，王氏之説是也。

二十八日壬辰　晴。袁小午侍郎之祖母郭太夫人以七月末卒，年九十九歲，來赴，以今日受吊，送奠分四千。使侍郎未入京，當爲一出吊，且少豐其賻也。其赴稱承重曾孫，蓋篤臣之子，侍郎父端敏公太夫人之次子也，然兩朝恩禮太夫人皆以端敏父子之故。古人期喪，本當去官，況篤臣已歿，其子尚幼，以禮言之，侍郎宜請開缺奔喪，葬畢入都不得，但守爲祖母兩月後薙髮供職之制，近來京官并不守此制，遇祖父母及兄弟之喪，但請假二十日，若伯叔父之喪，并不請假，惟開吊圖收分子而已，無問薙髮與宴樂吉事矣。且例載凡内外大小官員遇父之生母病故，父已先故，又無父之同母伯叔及父同母伯父之子，准其回籍治喪，是亦未始無功令者也。侍郎諸父俱已歿矣。朱蓉生來，借去舊校《漢書》七本。夜三更後風起，達旦益勁。疾動。

邸鈔：兩宫皇太后懿旨：丁寶楨奏瀝忱籲懇暫停躬送梓宫一摺。前據禮親王世鐸等合詞懇請，未經允行，現在啓鑾在即，奉移大典皇帝亦應恭送，以伸哀戀，況謁陵典禮數年内暫不舉行，若此次山陵亦不克親送，其何以稍釋悲懷，所請著毋庸議。

二十九日癸巳小盡　晴，午前後微陰，終日風。張颷民來言香濤從子名桐字巹琴者，以四川道員回避入都引見，欲來訪，予屬爲先容。潘孺初來言，王鼎丞定安以道員服闋入都，遍覓予居處，旬五日前孺初告之，鼎丞即語其僕，明早即往拜，然至今未來也。之二君者，鼎丞，予之舊識，素能詩，稱名士，後入曾文正幕，大被知獎，攝令崑山者三年，宦橐甚富。予時里居，鼎丞屢向王揚廷詢予近狀，揚廷寓書於予，屬予寄以一言，予終不答也。張君則未識面，特以香濤及颸民之故，來致殷勤，兩君蓋一真一僞耳。予杜門既久，賓客益稀，往往經月不至聽事，比三日來，適日有客至。而甬上來一無賴儈居某者，詭稱諸生。而又江蘇縣丞也，入都來營賄賂，同居者與之翕熱非常，予竟連日三遇之。前日又以嚴六谿來，值一常州華姓妄少年在坐，大爲所窘，真有生之不幸矣。作書致牧莊，牧莊來。前日作《游太學賦》，今日成之，別存稿。印結局送來是月公費銀八兩九錢。

邸鈔：上諭：總理各國事務衙門奏請宣示諭旨體制及酌定各部院大臣與各國駐京大臣往來一摺。所奏辨明諭旨體制甚是，至與各部院大臣往來之處，著照所擬辦理。前日命郭嵩燾、許鈐身二使，諭旨中稱出使英國，夷人言何以不稱大英，且英字亦不空格，是輕我也，近世中外文移及部院告示，皆以大清、大英並提行。於是英酋回頭馬者日鬨於通商衙門，謂當更定儀制。上諭當稱大英，且空一格，文移告示則大英高於大清一格。諸王大臣不得已以今日會議，請自後諭旨施之外國者，遇英國等字皆空一格，諭中國者如故，文移告示亦依舊，至中外大臣往來則不聞其詳。犬羊醜種豈知此等文字體制，皆中國奸人教之。回頭馬最狡黠，各國之使皆聽其指嗾，比年屢發難端，悉所爲也。近日雲南之殺英夷馬加里等數人，回頭馬責言於通商衙門及直隸總督，謂必去岑毓英，殺李師太，且償以銀至數百萬。及二使之命下，又言郭是外官，許僅四品，且皆候補，不得充使，充使者必王公及一品大臣，而郭、許出使之事遂寢，李合肥且大爲所辱矣。

以前江蘇巡撫丁日昌爲船政大臣。代沈葆楨，時已詔沈即赴兩江總督任。

九月甲午朔　晨及上午晴，傍午後陰，下午雨。上午答拜客數家，入城詣譚硯孫、王廉生、陳六舟，俱晤。廉生齋中久坐，見其所藏有楷篆兩體石經周禮五紙。廉生言即宋嘉祐中楊南仲所書石經，久不見於世。道光中祥符人掘地，忽得五石，摹拓未幾，已亡其石，今又不知何在矣。予按《宋史》言其時作隸者有趙克繼、謝飶，《宣和書譜》言作篆者有楊南仲、章友直。所謂隸者即楷也，則嘉祐石經有兩體甚明，而自來無一字流傳，此亦可謂希代之觀矣。又漢建安十年鏡一枚，銘以四字爲句，凡十餘句，鏤刻甚工，言是劉燕庭物。又祺祥通寶銅錢一枚，咸豐十一年八月所鑄，亦世所未見者也。其餘古鏡、古泉及造像甚多，則非我思存矣。傍晚歸。付車錢七千，岑福工食錢十千，陳媪五千。

邸鈔：詔：穆宗毅皇帝、孝哲毅皇后梓宫奉移山陵所過大興、通州、三河、薊州四州縣地方本年地丁錢糧蠲免十分之五，遵化州蠲免十分之七，凡有平毁麥田者，加恩每畝賞給銀一錢，俾農民購買籽種，藉資補助即於直隸藩庫動支。　以鴻臚寺卿鳳秀爲大理寺少卿。鑾儀衛奏緬甸國貢馴象七已至。

初二日乙未　晨及上午晴陰相間，午陰，有風，至晚稍霽。作書致紫泉。孺初約明午飲廣和居。得紫泉書。

初三日丙申　晴，午前後微陰，下午晴，有風。紫泉來。孺初來速飲，上午赴之，同坐爲王鼎丞、廖雲鼈。午後詣紫泉，談少時，復訪嚴六谿而歸。予久不出門，畏見年少及一切熱官富兒、不知姓名之人。今日於孺初坐上遇一廣東人，馮少詹譽驥之弟某；於紫泉齋中遇一貴州人，黄編修彭年之子某，一則狂蕩蚩鄙，一則童騃倨傲，皆市儈之貌，風顛之言。兩小子何足責，惟少詹、編修皆近日翰林之稍通古今者，虚名甚盛，而藺玉如斯，有以知其家教之不修，學問之無得也。

初四日丁酉　晴。得六谿、紫泉書，即復。作書致牧莊。王廉生來。牧莊來。王信甫來，不晤。王鼎丞來。觀牧莊與梅卿弈，夜飯後談至二更後去。

初五日戊戌　晴，午後微陰，晡後陰。閲劉迪九《秋槎雜記》、崔秋谷《吾亦廬稿》。作片致紫泉。紫泉來。步詣王信甫，不值，歸。夜作篆百餘字。

邸鈔：上諭：前因吉林三姓等城旗務廢弛，金匪紛擾，該地方官未能認真抄捕，諭令穆圖善等確查參辦。兹據奏稱本年五月間，東山匪徒竄擾三姓屬界，副都統勝安未能即時派兵進抄，以致連失三站，防禦順福等帶兵到站，又未能截擊，任令紛擾，佐領雙福等守卡索金，縱令金匪仍舊開挖，並查明副都統勝安聽信内親宋姓任意蒙混，協領春齡把持公事並不認真巡緝。三姓副都統勝安著即行革職，其内親宋姓即著穆圖善提省訊辦。協領春齡、防禦順福、依昌阿等畏葸無能，均著即行革職。佐領雙福等貪婪不法，實堪痛恨，均著革職提省，嚴訊懲辦。三姓副都統著長麟補授。

初六日己亥　晨陰，旋晴，午前復陰。雜考經義禘祫二字，附注各書中。剃頭。夜疾動。五更後有小雨。

邸鈔：工部尚書崇綸卒。諡勤恪。詔：崇綸老成勤慎，由内務府司員洊擢京卿，升授尚書，總管内務府大臣，宣力有年，克盡厥職。兹聞溘逝，悼惜殊深，加恩追贈太子少保銜，賞給陀羅經被，派貝勒載漪帶領侍衛十員，即日前往奠醊，照尚書例賜恤，賞銀五百兩，由廣儲司給發經理喪事。伊孫内務府候補郎中錫麟以郎中即補。　以都察院左都御史魁齡爲工部尚書，以正白旗漢軍都統景廉補左都御史，以武備院卿師曾爲總管内務府大臣，以孚郡王補正藍旗漢軍都統。

初七日庚子　晨陰，上午晴，下午復陰。雜考經義裼襲、袗玄等字，附注各書中。錢辛伯以母喪來赴。孫鏡江來。汪柳門司業來，以所上請許叔重從祀疏稿見示。

初八日辛丑　晨至巳小雨數作，午前日出，午後大風。牧莊來。作致内子書，寄回銀二十兩，即前日所借者也。又作致史寶卿書，復鮑敦甫書。遣人至西華門蘭英齋買重陽花糕三斤，付京錢二千九百。

邸鈔：詔：十八日啓鑾後，派惇親王、大學士文祥、尚書毛昶熙、董恂、皂保留京辦事。以内務府郎中茂林爲武備院卿。

初九日壬寅　晴。以花糕祭先，以先六世祖梅谿公《鑑湖垂釣圖記》拓本表横幅贈紫泉，并題二絶句。上午詣紫泉，以家書及銀託紫泉覓便人寄南。紫泉招同牧莊、蓉生、爽秋及仁和馮子英孝廉甲辰探花，文介公次子，以文介殉節恩賞舉人。午飲齋中，肴饌甚潔。飯後步出大街，僦車同出廣寧門，俗呼彰義門。游白雲觀，元大都長春宫故址也。謁丘真人塑像，白面微鬚，骨相甚清。登三清閣，遍及殿廡，時羽人以禮斗設齋醮，婦女靚妝，逐隊游觀，大半滿洲莊東耳。晡後由觀步至天寧寺，前後相望不過三里而近，入寺登土山坐磐石上久之，林葉尚翠，夕陽映之，西山遠眉横黛，隱露金碧之色，秋望爲佳矣。傍晚小憩塔下及花圃中，復坐車歸，入城已曛黑矣，同至紫泉處下車，始分道還寓。是日復得七律二首。

乙亥九日偕張孝仲朱鼎甫一新**袁爽秋**昶**三舍人濮紫泉比部**子潼**游白雲觀復至天寧寺登高二首**

高秋西出鳳城闉，直上星壇禮玉真。極漠山川窮大石，舊京宫殿自長春。鐘璈雲繞香臺地，環佩風傳霧閣人。我是玄都身再到，紫霄今日静烟塵。前年燕九節來游，是日大風。

拓跋當年駐蹕宫，莊嚴法界尚稱雄。鴉盤塔影寒烟外，樹表山光夕照中。貴客壺尊争片席，下方鐘磬遞西風。天涯佳節情何限，老病登臨幾輩同。

以先中書公鑑湖垂釣圖記拓本贈紫泉綴以絶句二首

帛槌茶臼家風在，高隱湖西號罟師。二百年來田舍盡，村烟猶指柳姑祠。

君家舊有西迤宅，瓜渚秋光萬頃湖。紫泉先世居山陰之西迤村，離瓜渚湖不遠。何日同尋蓑笠約，緑篷艇子課魚租。

初十日癸卯　晴。室中去冷布窗，以高麗紙粘之。牧莊來，爲代購得馬元伯《毛詩傳箋通釋》一部，價銀三兩，此書予於癸亥甲子間見之廠肆，只索京錢十千耳，今以三倍得之，已爲難得矣。偕牧莊、梅卿弈，至夜飯後牧莊去。夜四更時疾動。

邸鈔：以詹事府詹事烏拉喜崇阿爲内閣學士兼禮部侍郎銜。

十一日甲辰　丑初三刻一分寒露，九月節。晴。

閲馬氏瑞辰《毛詩傳箋通釋》，凡三十二卷，首有自序及例言七則。其書第一卷爲通考毛《詩》源流，篇次，傳、箋、正義異同得失，共爲説考辨十九篇。第二卷以下，乃依《詩》詮釋，先列傳、箋，下申己意，亦往往與毛鄭相違，惟必本之古訓古言，且多駁正宋以後儒臆决之説，故爲治詩者所不可少耳。

邸鈔：上諭：總理各國事務衙門奏申明各國條約請飭各省遵照一摺。洋人内地游歷，各國條約内均經載明，必須請有執照，蓋用中國印信，經過地方隨時呈驗放行。倘有不法情事亦載明，就近交領事官辦理，沿途祇可拘禁，不可凌虐。如非體面有身家之人，概不許給發執照。條約本極明晰，地方官不難分别辦理。近有英國繙譯官馬嘉理在雲南邊境被戕一案，其爲何人戕害，業派李瀚章馳往查辦，嗣后各省督撫務當通飭所屬地方官，細核條約本意，遇有各國執持護照之人入境，必須照約妥爲分别辦理，以安中外，而杜釁端。

十二日乙巳　晴，有風。肯夫來，言前月下旬至都，其弟縝夫於八月九日病殁於家，相對慨歎久之。縝夫名衍緒，一字子健，丁卯舉人，邃於古學，覃心考據，以積勞卒，年僅三十九，無子，可哀也已。吾越近爲詁訓之學者，縝夫與陶子珍志最鋭力最專，而天厄之如是，吾道之不振，亦可知矣。錢辛伯開吊，送分子四千，又付前曰表粘錢十二千，製綿衣洋布錢十六千。是日以連夕疾動，頗形困憊，不能讀書，雜取架上短書小説閲之。得潘侍郎所刻胡荄甫《素問校義》，此君績谿寒士，以舉人能篆書，游食四方，自稱爲竹村先生族孫，其後以稱貸入貲爲户部郎中，更以醫術游公卿間，與吾鄉天水妄子爲密友，互相標榜，凡貴要奘駔，無不識也，曹事熱差，無不與也。予向以狎客遇之。今閲此書，雖僅二十紙，蓋已盡一生之力，所校大率取材《經籍籑詁》，依傍字義、音聲通假之法，稍加附益，然訂正王注之誤，亦未始無一知半解者矣。予性樂道人之善，又稟承家教，每出辭氣，惟恐傷人，朋友之愆，掩覆尤力，然竟以此被周□□、□□二蜮内之陷阱，故於此兩豎言之痛心，當爲百世之讎。若天水妄子，本無深隙，徒惡其佻狎卑鄙，奸險翻覆，又不通一字，而好爲大言，故拒絶其人，不稍假以辭色，遂激小人之怒耳。或疑其争名致競，則未聞西子與無鹽比美，黔婁與盗跖鳴高。予縱不自愛，亦何至是乎。妄子自補諸生，即交胥吏欺其家之寡弱，後遂夤緣入署紹興知府繆梓之幕。梓子某者亦無賴，妄子媚之，無所不爲。又稱弟子於宗滌翁，日與其門丁款曲。妄子之師爲予從兄星橋秀才，予屢向從兄言之，此成隙之始也。又妄子之祖姑爲予從叔祖望樓教習之配，妄子屢乞貸於教習，一日教習謂之曰：『汝故家子弟，今所爲頗不相似。』妄子以爲予所言者，因此隙遂成。而終構之不可解者，則周□□及匪人杜□□也。世道險巇，聊附記之。初夜月甚佳，夜半後大風忽雨。

十三日丙午　晴，風。自昨晚至今日，因小極，憚於讀經，以題籤揭跗爲消遣。凡《禮記正義》、《儀禮正義》、翁注《困學紀聞》、張刻《周禮》、《爾雅》諸書，寫之皆遍，其勞蓋亦不減耳。下午答拜王鼎丞，不值。詣孫鏡江、殷蕚庭，皆晤。觀鏡江近日所作篆，筆力大進，鏡江贈嚴鐵橋《説文校議》一部，前歲楊州李祖望所刻小學類編本也，近日姚彦侍覲光復刻之重慶，依嚴氏原刻景翻，較李刻爲工。又至東頭答拜客三家，傍晚歸，付車錢三千。張雨琴觀察桐來，不值。夜半有大風，聞折蕉葉聲。

十四日丁未　晴。午後偕梅卿同車詣琉璃廠，看鄉試紅録。晤牧莊，偕之閲市，購包慎伯《安吴四種》不成，又見上海徐渭仁所刻《春暉堂叢書》，首爲林侗《來齋金石文字略》，又將顧千里《思適齋集》編入，餘不過王曇《烟霞萬古樓詩集》等數種耳。於寶森堂得經學零種數册，段茂堂氏《周禮漢讀考》六卷，太倉畢季瑜憲曾《論語廣注》上下卷，孫頤谷氏《家語疏證》六卷，則予購之已累年者也。傍晚牧莊邀飲酒家，夜偕梅卿歸，是日知吾郡得隽者五人，會稽三人，皆不識姓名少年，一顧姓者爲顧鄭鄉之孫。夜月甚佳。

邸鈔：太子少保頭品頂帶貴州巡撫曾璧光卒。璧光字樞元，四川洪雅人，庚戌進士。詔：曾璧光心地樸誠，識力堅定，由翰林院編修入直上書房，蒙文宗顯皇帝簡放貴州知府，歷署糧儲道、臬司、藩司篆務，嗣蒙穆宗毅皇帝擢任封圻，籌兵籌餉備極艱難，卒能底定全黔，勤勞懋著。現辦善後一切事宜，正資倚畀，遽聞溘逝，悼惜殊深。著加恩追贈太子太保，照總督例賜恤，靈柩回籍時，沿途地方官妥爲照料。伊子二品廕生廩生曾尚矩賞給員外郎，伊孫曾瀛森賞給舉人，一體會試，曾㬙森賞給主事，用示篤念藎臣至意。賜謚文誠。以貴州布政使黎培敬湘潭人，庚申傳臚。爲巡撫，以貴州按察使林肇元廣西廩生。爲布政使，以貴州貴西兵備道余思樞合肥童生。爲按察使。貴州候補道曾紀鳳補授貴西兵備道，内閣侍讀劉恩溥授貴陽府遺缺知府。先授額圖渾，未出京病故。

十五日戊申　晴。閲孫頤谷《讀書脞録續編》。共四卷，頤谷殁後一年，其嗣子同元雨人所編者，予兩購《脞録》單行本，皆無續編。

邸鈔：以内閣侍讀學士恩霙爲太常寺少卿。御史賈瑚記名以道府用。

十六日己酉　晴。

閲陸左丞《爾雅新義》，嘉慶戊辰蕭山陸芝榮號香圃。據仁和宋助教大樽字左彝，號茗香，乾隆丁酉舉人。手校本付梓者，前有蕭山王氏宗炎序，後有仁和孫氏志祖跋及宋氏所輯敘録。據孫跋稱是丁小山於京師購得景宋鈔本，宋氏敘録但言據《直齊書録解題》農師原本十八卷，其曾孫子遹所刻，分爲二十卷，今依直齋重編定爲十八卷。陸芝榮跋則謂原本既不可得見，此編猶宋本之舊，不必改易，因仍編爲二十卷。又謂宋君於經文援據衆本，疏證精審，而注文尚多可議。聞鮑氏廷博嘗見景宋寫本，後有太原閻徵君跋，他日庶幾見之，得以校定云云，則助教此本，未知是否即丁小山所購本也。張金吾《愛日精廬藏書志》載是書鈔本并嚴元照跋，近時廣東所刻《粤雅堂叢書》本，皆即丁氏本。予丁卯杭州書肆所見者，即此刻也。其書以吾越先達所著，又《爾雅》經文，尚宋時舊本，故爲可貴。若其注則小言破道，不可爲訓，間有佳處，亦披沙揀金，無甚益於經術。直齋之言、嚴氏之跋、王氏之序，皆爲定論，若宋氏、陸氏、張氏諸君，皆曲爲回護，雖云好古，亦由嗜奇。即全謝山《經史問答》所稱，恨未得鈔者，不過以古籍可傳，插架當備，且謝山於荆公之學，本有偏嗜，亦未足爲定論也。

剃頭。午後出門答客數家，晡後歸，付車錢四千。作書致肯夫。傅子蓴來，留共晚飯。夜月甚佳。

十七日庚戌　晴和。肯夫饋茶葉、筍尖、蟹胥、脯段、酒母、香糕，即作小啓復謝，犒使兩千。以酒脯祀財神，俗傳是日財神生也，予之效此，亦猶學寫殿試卷耳。寫單約肯夫、牧莊、鼎甫、紫泉明晚小飲。是夕望，月色皎甚，三更後大風。

十八日辛亥　晴。閲《四書釋地》。午後肯夫來，牧莊來，鼎甫來。作書致紫泉，傍晚紫泉來，并邀梅卿共飲，夜二更時始散，清談甚暢，月色彌佳。是日加辰，上奉兩宫皇太后送穆宗帝后梓宫啓蹕，出東安門、朝陽門。

十九日壬子　晴，有風。得陳鈞堂書，借書，即復。得紱丈書，借書，即復。得謝夢漁書，言久病不能出户，欲屈明日作一談。閲《四書釋地》，其武城條下云，《春秋》四書穀而一書小穀者，明其爲管仲之邑也。此尚未知《春秋左氏經》本作城穀，惟《公》《穀》經文誤作小穀耳。

邸鈔：詔：梓宫奉移山陵所過大興、通州、三河、薊州、遵化州五州縣蠲剩本年錢禮，再加恩全行蠲免應征，本年各項旗租並一體蠲免。

二十日癸丑　晴。閲《四書釋地》。作書致星丈、紱丈、謝夢翁，饋星丈蟹胥一器，紱丈香糕二十四條、筍乾一小瓶，夢漁筍乾一小瓶，此皆肯夫所詒者，予以分致三公，亦古人敬老之誼耳。得星翁復，紱丈復。

閲萬季野《群書疑義》，自丙寅苫塊中讀此後，不復寓目，今日偶檢出之，塗注潦草，皆居廬時率筆所及也。予幼喜抹書，先君子嘗痛撻之，然卒未能改。入都以後，庚申、癸亥兩年，一以遭横逆，一以多病，憤鬱尤甚，皆隨事感觸，筆之於書。今時爲滅去故痕，重加補綴，要亦不能盡掩矣。萬氏此書痛詆康成及《書序》《詩序》，又以護《古文尚書》爲真，而至詆《甘誓》《盤庚》《酒誥》《吕刑》《費誓》爲害理，《多士》《多方》爲無用，故予深不滿之。書中濃抹横勒者甚多，其糾正所駁鄭注及所辯史籍數條，亦頗足爲萬氏功臣。然讀書貴平心静氣，即加駁正，亦須和婉其辭，書之簡端，宜以精楷細字，此經生家法也。

二十一日甲寅　晴，上午有微風，下午和暖。

二十二日乙卯　晴和。作書致牧莊，送去銀四兩，以三兩還所購《毛詩傳箋通釋》之直，又乞其代購《安吳四種》。寫單約王鼎丞、潘孺初、王廉生、嚴鹿谿、錢篴仙、鄭寅谷後日飲廣和居。得傅子尊書，饋六安雀舌茶一小筐，即復謝。得殷萼庭書，以予所有《廿二史考異》缺《晉書》一葉，萼庭近購得姚氏邃雅堂藏本，昨向其借鈔也，今日送來，即復。牧莊來，以銀見還，云可至歲末，此牧莊知我貧也。張槎民來。得萼庭書，爲代購《授堂遺書》兩帙，共八種，附録一册，價銀四兩，即舉牧莊所還銀付之。鈔補《晉書考異》一葉，即作片以原書還萼庭。

夜閲《授堂遺書》，偃師武億虚谷所著，其子穆淳所編，道光癸卯其孫耒重刻者也。凡《經讀考異》十二卷，《群經義證》八卷，《三禮義證》十二卷，《金石三跋》十卷，《金石續跋》十四卷，《授堂文鈔》十卷，《授堂詩鈔》八卷。又《讀書山房文鈔》二卷，乃其子穆淳所作，耒所輯入者，附録題詞、傳志、事實、行述等，共爲一册。虚谷經術風節，世所共知，其《經讀考異》已刻入《學海堂經解》中，《群書義證》《金石跋》亦久已版行，予皆有其書。此重刻本頗多誤字，據錢氏儀吉序及耒跋言，惟《三禮義證》《授堂詩鈔》初皆未刻，聊城楊至堂河帥爲開歸巡道時，助金付梓，楊跋則言文集亦其所刻也。虚谷一字小石，號授堂，晚號半石老人，乾隆庚子進士，出吾鄉王方川先生增之房。文集中有《上王西霞先生兩書》，又《與王貽伯書》，乃西霞之子也。詩集中有《聞西霞先生出宰遂平》詩。虚谷成進士後，歸班候選，丁未以後，館西霞清化署中，授西霞族弟裕栻及次子思錫經，因成《經讀考異》，西霞爲之作序。其書刻於乾隆己酉，爲最早，故阮文達得收入經解也。方川先生，乾隆辛卯進士第二人，相傳以習國書散館改知縣。今考乾隆庚子、辛丑，先生兩爲會試同考官，則非散館可知。授堂聞先生出宰詩注云『己亥秋，上患文體庸爛，十月覆考試官，先生始自浙入試，明年分校禮闈』云云。其何以改官，亦不明言也。遂平爲河南汝寧府屬縣，至清化鎮，則屬懷慶府河内縣，惟糧捕水利通判駐清化鎮，或由遂平知縣升通判耳。眉批：《授堂文集》卷二《巳亭記》言乾隆辛亥時先生備員清化通判。先生事無可考，附記於此。穆淳字小谷，嘉慶丁卯舉人，出陳恭甫之門，歷任江西知縣，有惠政，歿祀江西名宦。末字稼堂。

二十三日丙辰　晨陰，辰後風，巳雨，午後稍霽，晡晴仍風。校《晉書》列傳羅憲至趙誘一卷，是正八九條，以去年校此未完，擬於今冬力疾成之。袁爽秋來。

二十四日丁巳　晴，午後有風。潘星丈來。得嚴六谿書，辭飲。午後詣廣和居，錢笣仙、潘孺初已先至，王廉生、王鼎丞相繼來，飲至傍晚而歸，談諧甚劇。

夜校《晉書》列傳周處、周訪兩家共一卷，是正十餘條。其《周訪傳》有云賊率即帥字。杜曾、摯瞻、胡混等迎第五猗奉之。考《世説·言語》篇摯瞻曾作四郡太守、大將軍户曹參軍，復出爲内史，別王敦云云，注引摯氏《世本》，稱瞻爲太常虞兄子，高亮有志節，以言辭忤王敦，左遷隨郡内史。後知敦有異志，建興四年與第五猗據荆州以拒敦，爲敦所害。是瞻固晉之忠臣矣。第五猗受愍帝之命，由侍中出爲荆州刺史，時元帝已有江表之地，而長安旋没於劉聰，愍帝被虜，猗特不順於元帝，與華軼、周馥同科，元帝之討滅猗等，正與漢光武之殺謝躬無異。而《晉書·元帝紀》遽書猗與杜曾同反，已爲乖誤；至王敦此時方爲元帝所倚信，未有反迹。要之，摯瞻自以忤敦而死，而名爲賊帥，何其謬耶？予校此書，不特正定疑誤，多錢、王二君所未及，其間發潛誅隱，別白是非，每足袪千載之蒙，惜當世能讀之者少耳。

夜校書畢，復閲武氏《三禮義證》。

二十五日戊午　晴。校《晉書》八王列傳一卷，亦是正十數條，此事太勞，擬又輟矣。予比得嗽疾，中氣虧甚，用思稍深，即連嗽不止。五十之年，性命事大，何苦以身殉此耶？是日始换絮襪。

二十六日己未　寅正一刻十一分霜降，九月中。晨雨，上午漸密有聲，下午雨止霿陰。終日雨窗無事，復校《晉書》列傳山濤至樂廣一卷，鄭袤至温羨一卷，共是正十七條。

二十七日庚申　晨陰，上午後晴，有微陰，地氣蒸潤。校《晉書》列傳劉毅至何攀一卷，劉頌、李重傳一卷。毅傳有云，漢魏相承，爵非列侯，則雖没而高行，不加之謚，至使三事之賢臣，不如野戰之將。此《漢》《晉·禮志》皆所未載。王厚齋輯《漢制考》及近人孫頤谷《讀書脞録》中補輯數條，皆亦未采及也。是日上旋蹕。

二十八日辛酉　晴和，地潤如雨。得紱丈書，饋蜜果一器，即復謝。

校《晉書》列傳傅玄、傅咸、傅祗傳一卷，皇甫謐、摯虞、束晳、王接傳一卷。《摯虞傳》云：『時太廟初建，詔普增位一等。後以主者承詔失旨，改除之。虞上表曰：「臣聞昔之聖明，不愛千乘之國，而惜桐葉之信，所以重至尊之命也。前乙巳赦書，遠稱先帝遺惠餘澤，普增位一等。驛書班下，被於遠近，莫不鳥騰魚躍，喜蒙德澤。今一旦收既往之詔，奪已澍之施，臣之愚心，竊以爲不可。」』案仲洽此奏，深明國體，此予于去年十一月穆宗以天花將愈加恩王公大小臣工，十二月穆宗晏駕，惇王等請追收前命，兩宫從之，竊議以爲雖見諸王大臣之忠悃，而于國體非宜。儻以爾時或驟晉宫銜，或優遷爵秩，至賞雙眼花翎者十餘人施恩太過，則何不讓之於先，而乃辭之於後。且其中有特予遷官者，使奉詔後已得升除，亦將更貶之乎？謂當臣下懇請撤銷，而朝廷下詔，以大行有命，不復追奪，方爲兩得也。

二十九日壬戌　晨陰，上午後微晴，旋復陰，晡時又晴，傍晚後霿陰，終日温和蒸潤。

校《晉書》列傳解系至賈疋一卷，愍懷太子傳一卷，陸機、陸雲、陸喜傳一卷。解系、解結、繆播、索靖皆晉之忠臣，而與孫旂、孟觀、牽秀、張方等逆亂之人同卷，善惡溷淆，莫此爲甚。即皇甫重、閻鼎、賈疋，亦耻與爲列焉。李含夙有清名，爲郭弈、傅咸等所稱重，而反覆樂禍，首唱亂端，西晉之亡，實含成之，與漢末賈詡情罪無異，迹其悖逆，較張方凶豎，尚加一等也。

《山濤傳》云：『濤志必欲退，因發從婦弟喪，輒還外舍。』《傅咸傳》云：『時司隸荀愷從兄喪，自表赴哀，詔聽之而未下，愷乃造楊駿。』咸奏愷『同堂亡隕，方在信宿，聖恩矜憫，聽使臨喪。詔未下而便以行造，急諂媚之敬，無友于之情，宜加顯貶，以隆風教』。《張輔傳》：『梁州刺史楊欣有姊喪，未經旬，車騎長史韓預强聘其女爲妻。輔爲中正，貶預以清風俗。』夫從兄及姊之喪，以今日論，雖賢士大夫未聞變服，人亦無從知之。至古人嫂叔無服，况從弟婦喪，何關倫紀，而當時重之如是。蓋晉雖承魏之敝，尚風流而忘名節，君臣大義，多不復知，而私家禮法猶嚴，清議猶峻，非後來之所及也。傅咸、張輔兩條，《日知録》亦引之。

比日氣和如春初，體力稍充，校書頗鋭。今日自辰至未已得三卷，然是正寥寥，不如前所校數卷矣。其據官本改正及字之形誤者，皆不列所記條内。今日校正愍懷傳中誤文兩條，衍文一條，它日亦可别寫出之。許竹篔來。牧莊來，言《安吴四種》已購得，價亦四金也。談至夜飯後三鼓時去。

三十日癸亥　晴和如春中。

校《晉書》列傳郤詵、阮种、華譚、袁甫傳一卷，是正四條。《郤詵傳》，詵自言賢良對策第一，而《阮种傳》先云种與郤詵及東平王康俱居上第，後更廷試，又擢爲第一，則詵非第一矣。然細覈之，蓋初試詵爲第一，更試种爲第一也。詵拜議郎，种初除尚書郎，漢晉凡舉賢良方正直言對策第一者，多拜議郎，則詵爲第一，信矣。种傳『又擢爲第一』，又字蓋乃字之誤。汲本作及，官本作又。詵、种、康三人居上第，猶世所稱三鼎甲也。其更試，猶今之覆試也。當日晉武慕法兩漢，特舉賢良，而种傳言『毁譽之徒或言對者因緣假託，帝乃更延群士，廷以問之』，蓋庸瑣之徒，護持資格，惡聞俊異，樂守故常，固自古而然也。國朝康熙之初，聖祖仁皇帝特開博學宏詞科，優禮備至，而吏議猶力抑之，其授官皆出特旨。然由布衣進者五人，西河、子德，幸即告歸；竹垞、稼堂，終以獲譴，一時鬨然，有野翰林之目，古今一轍，可歎也夫。

作書致孺初，還其官本《晉書》，計所未校者尚餘五分之一，擬俟之異日矣。

是日閲《浙江題名録》，中式百三十四人，山陰七人，會稽四人，又府學一人。山陰馬星聯，年十七歲，會稽言寶書，年十八歲，皆不知何人也。錢唐高富年、慈谿葛國楨，年皆十四歲，近所罕見者。定海黄以恭中五十二名，元同之從父弟，辛酉拔貢，通經學，蓋一榜之光矣。八十二名水嘉穎、八十四名水鴻飛，皆鄞人，亦可稱希姓。山陰杜鍾祥，年五十九歲。又陸壽民居榜末。

邸鈔：詔：新授江西巡撫劉秉璋來京陛見，李文敏護理江西巡撫。詔：前江蘇按察使應寶時准其回籍終養。上諭：御史周聲澍奏磨勘官司梁僧寶逞臆行私據實糾參各摺片。此次梁僧寶簽出應議各卷是否允協，著覆勘大臣詳細察核，據實具奏。梁僧寶此次磨勘順天卷，於第一名張彭齡五策簽云十不憶一，向例策問十不對五者罰停一科，是應議也。又主考、同考批語一手所書，是違例也；同者於卷面不親書薦字，亦違例，其餘摘出疵病甚多。然聞禮部司官言，批出一手，薦字不書，近來習爲固然。至鄉會試五策十不對一者不可勝數，順天尤十人而九，惟彭齡之策五道皆直謄題目而加一結語，太覺可笑，梁之所議不得爲苛。且有某卷於經題夾谷誤書夾各，梁簽云此非尋常筆誤，惟其文尚暢滿，應免議。又有某卷經文破題用兩羅武庫語，梁亦未簽出，是尚未爲已甚也。聲澍疏言僧寶所分七卷，每卷必簽，簽皆應議，率皆深文周内。如某卷首題文有以全後進句簽作全字費解之類，使通榜盡歸其磨勘，必使人人被議而後止。又乾隆五十九年，順天前十本進呈時，有姚宋才等三卷經軍機大臣奉旨校閱，簽出疵纇。是張彭齡卷果有疵，進呈時亦必難逃聖明洞鑒，乃梁僧寶仍多方捃拾，是以欽定之卷尚爲未能允協也。嘉慶五年，御史辛從益以批抹試臣策題，仁宗傳旨申飭，撤出磨勘班，今梁僧寶意存傾陷，較辛從益殆又過之云云。上諭：崇實奏奉天州縣各官仍請變通辦理一摺，著軍機大臣六部九卿歸入崇實前奏變通吏治章程摺内，一併會議具奏。

冬十月甲子朔　晨晴旋陰，上午晴陰相間，午後晴，晡後陰，寒飇驟起，薄暮益横。閲《授堂文鈔》，其文多裨考據，筆近澀滯而簡質，或如注疏家，或如金石文，其曲折層累處，亦頗有昌黎法，辭義嚴正，而出以平實，多可玩味。其《漢制六馬考》《周禮名所由始考》惟謂《周官》之稱《周禮》，始於王莽居攝以後，由劉歆之附會，近於武斷。《諫官考》《原字》論人之以字相呼。《廣廣韵注義》補注中所載人姓名。《毁五岳寢廟議》《一切經音義跋》《巳亭記跋》《巳亭記》，王霞西所作，言上巳義。《題土壕鎮壁》《與李東川論安陵書》《與朱少白論韓文考異書》《答黄小松論隸釋隸續書》《與桂未谷論説文序所言禮記指儀禮書》《與李書源論竹書紀年書》《程侍御三禮鄭注考序》，尤精確不磨也。

剃頭。得紱丈書，即復。夜風不止。印結局送來前月公費銀九兩五錢，付僕媪工食錢廿二千。

初二日乙丑　晴，有風。祖妣倪太君忌日，上午供饋，以初六日又爲前祖妣余太君忌日，故用十二簋加瀹菜湯，比來窘甚，併日而饋，傷哉貧也。晡後畢事，焚楮鏹兩挂。豚肩、鷄、魚、羊肉、蝦丸、肉膾各一器，素饌、菌笋之屬五器，蓮梅羹一器，菜羹一器，時果四盤，饅頭一盤，酒三巡，飯兩巡，計用錢十六千。殷蕚庭來。

閻氏《四書釋地續》以微仲爲微子之子，列有三證，又引包爾庚時文『微仲者，微子之次子，厥後襲封宋公，終身止稱微仲』，以爲如得一真珠船。孫氏志祖《家語疏證》駁之云：閻氏所引爲確證者，以《漢書·人表》宋微仲注云啓子爾，不知《人表》有兩微仲，一在中上膠鬲、商容之間，此即微子之弟名衍者也。一宋微中，在中中楚熊艾、繹子。魯考公之間，注云啓子。一弟一子，表本分明，蓋兩微仲，猶之兩虞仲也，閻氏誤合爲一。然其説實始於《古史》。《古史》曰：『微子卒，世子蚤死，乃立世子之弟微仲衍。』注云『世以爲微子之弟，失之』。是又不必援包爾庚時文以爲珍珠船矣。

慈銘案：孫氏此駁甚確，但亦有小誤。既據《人表》別有宋微中在楚熊艾、魯考公之間，則明是傳國於微子者矣。又以在膠鬲、商容之間者爲名衍，然《檀弓》《史記》皆云微子傳國於衍，豈微子先傳其弟，其弟復傳微子之子，而兩人又皆號微仲乎？蓋孫氏徒以《史記·微子世家》稱微子開卒，立其弟衍，是爲微仲。而《檀弓》鄭注又云微子適子死，立其弟衍，殷禮也，欲回護兩家之説，不得不以衍屬之微子之弟耳。然玩鄭注之文，云立其弟衍者，明謂適子之弟，非微子之弟。微子受封於武王，爲宋開國之君，不得私傳於弟，以其適子死，乃立其次子，爲殷禮耳。始封者爲太祖，天子諸侯所同，成湯不聞傳位於弟，惟太子太丁早卒，故太丁之弟外丙、仲壬相繼而立，此微子立衍所以爲殷禮也。《史記》之誤，蓋無可疑。《人表》於中上但云微仲，與殷諸臣並列，即《孟子》所稱之微仲，趙注所謂微仲、膠鬲皆良臣也，此微仲不知何名。其名衍者，乃微子之次子，《人表》中中所謂宋微中也。特加一宋字，以明其爲繼國於宋之君，極爲明畫。《呂氏春秋·當務》篇謂紂同母三人，長曰微子啓，次曰仲衍，尤不足據。馬氏《繹史》疑《史表》爲重出，梁氏《人表考》以《史表》爲誤，皆考之未審。毛西河《經問》逞臆鑿空，更爲謬悠。

初三日丙寅　晴。補鈔駢體文賦三首。得傅子蓴書，屬題俞某《卧游圖》，即復之，却其圖。族姪謙自里中來，將赴廣東，留宿之聽事。得季弟九月朔書，并燕窩一匣及小帆、品芳、竹樓等書。品芳寄㷀脯兩肩，龍井茶四瓶；穎唐寄日鑄茶一簍、笋豆諸一簍；内子寄本山茶、笋菜乾各一簍。知大妹次兒桂甥又殤。

初四日丁卯　陰曀。得紱丈書，借所校《晉書》，即復。補鈔駢體文第二卷訖。閲《授堂文鈔》。

邸鈔：内閣學士鑲藍旗漢軍副都統祥泰因病奏請開缺調理。許之。

初五日戊辰　晴和。閲《授堂文鈔》，并寫近所得書跗數十册。作書致牧莊，借以《校禮堂集》《授堂遺書》。徐壽蘅侍郎來。得牧莊復，并借《安吴四種》。

邸鈔：理藩院右侍郎麟書補鑲藍旗漢軍副都統。

初六日己巳　晴和。閲《安吴四種》。肯夫來，談至晚去。得紱丈書，借《宋詩紀事》。

初七日庚午　薄晴，多風。

閲《安吴四種》，涇包世臣慎伯著，咸豐元年所刻。慎伯以舉人官江西知縣，罷歸，晚自號倦翁，稱安吴者，以涇在季漢時分置安吴縣，慎伯所居近安吴故治，因以名書，此即其手定付梓者也。凡《中衢一勺》三卷，言河漕鹽及水利之事，共文二十首，附録四卷，皆雜文及日記之屬。《藝舟雙楫》論文四卷，論書二卷，附録三卷，皆志銘、傳記、雜文之屬。《管情三義》賦三卷，詩三卷，詞一卷。《濁泉編》一卷，乃道光乙未赴官江西時之日記及詩也。《齊民四術》農三卷，禮三卷，刑二卷，兵四卷，皆取其書序、傳志等文之涉於四事者及所作《説儲》之雜篇類而編之也。都計三十六卷。慎伯常謂周秦人下筆輒成一子，以其洞徹物情，語皆獨造。至漢劉子政乃有意琢字句，鍊篇幅，子變爲集，由此而始。故是書畫分四類，以事爲經，意謂還集爲子，不屑同於文人學士，陳義甚高。然《中衢一勺》《藝舟雙楫》等名，乃涉於辭賦佻巧，爲南宋、晚明江湖習氣，不特非漢人所有，即六朝、唐人，亦恐不爲。又自序謂所作有《説儲》上下篇，共十餘萬言。此外大小雜文，於四種無可附麗者，尚十數萬言。然《藝舟雙楫》所附録者，凡應酬無謂傳志之文皆在，不知所謂無可附麗者，更是何等文也。

慎伯以經濟自負，縱横博辯，足稱霸才。其書論治河、海運、救荒、保甲、治兵、治夷之策甚備。又述《農政》上下二篇，言農桑種植之事，多有得諸實用。又自乾隆以至咸豐，經歷四朝，熟於世變，其言皆足以警發。然厚自炫𢑷，以爲古今絶出，一簡之中，無不貶人而揚己，則其中無藴蓄，已可概見。其論河務，極詆黎襄勤、百文敏，又謂襄勤官淮海道時，購得其《籌河芻言》《策河四略》二書，珍爲秘籙。文敏用其接築長堤，接長蓋壩之策清淮，得以安枕，而其後一以争論，一以讒構，俱成釁隙，此已未可深信。至於經學實未有所得，而亦盛自誇詡。如謂亭林《日知録》摘章句以説經，及畸零證據，猶未免經生射策之習。錢曉徵片詞碎義，其細已甚。汪容甫鶩逐時譽，耗心餖飣。凌曉樓《公羊禮疏》等書，未能精善。又謂其居楊州時，使曉樓治鄭氏《禮》，劉孟瞻治毛、鄭氏《詩》，薛子韵治許氏《説文》，皆其所指授。然四種之中，惟論禮服時有所發明，餘則絶無一語及之，則其大言欺人，可嘻已甚。

又自謂古文得力於孟、荀、吕、韓，下參馬、班，略取昌黎，其餘不足比數。自命其傳志之文，下筆千秋，義法甚嚴。今觀其文，蕪冗俚雜，全以公牘方言入文，同於市肆帳簿。略舉一二言之，其開首總敘起句云：『乾隆己亥，先君子抱世臣於膝上，授以句讀。』其下歷述某年授某書。夫不先言其幾歲，而曰抱於膝上，其自幼至長日日抱之耶？不曰何書之句讀，而但言句讀，是何物耶？它如言吉凶曰紅白事，言妾曰别室，言生員曰邑庠生，言考索某書曰查核某書，言陵寢曰地宫，言號曰别字，此類俗稱，不知凡幾。又如《載公均元墓碑》，言國朝父子爲大學士者有漳浦蔡氏、陽湖劉氏。夫漳浦有蔡文恭一人，其叔父文勤，官止侍郎，武進有劉文定一人，其子躍雲，官亦止侍郎，且亦非陽湖也。又云常熟兩相在未設軍機處以前，夫軍機處設於雍正七年，首以桐城張文和及常熟蔣文肅充漢軍機大臣，至乾隆十年，文肅子文恪復以吏部侍郎爲軍機大臣，未知所謂常熟兩相在未設軍機處以前者，更是何人？曾自號爲古今大手筆者，於此等大節目猶茫昧如是乎？其它文有所謂大學士莊文恭公者，有所謂松江大學士楊瑄者，莊蓋即番禺莊滋圃，僅協辦數月，未嘗爲大學士，其名有恭，非謚文恭，楊則不知何人矣。至稱太僕寺少卿爲少僕，并非俗稱所有。稱其友朋有曰歐鏡湖四兄、陳子鶴三弟者，恐爲村秀才所不爲。予嘗見是書初出活字版本《吴公熊光墓碑》中有述仁廟宣廟傳授時事文字一大段，謂仁廟嘗賜四阿哥箭，不去金皮。次日二阿哥具摺請位次，二阿哥即宣廟也，四阿哥者，瑞懷親王也。不知何人粘籤一紙，有楷書數行，言此段文宜即削去，其事必是妄人僞撰，於稱謂尤極不合，且亦非草野所宜言，何苦述之以自取禍云云，今此本已全刊去。則其文字多不足憑，即此可見。而自謂當時名人，無不推服者，亦大略可知。

其書每類皆有自序，俱以第一人自命。於賦則比班、揚，於詩則比曹、阮，詞亦自附大雅，睥睨南宋。今平心讀之，其賦模句勦字，不知倫類，忽漢忽唐，舛音漫節，不足與朱、竹君、石君。劉、圃三、金門。張、皋文。彭甘亭。作奴僕；詩亦枯率槎牙，絶無醖釀；詞尤不足言。而二十數闋之中，優伶之名如陳郎桂衾、楊郎紫炘、劉郎蓮似、徐郎依雲，連篇接簡，其爲依雲題所藏《進舄圖》，系以小敘，乃有表妹、義妹之稱，恐亦元明人所罕見也。其文中用係字、渠字甚多，而自云同人得書者，多苦句讀之難，因爲離句，重付梓人，真不知是何等人矣。其於乾隆至道光三朝耆儒魁士，無不力加排抵，而所極稱重者，董晉卿之文賦及村陋不堪之上饒李祖陶，一物不識之桐城姚柬之，李、姚二人之詳，見予《受禮廬日記》中。蓋其取友亦不過如是。惟紀載詳盡，多有裨於文獻，籌河議刑、殲夷諸論，尤足爲用世者所取資，其學不足言，其書則不可少耳。慎伯爲嘉慶十三年戊辰恩科江南舉人，出新城陳侍郎希曾、湘潭周侍郎系英之門。道光乙未，始以大挑一等爲江西知縣，攝新喻令，甫一年爲學政及巡撫劾其贓私，辨質歲餘始放歸。姚柬之書後言丁丑大挑，吴平湖、松蒙古阻之於成邸，丙戌大挑，汪山陽阻之於惇邸，其會試卷雖發謄，從不送内簾，蓋振奇負氣，所至鉏鋙，固可歎也。

牧莊來談竟日，至夜三鼓時去。

初八日辛未　晴。蕚庭來，留共早飯，至下午去。魯芝友來，今年順天同考，薦王廉生而未售。閲《安吴四種》。

初九日壬申　晴。得潘星丈書，饋龍眼膏兩匣，即作小啓復謝，犒使一千。閲《安吴四種》。慎伯論刑諸篇，皆酌理準情，極爲平允，深得明刑弼教之意。其《書三案始末》一篇，記嘉慶二十一年銅山段繼幹之獄、泰安徐文誥之獄、二十五年歸安陸名揚之獄，皆首尾詳盡，曲折如見。三獄以段爲最冤，徐爲最幸，陸爲最慘，而段、徐兩案，慎伯皆嘗與其事。其述徐案巡撫程國仁之鍛鍊，按察温承惠之平反，俱大聲疾呼，言之甚痛。而今桐城方濬師著《蕉窗隨筆》，乃力反其説，以文誥爲詐盗，程爲公而温爲私，此小人之言，變亂黑白，不足據也。慎伯自言佐諸公幕時，以但能辨七分不公道事，過此不敢聞命爲約，而尚多逾限，未免疚心，仁人之言哉。

初十日癸酉　晴。慈禧皇太后壽節。族人新刻族譜，既訛錯之甚，又附刻天山府君年譜及家訓。年譜不知出何人之手，予所未見，其鄙俚謬誤，笑柄甚多。且府君卒於雍正庚戌時居永平衛，壽七十五，而以爲雍正戊申，卒於饒州，壽七十三。予家自興宗公以唐亡時官金華令，遂居上虞，而以爲宋南渡時莊簡公兄弟扈蹕至臨安，始徙上虞。又德賢公以明初由上虞遷山陰之郭婆漊，而以爲先遷趙墅。此三事尤爲大謬，今日爲之逐句改正，將寄舍弟重刻之。夜半後大風徹旦。

十一日甲戌　寅正初刻三分立冬，十月節。晨至午陰寒，大風，午後微晴，風亦少止，晡後又風，陰。改定年譜訖，别取一本摘其舛謬，一一批注之，以族人多，不可以口舌争也。莊簡，上虞人，《宋史》及府縣志俱甚明，其曾祖贈太子少保，諱晏如，撰《上虞五夫市遺德廟記》，今其碑尚存，《兩浙金石志》《越中金石志》《上虞金石志》錢玫撰。皆收之。至由上虞遷郭婆漊，與趙墅各爲一支，舊譜世系及序中所載甚晰。天山府君之卒年，舊譜年表及詩文手稿、栗宦後題亦皆可顯證。子孫愚而不讀書，可慨如是。

十二日乙亥　陰，有風驟寒。作書致伯寅，乞新刻《小謨觴館集》。作書致許竹篔，借澤存堂本《廣韵》。閲《安吴四種》中《兩淵》十六篇，皆言兵法也，淵取静照之義。《將本》至《勝全》十篇爲《雌淵》，猶言内篇也。《銜陳》至《五地》六篇爲《雄淵》，猶言外篇也。得伯寅復，贈彭集兩部，即復。再得伯寅書，惠銀二十兩，即復謝。夜晴，寒甚。

十三日丙子　晴，嚴寒，始冰。始著敝鼲鼠裘。得伯寅書，即復。得紱丈書，還《南宋紀事詩》，即復。向質庫贖前年十一月所質珠皮袍褂及羊皮馬褂，本錢七十五千，息錢三十六千七百。羊辛楣來。得竹篔片，送《廣韵》來，即復。

十四日丁丑　晴。買泥盆二，以藏石榴樹，置廚下。買稻草五束，裹紫薇、紫荊、欒枝、碧桃。作書致牧莊，贈以新刻《小謨觴館集》一部。

邸鈔：詔：欽天監於明年七月内敬擇吉期恭上兩宮皇太后徽號。命内閣學士翁同龢爲順天武鄉試正考官，翰林院侍讀學士王之翰爲副考官。

十五日戊寅　晴。許編修有麟自山西典試回，寄來鄧獻之書，并銀一流，知獻之今年又分房。同年王彸甫來，并贈龍井茶葉兩小瓶，黄絨補服一副。牧莊來。蕚庭來。是夕牧莊偕梅卿共置酒飲，肯夫邀紫泉、蕚庭及予作陪，夜分而散，月甚佳。族姪謙以明日南歸，因取近刻家譜，將其序例之謬，體制之俗，一一批注，并作書致竹樓及品芳備悉言之，且略示竹樓以讀書作文之法。其人本不足語，此冀有萬一之悟，故不得已耳。五更始寢。吾族人之不肖極矣，先世孝友之風，儉樸之法，無不壞盡，而至文字訛誤，則云謹守不可改，真怪事也。

邸鈔：上諭：前因御史余上華覆陳郎中啓續參款當經諭令寶鋆等認真查辦。兹據覆奏，原參該部撤派司員差使等項係該堂官公同商定，啓續尚無把持援引等事，口北道出缺日期在啓續題升郎中之後，並無將吏部咨文閣置之事，該員充當京捐局總辦，撰擬堂諭，亦無永遠不行更换字樣，均著毋庸置議。惟該員辦理廣東汲水門洋税一案，漏未行文總理各國事務衙門，失於稽察。其陝甘、河南奏銷各案，或未俟派辦處覆核即行呈堂標畫，或至三月之後始行辦理，實屬錯誤遲延，且於鍾珂升補郎中，該員未即回堂，以致漏未陳奏，尤非尋常疏忽可比。郎中啓續著交部分别照例議處，所有汲水門洋税、陝甘奏銷、河南銷册各案失察及遲誤各員著查取職名，一併咨部分别議處，該部堂官未能覺察，並著交部議處。

十六日己卯　晴，兩日來寒威稍減。作致季弟書，季弟今年正月二十日又得一男，名曰孝璘，小字僧睿，予更之曰僧喜。予從子輩以僧字爲小名之行，起於丙辰年名僧彗始，時因先妣望孫甚切，而予之生也，祖妣倪太恭人禮佛甚虔，曾至天台山國清寺，遍召山之僧爲之設齋，其夕有異夢，及誕夕又夢瞿曇入室，故家人咸以予爲天台僧轉世，至是僧慧生，先妣喜甚，視其慧之如予也，字以此名。其時世間無所謂梁僧寶也，梁之名予已巳里居閱邸鈔始見之，入都詢之人，知其戊午己未聯捷成進士時，尚爲梁思問，其改名蓋在甲子以後，未知何意也。季弟又言琳姑今年八歲，已識字三千，僧壽今年五歲，已識字一千五百，此三事予家之喜也。又作一紙致内子，屬其明春來時，盡以家具付僧慧，以僧慧明年當娶婦也。族姪謙以明早辭去，此人不携一錢而忽自廣東入都，謀捐分缺前先之官，冒昧極矣。其祖□□、父□□皆富而無禮義，視予若仇讎，予未嘗一至其家，今此子之來，予徹所卧床舍之，日厚待以飲食及點心三巡，夜給巨燭二條，今日復贐以銀數星。憶予之初入都也，謁芸圃族伯母於其宅，饋晁脯、緯纓等數事，時予方遭匪人周□□、今署廣西按察使，天下事即此可見。□□兄弟横逆之禍，困迫之甚。以芸圃爲庶常，日嘗貸予家百金，後守寧武，以其父墓被侵，又乞先本生王父力營護之，則其視予宜有恩，而□□、□□兄弟竟不爲設一飯，此等瑣瑣，本不足記，聊以志世俗之險耳。傍晚書楹聯六副，其三爲謙所求。是夕望，比夜月皎甚。剃頭。

邸鈔：上諭：前因給事中王書瑞奏浙江餘杭縣民婦葛畢氏毒斃本夫葛品蓮，誣攀已革舉人楊乃武因奸同謀，問官回護原審，請派大員查辦，當派胡瑞瀾提訊。兹據該侍郎奏稱，反覆訊究此案，實屬楊乃武因奸起意，令葛畢氏將伊夫葛品蓮毒斃，供證僉同，案無遁飾，按律定擬，並聲明此案原擬罪名，查核並無出入等語，著刑部速議具奏。上諭：前據都察院奏前浙江嘉興府乍浦理事同知志文以大計參劾不公等詞，赴該衙門呈訴，當令胡瑞瀾確查具奏。兹據奏稱，志文聲名陋劣，嗜好甚深，前署杭州府理事同知時，有向轎埠勒折差價，枷責埠夫等事，是其前次被參，並無屈抑。至上年大計時，海寧州州判宋勳鉞，該撫本未糾參；麗水縣典史唐鳳采本係列參之員，並非徹銷抵補；青田縣知縣王承霖先經溫處道詳參，該撫以考語未確，批司查明另辦，因天台縣知縣丁澍良年老糊塗，不洽輿情，應入糾參，核正具題，係爲慎重考核起見。志文以大計被劾之員，嘵嘵置辯，且以並無實據之事，率行牽訴，實屬謬妄糊塗，志文著交部照例議處。

十七日庚辰　晴。曾祖構亭府君忌日，上午供饋，下午畢事。蕭山人魯瑶仙燮光來，此人不足取，然其家世膴厚，喜收藏，今日言會稽沈清玉先生冰壺有手稿詩文雜著共六十册，涂乙甚多，道光時以番銀十枚得之於沈氏遺經堂，今亂後亡矣。

邸鈔：詔：惠陵現已開工，堪輿人員應即量予恩施，四品銜候選同知李唐著賞給三品頂帶。上諭：楊昌濬奏浙省沿海南田島請旨開禁一摺。浙江象山、寧海兩縣交界之南田島地方向係封禁，現在附近居民因該處土性沃饒，每潛往搭寮開墾，著照所請，即行開禁，聽民耕作，並派員查勘，悉心籌辦，所有清丈界址、征收糧賦以及招徠承墾、移官設兵各事，宜即行妥議具奏。另片奏大衢山地畝請查丈升科等語，定海廳屬大衢山向係荒地，並無封禁明文，現在該山居民甚衆，生齒日繁，即著督飭該地方官勘明地畝分數，按則升科，並確查户口、人丁、田地、山場實有若干，將糧賦征税事宜一併議奏。

十八日辛巳　晨陰，巳後晴陰相間，午後晴，是日和煦，地潤如雨。課僕澆竹樹。補寫三日來日記。校《廣韵》。

邸鈔：上諭：給事中邊寶泉奏重案訊辦未協輿情，請提交刑部辦理一摺。浙江民婦葛畢氏謀斃本夫一案，朝廷爲慎重人命，特派胡瑞瀾秉公研究，並嚴諭該侍郎不得回護同官，含混結案。現在既經反覆訊究，案無遁飾，已將全案供招奏交刑部，如有彌縫之處，該部不難悉心推究。若外省案件紛紛提交刑部，向亦無此政體，所請著毋庸議。此案仍著刑部詳細研求，速行核議具奏，俾成信讞。

十九日壬午　晴，自五更風起，至晚稍止。得潘星丈書，借手校《世説新語》，即復。作片致牧莊，借《清祕述聞》。校《廣韵》，又鈔補一葉。夜一更時又風。改撰家譜條例，定其名曰『山陰西郭李氏譜』，以越中李氏多不同族也。

邸鈔：上諭：穆圖善等奏職官被控重款請分别徹任革職歸案審訊一摺。吉林阿勒楚喀協領烏勒喜佈、委協領蘇勒通阿被佃民劉慶餘等以蠹商剥民臚列多款先後具控，佐領全保、界官成福亦被控有勒索苛派重情，烏勒喜佈、蘇勒通阿、成福均著即行革職歸案，嚴行審訊，全保著徹任聽候質訊，副都統崇歡有無徇縱情弊，著穆圖善查明請旨辦理，七品筆帖式烏勒錫寵阿以斥革人員改名充補，現在被控多案，且有鑽營署缺情事，實屬膽大妄爲，著即革職拏問。至吉林積弊相沿，地方官需索苛派，習爲故事，亟宜趕緊整頓，仍著嚴定章程，力杜情弊，倘敢違例婪索，即行嚴懲不貸。

二十日癸未　晴。晨起撰定家譜條例訖，凡十五目，首氏族一卷。歷辯《北史·敘傳》《唐書·世系表》之誤。次世系二卷，自老子敘至唐汝陽王爲上卷，自遷上虞始祖興宗公敘至遷山陰始祖懋齋公爲下卷；次世表四卷，自山陰一世至今十九世，皆書其名字、妻妾、子女及葬地；次行次四卷，亦自一世至十九世，先冠以字行，後乃按行列其人之生卒年月及官位科名，有一善可録者，亦附書之，皆以長幼爲次，其妻之受封誥、被旌節者亦書之，妾之以子貴及以節旌者亦書之；凡十九歲以下之長殤、中殤、下殤皆載世表，不編入行次，其既娶妻，或有名銜學行可稱，及死難者便不爲殤，概編行次。八歲以下無服之殤并不載世表。次傳二卷，自《史記·老子傳》至《宋史·李諱孟傳傳》爲上卷，此史傳也；自莊簡公所撰《晏如公傳》至予所撰《李氏辛酉殉義列傳》爲下卷，此家傳也。次内傳一卷，婦女之賢者也。次家廟一卷，首爲廟圖，附以碑記及祭儀祠田。次墓圖一卷。次像贊一卷。次家訓一卷。莊簡公家訓，實謨公『安身莫若無競』四語，語本王弼《易注》，寶謨引以訓子孫，南池公『耕讀勤儉』四訓、天山公遺訓及手書楹帖云：『多積德，多讀書，多吃虧，以多爲貴；寡意氣，寡言語，寡嗜好，欲寡未能。』次藝文一卷。先爲晏如公所撰《遺德廟記》，次采莊簡公集中關系文字，次采舊府縣志所載寶謨公詩，次天山公詩文。次事迹一卷。遍采南宋人文集説部及國朝人詩文集，凡涉先世銘志題贈皆録之。次敘録一卷。歷載自宋嘉泰譜序以至國朝乾隆譜序，而殿以新譜序及述例。共二十一卷。并辨舊譜體例之誤，先寫致季弟，謀重集貲爲之。

得謝夢漁書，言病已愈，即復。得牧莊書，送《清祕述聞》來。作書致季弟。作書致陶子縝，勸其治經勿過勞。夜作致秦秋伊書：『勉鉏仁兄足下，昔夏握别，倏經歲年，道遠多思，彌勞夢僨。維端居豐暇，媅味道腴，山林漸成，琴德益昶，甚善甚善。弟羈迹長安，名爲貲郎，實同潛客，羸車之出，難於登天，尚書之期，怯於對簿。往往累旬匝月，不逾户限。花竹半畝，略記雨晴，城市六街，罕問泥潦。晨炊屢斷，煮茗以當餐；故人偶來，卷褥以質酒。破書數尺，亂稞一鬟，以當生涯，與爲朝夕而已。聞之山信，娛園踵華，樹石益增，亭館日闢，苔厚而徑愈靚，泉活而池愈幽。詩歌鬥雄，觴匏迭盛，雖濮陽酒肉，未與登仙，而玉山風流，常以貢夢，政未知何日得以記平泉之草木，續漢上之題襟也。昨聞肯夫編修言足下前曾致書縝夫，爲謀桃葉，云皋南小步，有一雛青，上頭可期，封紗待繫，奈未渡娥江之楫，已泣馬塍之花，微雲在山，定增惆悵。弟星星早出，燕燕難期，童烏不生，草玄誰與，商瞿垂老，傳《易》無人，求紫雲而未能，買皂莢以何日。足下左擁徐淑，右抱朝華，念此雉飛，能無鸎望。倘猶柳枝未折，花價不高，肯甘掃雪之貧，略解曳泥之問。色非點漆，姿非倚門，希蹇修以通辭，便桃僵而李代。以論風誼，寧讓古人，因之得男，便同自出，特令舍弟，親詣潭居，平視意同，即爲媒定。明春冰泮，海上舟通，内子北行，便可挈侍。雙雙烏至，緩緩花開，既有搔背之歡，復增暖足之物，想足下亦爲之色舞也。蘭當意蓀，定相推挽，三生可證，百諾何辭，東風計偕，良晤不遠。冬寒氣沍，惟愛慎興居，不宣。』

邸鈔：上諭：御史李廷簫奏疆臣任意逗留，請旨嚴懲一摺。雲貴總督劉嶽昭自本年四月奏報啓行後，並未續經請假，直至九月間始由湖南常德起程，任意逗留，玩泄已極，劉嶽昭著交部嚴加議處。上諭：前據崇實等奉省大東溝現辦善後情形一摺，當有旨令該部議奏，嗣復據崇實等奏稱升科一節，請先明降諭旨等語。流民私種邊地例禁綦嚴，惟既墾荒成熟，從前亦曾奉旨允准征租，現在該處地畝，小民開墾多年，樂輸租税，朝廷恩施格外寬其既往，以遂民生。所有大東溝一帶已熟地畝，著准其一律升科，無論旗民，一體編入户口册籍，即著崇實等督飭委員妥爲經理，務使各安本業，勿滋事端，其設官等事，仍著該部議奏。

二十一日甲申　終日霠陰，上午微有日景。再得謝夢漁書，即復。下午步詣吴松堂，以銀八兩、印結兩紙，託其料理請封事。今年恭遇今上登極，覃恩請貤贈先本生祖父母四品誥命，又恭遇上穆宗謚號，覃恩請貤贈外祖父母四品誥命。此銀爲鄧獻之所饋，以酬予爲改詩之勞，今以爲領誥軸資，可稱絜白。然官由銅臭，職附冗郎，予之報答二親，其竟止此乎。封發家書，交輪船局。朱蓉生來。是日付買暖屨錢十六千，更夫皮襖錢五千。

邸鈔：上諭：磨勘覆勘大臣寶鋆等奏覆勘應議各卷並據實覆陳各摺片。除應議之卷已照所議辦理外，此次梁僧寶磨勘各卷，羅列多簽，不無是處。惟科場文字無關弊竇者，自應從寬免議。嗣後派出磨勘各員，務當一稟至公，不得含混塞責，亦不得有意吹求，致形苛刻。原奏頗列僧寶之苛刻，且謂主考房官批出一手，各省久沿爲成例，僧寶曾充丁卯順天房官不容不知，乃援引同僚代判文案之律，意欲比照加重，是周聲澍所糾，不爲無因云云。　以禮科給事中春慶爲内閣侍讀學士。

二十二日乙酉　晴和氣潤。自澆花樹。自昨早食時鳥骨鯁喉，至今爲患，不能讀書，因閱《援鶉堂筆記》中《梯愚軒脞簡論佛經》一卷。牧莊來，談至夜二鼓時去。

邸鈔：上諭：岑毓英奏職員違例薙髮、紳士挾嫌糾毆請旨懲辦一摺。已革雲南州判朱允慎於國服期内違例薙髮，貢生王蔭祥挾嫌藉端，赴局糾毆，均屬目無法紀。朱允慎情罪重大，姑念該革員素有痰疾，誤會日期，著照所請，援照嘉慶年間曹自煇免死發遣成案，從寬發往新疆效力贖罪。王蔭祥著即斥革，發往近邊充軍，以示懲儆。

二十三日丙戌　晴，風，又寒。

邸鈔：兩宫皇太后懿旨：以普祥峪吉地辦理具有規模，加恩在工出力各員奬勵有差。從惇親王等奏請也。優敘者凡百餘人，其最優者補用五品京堂宗人府理事官鍾泰開缺以副都統遇缺儘先題奏；郎中福裕俟簡放道員後，以外任應升之缺題奏，並隨帶加三級；道員熙敬以副都統遇缺題奏，並賞戴花翎；郎中成光開缺以道員分發省分歸候補班前先補用，並加布政使銜，記名道府用；郎中松長專以道員用，賞加布政使銜；郎中王維翰以知府分發省分歸候補班補用，俟補缺後，以道員用；郎中許景福賞戴花翎，俟歸道員班後，賞加布政使銜；郎中龔壽昌以知府分發省分歸候補班前先補用，並賞加鹽運使銜；刑部主事林廷燮免升員外郎，以本部郎中無論題選，咨留遇缺即補，先換頂戴；中書科中書賀良樾免選同知，以知府分發省分補用，並賞加鹽運使銜；皆越格越階加於軍功數倍。龔壽昌，自問之子；賀良樾，壽慈之子；王維翰，本會稽人，江西糧道必達之子；許景福，海寧州人，故淮陽道棟之孫。蓋清流之士無一與者，此亦可見公道矣。旨云辦理具有規模，又云著有微勞，而奬勵之優已如是，它日工竣而勞不微，將何以酬之乎？　户部山東司員外郎景善癸亥。轉翰林院侍講，兵部堂主事永順壬子。轉右中允。兩宫皇太后懿旨：以菩陀峪吉地辦理具有規模，在工出力各員奬勵有差。從醇親王等奏請也。優敘者三百餘人，其最優者工部員外郎耀年以四品京堂在任候補，並賞加三品銜；郎中阿克達春專以道員用，俟補道員後，賞加布政使銜；員外郎麟春交軍機處存記，以道員即用，並賞戴花翎；雲南迤東道奎訓開缺，俟全工告成後，以道員應升外任之缺，候旨簡用，並先賞加布政使銜；候補五品京堂員外郎文暉開缺，以三四品京堂開列在前，並賞加二品頂帶；員外郎楊儒以道員分發省分無論何項遇缺，儘先前即行題奏補用，並賞戴花翎；員外郎定昌以內務府郎中不論班次遇缺即補，並加武備院卿銜；郎中松琭賞加二品頂帶，賞戴花翎；知府希裕以本班儘先選用，後在任以道員無論何項缺出儘先題奏補用，並賞戴花翎；員外郎文奎以知府分發省分歸候補班儘先前即補，並賞加鹽運使銜；員外郎文愷遇有郎中缺出，不論何項班次遇缺儘先前即補，並應升應轉缺出儘先升轉；員外郎譚寶琦免補員外郎，以知府分發省分歸候補班前儘先即補，並賞加鹽運使銜；員外郎何維楷以道員分發省分無論何項遇缺，儘先前即行題奏補用，並賞加按察使銜。略舉其凡，皆咸豐以前所未見者也。不論何項應轉應升，王言之委曲繁重，亦已甚矣。此例始於同治六年冬，玉牒館之保舉吏部議駁，而諸王執奏必行，由是武英殿之聖訓告成、方略館之方略告成以及穆宗之大婚，遂皆踵事效尤，無請不得。今日之事又其甚也。文暉，瑞常之子；何維楷，廷謙之子；廷謙父子及賀壽慈父子皆奔競最著，故所保就獨優云。

安徽鳳陽府知府丁士彬升雲南迤東兵備道，工部製造庫郎中成善漢軍，丁未。授鳳陽府知府。士彬因李瀚章奏帶至滇，遂有此授，蓋倡優之面、鬼蜮之心，無入而不得者也。成善不由京察以神機營章京保舉得之。

桃花聖解盦日記丙集第二集

光緒元年十月二十四日至光緒二年三月二十九日（1875年11月21日—1876年4月23日）

光緒元年乙亥冬十月二十四日丁亥　晴，午前後有風。作片致許竹篔，還所借《廣韵》。得潘星丈書，還借去所校《世説》。殷萼庭來。作片致朱肯夫，借盧刻《禮記正義》。得肯夫復，以令弟縝夫《鼓山篆字題名刻》見示。再作片致肯夫。

邸鈔：禮部奏朝鮮國王李熙請封世子，定例請派正、副各一員持節往封。除宗室人員例不開列外，正使開列内大臣、散秩大臣、頭等侍衛銜名，副使開列内閣學士、翰林院滿洲掌院學士、禮部滿洲侍郎銜名。詔：副都統吉和爲册封朝鮮世子正使，内閣學士烏拉喜崇阿爲副使。

二十五日戊子　晴。閲《養新録》。午詣肯夫談，至晡後歸。作片致萼庭，屬轉取《漢書地理志補注》來。夜風起。

二十六日己丑　丑初初刻三分小雪，十月中。晴，風，嚴寒。始用爐。作片致許竹篔，取還《漢書地理志補注》頭本。

閲《中衢一勺》。愼伯於河事畢生盡力，自齊徐端以至楊以增，凡爲河帥者，皆諮其方略，故通籌利害，熟悉源流，隨地隨時，深權形變，而終守潘季馴之説，以靳輔、陳潢爲善因，蓋皆目驗心稽，不爲高論。近儒錢竹汀力攻潘氏之《河防一覽》，經生之言，恐不足據也。愼伯於賈讓徙地之議、徐有貞釃渠之策，以及近世滚江龍、鐵版帚搜沙之法，皆痛闢之。其《閘河日記》載吾鄉裘古愚總兵治蹟數事，修府、縣志者所不可不采也。嘉慶之後，吾越一二品大員，武臣卓卓可傳者，祇裘公安邦及葛壯節公雲飛二人，文臣則惟湯文端公一人耳。

二十七日庚寅　晴。得嚴菊泉師九月四日嘉興書。菊翁年將八十，而手書端謹，字益腴潤，可敬也。書言於學署中種竹栽桑，課二子讀書，自忘其老，令人健羨。菊翁垂六十始得子，今皆爲諸生。來書言科試，一子第三，一子第六，皆可補廪膳矣。

閲吴卓信《漢書地理志補注》。卓信，字立峰，一字頊儒，常熟生員，卒年六十餘。所著尚有《三國志補注》及《廣説親》，皆已佚。又有《古文集》，同縣陳揆爲刻之，亦不傳。此書共一百三卷，李申耆鈔得其副，後歸潘芸閣侍郎錫恩。道光二十八年，涇人包孟開慎言，慎伯族子。始爲刻之江寧。其書取班《志》原文，每句之下，引證諸書，搜采頗備；間亦附以按語。其於顧氏祖禹《讀史方輿紀要》、全氏祖望《地理志稽疑》、錢氏坫《新斠注地理志》采取尤多。然其各郡下所云今某地者，亦時有舛漏，又校勘粗疏，誤文甚衆，爲可惜也。

邸鈔：吴棠奏原任陝甘總督楊遇春之曾孫楊光坦於同治八年二月引見，承襲一等昭勇侯爵，以二等侍衛用，在大門上行走，分入正黄旗當差，是年告假回籍；原任廣西提督許世亨之曾孫許成鰲於同治十二年八月引見，承襲三等壯烈伯，仍回本省投標學習：均因家貧，無力留京供職，札委幫統精兵，隨同堵剿，在營日久，著有成勞，照例應以副將、參將用。惟四川副將等缺例應回避本省，請恩俯准留於四川，以游擊借補。詔兵部議奏。詔：兵部尚書廣壽、都察院左都御史景廉、吏部左侍郎彭久餘、鑲藍旗滿洲副都統興林，均加恩在紫禁城内騎馬。

二十八日辛卯　晴。閱《養新録》，附注其『祇祇』一條、『思曰容』一條，皆足補正錢氏之説，有功於小學。因文稍繁，不及備載，它日輯筆記時當録出之。族姪謙自天津書來，屬宏義酒賈高姓來取所購衣裘等物，當即作書付之。

二十九日壬辰　晴。上午步詣孺初，久談。孺初贈安南奇楠木手珠一串，瓊州奇楠木項珠一串。此非予所喜，而孺初必以爲贈，固辭不得。此老鄭重之意，可感也。廉泉所溉，馨香遠聞，較之同心之蘭，尤爲貴矣。孺初言瓊州所産本勝日南，今土人利在速售，多斫新樹，故苦無老舊者耳。閱《養新録》。

邸鈔：上諭：鴻臚寺少卿梁僧寶奏病難速痊，懇請開缺一摺。梁僧寶著准其開缺調理。聞寶鋆等覆議磨勘，本欲嚴劾僧寶，後知聖意不然，始援嘉慶五年御史辛從益、戴璐撤出磨勘班爲比，而詔旨又不同，蓋兩宮以僧寶重慎公事也。故僧寶此疏有『粗諳舊典，未達時趨』及『訓其不逮，保其孤危』之語。

三十日癸巳　晴，稍和。剃頭。閱《潛研堂集》。袁爽秋來。夜鈔補《漢書·蕭望之傳》一葉，《蕭育傳》一葉。汲版後印者俱缺此兩葉，予向據南監本及官本以密行小字寫一紙補之，今依初印汲本如式更寫。然此兩葉中，汲本誤者兩處，脱者兩處：『詞』字誤『詩』，『務』字誤『於』，《蕭育傳》：『其務爲民除害。』蕭咸字仲君，脱『君』字，傳贊『哀哉』下脱『不然』二字。

邸鈔：上諭：前因浙江學政胡瑞瀾奏覆訊民婦葛畢氏因奸毒斃本夫葛品蓮，分別定擬一摺，當交刑部速議具奏。旋據給事中邊寶泉奏，案情未協，請提交刑部辦理，亦經諭令該部詳細研求。茲據該部奏稱，察覈此案，原題情節與現供歧異甚多，請飭再行嚴訊等語，著胡瑞瀾按照刑部所指各節提集犯證，將覆訊與原審情節因何歧異之處，逐一研究明確，毋枉毋縱，總期情真罪當，一切持平，不得稍涉含糊，意圖遷就。並將詳細供詞，聲敘明晰，定擬具奏。聞主此駁者，全出翁侍郎同龢力，與尚書桑春榮爭而得之也。浙人多言主殺葛品蓮者，實餘杭知縣劉錫彤之子某及兵房吏某，協謀而嫁禍於楊乃武，且脅誘藥肆人爲之證，縣之幕友某者爲之計畫。餘杭士夫言之甚悉。而錫彤者，鹽山人，大學士寶鋆之鄉試同年也。故葛畢氏供及劉某，承審官輒置不問，且以非刑怵之。翁侍郎求得其原供，而此次胡瑞瀾所咨供詞亦有及劉某者，侍郎因指劉某何以不一傳質爲大疑，其餘歧互甚衆，定議駁奏。若侍郎者，可謂不負所職矣。

十一月甲午朔　晴和。寫大卷《周禮》一開，《爾雅》半開。作片致紫泉。作書致牧莊。爽秋來，紫泉來，午後偕至鐵門閱史，傍晚歸。印結局送來前月公費銀十兩。夜風。連夕疾動。

邸鈔：以國子監祭酒寶森爲詹事府詹事。

初二日乙未　晴，風。寫大卷《爾雅》半開。牧莊來，暢談竟日，至夜三鼓，共吃粥一甌而去。

邸鈔：上諭：御史梅啓熙奏請停止捐輸花翎及在任候選，著該部議奏。

初三日丙申　晴。寫大卷《周禮》一開。作書致肯夫，借《別下齋叢書》。

連日閱《潛丘劄記》。《七發》廣陵觀濤之爲今揚州江都地，汪容甫之説甚確，無以易之。閻氏亦以曲江爲錢唐江，同竹垞之説，已爲非是。至云漢景帝時會稽郡省併入江都國，則大誤矣。《漢志》『會稽郡』下云：『景帝四年，屬江都，屬揚州。』屬之云者，謂以會稽郡屬於江都國，非省郡而併入江都國也；故下云『屬揚州』。謂武帝時江都國已除，始分天下爲十三州，置部刺史，以會稽郡屬揚州，可得謂省併入揚州乎？且班氏於『廣陵國』下云：『江都易王非、廣陵厲王胥皆都此。并得鄣郡，而不得吴。』所謂吴者，即楚漢之際項氏分會稽所立吴郡，後至武帝時始省者。此用全氏祖望主王厚齋説。以《漢功臣表》《灌嬰傳》考之，當時有吴郡無疑也。劉原父及顧亭林、何義門、陳碩甫所説皆非。然則江都國祇兼二郡，吴郡尚不得，何論會稽？故劉貢父《刊誤》謂會稽未嘗屬江都，金輔之《漢志分置郡國考》直以《志》『景帝四年屬江都』七字爲衍文。全謝山《地理志稽疑》改定此條云：原本『會稽郡，秦置。高帝六年，爲荆國。十二年，更名吴。景帝四年，屬江都，屬揚州』，當云『會稽郡，故秦郡，楚漢之際屬楚國，分置吴郡。高帝五年，屬漢，仍屬楚國。六年，屬荆國。十二年，屬吴國。景帝四年復故。武帝時，省吴郡，屬揚州』。慈銘案：全氏此條，亦有可商。『故秦郡』三字當仍舊作『秦置』。『楚漢之際屬楚』，謂屬項氏也，當去『國』字。『仍屬楚國』四字，當作『以屬楚國』，謂屬韓信也。『景帝四年復故』六字無著，當省去。全氏蓋據《虞翻傳》注引《會稽典録》朱育之言，以景帝四年吴王濞誅，乃復爲郡也。然上既概云『屬』，則其爲郡自如。故《漢書·外戚傳》文帝尊母薄姬父爲靈文侯，會稽郡置園邑三百家。是當吴濞時未嘗省郡矣。

初四日丁酉　晨陰晴相間，上午陰，下午薄晴。

終日閲《漢書·地理志》。會稽郡『鄞』下云有鎮亭，即今之天台山也。又云有越天門山，即今之南田島也，明時爲昌國衛。天台大山，不容自晉以前名不見於史志，蓋鎮亭、天台，皆音之相轉。《大清一統志》云：『鎮亭山在奉化縣西南一百里，山極高大，南自天台，西連四明。』蓋已明知爲即天台山而不敢質言之。觀《文選》注引支遁《天台山銘》及《名山略記》，知天台之名起於道佛之書。東晉風流，崇尚釋老，鋪敘山水，精藍名刹，點飾爲工，於是天台既名，而沃州、天姥之號日以紛衍，無復知有鎮亭者矣。

夜大風，頗患咳嗽。

邸鈔：詔：候補侍郎郭嵩燾署理兵部左侍郎，兼在總理各國事務衙門行走。兵部左侍郎爲胡瑞瀾本缺，殷兆鏞兼署。

初五日戊戌　晴。終日閱《地理志補注》。感寒微嗽，頗不快。付賃屋銀四兩，岑福工食錢十千，陳媪五千。

《漢志》：『餘暨、蕭山，潘水所出，東入海。』又：『上虞，柯水東入海。』《水經注》謂潘水即浦陽江之別名，柯水疑即上虞江。蓋道元未到東南，亦必確稽其地，知爾時永興、上虞實已無此兩水，故指兩江以爲疑辭。浦陽江，宋以後謂之錢清江，今俗謂之西小江也。上虞江，宋以後謂之錢清江，今俗謂之西小江也；上虞江，宋以後謂之曹娥江，今俗謂之東小江也。然二江皆原出烏傷今義烏。山中，由諸暨至蕭山之義橋，并匯錢唐江水，而其流始大。曹娥江，亦即所分之東流，漢末以後皆謂之浦陽江，非兩水也。蕭山，即今蕭山縣治城内，安得謂浦陽江出此乎？使班氏果以潘水當浦陽江，則何不系之於烏傷、諸暨下乎？蓋古水多湮，不可考矣。

初六日己亥　晴。終日校閱《地理志》。

邸鈔：上諭：吏部奏遵議劉嶽昭處分一摺。雲貴總督劉嶽昭自奏報啓程後，任意耽延，實屬玩泄，著照部議，即行革職。以廣西巡撫劉長佑湖南新寧人，己酉拔貢。爲雲貴總督。以廣西布政使嚴樹森四川新繁人，舉人。爲廣西巡撫。以甘肅按察使楊重雅江西德興人，辛丑進士。爲廣西布政使。以甘凉兵備道成定康湖南寧鄉人，廩貢。爲甘肅按察使。

初七日庚子　晴。得肯夫書，并以蔣氏《别下齋叢書》見借。作書致紫泉。嚴鹿谿來。紫泉來。殷蕚庭來。偕三君暢談，留共夜飯後去。是日稍和。

邸鈔：三品卿銜候選道劉錦棠補授甘肅甘凉兵備道。工科給事中陳彝授雲南曲靖府知府。

初八日辛丑　晨至上午微雪，終日霒陰。外王母節孝孫恭人忌日。外王父茂才倪公以是月三日生，四日卒。予本擬於初四日供饋，而比來窘甚，故以今日并設奠，薦豚肩、鷄、鳧、魚、烏等肴饌十器，冬笋火鍋一器，時果四盤，饅頭一盤，蓮子湯一巡，酒三巡，飯兩巡，茶兩巡，晡後畢事。外王父卒時甫逾二十，外王母亦僅長一年。先恭人遺腹五月後生也。每述零丁孤苦，及天寒歲暮，操作之勞，涕淚與俱，言之甚慘。外王母晚年不能行步，目又不能見物。予庚戌歲補諸生，外王母撫之，喜甚，謂予曰：『聞汝讀書過勞，日夕不出户。我今所患，汝之鑒也。我自嫠居後，日持女功，夜惜油火，常暗作之。冬夜寒甚，盤足坐床上，一燈僅可辨内外。五更倦甚，眼光常突突欲墜。老而目足俱廢，其分也。汝當戒之。』又屈指曰：『明年有恩科，汝發達可計日而得，恐我不及見耳。它日衣官袍，至我墓前，爲澆一碗麥飯也。』烏虖，外王母即以是年卒，而予至今老病益窮矣，悲夫！作書致孺初，饋以鷄、豚及果八枚。得復。得紱丈書，以《喜雪》五言律一首索和。

閱李香子富孫《漢魏六朝墓銘纂例》，共四卷，前有自序。因朱竹垞氏之言，取《隸釋》《隸續》所載漢碑及六朝人碑製，以補王止仲之所未逮。條列衆體，考證爲詳。然近時爲此學者，吴江郭頻伽有《金石例補》，荆谿吴荆石有《漢魏六朝金石志墓例》，寶應劉楚楨有《漢石例》，皆本朱氏之言，以爲搜輯，各不相謀。而李書爲最詳；劉書專取漢代，爲最有體要。竊謂文章本無一定之例，自南宋以後，濫爲酬應，文人益多，而文日益卑。故潘氏舉韓文爲例以救之，取法乎近，以曉流俗也。降及晚明，江湖小人，惡札充塞，至爲猥賤。故梨洲黄氏復爲《要例》，自唐宋諸家以及元明，著其文之流變，以見例之不可盡無，皆非爲考據計也。竹垞好博，意在復古。而漢人不盡是通儒，其碑亦非盡出能文之人，龐雜牴吾，任意而出。諸君區區摭拾，錯雜紛繁，欲求例而轉無例可稽，蓋祇可備漢碑碣之考據，不足爲文章之義法。故嘉興馮柳東《金石綜例》，學海堂遂收入《經解》，而潘、王、黄氏之本意盡以失矣。至錢唐梁諫庵之《誌銘廣例》，則標舉破碎，尤是羌博士技兩耳。香子亦號薌沚，嘉興貢生，武曾先生之五世孫也。其書已刻者有《李氏周易集解賸義》三卷，《三傳異文釋》十二卷，《禮記異文釋》八卷，《説文辨字正俗》八卷及此書，皆湛精漢學者。其兄超孫，字奉墀，一字引樹，乾隆乙卯舉人，道光時官會稽學教諭者十餘年，以老病歸。著有《詩氏族考》六卷，《拙守齋詩文稿》十卷，皆已刻。

夜閲劉公㦸體仁《七頌堂詞繹》一卷，彭駿孫孫遹《金粟詞話》一卷，吴仲倫德旋《古文緒論》一卷。公勇於詞，本非名家，其書標舉甚高，强作解事，山谷所謂『隔簾聽琵琶』也。羨門詞品格亦卑，而稍有悟入處，故言雖淺近，轉爲得理。仲倫著有《初月樓文稿》《初月樓聞見録》及《論書隨筆》諸書。其古文墨守桐城。此書雖於方、劉尚有不足之辭，而傾倒姚氏甚至。其言文法，全自茅、沈所選八家中討生活，不過措大時文識見。所論周秦以至唐人，浮辭瞽説，無一得其要領。至謂劉海峰最講音節，有絶好之篇；朱梅崖學韓，其集中書一體最佳，可傳；張鱸江取道甚正；魯賓之清而能瘦，其氣亦疏，皆何異癡人説夢也。

邸鈔：上諭：左宗棠奏請以劉錦棠補授西寧道缺一摺。甘肅西寧道員缺，著劉錦棠調補。甘凉道員缺，著鐵珊蘭州府知府。補授。以鴻臚寺卿楊書香調補奉天府府丞兼學政。本任張緒楷丁憂。

初九日壬寅　晨陰，上午晴。終日校閲《漢·地理志》。得紱丈書，即復。

夜讀《漢志》。至『敦煌郡效穀縣』下注，師古曰『本漁澤障也。桑欽説孝武元封六年』云云。竊疑此非小顔所能言，文義亦不類其它注，當是班氏自注語，而誤爲顔注也。因檢錢氏《考異》、王氏《商榷》，則皆如予說。而胡氏《禹貢錐指》已先言之。深歎諸先生學識絶人，而予此境亦不易到也。讀書甘苦自得之言，索解人亦甚少耳。

邸鈔：詔：加雲南省文武鄉試永遠中額各十名。從巡撫岑毓英請也。毓英奏稱雲南自軍興以來，十有餘年，紳民竭力捐輸，至銀一千七十餘萬兩，從未請加中額，與它省已加永遠中額者不同。請免照新章不准奏加永遠中額之例云云。

初十日癸卯　晴。戌初三刻十四分大雪，十一月節。終日校注《漢・地理志》。寶森書賈送新印《經義述聞》《字典考證》來。《字典考證》乃王文簡爲字典館總裁時所奏進者，皆記道光重修本校正原注誤文之語。

邸鈔：以内閣侍讀學士宗室載英爲鴻臚寺卿。兵部員外郎英敏授甘肅蘭州遺缺知府。上諭：兵部左侍郎崇厚奏各省鄉試人數日多，請分別省分添派考官一摺，著禮部議奏。援順天考官乾隆以前兩員、嘉慶以後三員、咸豐以後四員爲例，請添派江南及浙江、江西、湖南、湖北、山東、四川、廣東各省考官。

十一日甲辰　晴。同縣陳雨田秀才元焴自山東入都，來訪。雨田，簡亭尚書之孫也，與予同補諸生，又有姻連，以佐幕游山左者二十年，今年五十一矣。自按察使長賡君罷官，遂失館。今來依長君，寓其家。（此處塗抹）終日校注《地理志》。三夕以來，以禿筆作蠅頭朱字，細注行間，目力既昏，咳嗽復作，又當暫輟矣。

比日兼閲吴頊儒《補注》。其書采掇甚勤，間亦正定謬疑，多有心得。然有三大病：引古人已佚之書，不著所本，一也；以意添改舊文，二也；襲它人之説以爲己有，三也。又不通小學，如豫章之贛，以爲章、貢合流，字當爲『贑』。不知『贛』本古『貢』字，讀贛爲感，乃豫章方音，亦聲之相轉。此縣自以贛江得其名，其同郡之新淦，亦即此水此音，惟字異耳。其地雖有章水合流，並無『贑』字，後人妄造，所謂俗謬不合六書者也。巴郡之朐忍，以爲字當作朐䏰，音蠢閏，即曲蟺蟲。不知此本以朐忍山得名。本《志》、《續志》、《晉志》皆作朐忍，《說文》亦作朐忍。自闞駰《十三州志》誤音朐爲春，又云：『其地下濕，多朐忍蟲，因以名縣。』見《後漢書・吴漢傳》注引。於是後人遂有蠢潤、閏蠢等音，改其字爲朐䏰。而《說文新附》及《廣韵》《集韵》等書皆有此兩字矣。然即謂是曲蟺，則正『朐忍』兩字之音轉。古所云丘蚓，《說文》本作螼。丘音如區，而朐音劬，與區疊韵兼雙聲也。武威之揟次，謂晉以後作揖次，其改名之故未詳。不知『揖』是『揟』字之誤。隸書『胥』作『咠』，遂誤爲揖也。其徵引雖博，而如傅氏之《行水金鑑》、戴氏之《水經注》校正本、王氏之《讀書雜志》，最名一時，尤爲注此志者所必不可少，而皆未之見，亦其疏也。其文之誤脱，一葉中多至十餘字，乃至本《志》及《續志》之文亦全不勘對。包孟開序言『屬楊汀蘆及其族弟興言校正』，而其疏至此，乃知包氏之學，於此等事固絶不留意也。

紫泉、朱蓉生來夜談，月色甚佳，三鼓時去。

十二日乙巳　晴。閱李引樹《詩氏族考》。蓋以王伯厚有《詩地理考》，故作此以補之也。前有香子序。其書依《詩》之篇次，取所稱之人名氏族，自后妃以至殷武，條舉諸書，而下系以考證。凡經史諸子箋注義疏以及近儒著述，搜羅頗備，有倫有要，亦治《詩》者所不可少也。

潘孺初來，暢談。得嚴六谿書，贈甘泉鍾氏景拓汪容甫所藏禊帖兩通，吴讓之熙載所摹者也，並讓之補書容甫十跋，又鄧頑伯篆書五言楹帖、姚姬傳行書五言楹帖拓本各一通。即復謝。

邸鈔：上諭：李瀚章等奏遵旨查辦馬嘉理被戕大概情形，請將辦理不善各員革職審訊一摺。據奏，由滇至緬，中隔野人土司地界，向多匪徒勾搶。其時騰越紳民聞洋人帶有洋兵多名，將入關内，是以集團自衛。馬嘉理由滇赴緬，執有護照，沿途地方，妥爲護送。嗣由緬回滇，未經知會地方官派人迎護，以致不法匪徒乘機劫殺。騰越廳同知吴啓亮於紳民聚團時未能開導彈壓，先事預防，迨失事後，經岑毓英嚴札勒拏，乃數月之久，始行獲犯，實屬辦理不善。署騰越鎮總兵蔣宗漢於專轄地方出此巨案，毫無覺察，亦有應得之咎。吴啓亮、蔣宗漢均著徹任，暫行革職，歸案審訊。如查有調兵阻止，及指使戕害情事，即著李瀚章等確切研求，以成信讞，毋得稍有徇隱。具疏者，李及薛煥、岑毓英也。薛煥以禮部侍郎降五級，家居四川。今年七月間有旨令吴棠傳知前侍郎薛煥迅速赴滇，幫同李瀚章辦理一切，以資得力，於是李與薛先後至滇矣。

十三日丙午　終日陰。陳雨田來，并饋阿膠兩匣，𦞦脯一肩。留之午飯，談至晡後去。作書致牧莊，作片致王弢甫，俱約其飲廣和居，皆以它出不到。是日霒陰釀雪。傍晚坐窗下，蕭寥可念。復校《漢書·地理志》。夜雪大作，至二更積寸許。銀燭炯照，内外皎然。研朱細書，不覺其苦。三更雪霽月出，小庭靚深，竹木如繪。撥爐瀹茗，裴回久之。自憙清絶，如在冰壺中也。

十四日丁未　晨晴，上午薄晴，午後陰。終日校注《地理志》。夜月照微雪之上，景尤清絶。二更以後，既輟校書，頗思理詠。

雪夜月出校漢書地理志用陶徵君讀山海經詩韵

微雪尚在地，月色穿雲疏。閑庭寂如繪，竹木交寒廬。一燈炯相映，清光滿琴書。校讀意未已，早朝漸驅車。還撥地爐火，汲水烹野蔬。斜月欲傍窗，澹與籬影俱。朱墨遍几案，亦或陳畫圖。生世苦逼仄，大地終何如？

紱庭丈以初雪詩索和未有以答夜復得雪依韵却寄

又見園林雪，因之野興長。烹茶知夜静，燒燭爲詩忙。硯水添新滴，爐灰養宿香。循闌還曳杖，花下一徜徉。

邸鈔：福建巡撫王凱泰卒。詔：王凱泰清廉勤慎，辦事實心，由翰林洊擢封圻。自到福建以來，整頓地方，實事求是。本年駐劄臺灣，辦理撫番、招墾、練兵、籌饟各事宜，規畫講求，不辭勞瘁。前因患病，疊經賞假調理，方期醫治就痊，長資倚畀。兹聞溘逝，悼惜殊深。著加恩追贈太子太子少保銜，照總督例賜恤。賞銀五百兩治喪，由福建藩庫給發。並著予謚，於臺灣府城建立專祠。靈柩回籍時，沿途地方官妥爲照料。伊子二品蔭生、附貢生王儒卿賞給舉人，廩貢生王豫卿賞給員外郎，王壽卿賞給主事，伊孫王念曾俟及歲時帶領引見，用示篤念藎臣至意。凱泰本名敦敏，字□□，號補帆，寶應人，庚戌翰林。由編修軍功保舉至浙江知府，署浙江督糧道。吏部奏駁，以同知用。特旨授浙江按察使，至今官。以十月二十三日自臺灣旋省卒。謚文勤。

以船政大臣、前江蘇巡撫丁日昌爲福建巡撫。以候補四品京堂周家楣爲太僕寺少卿。詔：四品銜郎中陳蘭彬以三四品京堂候補，並賞給二品頂帶。陳蘭彬，廣東吴川人，癸丑庶吉士。好大言，依勝保軍營，得賞藍翎，入都。散館，改刑部主事，即告歸高州辦團練，纍從劉長佑軍。至直隸後，入曾文正幕。庚子天津夷務，其所贊也。既文正頗悔用其言，而丁日昌薦之，於是加四品銜，赴西洋各國領學習諸幼童。閲三年，託故還京，言事求報，因歸粵，遂有此擢也。

十五日戊申　晴，有風。終日校注《地理志》。得張香濤書，并銀二十兩。得陳雨田書，即復，并犒其使二千。夜月甚佳，再次前韵五言古詩一章。

次夕月下仍校地志復用前韵一首

積雪消遂盡，平楚益以疏。明月出寒宇，娟然滿田廬。遥知故山好，深巷人讀書。緣籬見燈火，比舍聞紡車。飽喫五湖飯，嫩摘稽山蔬。失計事遠役，幸與書卷俱。細勘蘭臺史，遐想秦地圖。俯仰有餘樂，日力將何如。

邸鈔：以前河南按察使輿奎爲浙江按察使。蒯賀孫病故。

十六日己酉　晴。仍校《地理志》。作書并和詩致紱丈。剃頭。張戺民來。紫泉來。牧莊來。夜月望，清輝如晝，偕牧莊、紫泉暢談，復步前韵詩一首。

第三夕望夜月明於晝同牧莊紫泉諸君圍鑪久話三用前韵

皎月豈常有，美人情易疏。賴有素心客，時來適我廬。世事百無競，相敦惟詩書。塵坱滿衣袖，出門各無車。我藏有斗酒，近市供嘉蔬。燈火動南牖，竹影移與俱。野服澹相對，此意誰能圖。良夜足可惜，舍我焉所如。

十七日庚戌　晴。祖母倪太恭人生日，供饋。陳雨田來，不見。王暌甫來，不見。

十八日辛亥　晴。謝夢漁來，不晤。作書致陳雨田送行，饋以茶葉及餅餌，返其兗肩。

十九日壬子　晴，比日冬暄，下午風起。終日料檢新得數種書，中揭籤印記紛紜。入夜，又以去年所購《燕子箋》付裝釘加函帙，爲系一跋尾，并題絶句三首。此近年之消遣法也。是日以京錢八十一千四百贖四月所質狐裘一領。夜有風。明日擬出門拜客，已呼車矣，以風起，遂止。此蓋有意成我懶也。梅卿亦一無事事，其日用亦不豐於我，而不知何故，終朝竟夕，往來乞貸。今日五更，又聞其驅車急去。淵明詩云：『有客常同止，趣舍邈異境。一士常獨醉，一夫終年醒。』今之醉醒，定屬誰哉？

二十日癸丑　晴，終日大風，嚴寒。

閱李香子《三傳異文釋》，凡《左傳》十卷，《公羊》《穀梁》各一卷。其書取經典注疏及子史諸書所引文字異同，附以石經舊槧，皆折衷是非，證明其義。大要以《説文》爲主，以雅訓爲輔，專於形聲、通假求其指歸。采掇近儒，頗爲賅密。書成於趙氏《春秋異文箋》之後，故於君氏、尹氏等大端之異，皆置而不論，蓋可爲讀《左氏》者小學之助矣。蔣氏别下齋所刻諸書，惟李氏兄弟所著三種有功經學，其餘皆短書小集，無甚重輕。如《石門碑醳》，乃嘉慶中諸城王春林森文署陝西略陽縣知縣時，於褒城縣石門道中模拓摩崖石刻，自漢楊孟文《石門頌》，以汔宋人題名，凡二十五種。或别寫釋文，或縮臨真迹，而附以《遊石門記》及略陽白崖之《郙閣頌碑考》。寫刻精工，足爲清玩。其曰『醳』者，漢碑以當『釋』字也。又《箕田考》，乃朝鮮人西原韓久庵百謙所著，以朝鮮平壤城外田分四區，區皆七十畝，爲田字形，謂是箕子遺法，合乎殷人井田七十而助之制。《峽石山水志》，乃雍正中海寧蔣擔斯宏任記其峽石鎮兩山之勝。前有於越陳梓序，謂由吴門及海昌，中間數百里，原野平敞，而巍然隆起，乃有峽川兩山，獨高於横殳。騷人墨客，遂借以游憩。又謂嘗於秋霽登智標浮圖，望吾越中諸山，澹烟一抹，白鳥雙去。其語題目佳境，頗有小品勝致。蓋亦能文之士，惜其字里顛末不可考矣。兩山者，審山、亦名沈山。紫微山也。

夜大風。

二十一日甲寅　晴。作書致肯夫，還其《别下齋叢書》。

肯夫送來鍾雨人修撰所刻《養自然齋詩話》。共十卷：卷一爲元明人詩，皆《元詩選》《明詩綜》所未收者；卷二、卷三、卷四爲杭州人詩；卷五、卷六爲全浙人詩；卷七、卷八、卷九爲各省人詩；卷十爲閨秀詩。其人之見在及顯人之有專集者，皆不録，意在表微拾墜，以人存詩。其例甚善，惜所采稍雜，不免入於庸近。其稱謂有『太夫子』及『姻伯』之類，亦囿於時俗。又間附己作數首，亦爲非體。當告修撰刊去之，以成完書也。

二十二日乙卯　晴。是日偶閲《養新録》，中有『珠算所起』一條，言之未詳。因思近儒有詳考之者，予僅憶《周髀》甄鸞注已言之，而其餘盡忘。乃取架上諸考證書，檢之幾遍，至夜乃記在凌次仲氏《校禮堂集》中《算法統宗跋》，而其書近爲牧莊借去，不得即取以一證也。陳雨田來辭行。殷萼庭來。是日上祈雪大高殿。

邸鈔：上諭：吴元炳奏知縣審案荒謬，請旨革職一摺。江蘇前署安東縣知縣李恩瀚於承審沈兆遐、顧如岱等挾嫌聽從逸犯馮魁謀殺顧如山身死一案，始則失察捕役王佃受賄教供，逼令顧如山之妻顧沈氏妄認與顧如岱通奸，致夫被殺；迨經顧沈氏供明被逼情由，並不提同王佃質訊，反令該捕役執刑熬審，幾成冤獄，實屬荒謬。李恩瀚著即行革職，以肅吏治。御史游百川升工科給事中。

二十三日丙辰　晴。牧莊來談，至夜三更時去。

二十四日丁巳　晴，有風。以明日冬至，先祀屋之故主。袁爽秋來。夜閲王厚齋《通鑑地理通釋》。

二十五日戊午　未初二刻三分冬至，十一月中。晴。祀曾祖考妣、祖考妣、本生祖考妣、先考妣，逮暗畢事。肴饌十六器，鷄肉、鳧、舒鳧、魚、鳥等物半，笋、蔌、菽、菌等物半，肉餛飩兩盤，糖餛飩兩盤，火鍋一器，杏酪一巡，時果四色，醯醬四事，酒三巡，飯兩巡，紙錢四挂。作書致牧莊，約明日小飲。作小柬約紫泉、爽秋、蓉生、梅卿、王弢甫明日小飲。作書致紫泉，屬其轉邀六谿。予以薦先之餘肉肴，菜肴無可供餕，念諸君皆在羈旅，又多不携家人，故取『呦呦鹿苹』之誼，相呼一醉，非以三弋五卵誇示於人也。

二十六日己未　晴。作篆數十字，頗有法。傍晚諸君畢來，夜設韭菹畠飯，談甚暢，至三鼓散。牧莊留宿，戲擲采選格數巡，鷄鳴時寢。

邸鈔：以都察院左副都御史興恩爲盛京工部侍郎。

二十七日庚申　晨微晴，上午後陰。

邸鈔：上諭：前據御史鄧慶麟奏盟長欺孀，冒襲王爵，亟宜訊辨，當經降旨令理藩院研訊。茲復據該御史奏稱案關冒襲，請飭研訊確情等語，著刑部會同理藩院秉公訊辨。去年七月蒙古札薩克圖郡王福晉諾爾斯德瑪氏呈控大盟長圖什業圖於該福晉子郡王達達巴札木蘇身故無子，將年甫五歲、無譜系可稽之迪瓦占三報理藩院襲職。臺吉茂依罕等亦訴其事。詔下理藩院嚴訊。嗣該福晉及臺吉等均至京投質。迄今一年，理藩院尚未提傳被告，僅添傳案外無關緊要之人，故慶麟再疏言之。其意不可知，其言則未可非也。

二十八日辛酉　晴。比日整理書籤，多以篆字書之，頗覺自憙。付縫衣人銀五兩。予初以敝羊裘長短一襲，綻裂不可著，故令各蒙以粗繭綢爲禦冬之具，意不過費京錢四五十千而已，乃索直至八金。裋褐毛罽，亦不易哉。付永定河南岸同知朱津奠分二千。歸安人，同年偉侯舍人之叔父。

詔：三十日再祈雪大高殿。

二十九日壬戌　晴。閱李鄦齋氏《炳燭編》，爲校正十餘條。鄦齋之學，史爲長，而伯寅刻此書時，其任校讎者，皆目未見一史也。剃頭。夜作書致嚴六谿，得復。

邸鈔：上諭：前據王文韶奏候補三品京堂劉典懇請在籍養親治病，當經降旨允准。嗣據譚鍾麟、左宗棠先後奏稱，陝甘後路防軍需員襄理，復諭令劉典仍遵前旨，迅赴蘭州。茲據該京卿奏報啓程，著即迅速前往幫辦陝甘軍務，用副委任。以太常寺卿宗室載慶爲內閣學士，兼禮部侍郎銜。以詹事府右春坊右庶子宗室松森爲國子監祭酒。

三十日癸亥　晴，和煦如春初。閱《炳燭編》。陳雨田來，留之早飯。作書致肯夫，得復。印結局送來是月公費銀二十二兩。作片致孺初，得復。得嚴六谿書。

夜閱陳見復《經咫》及《文集》。見復有道之言，雖考據經恉不甚精深，而語語和平，出於體驗，讀之如飲醇酎。予於壬戌、辛未及今三度，皆以隆冬永夜閱此書，言近而味無窮，春風盎然，忘其寒冽矣。

邸鈔：上諭：李鴻章奏查明庸劣不職各員，據實甄劾一摺。直隸雄縣知縣黃安瀾，江西舉人。欒城知縣張華亭均即行革職。藁城縣知縣曹壬泰開缺察看。廣昌縣知縣劉榮山陰監生。以縣丞歸部選用。務關同知劉松嶺、山東進士。保安州知州韓印、江蘇副榜。東明縣知縣康炳麟均勒令休致。上諭：侍郎黃鈺等奏前任翰林院侍講學士徐鄜之生母王氏，道光二十四年徐鄜之父、原任山東濟東泰武臨道徐經病篤時，王氏誓以身代，刲股和藥，至性可嘉。現在該氏身故，援案懇請旌表徐王氏。著准其旌表。

案：近來婦女之以刲股旌者，累月有書，僂指難盡。蓋格令之外，請心見從；閨闥之中，事無左證。職彤管者，疲於鉛槧矣。此以狀元之母，人所樂言。且按其歲年，時方婉孌，出於姬侍，足風閨襜。是月十三日，御史周鶴奏貴州都勻人、二品銜、原任淮楊道周壽女二姑、三姑。咸豐六年，苗逆圍城，壽以利劍授二女曰：『城若破，汝姊妹以此畢命。』壽殉後一年而城破。時二姑年十五，三姑年十三，捧劍跪其母前，請予死。母泣不許。二女曰：『此父命也。與爲賊辱，不如死。』母乃舉劍刃其首，手戰不能決，揮之數十，血肉碎飛而死。又婺川縣廩生王德源子婦李氏，夫曰崇喜。同治二年五月，粵逆竄婺川，李氏與崇喜妾俱被執。賊首朱七者，艷李氏，欲納之。李氏極口詈賊，誓以死，屢覓刃自殺，皆爲賊奪。賊威脅之，不爲動。復令其妾固勸。李氏怒曰：『汝失節婦，猶敢以面向我？』持石投，妾急去。晝夜號哭，不飲食者六日。朱七益憐之，自來勸慰。李氏乘其不意，奪賊佩刀擊賊，遂遇害，時年二十五。逾月賊遁，崇喜獲其屍於溝渠中，顏色如生。時陷賊者數百人，皆親見其事。其妾逃歸，述之詳，且曰：『夫人於白刃林立中，喋血怒罵，舉刀刺賊，賊衆亦悚異，謂女子中乃有若人也。』有詔周二姑、三姑、王李氏均予旌表。又是月，李鴻章奏陝西安康人、二品頂帶、前直隸大順廣道祝愷母楊氏，年八十歲，五世同堂；李鶴年奏湖南長沙人、署福建漳州鎮總兵、閩浙督標中軍副將李東昇祖母龐氏，年八十四歲，一品封典，五世同堂，親見七代；廣東南雄州人、布政使銜、福建督糧道葉永元父德全、母陳氏，年俱七十三歲，一品封典，五世同堂，夫婦齊眉：均請旨旌表。因類而次之，以備佗日傳列女志典禮者采擇焉。周御史之敘周二姑、三姑、王李氏事，辭多不典，略爲潤色之。其尤謬者，述崇喜之妾語，稱李氏爲姊。考《儀禮》，妾稱夫曰君，嫡妻曰女君；唐宋以後，稱夫曰主人；國朝律文稱家長，則稱嫡妻宜曰主婦，此禮律之名也。若文章述其相謂之辭，則古今皆曰夫人，猶子孫稱其祖父曰公，非系爵之稱也。近世士大夫墨守時文，不識禮律，顛倒名分，詒笑後來。名不正則言不順，名者人治之大者也，而可不慎乎？

十二月甲子朔　晴和。閱《炳燭編》，復爲校正十餘事。下午步詣肯夫談，傍晚歸。作書致紫泉。夜雜考群書。國朝考據之學，搜遺索隱，可謂無間不入。即以古書傳注姓氏一條言之，如《易》子夏傳，王儉引《七略》以爲子夏、韓嬰同作；宋人以爲唐張弧作；《中經簿》以爲或云漢丁寬作；《七録》並列韓嬰、丁寬。近儒或以爲子夏當是韓嬰字，遂定爲嬰作。至崔氏應榴，據《漢書·儒林傳》，五鹿充宗傳《易》於沛人鄧彭祖子夏，官至真定太傅，繇是梁丘《易》有鄧氏之學，則子夏者鄧子夏也。《爾雅》犍爲文學舍人注，或以爲舍姓人名。洪氏頤煊、孫氏志祖皆據《文選·羽獵賦》注引郭舍人《爾雅注》，洪氏更引《西京雜記》『郭威，字文偉，茂陵人』，有言《爾雅》張仲孝友云云，孫氏更引《漢書·東方朔傳》有郭舍人，則舍人者官名而郭姓也。《漢書》『臣瓚注』，《博物志》以爲晉將軍于瓚，《史記索隱》以爲晉祕書郎傅瓚。至近儒姚氏範、桂氏馥、李氏賡芸，皆據《水經注》屢引薛瓚《漢書注》，薛嘗爲姚襄參軍，後仕苻堅，則『臣瓚』者，薛姓也。錢竹汀、王西莊、孫頤谷、臧拜經諸君皆有此說。它如《尚書僞孔傳》出於梅賾，實本於王肅。而《家語》《孔叢子》亦皆肅一人所撰。《竹書紀年》，魏晉間人所僞託，以讖禪代之事。唐氏仲冕説。《焦氏易林》，『焦』乃『崔』字之誤。《後漢書》崔篆『著《周易林》六十四篇，用決吉凶，多占讖』。纂卒於建武時，故有『昭君是福』之語。牟氏相説。案此極確。《漢書·京房傳》及《儒林傳》俱不言焦延壽著《易林》。而舊本《易林》首有費直之語，稱『王莽時建信天水焦延壽』。焦延壽官小黄令，當卒於宣、元之間，安得及莽世？惟《崔駰傳》言纂爲王莽建新大尹，則『建信』即建新（本漢千乘郡）；『天水』乃『大尹』或『太守』字之訛；『焦』即『崔』字之誤，『延壽』蓋纂之字也。是則鄭氏曉古言謂《明夷》之咸林，似言成帝時事，《節》之解林，似言定陶傅太后事者，皆不必疑也。《論語孔傳》文字不類漢人。而『鄹人之子』下，《孔傳》曰：『鄹，孔子父叔梁紇所治邑也。』安國爲孔子十一世孫，而直稱聖父之名，則《孔傳》顯爲僞託。陳氏鱣説。《孟子正義》爲邵武士人僞撰，非孫宣公作，朱子已言之。近儒更考得《正義》序即用孫氏《音義》序，略竄數語，則贋跡更明。戴東原、孔誧孟、盧抱經、焦里堂諸君皆有此説。至於注《孝經》者，有兩鄭氏，一康成，或云小同，或云康成後人，要以《太平御覽》所引《孝經序》『念昔先人餘暇，述夫子之志而注《孝經》』云云證之，則爲康成所注無疑也。一鄭稱，見《公羊疏》。孫氏志祖、梁氏玉繩説，稱亦爲魏侍中，見《續漢輿服志》注。又爲魏世篤學大儒，嘗傅明帝，見《三國志·魏文帝紀》注。注《爾雅》者有孫炎，疏《爾雅》者亦有孫炎，見《宋史》。見《宋史·藝文志》。洪氏頤煊説。邢昺《爾雅正義序》云：『爲義疏者，俗間有孫炎、高櫄。』又陸佃《埤雅》亦屢引孫炎《爾雅正義》。此皆前人所未及者也。

初二日乙丑　晨陰，上午微晴，多陰，有風，午後晴。閲洪北江《曉讀書齋初録》至《四録》，爲考正數事。付前月賃屋銀四兩。付牧莊所轉借李氏息銀一兩八錢。以九月朔日起借銀二十兩，每月息六錢。付僕媪等庸錢二十二千。印結隨封銀皆每月分給，是日付錢五千八百四十。牧莊來。

初三日丙寅　晴，下午有風。孺初來，暢談。

邸鈔：吴棠奏調任廣西按察使英祥病難速痊，懇請開缺。許之。御史李汝弼升補鴻臚寺少卿。汝弼，任丘人，己未進士，以刑部主事充通商衙門章京，保舉得之。其人蚩然而肥。近日進用之流，皆此類也。

初四日丁卯　晴和，午微陰。牧莊來。王信甫招飲廣和居，晚赴之。有直隸兩傖父，皆官刑部者，一記名御史文某，一已未進士湯某。終坐如負芒刺。强出酬應，逢此惡賓，殆造物有意弄人耶？閉門不堅，此可爲戒。二更時歸。

邸鈔：以前山東按察使長賡爲廣西按察使。

初五日戊辰　晴，午後大風，入夜至二鼓少止，旋復起，徹旦有聲。穆宗毅皇帝忌辰。鼎湖龍去，忽已一期。悲哉！吴松堂來言請封事。得牧莊書，并還《校禮堂集》及《授堂遺書》，即復。作書致肯夫，爲牧莊館事，得復。錢篴仙約初八日飲廣和居。署吏知會十一日京察過堂。得紱丈書，借周櫟園《印人傳》，即復。是日寒甚。復校《漢書・地理志》，以朱墨附注之，得魏郡、鉅鹿、常山、清河、涿五郡。

邸鈔：上諭：劉長佑奏特參庸劣各員一摺。廣西補用知府麥文震著即革職，永不敘用。上思州知州張紹鏞著即革職。融縣知縣曹汝桂、河南舉人。馬平縣知縣李森安徽舉人。均以原品休致。全州知州黎炳森廣東舉人。開缺留省察看，以簡缺知州酌量補用。象州知州楊詠咸以州同降補。

初六日己巳　晴，有風。校《地理志》，得渤海、平原、千乘三郡。篇窄字繁，以秃筆作蠅頭，目昏於辨。計此志所校，已得十分之六，當留待明年完之矣。紱丈來，暢談。同邑馬孝廉錫祺新分工部學習員外郎，來拜。夜得紱丈書，還《燕子箋》，即復。

初七日庚午　晴，嚴寒，有風。再閱《安吴四種》，至夜四鼓始畢。得紱丈書，還《北江遺書》七種。

初八日辛未　晴。閱《隋書・經籍志》。作臘八粥，并以年糕供先人。此事雖出佛家，亦歲華之一端也，都中盛行之。王弢甫來。敖金甫來。晚赴篴仙廣和居之招，坐有紫泉、爽秋及長興張吉人諸君，談諧甚暢。視前夕文、湯兩無賴蒜氣放蛆，有仙凡之别矣。二更後偕爽秋歸。是日付姬人裙銀三兩六錢。

初九日壬申　晴。吴荷屋《歷代名人年譜》體例疏舛，國朝所記諸老生卒年尤略。比日偶取所見文集、年譜略補綴之，以便檢閲。殷蕚庭來。剃頭。

邸鈔：詔：十二日大高殿開壇祈雪。　户部銀庫郎中榮溥升補内閣滿洲侍讀學士。

初十日癸酉　晴。得爽秋書。得弢甫書，即復。贖所質敝狐裘，付京錢六十二千八百。

復閲《重論文齋筆記》，再劄記其經學三則云：

《孟子》：『惟兹臣庶，女其于予治。』趙注：『兹，此也。』『惟念此臣衆，汝故助我治事。』案：舜雖愛象，豈不知其不仁？他日封之有庳，尚使吏治其國。今甫謨蓋之後，反令治其臣庶，恐無此理。《史記・五帝本紀》作『爾其庶矣』，《索隱》言：『汝當庶幾於友悌之情義也。』是并不以爲臣庶之庶。先大人曰：此王氏稱其父穀人先生之説。臣當作㠯，古臣、㠯字形相近而誤。㠯，由也。見《漢書・劉向傳》注。《大戴禮子張問入官篇曰：『忿數者，獄之所由生也；距諫者，慮之所以塞也。』所以，即所由也。于，讀如《檀弓》『于則于』之『于』，彼疏以『廣大』釋之。廣大，即寬博之義。治，有安意，蓋象言思舜而憂之甚，欲自掩掩井之謀。舜誠信之，故曰『思』。惟，思也。《釋詁》文。此由僥幸。《詩・檜風》傳：『庶，幸也。』《釋詁》：『庶幾，幸也。』汝其寬廣厥心，予甚安也。猶今俗語云『汝放心，我好』也。

『與鑽穴隙之類也』，王伯申尚書釋『與』爲語助，無意義。案：與，猶及也；之，是也。《詩・小雅・蓼莪》箋：『之，猶是也。』《爾雅》：『之子者，是子也。』謂不由其道，與鑽穴隙是類。即同類。故趙注云：『是與鑽穴隙何異？』何異，正釋『之類』二字。孔檢討讀『與』爲『歟』，屬上讀；焦里堂疑『之』字爲衍文，皆未審之訓爲

『是』故耳。

《左傳》：『衛懿公好鶴。』《史記正義》引《括地志》：『故鶴城在滑州匡城縣西南十五里。』是鶴乃地名。蓋鶴邑之人爲懿公左右嬖倖，故《史記·衛世家》於『好鶴』下繼以『淫樂奢侈』四字。《新序》：『狄人攻衛，其民曰：「君之所與禄位者，鶴也；所富者，宮人也。」』宮人與鶴對文，正是外嬖之屬。《呂覽·忠廉》篇同。懿公好鶴邑之人，而與之禄位，乘大夫之車，故國人曰：鶴實有禄位，余焉能戰？以國人與鶴鶴是外邑。相對，言無事則以禄位與鶴，有事則以甲授國人也。杜於『鶴』無注。《正義》以『鳥』釋之，恐非。

以上三條雖近於新雋，然詁訓名通，皆有依據。好鶴一條，似無堅證。惟乘軒非鶴所樂，汪容甫已疑之。且國君好鶴，即有縻費，亦何至國人皆怒，臨難不戰？況以《呂覽》《新序》所言證之，似亦指人。春秋時如晉厲公、齊莊公皆以嬖倖致死，非無稽也。録存於此，亦足以示人讀書之法。《筆録》又言，《漢書·鄒陽傳》：『魯哀姜薨于夷。孔子曰：「齊桓公法而不譎。」以爲過也。』《白虎通》：《春秋傳》曰：「叔姬歸于紀。」叔姬者，伯姬之娣。伯姬卒，叔姬升于嫡。經不譏也。』疑皆嚴氏《春秋》義。又載海寧俞潛山（思謙）《朱子刊去孝經解》云：朱子疑《孝經》引《詩》非經本文，因刊去《大雅》曰『無念爾祖』以下數處，共二百餘字。考《漢書》匡衡疏云：『《大雅》：「無念爾祖，聿修厥德。」孔子著之《孝經》首章，蓋至德之本也。』是朱子所疑後人增入者，正漢儒所謂孔子著之首章者也。又載仁和范介兹（景福）云：《周頌·烈文》篇末多一韵，《天作》篇末少一韵，若移『嗚呼前王不忘』六字於『子孫保之』之下，則兩篇皆叶韵矣。二詩相連，蓋誤簡也。此書行本甚稀，世所罕見，故節録之。

是日卯正二刻一分小寒，十二月節。

邸鈔：上諭：理藩院請將控案就近提審一摺。據稱東札魯特貝勒旗台吉布彦巴雅爾等呈控該旗貝勒林沁諾依魯布承襲以來，有協理及屬下人等拆毁舊府，搶去財物，復在墳塋燒荒，傷斃人命，以及苛派差銀各節。該台吉家中亦被旗員忠鼐等搶銀毁房，並有牽涉貝勒夫人及協理台吉蘇克都爾札布情事，自應徹底根究。著瑞聯就近提集人證，秉公嚴訊。奏稱四等台吉布彦巴雅爾爲原任札薩克貝勒達木林旺濟勒胞兄。該貝勒曾聘科爾沁貝子女艷青爲妻，尚未過門。該貝勒病故，以該台吉子林沁諾依魯布襲爵嗣。艷青過門守節，將貝勒舊府拆毁，移居别處，搶去一切財物，致原任貝勒三音濟爾噶勒之夫人西林卓哩克並無養贍。艷青與本旗署印協理台吉蘇克都爾札布私通，不令嗣子與該台吉見面，並有屬下人在貝勒墳前燒荒云云。

十一日甲戌　晴和如春初。早起小食。辰後入城，至署晤趙心泉、吴時齋、吴允堂、譚子敬等。午刻京察過堂，凡候補學習者，約三百人，人馬擁塞，幾不得入，皆不知何來者也。予名在十七，先生何爲？可以休矣。晤潘孺初、賴俊卿、陳芰聲、王廉生、何達夫。下午出城，答拜馬工部錫祺、李舍人輔燿、馬吏部文華、謝夢翁、潘星丈、紱丈，晤夢漁、星翁。傍晚歸。

夜閲《齊民四術》。其《農政》兩卷，大率以《農桑輯要》爲藍本。保甲事宜，徒滋煩擾，亦不可行。至因銀貴而欲行鈔票，因捐納而欲開礦銀，尤爲窒礙。蓋書生逞臆之談，非真經濟也。惟《書亭林答王山史與王仲復兩書後》，駁其庶母、諸母之分，妄葬域外之制，及有免而衰、有免而袒、袒爲無衰之説。《書陸祁孫母林太孺人之貞珉録後》，駁惲子居媵未及事女君者得升爲夫人及事女君者不得爲夫人之説。其辨生母之名，謂古人於所後者但持三年之服，不爲父母之稱，引《漢書·張賀傳》爲證，則大謬。服由名制，既不名父母，安得有三年之服乎？張子畏《陳情得請編序》亦載其説。《答張南昌寅，即子畏。問歸宗義》，申明不貳斬之義。《答陳庶常立書》，駁近例一子兩祧之説。謂其事始於乾隆中葉，和珅以户部侍郎直軍機，驟用事。有浙人爲户部員外郎，其伯父死，無子，前已分析祖産，各八十萬。員外以其半賂和珅。因倡同父周親，准其一子兩祧之議，遂纂入刑部事例。皆援據《禮經》，言爲典要。它如《代裕靖節裕謙請旗員照漢員一律終喪服官疏》時靖節以江蘇按察使丁憂。《爲胡墨莊珙條陳積案弊源疏》及《請釐積案章程疏》時墨莊爲工科給事中。《刑部尚書金光光悌議刑對》《刑部尚書韓公議刑條答》，皆極有關系之文。慎伯於禮服刑名，致力最深也。

又如《上海新建黄婆祠碑文》，以先棉之祀比之於先蠶、先農。黄婆以元至正間自崖州附海舶至上海烏泥涇，始教人紡織木棉爲布，創爲絞車以去核，爲椎弓以彈茸，爲紡車以成絲，由是遍傳海内。而松江、太倉棉布之利，尤甲天下，上海又爲松、太之最。黄婆殁後，鄉里醵葬而祀之。道光六年，以河道梗，創舉海運，用上海沙船集事。於是士民謂沙船之多，由於布市，議建黄婆專祠以報其功。上官格不入奏，而祠已成，慎伯爲之碑文。《吴伶張琴舫傳》，附論近時倡優有節義者數人，以爲孟子之所謂良貴，蓋與近世良賤之説殊。乾隆四十八年，山東巡撫國泰以贓被逮，惟伶人太平追隨至都，破裝爲治後事。嘉慶十四年，侍郎廣興以贓被逮，惟吴伶陸雙全周旋詔獄，治棺斂。二子外遣，衆妾家食皆爲部署，所費累萬。嘉慶十八年滑縣之變，有湖北流妓名玉珍，姊妹三人，爲賊所掠，欲以爲僞妃。俱極口罵賊，備楚毒而死。吴人徐如意父死，年十一，賣身葬父，遂入都爲伶人。《邵和州事略》，附論近世守吏數人賢否之效，以明民之不可欺。邵君，忘其名，浙江進士。乾隆四十八年由禮部主事出知和州，携二僕之官。自詣城隍廟理積案，十日而城内及關廂二百餘案皆結。乃分詣各鄉，擇有祠廟處摘出四面十餘里之案就决之，三月而各鄉千七百餘案皆結。州境既無事，乃乘馬至所屬之含山縣，督令審理如其州。兩江總督署所用牛油燭，例徵之和州。君買柏油燭一千斤送之，具牘言宰牛干例禁，而具印領[領]柏燭價并運足費。在州十七月而禮部有錯擬之案，群諉之君，遂降一級調用。民傾家送，自出城至江步僅四十里，五日乃得達。既登舟，而江頭數十萬男婦，號哭之聲，震動東岸，東岸居民，亦爲之流涕。附論所見賢吏，則陽湖吕榮，字幼心，知桐城；河内白守廉，字省之，知合肥。雖治行皆非邵君比，而亦能得民。若婺源縣知縣沈恕罷官，其眷屬出署，民爭揭輿簾視之。太平縣知縣曹夢鶴、當塗縣知縣顧子葵、南陵縣知縣徐心田，每下鄉，輒爲居民碎其轎云。案：邵君名自悦，餘姚人。戊戌進士，大興籍。吕君，定子之曾祖也。《答魏默深書》，論其所著《聖武記》體例未善。謂兵制者武功之本，當先列於卷首，次列軍法、軍賞。至於序述事迹，不必因地分類，宜順其前後，逐案編纂，使事因時出，義隨事見。其敘川楚教匪，皆據官書，無日不戰，無戰不捷，旋剿旋撫，而匪勢轉盛，實皆各路軍營鄉壁虛造，爲必無之事。其匪股宜各爲小傳，記其始卒及竄擾之地。其《守城》以下諸篇，宜自名其書，不當冒聖武大名。敖罕滅於鄰國，近之塗説，未便遽以入書。《寄戴金谿大司寇書》《答吳門錢學士書》，力言科舉之敝。其文亦皆可傳。《讀律説》上、下篇，警君子以切晚俗，尤宜人寫一通，置之坐右也。其書三案始末，文太拉雜。其後附論兩首甚暢摯，惟當删去『人怕出名猪怕壯』等俗語耳。《藝舟雙楫》中如《薛子韻墓志銘》《族兄紀三鄭本大學中庸説序》，亦爲傑作。

邸鈔：詔：各路統兵大臣督撫，於記名提鎮各員内悉心考察，有實堪專閫之任，再具切實考語，奏明存記，以備簡用。若才具平庸，或著有劣迹者，即嚴加甄别，據實奏參，毋得稍涉徇隱。將此通諭知之。

十二日乙亥　晴。

《周官·冢人》：『及葬，言鸞車象人。』注：『鸞車，巾車所設遣車也，亦設鸞旗。鄭司農云：「象人，謂以芻爲人。言，言問其不如法度者。」玄謂言猶語也。語之者，告當行，若於生存者，於是巾車行之。』案鄭君之意，以『若於生存者』五字釋『象人』二字，謂以巾車設鸞旗，將行，告於柩前如生人時。故不用先鄭芻人之説，以爲芻人當言芻靈。若以象人爲明器之物，則是木人之俑，非周初所有。故下又引『孔子謂爲芻靈者善，謂爲俑者不仁，非作象人者，不殆於用生乎』，以破先鄭芻人之説。疏乃謂後鄭以上古有芻人，至周不用，而用象人，故不從先鄭説。又謂鄭君引《檀弓》文以明古時有塗車芻靈，至周仍存塗車，改芻靈爲象人。考《淮南子·繆稱訓》云魯以偶人而孔子歎，是用俑始於春秋之末。《檀弓》兩載孔子論明器之言，並不分别夏、殷、周，惟『仲憲言於曾子』章有夏后氏用明器，殷人用祭器，周人兼用之之文。然曰祭器，並不涉象人。鄭君注『孔子謂爲芻靈者善』三句有云『孔子善古而非周』，此『周』字亦指春秋時之衰周而言。孔冲遠《正義》乃謂自虞至殷皆用芻靈，周初即用偶人，即引冢人此文爲證，皆由於誤會鄭注文義，致成附會，而賈疏尤爲迂曲矣。乾隆《三禮義疏》亦斥賈疏以始作俑坐周公爲悖理。孔疏以夏、殷用芻靈，周用象人爲無據。武虚谷《三禮義證》亦以《檀弓》注『孔子善古而非周』，爲周之季世；又於《春官・冢人》亦引《淮南》及《家語》子游之言、《論衡・薄葬》篇，以證用偶人始於周季魯人。惟議《周禮》鄭注爲失檢，則非。

夜月甚佳，有風。

邸鈔：兩宫皇太后懿旨：皇帝冲齡踐祚，亟宜乘時典學。著欽天監于明年四月内選擇吉期，皇帝在毓慶宫入學讀書。派署侍郎内閣學士翁同龢、侍郎夏同善授皇帝讀。其各朝夕納誨，盡心講貫，用收啓沃之效。皇帝讀書課程及毓慶宫一切事宜，著醇親王妥爲照料。至國語清文，係我朝根本，皇帝應行肄習。蒙古語言文字及騎射等事，亦應兼肄。著派御前大臣隨時教習，並著醇親王一體照料。上諭：文祥奏病仍未痊，請開要差一摺。文祥著賞假兩個月，安心調理，毋庸開去軍機處差使。以前太常寺清少卿徐樹銘爲鴻臚寺卿。

十三日丙子　晴，有風，嚴寒。

邸鈔：兩宫皇太后懿旨：署侍郎翁同龢奏披瀝下忱，侍郎夏同善奏鉅任難勝，懇辭恩命各一摺。皇帝典學之初，端資養正。翁同龢曾在弘德殿行走有年，特命與夏同善在毓慶宫授讀。其各凛遵前旨，毋許固辭。翁同龢承修惠陵工程，改派吏部左侍郎恩承敬謹辦理。詔：此次查辦文職廢員圈出之楊能格，同四品以下圈出在京在籍之京外各員，著吏部查明，分别帶領引見。吏部進單，至三百餘人。凡私罪自永不敘用外皆開列，圈出者僅九人。京官惟降調御史吴可讀、編修黄自元二人。詔：此次查辦武職廢員圈出之恩全、瑛棨、文碩、成大吉、陶茂森、凌應高、張清標、周廷興、廖文傳等九員，同三品以下圈出各員，均著兵部帶領引見。國子監司業文治升補詹事府右庶子。工部郎中阿克達春升授山西歸綏兵備道。

十四日丁丑　晴，嚴寒。手瘃欲裂，翻書皆礙，作字將廢。以珠皮袍褂質京錢七十千。得施補華蘭州書。夜月皎甚。圍爐稍温，勥復作書。

邸鈔：上諭：前據給事中邊寶泉奏浙江餘杭縣民婦葛畢氏毒斃本夫一案，胡瑞瀾覆訊未協，請解交刑部辦理。當以提案解京，事涉紛擾，且恐案内人證往返拖累，是以未准所請，仍責成胡瑞瀾悉心研究。兹據都察院奏稱，浙江紳士汪樹屏等遣抱聯名呈控，懇請解交刑部審訊。據呈内所敘各情，必須徹底根究，方足以成信讞而釋群疑。所有此案卷宗及要犯要證，即著提交刑部，秉公審訊，務得確情。至案内各犯，著楊昌濬派委妥員，沿途小心押解，毋得稍有疏忽，致干咎戾。

十五日戊寅　晴，嚴寒。

閲茹三樵先生《尚書未定稿》。其力主古文孔傳爲非僞，猶是西河毛氏之説。吾鄉之言學者，如萬氏季野、邵氏瑶圃，皆信古文，蓋越之宗派如是也。茹氏更謂鄭君二十四篇之目即出於張霸《百兩篇》中，非鄭君本有，乃後人從張書摘出竄入鄭書者，則益爲無稽矣。餘多觝排閻氏。又一引王氏《後案》，而系以微辭。三樵與西莊甲戌同年，而持論不同如此。其歷引鄭君它注，以證與二十四篇之目抵牾之處，亦足以備一説。

朱蓉生來。夜月望。

邸鈔：兩宫皇太后懿旨：欽天監奏選擇入學吉期一摺。著於明年四月二十一日皇帝入學讀書。

吏部文選司郎中靳邦慶授浙江衢州府知府。邦慶，臨桂人，癸丑進士，充軍機章京。上諭：崇實等奏訊明不安本分之宗室請旨發遣一摺。宗室德精額行使假錢帖，訛詐商民；宗室惠齡前於同治十二年間因案連眷口，發往盛京，輒因賭生事，强搶劉德春家衣物：均屬不安本分，膽大妄爲。惠齡並伊眷口及德精額著一併發往黑龍江，交該將軍嚴加管束，以示懲儆。

十六日己卯　晴，嚴寒。作書致牧莊，還包《安吳四種》。殷蕚庭來。此君又不知何故，時來擾人。爽秋來。夜閱武虚谷《三禮義證》，又參閲近儒諸家之書。

十七日庚辰　晨陰，上午微晴，旋復陰，下午霠寒，釀雪。以《漢書地理志補注》還殷蕚庭。此書索價六金，竟不能得。行年五十，奇窮如此，可歎也。牧莊來。鄭寅谷來。王弢甫來。夜坐待雪，閲《杭堇浦集》及《彭甘亭集》，至四更星月漸皎，始寢。

邸鈔：上諭：前因吉林三姓屬界金匪滋擾，經穆圖善等查明，該處卡官有受賄縱匪情事，當將該卡官雙福等革職，諭令穆圖善等嚴訊究辦。兹據訊明，按律定擬，並片奏該犯等骫法營私，請從重嚴辦，明正典刑等語。吉林地方積習太深，守卡各官，輒敢收受陋規，縱匪偷挖金砂，以致貽害地方，殊堪痛恨，即立置重典，亦屬咎無可辭。姑念陋習相沿已久，暫從寬典。革員雙福、勝額圖、榮陞、台斐音努等，著照所擬發往軍臺效力贖罪，並著穆圖善等隨時整頓。倘嗣後卡官復敢仍前玩法，即著奏請，立正典刑，決不稍行寬貸。上諭：崇實等奏籌辦邊務請飭調員差委等語。熱河候補知縣朱灝、李應培，直隸北河候補通判馮士懋，直隸候補知縣高乃聽、張錫蕃、賀塤，即用知縣米協麟，湖北候補知州李輌，候補知縣張錫鑾，丁憂回河南原籍湖北鄖縣知縣章樾，著直隸總督，熱河都統，湖北、河南各巡撫分飭各該員等克日起程，馳赴奉天，交崇實等差委。四川成都府知府許培身升四川建昌兵備道。兵部郎中廉恩授成都府遺缺知府。

十八日辛巳　晴。手裂，不便閲書，午後步詣肯夫談。晡詣孺初談，傍晚歸。

前日聞之餘杭人，言葛品蓮之獄，主謀者糧胥何春芳，下手者捕役阮德之姊桂金，葛畢氏亦不知也。葛畢氏年少而艷，縣令劉錫彤之子夙與一傭婦奸，因謀之婦，誘葛畢氏至婦家而私之。何春芳詗得其事，因脅葛畢氏而與之狎，屢過其家。一日，突遇品蓮，相詬詈，春芳怒而去。桂金者，已三嫁矣，與春芳積有奸，故爲之效力。品蓮既死，品蓮母及葛畢氏之母皆再醮，失行婦人也。縣令子屬人居間與品蓮母洋銀百八十圓，幾息事矣。而品蓮母及葛畢氏母皆欲得葛畢氏以居奇，相忿争，不可解。品蓮母遂告官請究矣。春芳、阮德及桂金恐事發累己，乃共詗獨葛畢氏，謂：『若夫既以毒斃，群指目汝，復誰諉？惟急引楊乃武爲若主謀，授若投毒藥。若到官，矢口不移，則乃武當受重罪。我等力爲若營救，可得不死。』葛畢氏信之，如所教。而楊乃武者，素喜爲歌謠及謗詩以詆切官吏，官吏恨之，遂以計召乃武對簿。乃武大怒罵。於是錫彤遽列上其事，請革訊乃武，備諸酷刑，遂誣伏。讞定至府，浙士人之鄉試被擯者，聞新舉人中有此事，幸其災禍，群喜躍樂道。而杭州之士，又多出入官署，或爲大府及監司幕友，行省萬口，噂沓如一。於是杭州府知府陳魯夙喜與士人爲難，及覆訊，不容置一辯，如縣擬上。而按察使蒯賀孫、巡撫楊昌濬，皆愚而愎，併爲一談，横入重辟，鐵案定於上，而黑獄沉於下矣。嗚呼！自癸酉十月獄起，傳至京師，凡浙之官吏及鄉士大夫，蓋無一不以楊乃武爲宜死也。友人中如譚仲修、陳藍洲、楊雪漁，皆自杭州入都者，極口詈楊，備諸惡狀。雖予亦切齒痛恨，惟恐其漏刑或不速死也。而豈知事有大謬不然如此者。蓋非特折獄之難，而吾人之議論可不慎哉！可不慎哉！至學政胡瑞瀾者，本以墨卷小楷爲生，厚養妻孥，粗具耳目，奉嚴詔，莅重囚，而首鼠張皇，一視巡撫意旨。承審官寧波府知府邊葆誠等，扇其虐焰，慘加非刑。定案之時，楊乃武至兩股盡折，其妻詹氏亦受夾傷脛，懲其去年之京控也。故學政奏疏首曰：『犯供狡展，連日熬審。明日直言，略不諱飾。』其時文之不通亦可知矣。又聞是獄初起時，楊乃武固茫然不知，即葛畢氏亦不識藥所由來也。比獄急，乃武之姊葉楊氏訴之行省城隍廟，乞示以卟詩。相傳其神明，按察使周公新也。卟書一絕云：『荷花開處事方明，春葉春花最有情。觀我觀人觀自在，金風先到桂邊生。』蓋神示以何春芳及桂金姓名也。然則謂天蓋高，鬼神其可欺哉！做人時少，做鬼時多。蒯臬使協力上下，造成此獄。今年十一月朔尚隨巡撫行香祠廟，洋洋如平時。歸而遘疾，逮夜暴殞。彼楊、陳、胡、邊諸君，其亦弗之思耳。

今日孺初言其同縣人四川南川縣知縣黃際飛，頃自蜀入都，言在南川治一事甚怪，爲記之。南川民符立曉者，有窖粟忽減少，疑其鄰人某所竊。某無以自明，言之立曉從兄立普，乞代作一告神青詞，焚之嶽廟閻羅殿。越日，某死。一宿，立曉亦死。攝至一宫殿，閻羅坐堂上。立曉與鄰人對簿，則竊者實非某也。閻羅謂某曰：『汝固無罪，然壽命已盡。』謂立曉曰：『汝窖粟之少，實也，亦無罪。汝未應死，可速歸。』立曉歸抵家，則已越六七日，屍已朽，且葬矣。立曉復訴之閻羅。閻羅曰：『汝東去數里，至路岐，見一道士，可謀之，必有濟也。』立曉如言往，果遇道士，哀求之。道士問其姓名，憬然曰：『汝之父，我弟子也，當爲汝計。雖然，汝生當俟一年後立普死時耳，今且俾汝歸。』出一小旗授之曰：『汝持此再東行數里，岐路見一人，亟以旗插其肩，便可附以行。』立曉復如言，果得一人，附之。至家，則立普之子，其族子也。立曉言其故，兩家人盡集，語言、行動，儼然立曉也。立曉止立普家，索飯食，時或它出。及倦卧，則語言、行動，仍立普之子也。年餘，立普果死，逾宿復活，則居然立曉矣。還其家，欲仍妻其妻。其妻慚，不敢遽相偶也。乃陳狀乞縣官判。際飛既受辭，欲聽其事於城隍廟，則縣人來觀者萬數，已塞斷道路，不可行，於是聽之署庭。立曉供甚悉，召兩家父母、妻子及鄰里、戚族質之，言皆無異也。際飛乃謂立曉曰：『汝之心符立曉，汝之身符立普也。汝爲立曉，鬼神知之；汝爲立普，人盡識之。汝妻立曉妻，人惟見爲立普也。律奸有服兄弟妻者，罪不細設。被人控而官治之，鬼神不能爲汝證也。無得妻立曉妻。』謂立曉妻曰：『汝夫固久死，且埋矣。此生者面目身體皆立普也。汝終以立曉爲死也可。若相偶者，以奸論。』謂立普妻曰：『汝視彼夫也，彼視汝嫂也，若相偶者，有鬼神治之，非官所能。』遂却其狀。觀者皆啧啧歎異而散。其人今年尚不過四十也。

予因憶咸豐丁巳、戊午間戚黨間有一事絶相類。予族伯霞軒之女適水澄巷王氏者，年二十餘，忽被冥官召爲鬼役，司捕捉，月必兩三次，則昏絶不知人。既蘇，執婦道操作如故。言在冥中自視其身，居然男子也。年餘病甚，語其夫曰：『我不堪爲君作婦，當覓一女子魂，憑我身，以事君。我往受役，不得歸矣。』一夕氣絶。閲三時，復蘇，喘語家人曰：『亟具楮鏹十萬，門外焚之，代我者魂已至門，蕭山濠湖陳氏某娘子也。』如言燒之，其人若寐寤然。次日漸痦，睹其帷幔衾褥，訝曰：『何以悉易我物耶？』見侍媪，問爲誰。其夫入，色然大驚。既察其聲，益稚而嬌，呼人使令，皆非王氏所有者也。家人稍進，爲言其故及内外姓氏。始駭而泣曰：『吾蓋又轉一世矣。』病漸愈，握其纖趾，赧發於面。予族人兄弟往問之，固拒不肯見。時學政適試士至郡，私遣人訊陳家某郎得雋不，淚猶涔涔也。此事予耳目所親接，吾家親鄰無不知之者。未幾，予入京，而聞其人亦旋物化矣。事涉語怪，久不記録，今因孺初言連而及之，以附於《搜神》《還冤》之記。

邸鈔：詔：於二十一日舉行三壇祈雪典禮，派禮親王世鐸恭祀天神壇，孚郡王奕譓恭祀地祇壇，惠郡王奕詳恭祀太歲壇。是日仍派恭親王奕訢詣大高殿恭代叩禱。並派貝勒載治詣時應宮，貝勒載澂詣昭顯廟，鎮國公奕謨詣宣仁廟，輔國公載濂詣凝和廟拈香。兩宫皇太后懿旨：御史吴鎮奏請慎擇宧寺，俾儒臣得盡啓沃一摺。皇帝於明年四月入學，允宜黜邪崇正，日進緝熙。所有毓慶宫一切事宜，前經降旨，命醇親王妥爲照料。其隨侍太監，自應慎選恂謹老成之人，以供服役。著該王等隨時稽查，如有積習未化、前後易轍者，即立予重懲，以示杜漸防微至意。上諭：前據左宗棠奏，已革甘肅肅州鎮總兵黄金山惡迹昭著，請旨立正典刑，當交刑部速議具奏。兹據奏稱，黄金山被控謀叛助逆等情，雖無確據，惟收留義子黄萬發，致令謀叛滋事，並擅殺無辜營員，奸占民間婦女。被控後匿不赴審，輒私回原籍，聚衆置械，藉口赴營投效，實屬惡迹昭著。黄金山以專閫大員，心懷叵測，罪無可逭，著左宗棠即將該革員軍前正法，以肅戎行。已保參將楊子英，因黄金山殺其堂弟楊得成，始行首告，非激於義憤可比，著遞回原籍，交地方官嚴加管束，不准投效軍營。以大理寺卿宗室奎潤爲都察院左副都御史。以太僕寺卿慶福爲太常寺卿。

十九日壬午　薄晴，微陰，稍和，地潤。本生父生日，貧甚不能具饌，僅供點心四色，蜜果兩盤，橘子、青果各一盤，豚肩一，燖鷄一，海參冬笋羹一，鯗脯白菜一，火鍋一器，桃杏酪一巡，茶一巡，酒三巡，飯兩巡，晡後畢事。作書致牧莊。是日署中封印。夜洗吾足。

二十日癸未　晴。閲《經義述聞》，并以篆揭籤十六册。牧莊來，暢談竟日，至夜一更後去。

邸鈔：四川總督吴棠奏病久難痊，懇請開缺。詔：吴棠准其開缺，回籍調理。以湖廣總督李瀚章調補四川總督，未到以前，四川布政使文格暫行護理。湖廣總督仍著翁同爵暫行兼署。上諭：御史張道淵奏殿試交卷遲延請旨嚴禁一摺。殿試大典，理宜慎重。若如該御史所奏，近科士子竟有於中左門前秉燭書寫，延至夜半，始行交卷，實屬不成事體。嗣後殿試，著監試王大臣等留心稽察，總以日暮爲度。其不能完卷者，不准携至中左門補寫。所有畫押標記，視卷内書至何處，即於何處標畫，以杜弊端。若時刻尚早，該王大臣等亦不得遽行撤卷，用副朝廷慎選人才至意。

二十一日甲申　薄晴，晡後風起，微陰。得伯寅書，饋歲事銀二十兩，即復謝。終日點閱《經義述聞》。夜大風，復寒。鈔近儒考據之文四首。

二十二日乙酉　晴。校閱《三禮義證》。作書致肯夫。得肯夫書，饋度歲銀十二兩。肯夫知我貧甚，然其境亦清絶，不可累之，又不可以遽還也。作書復謝。是日買一桌子以庋書，付京錢十二千五百。夜寒甚，始重裘。讀《周禮注疏》。

邸鈔：上諭：前據沈葆楨等先後具奏臺北擬建府、廳、縣治，請移劄南北路同知，酌改臺地營制，臺屬考試請歸巡撫主政各摺片，當派軍機大臣會同該部妥議具奏。茲據奏稱，沈葆楨等所奏各節，係爲因時制宜起見，自應准如所請。著照軍機大臣等所擬，准其於福建臺北艋舺地方添設知府一缺，名爲臺北府，仍隸於臺灣兵備道；附府添設知縣一缺，名爲淡水縣；其竹塹地方原設淡水廳同知即行裁汰，改設新竹縣知縣一缺；並於噶嗎蘭廳舊治添設宜蘭縣知縣一缺，即改噶嗎蘭通判爲臺北府分防通判，移劄鷄籠地方。福建巡撫現在既有駐臺之日，今春定議福建巡撫以冬春駐臺灣。其臺地營制並著照所議，該處千總以下由巡撫考拔，守備以上仍會同總督揀選題補；臺灣鎮總兵撤去挂印字樣，歸巡撫節制；即將安平協副將裁撤；臺灣南路同知即著移劄南界，北路同知改爲中路，移劄水沙連，各加『撫民』字樣。臺灣學政事宜並歸巡撫兼理。詔：廣西學政、編修吴華年來京供職，翰林院侍講歐陽保極爲廣西學政。華年，山東人，素不謹。在廣西賄囑公行，巡撫以他辭劾之，故有此旨。近年學政最以簠簋不飭聞者，四川之夏子錫、雲南之汪敘疇及華年耳。

二十三日丙戌　晴，嚴寒，午後稍減。校閱《三禮義證》。作書致孺初。孺初貧老，而前日爲予計度歲資甚切，故以詢之。傍晚祀竈。夜料檢書籍，移置外内所庋。得孺初書。

二十四日丁亥　晨雪，旋日出，霏雪如故，上午漸止，終日薄晴。整比《玉函山房輯佚書》，寫書跗二十册。得孺初書，借銀六十兩，即復。得傅子蓴片，寄來蓮舟書并銀八兩，即復。付縫人銀三兩。夜校《倉頡篇》。是夜子初三刻一分大寒，十二月中。

邸鈔：上諭：前因崇實等奏請變通奉天吏治章程及州縣各官仍請變通辦理各摺，當經先後諭令軍機大臣、六部九卿會議具奏。兹據奏稱，該署將軍等所陳係屬實在情形，均請照准等語。即著照所請，盛京將軍一缺作爲管理兵、刑兩部，兼管奉天府府尹，仿照各省總督體例加銜，所有刑部及奉天府旗民一切案件，悉歸總理。奉天府府尹一缺准其加二品銜，以右副都御史行巡撫事，旗民詞訟、命盜案件，悉歸管理。五部侍郎即照此次所奏，恪遵例案，各專責成。奉天府治中一缺，著即行裁徹，改爲奉天駉巡道。該處各廳、州、縣等缺，准其照熱河之例，滿漢兼用，州縣各官均加理事同知、通判銜。所有旗界大小官員，衹准經理旗租，緝捕盜賊，毋許干預地方公事。奉天爲陪京重地，從前狃於故習，積弊已深，經此次變通章程，崇實等務宜實力奉行，認真整頓，所有陋規等項悉數革除。其餘未盡事宜，仍著隨時酌度情形，奏明辦理。　前□□□□道金琛補授廣東督糧道。

二十五日戊子　晴。寫《玉函山房輯佚書》書跗訖。其小學類依目録尚缺《義雲章》及《李氏字略》，緯書類無《易緯》，子部惟儒家、農家有目，而儒家有目無書者十餘種。其餘奇零數十種，有經類、子類，皆無目録，輯釘糅雜，略無倫次，當更爲整比之。付寶森書肆銀八兩，松竹齋紙錢三十千。王弢甫來。梅卿饋酒一甕，燭二斤，銀二十兩，受酒，反燭及銀，作書復謝。梅卿再送燭、銀來，受燭返銀。

二十六日己丑　晴。剃頭。孺初來，久談。是日買瑠璃風燈一對，錢二十千；錫燭臺一對，錢九千；梅花一對，錢九千；水仙花三叢，錢三千三百；年糕、燭爆、香紙、鷄豚、果餌之屬，共錢八十四千有奇。王弢甫、朱蓉生來夜談。三更後偕梅卿祀歲神及門行户井之神，四更後畢。是日偕諸君戲擲采選格，予得全紅。

二十七日庚寅　晴。予生日。朱、王二君早飯後去。梅卿姬人饋蓮子。是日付米銀十二兩，石炭銀十兩，諸僕媪叩生日錢十千。以酒及麵饋梅卿，以果餌貽梅卿之郎，并賦諸僕麵。

二十八日辛卯　晴。署吏送冬季養廉銀十六兩二錢來，賞以錢三千。付賃屋銀四兩，南中食物鋪錢三十七千四百，廣和居酒食錢四十千，買杌子及茵褥等錢三十四千五百。爽秋來，不晤。夜寫聽事及後堂、卧室春帖子三聯，聽事云：『芝草緑添三徑色；杏花紅發兩家春。』頌禱至此，可想見其無聊矣。

乾隆四十二年江西新昌舉人王錫侯《字貫》之獄，諸書無紀載之者。予幼聞戚黨間言，王錫侯者，博學，負重名，江西官吏皆重之。其作《字貫》，卷帙甚富，引證極繁，以天字爲始，小注至十餘葉。（此處塗抹）有王瀧南者，首告其書詆斥《康熙字典》，爲大逆不道。江西巡撫海成疏請革錫侯舉人，嚴訊，而言其書尚無悖逆語。高宗閲其書，凡例中排寫廟諱御名，因嚴諭海成，謂：此即大逆，開卷即見，豈得諉爲不知？海成係滿洲世僕，乃於此等大逆之書恬不爲怪，昧盡天良，負恩蔑理，莫此爲甚。下吏部議革職，交刑部治罪。海成旋覆奏親往王錫侯家，搜得所輯書共十種，俱有悖謬不法語，悉以進呈。其《王氏家譜》有故大學士史貽直序，其《經史（竞）〔鏡〕》及《唐人試帖詳解》有故尚書銜侍郎錢陳群序。詔二人已物故，免深究；王錫侯伏極法；海成擬斬監候，秋後處決。其時布政爲長沙周克開，字乾三，由舉人入官，後卒於浙江糧儲道。以贛南道兼署，按察爲代州馮廷丞，字均弼，由蔭生入官，後卒於湖北按察使。皆革職，遣戍軍臺。臨川李侍郎友棠字邵伯，穆堂先生之孫，時爲工部侍郎。以曾題一詩，亦革職。《武虚谷集》中《李敬堂名堅，祥符人，乾隆壬辰進士，官刑部員外。行狀》，言李官刑曹時，王錫侯已伏誅，其親屬牽連逮至都者數十人，得末減赦歸。迫歲盡，有司尚欲寄獄，李争之得免。蓋當日固以逆書之法治之矣。昨日朱蓉生言昔年館朱修伯家，修伯之子子清有其書，嘗出以相示，且謂段懋堂《説文注》多襲其説，恐是無稽之言也。蓉生言以天字始，與予所聞相符。其體例若何，則未及詳耳。

又聞二十二日侍讀楊紹和、編修吴西川、庶吉士殷源同日暴卒。紹和，字協卿。聊城人，河督以增子，乙丑翰林。守其父之藏書極富，宋槧至三百餘種，爲海内第一，而略不能讀。家訾爲山左冠，而吝嗇特甚。工於夤緣，散館甫一年，即保舉至學士銜，以五品坊缺用。子保彝，年十七，中庚午舉人，亦以鈔襲得之。紹和今年亦止四十六。是日絶不知疾，夜飯後方吸洋烟，忽中惡而卒。西川，字蜀江。秦州人，家極貧，初以拔貢官中書，至不能具饔飧。庚午、辛未聯捷，官翰林。是日亦無疾，午方從友人飲酒，家歸，復出拜客。三更後歸，與其妻同寢，旋聞喉間有痰涌聲，問之不語。次早其妻起撼之，則死已久矣。其年未四十也。源，吴江人，吏部侍郎兆鏞子，癸酉、甲戌聯捷進士。其人浮躁，貌似市儈，而工心計，極儇薄，以酒色耗損而死，年亦未四十也。楊、吴死皆絶奇。而吴頗馴謹，能讀《説文》，其死爲可惜。若楊與殷，則皆枉爲小人矣。

二十九日壬辰　晴。是日歲除。晨起懸先人神位圖。接竈神，再設祭。爽秋來，紫泉來，皆不晤。付岑福年賞錢二十千，又内賞四千門房，石炭錢二十一千，陳媪年賞錢十五千，又皮襖錢十九千，内賞四千，諸僕媪壓歲錢十二千，諸長班雜役年賞錢十二千，岑福正月工食錢十千。傍晚祀屋之故主。夜祀先。

邸鈔：丁寶楨奏甄别知縣。山東濟陽縣知縣陳代卿勒令休致，候補知縣鄭景福即行革職，聊城縣知縣汪維亮留省察看。詔從之。鮑源深奏特參庸劣各員。山西嵐縣知縣蔣斌静、樂縣知縣鄭邦勤、趙城縣知縣陳琢璽均即行革職。山陰縣知縣李桂山革職，永不敘用。五臺縣知縣章貴誠降縣丞。詔從之。沈葆楨奏請優恤臺灣攻剿番社病故陣亡各員。提督張光亮、王德成、李常孚，擬保總兵胡國恒，擬保道員田勤生，游擊束維清。詔：均交部照擬保官階從優議恤，入祀昭忠祠，生平事蹟宣付史館，並破格施恩予謚。

光緒二年（一八七六）

光緒二年太歲在柔兆亦作游兆，一作游桃。困敦亦作困頓。春正月元日癸巳　晴，上午有風。予年四十八歲。早起，以酒脯果糕祀魁星。予向不設此禮，今老矣，中月又當會試，故先以此媚之，亦猶中式舉人不得不納摯冬烘稱老師也。叩拜竈神、先像，供湯圓子。書三體春勝。梅卿姬人來賀，偕梅卿在客坐圍爐看花。憶去年今日，晴暄滿窗，門庭寂然，相對閑話，以爲有山林間趣。今意味猶昔，而人生又一年矣。老境漸增，顧之慨歎。夜戲擲采選圖三周。自數夕前小感風寒，遂苦咳嗽，昨夜身微發熱，喉咽作痛，今夕嗽甚，幾不成寐，可謂舊病入新年矣。

初二日甲午　晴，上午風。叩拜先像，供炒肉年糕及菜笋年糕。得紱丈書，借日記，即復。以錢十千買茗碗四及託子。閱《左傳正義》。再得紱丈書，即復。

邸鈔：詔：惇親王之子載瀛、載津均加恩賞給委散秩大臣。

初三日乙未　晴。閱《援鶉堂筆記》。牧莊來，暢談竟日，至一更時去。夜閱《經義述聞》。

初四日丙申　晴。先像前供新茗及紗帽點心。剃頭。孫鏡江來。羊辛楣來。

初五日丁酉　晴。出門拜客二十五家，多取科名吉祥之人，此亦先生之揣摹墨卷也。晤肯夫，久談。劉太常師、徐禮侍師處俱下車送門茶各二千，傍晚歸。付王九車錢八千，叩歲一千。夜祀先肉肴各四簋。

初六日戊戌　晴。作書致紱丈。作書致紫泉。作書致肯夫，饋以蜜漬梅諸、薑片各一斤。作書致孺初，饋以蜜漬青梅、枇杷、楊梅、梅諸共兩器，又饅頭一盤。紫泉來，午後偕至琉璃廠，閱廟市。晤牧莊、錢笣仙、朱蓉生、汪柳門、羊辛楣、廖雲轝、賴俊卿諸君。購得澤存堂原刻《廣韵》一部，直三十六千。有曹楝亭所刻《玉篇》，尚爲初印，紙槧頗佳，索直七金，予爲諧定五金，勸紫泉買之。傍晚回至廠甸，遇梅卿，遂同車歸。得紱丈書。紫泉、蓉生、爽秋來，留之夜飯，復同擲采選圖，二更後散。

是日聞侍郎崇厚所奏各省添設考官一疏，禮部議定上，請江南、江西、浙江、廣東四省皆派主考三人，已有旨下四省督撫體察情形覆奏。又聞浙江學政胡瑞瀾覆奏部駁葛畢氏案，請派大員會訊。時尚未奉到提交刑部之旨也。而摺内稱賣給楊乃武砒霜之藥肆人錢寶生業已病故。錢寶生者，賣藥於餘杭之倉前鎮，聞獄初起時，知縣劉錫彤欲得藥肆爲證，逼錢令認之。錢不肯。知縣爲好言，且怵以刑，俱不承。知縣揮其門丁挐以出，俄頃，而門丁携錢供狀入，言賣毒藥於楊矣。蓋門丁以利餂之。自後知縣覆訊，以至府訊、司訊、院訊及學政訊，皆未嘗一提錢對質也。既刑部核讞牘，稱初訊時楊供買藥以十月三日，覆訊楊供云以二日，顯相差互。而錢爲賣藥要證，何以僅止本縣初審時傳訊一次？駁令覆實，是此案以錢寶生爲最大關鍵也。今其死也，聞實自縊。蓋學政奉駁審之旨，須提錢待質，錢恐到案時不實言，則爲鄉里所不容；實言則將被考掠，不勝官吏之毒，故急而自裁。其家又不敢以實報，懼縣令以驗死狀，劫制留難，必破家也。嗚呼，楊昌濬、胡瑞瀾、陳魯、邊葆誠及錫彤父子之罪，真通於天矣！尚有鬼神，恐國法不汝漏也。胡瑞瀾奏稱十二月初三日嘉興試畢回省，照刑部奏駁各節行提本犯及應訊人證，逐加訊究。葛畢氏等供俱無異，本可擬結；而楊乃武因案經再訊，以爲必能翻動，頓改前供。查因奸毒斃本夫，事極秘密，旁人無從確見，自應以本犯供詞爲憑。此案本非他人誣指，而楊乃武圖脱重罪，逞其狡獪伎倆，播散浮言，聞者卒信爲真有冤抑。現在楊乃武刁健更甚。案情重大，人言紛紛，實非愚臣所敢專斷，請特簡大臣另行覆審云云。

初七日己亥　晴。閲《左傳正義》。孺初來，久談。是日下午先像前供肉餃一盤，菜餃兩盤。朱蓉生邀飲，辭之。

初八日庚子　晴。姬人詣廠甸，買剪采花數種歸。得王弢夫書，約初十日午飲，即復。牧莊來，久談。傅子蓴來，夜飯後同擲采選格，至三更時散。得紱丈書。

初九日辛丑　晴。孺初來，同至廠閲市。晤牧莊。至晚歸。是日購得阮刻張臯文《周易虞氏義》及《虞氏消息》，直十千；顧南原《隸辨》一部，直亦十千；《阮文達年譜》，直四千。《易虞氏義》近來皆翻刻本及《學海堂經解》本，此琅嬛仙館原刻，爲難得矣。《隸辨》近年直至三四金。此本稍有模糊處，以十千得之爲可喜。寶森廟攤有《漢隸字原》四册，印本，亦不甚清，而索直至十二金，不可減，是近日癖嗜金石諸君階之厲也，二十年前不過銅錢二百耳。予於壬申之夏在隆福寺書肆購《太平寰宇記》一部，僅直三十千，閲兩月退還之。去年正月至廠市，寶森攤中亦有此書，紙槧皆同，索直十六金。詢其由，則以先一月有鄞人陳康祺驟以十五金購之。蓋陳君絶不知書者也。比年京師士大夫以買書爲雅事，不務實得，虚長浮聲。上者求精鈔，覓舊槧，或元或宋，影撰有無，不考其是非，不計其謬誤，依傍避諱之缺畫，揣摩字法之瘦肥；下者貌附通人，妄稱博覽，見少以爲貴，獲舊以爲奇，矜插架之堆積，作書賈之傀儡，於是懸價日增，而寒士絶迹矣。此亦世變之一端，書籍之一厄也。《文達年譜》即《雷塘盦主弟子記》，予甲戌正月已購歸，旋以書賈必須四千，數日後持去。今閲兩歲，其書尚在，仍如其數得之。以文達所刻《經解》諸書，衣被天下，讀其書者，當知其世，故此譜紀載雖無法，自爲不可少耳。又於寶森賒得《月令輯要》一部，直四金。此爲先中書公修書時所分纂，卷首列銜名於分修諸臣中。舊時予家有十餘部，今亂後盡亡矣。公在武英殿分修兩書，一爲《御選唐詩》，今會試及殿廷諸考試詩題多出於此，故其價驟貴，至十八金，不復能過問矣。夜作書致紫泉，得復。得王松谿去年八月廣豐書。

邸鈔：詔：十一日祈雪大高殿及時應宫等處。詔：户部左侍郎榮禄現丁母憂，吏部左侍郎恩承兼署户部左侍郎。詔：户部左侍郎榮禄之繼母顔扎氏事姑盡孝，割臂和藥，至性可嘉，著准其旌表。從英桂等請也。榮禄，滿洲正白旗人，瓜爾佳氏。祖塔斯哈，喀什噶爾幫辦大臣，道光初死回疆之難，謚壯毅。父長壽，涼州鎮總兵，咸豐初死廣西之亂，謚勤勇。

初十日壬寅　酉正初刻四分立春，正月節。晨陰，上午晴，下午復陰。書小春勝。午至廠市酉山堂，購得《唐會要》一部，武英殿聚珍本也，直銀五兩五錢。予亦於此鋪購之三年矣。昨見寶森書攤亦有一部，紙槧不及此本，而索價十二金，故亟買之。又得宫定山夢仁《讀書紀數略》一部，直二金，巾箱本也。俱暫賒。午後至三台館，赴王弢夫之招。坐爲朱蓉生、管慰農孝廉、陳子香侍衛、名桂芬，天台人，戊辰武狀元。其人甚恭謹，貌亦如文士。鄭寅谷及梅卿。晡後歸。酉刻立春，先像前供春茗及春餅。王信甫來夜談。此君以去冬之飲坐有文、湯兩無賴，知予怒之，故今日極爲予言兩人惡劣不堪之狀，彼亦不願與交也。言文名獝，湯名似狟。其言雖未必由衷，然以予之枯冷冗悴，於世無與，而信甫方爲熱官，乃恐失歡酒間，意在謝過，此亦今之君子矣。

牧莊昨購得《四書拾義》，今日借閲之。卷一《上論》，卷二《下論》，卷三《學庸》，卷四《上孟》，卷五《下孟》，共五卷。績谿胡紹勳著。紹勳，字文甫，竹村先生培翬之族弟也。道光丁酉拔貢，後舉孝廉方正。是書刻於甲午前，有江晉三有誥序、竹村先生序、汪手存澤序。其書全主詁訓音聲，正漢宋舊説之誤，依據明通，多有心得。其最精者『論與之粟九百』一條云：孔注以九百爲九百斗。考周之九百斗，合今所行用元時之斗，僅得一百八十九斗。古者百畝當今二十三畝四分三釐有奇，合得米二百八十二斗，爲古農夫之食。若此所得，反遠遜農夫，何又嫌多而辭之？古制計粟以五量，量莫大於斛。十斗爲一斛。粟至九百，必以量之最大者計之。孔子爲魯司寇，是下大夫，其家宰可用上士。《孟子》曰：『上士倍中士。』當得四百畝之粟。又曰：『卿以下必有圭田，圭田五十畝。』明士亦有五十畝圭田，合之爲四百五十畝。以《漢書·食貨志》言畝收粟一石半計之，當得六百七十五石。若以石合斛，一石爲百二十斤，古斛不足百斤，二斛約重一石有半。是百畝收百五十石，合得二百斛，四百畝爲八百斛，加圭田五十畝爲一百斛，共得九百斛矣。此説前儒皆所未及，近寶應劉楚楨《論語正義》中已采之。其餘可取者尚多。其據《廣雅》『如，均也』解『如其仁』之『如』，與予舊説合。予説在《祥琴室日記》中。至謂『聚斂』之『聚』爲『驟』借字，『從容』之『從』爲『動』借字，則知一而不知二。謂『屋漏』當作『幄陋』，又『從而招之』，『招』當作『翹』，尤近穿鑿矣。

比日春喧如二月時。予咳嗽大作，至夜尤甚，今日稍差。

十一日癸卯　終日霒陰。先妣生日，上午供饋點心四色，肴饌十器，火鍋一器，果四盤，麵一盤，栗子湯一巡，酒三巡，茗兩巡，飯四巡，巨燭兩挺，傍晚畢事，焚楮鏹。閲《唐會要》。

十二日甲辰　晴，微陰。閲《唐會要》。得紱丈書，即復。牧莊來，談至傍晚去。比日手指瘃創將合，不敢作字，今日補寫數日來日記，三更始畢。咳嗽復作。

十三日乙巳　晴陰相間，午後有狂風驟起，塵堁蔽天。閱《唐會要》。殷萼庭來。肯夫來。是夕爲試燈節，以棗果湯供先像前，點象生花燈。夜風。

十四日丙午　晴。以印章識所得諸書。

閱宫夢仁《讀書記數略》。夢仁，字定山，泰州人，康熙庚戌進士，由翰林、御史官至福建巡撫。是書共五十四卷，分天、地、人、物四部，自理氣至草木凡五十四類。康熙四十六年丁亥，聖祖南巡至揚州，夢仁方罷官里居，以是書進呈，奉旨刊行。次年刻成，令其孫雝賫書及板片進御。此本前有陳相國廷敬、王尚書鴻緒兩序，夢仁進書、進書式、進書版三表及凡例。其成書時，夢仁年已七十七矣。雖較王氏《小學紺珠》增輯爲多，而王氏學有根氐，即緒餘所記，亦自條理秩然。夢仁全以王氏爲先河，而龐雜牴牾，錯繆疊出。今日偶取其《人部・族望類》訂之。

如『六人一品』一條下，崔邠、鄲爲禮部、吏部，酆司農卿，郇大理卿，鄯右金吾將軍，郾相宣宗。考《舊唐書・崔邠傳》云：『昆弟六人，仕官皆至三品。邠、郾、鄲三人知貢舉，掌銓衡。冠族聞望，爲時名德。』邠終於太常卿，正三品。贈吏部尚書；亦正三品。鄯官太子詹事，正三品。轉左金吾衛大將軍，亦正三品。贈禮部尚書；亦正三品。郾終於浙西觀察使，唐代諸道節度觀察使猶明及國朝乾隆以前之總督、巡撫，無專品。而唐制，節度、觀察皆兼上州刺史，爲從三品。贈吏部尚書；正三品。鄲由太常卿、正三品。同中書門下平章事加中書侍郎，正三品。門下、中書侍郎本正四品上階，代宗大曆二年升。相文宗、武宗，卒於西川節度使；郇大理卿；從三品。酆司農卿。從三品。皆見《新唐書・宰相世系表》。《小學紺珠》作『六人三品』，本不誤，而下又系之曰：『邠、郾、鄲，凡爲禮部五，吏部再。』此語本於《新唐書・崔邠傳》，謂邠、郾、鄲三人，凡五爲禮部侍郎，再爲吏部侍郎也。夢仁誤去『鄖』字及『五』字，又誤以爲『再』字指邠、鄆兩人，皆爲禮部、吏部，不知唐制六部侍郎止正四品上階也。鄆相文宗、武宗，《紺珠》誤以爲相宣宗，夢仁又誤以鄆爲鄖，是全不知檢對本書者矣。

『中山五王』一條下注云：《水經注》，王莽子興生五子，并隱居涿郡，光武封爲五侯。考此出《水經·易水》篇注，云『昔北平侯王譚不從王莽之政，子興生五子，並避時亂隱居』云云。《小學紺珠》引之，作『王譚，北平侯，不同王莽，子興生五子』云云。夢仁乃截去『不同』以上字，竟作『王莽子興』。《漢書·王莽傳》言莽四子，宇、獲、安、臨，俱早死，所幸侍者生男興及匡。更始到長安，下詔非王莽子，它皆除其罪，則莽之子孫已盡滅，安得復封？是於《漢書》并不寓目矣。

『三世司隸』一條，列鮑宣、子永、孫昱，而《後漢書·郭躬傳》載下邳趙興、子峻、孫安世，三葉皆爲司隸，乃不見收。

『父子宰相二家』一條，列韋仁約、子承慶、嗣立，鄭珣瑜、子覃、朗，而總注曰『唐武后朝』。考兩《唐書》及《唐會要》，韋思謙即仁約。相武后，承慶相武后、中宗，嗣立相武后、中宗、睿宗，鄭珣瑜相德宗、順宗，覃相文宗，朗相宣宗。鄭之與韋，時代懸絶，乃俱系之武后。此二條爲《紺珠》所無。

《四庫提要》言夢仁以《紺珠》及張九韶《群書拾唾》爲藍本。案：九韶，明人，《群書拾唾》亦名《群書備數》，予未之見。夢仁凡例中亦以《紺珠》與《備數》並言，疑二條本於九韶之書，而夢仁亦未嘗考之《後漢》、兩《唐》等書也。

又如輔佐類『三元』一條，於宋止列孫何、王曾、楊寘、馮京四人，此《紺珠》原本如此，自爲可據。後人謂唐代三元有崔元翰、張又新、武翊黄三人。然《舊唐書·崔元翰傳》止稱進士擢第，登宏詞賢良科，三舉皆升甲第。《張又新傳》亦止稱其登進士第。又宋代三元有陳堯叟、宋庠、王巖叟。然堯叟史僅稱其舉進士第一，庠舉開封、禮部試，皆第一。而時當仁宗諒陰，不殿試，遂以禮部試爲正奏名。此宋制如是。巖叟爲明經第一。厚齋宋人，所考自確，止舉四人是也。至金之孟宗獻，元之王宗哲，皆是三元，明見正史，而夢仁亦不數之，但續列明之商輅一人，則又疏矣。

牧莊來，言鮑敦甫書來，稱舍弟言内子不願入都，去冬已有書寄予，然迄今未至也。以京錢四千二百買像生海棠花二枝，丁香、菊花、晚香玉各數枝，插之燈供，光色與真者不異，海棠尤艷絶。都人小道，可觀如是。使移此手作翰林詞賦，何讓南朝宫體耶？

十五日丁未　晴和。

閲《唐會要》。其第七十九、第八十兩卷中所載《謚法》，錢氏《廿二史考異》嘗取以補《唐書》之闕，間有互異者，皆當以《會要》爲準。其例以謚爲次，先單謚，後複謚，或有一人兩見者，如長平王叔良既見於『靖』字下，又見於『肅』字下；齊國公敬暉既於見『肅』字下，又見於『肅愍』下；徐國公劉幽求既見於『敬』字下，又見於『文獻』下；太常卿褚亮既見於『康』字下，又見於『文康』下。錢氏以爲傳聞異詞，非也。王文康溥，本謚文獻，後以同僖祖謚，改文康。《四庫提要》作『謚康定』，非。於大中以前事全據蘇冕《會要》、楊紹復《續會要》爲本。冕等皆當代奉敕所撰，事具國史，安有異聞？其兩出者，唐代賜謚，或因駁奏改易，或因崇贈增加，故史官兩存之。考叔良等所書官爵，先後不同，明以崇贈而改。

惟此書向止鈔本，錯誤滋多，聚珍内本亦有漏舛耳。其錢氏之未及引者，如上官儀謚文，姚合謚懿，漢中王瑀謚宣，宋申錫謚穆，李德裕謚忠，皆兩《唐書》所不載。而宋申錫下注曰：『會昌三年五月，追賜謚。』李德裕上冠以贈司空，蓋咸通中追復德裕太子少保、衛國公，贈左僕射，後又加贈司空及謚耳。此二事尤足以裨史闕。至閻立本謚，史作文貞，而此作貞一字；苗晉卿謚，史作文貞，而此作文懿；李吉甫謚，史作忠懿，而此作恭懿：皆當以此爲定。文貞上謚，非立本資望所能得也。又姚崇謚亦作文獻，與兩《唐書》合，而張説撰《神道碑》作文貞，以文獻爲其父善懿之謚。案善懿官止巂州都督，以下州之都督，不應得文獻之上謚，碑文蓋有誤，《會要》不見善懿謚是也。

其《雜録》内載元和三年追賜張柬之等五王謚，敬暉謚作貞烈，與以上所載謚法及兩《唐書》本傳皆不合。考《舊書・五王傳》，惟敬暉載睿宗謚曰肅愍，餘皆無之，亦不紀元和追賜之文。而《會要》卷十八《配享功臣門》中載中宗廟八人，於敬暉稱平陽愍王，此當脱一『肅』字。崔玄暐稱博陵今本『陵』誤作『陸』。文獻王，其桓彦範、張柬之、袁恕己皆稱王而無謚，下云『並開元六年六月二十二日敕』，可知睿宗時追復五王官爵，惟敬、崔兩王加謚。至元和三年，因柬之孫曛之請，始普謚五王，曛請謚事，見《會要》，與襄陽新出崔歸美所撰《唐穀城縣令張曛志銘》合。於是暉改謚貞烈，玄暐改謚文忠。而配享之制定於開元，故敬、崔皆表初謚，桓、張、袁皆不載謚。《會要・謚法》亦止系暉於『肅愍』、玄暐於『文獻』，而『文貞』下不列柬之，『忠烈』下不列彦範，『文忠』下不列玄暐，『貞烈』下不列暉與恕己，故於《雜録》補載之。《新唐書》誤合睿宗賜謚、元和追謚爲一，又於暉傳止書『肅愍』，失書『貞烈』，玄暐傳止書『文獻』，失書『文忠』；《舊書》并失紀玄暐『文獻』之謚。錢氏《考異》又疑《新書》所載者皆睿宗所賜之謚，亦考之未審也。

予嘗謂謚者史之大事。自十歲讀《左傳》，即喜考古人謚，輯自周至明爲一小册，出入懷裹之。今老矣，猶惓惓不置。而歷史紀載，率多疏略。國朝諸儒，惟全氏祖望、錢氏大昕皆究極此事，與予有同心耳。

午後復游廠市。是日風日暄美，士女甚盛。周歷廠甸，遇王弢甫及梅卿，復同詣廟市。於寶森閣書攤購得《史記志疑》一部，方素北中履《古今釋疑》一部。晤傅子蓴，遂同訪牧莊。傍晚偕牧莊、梅卿同車還寓。夜祀先，供湯圓子一巡，肉肴四器，菜肴四器，火鍋一器，炸圓子兩盤，酒一巡，飯兩巡，清茶一巡，象花燈燭四巡。子蓴來，夜偕牧莊、子蓴、梅卿小飲。是夕月皎如晝，二更後微有風。偕諸君談會之餘，戲擲采骰，奪狀元籌，遂至達旦。予兩得五紅，七得元籌。

十六日戊申　晴。偕諸君談詩。得孫琴士十二月十四日書，并惠銀十六兩，言近主涇陽鼇局。夜梅卿招同子蓴及王弢甫、朱蓉生等飲，一更後散。是夕望，月皎如前。予咳嗽又大作，早睡。

十七日己酉　晴。兩日稍寒。吴松堂來。咳嗽不愈，夜疾動。

邸鈔：詔：雲南提督胡中和著即速赴本任，以重職守。重慶鎮總兵聯昌署理四川提督，以前太原鎮總兵田在田署理四川重慶鎮總兵。詔：廣西右江鎮總兵陳濟清調補四川川北鎮總兵，雲南開化鎮總兵楊玉科調補廣西右江鎮總兵，四川川北鎮總兵楊復東調補雲南開化鎮總兵。湖南永州鎮總兵朱洪章調補雲南鶴麗鎮總兵，雲南鶴麗鎮總兵張保和調補湖南永州鎮總兵。玉科、保和，皆雲南人。舊制，武臣自參將以上，不得任本省。此舉蓋准回避之例。然二人皆滇中百戰之將，威名最著，巡撫岑毓英倚以成功，今之换移，或朝廷别有深意，非所敢測者耳。去年十二月李瀚章、薛焕奏卸署南甸都司李珍國供有『甲戌十二月，騰越紳士聞洋人多帶兵來，恐其滋事，齊團各保身家，曾與通信』之語，請革職歸案訊究。詔從其請。又飭雲貴總督劉長佑速赴新任，蓋皆有爲也。

十八日庚戌　晨及上午微陰，有風，午後晴。祀先，以肉肴四簋，燖鳧一簋，蒸魚一簋，菜肴六簋，火鍋一器，栗子湯一巡，酒兩巡，飯兩巡，楮鏹四挂，晡後畢事，收神位圖。作書致肯夫，取還日記一帙。夜閲《唐會要》。是日咳嗽稍愈。

十九日辛亥　晴，午後黃霾，有風。作書致紱丈，饋以燈節供先團合九事，皆果飴之屬，以詒其小公子。作書致伯寅，爲琴士事。得紱丈復、伯寅復。再得伯寅書。剃頭。再得琴士十二月十八日涇陽書。閱方素北《古今釋疑》。以銀十一兩二錢買磨本緞馬褂一、湖縐袍一，先付十金。夜閱《史記志疑》。

二十日壬子　晴。得紱丈書，饋花勝糕四方，焦棗百三十枚，吉羊箋四束，即復謝。閱《古今釋疑》。桐城方中履著。中履，字素北，密之先生之第三子，自號龍眠小愚，又號合山逸民。其書康熙中太平知府楊竹庵霖爲之刊行，共十八卷，自經籍至算法、衡度，凡分一百七十五目，目爲一篇。辯論縱横，取裁頗博。惟好詆呰先儒，深不滿於鄭注及許氏《説文》，至極詈《周禮》，以爲不經，又貶《禮記》爲非先聖之書，辯《左傳》爲非丘明作，則悍而肆矣。卷首有朱記云『曾經御覽』，而《四庫書》列之《存目》。《提要》謂中履傳其家學，自非弇陋，而引書不載出處，近於策略，不及其父《通雅》之淹博，所論亦中其失。然本原通貫，自爲可取。其臆決逞辯，亦密之家法也。所論人身脉理、骨節、方藥及音韵反切皆甚詳，大恉本於《通雅》之説。其論姓氏一篇，獨爲明晰。論日月交食及彗孛、奔星、雷電、霜雪、風雨之理，多取西人熊三拔所言，猶西説之近理者。其謂彗孛、奔星，皆地上暖氣上薄，陽光激射而成，則近日西人言彗孛，皆可推者，又不符矣。前年辛未，西人謂次年壬申夏當有彗見，然至甲戌夏始見，已差兩年，而世之愚儒猶篤信之，哀哉！

二十一日癸丑　晨晴，上午微陰，下午晴暄，甚美。遍澆花竹，移新開盆梅庭下曝之，親爲沃灑。枝萼鮮潤，有霞紅玉白之觀。杭人方勉甫、受甫兄弟喪母受吊，送奠分四千。甘肅同年吴編修西川卒，送幛分一千。湖南同年李舍人輔燿爲其父黼堂中丞桓作五十壽，送幛分一千。作片問紫泉疾，得復。作書致牧莊。

閲《曾文正公奏議》。凡十卷，一百四十二首。無錫薛福成、常熟張瑛編，以年月爲次。文正一代偉人，奏議剴切詳明，規畫周至，皆足千古。然最佳者，咸豐初官禮部侍郎時《遵議大禮疏》《應詔陳言疏》《敬陳聖德疏》三首，危言至計，深有古大臣風。其後募勇出師，鋭意討賊，所上籌辦諸疏，類皆聚精會神，言無虚發。咸豐七年六月《瀝陳辦事艱難》一疏，字字血誠，尤想見轉側孤危、堅忍不撓之概。至克復金陵以後，其奏捷一疏，已覺迹涉鋪張。此後條陳，皆不免敷衍時局，無關碩畫。故剿賊山東，移督直隸，皆絶無以異人。暨天津民教之變，而素論頓盡矣。數年中惟《覆陳楚省引地》一疏，差爲切摯，但亦止爲淮鹽淮商計，而於楚税之盈虚，川鹽之出内，亦未及通籌利害，故楚督、川督皆力沮之，終不得行也。予嘗見咸豐九年春初所上從弟國華死事情形一疏，忼壯可傳，决是文正自爲之文，而此編無之，蓋所遺者尚多耳。

邸鈔：詔：二十四日遴選光明殿道士於大高殿開壇祈雪，親詣拈香，派廣順住宿，派豫親王本格、莊親王載勛、兆珏、樂英分班輪直，上香行禮。遴選僧衆於覺生寺諷經，同日開壇，派禮親王世鐸拈香，茂林住宿，派怡親王載敦、順承郡王慶恩、啓泰、裕輝分班輪直，上香行禮。並派貝勒奕劻詣時應宫，貝勒載澂詣昭顯廟，鎮國公奕謨詣宣仁廟，輔國公載濂詣凝和廟，睿親王德長詣黑龍潭，鄭親王慶至詣白龍潭，分往拈香。詔：直隸大順廣兵備道恩福調補奉天驛巡道，刑科給事中黄槐森升授大順廣道。前河間府知府顔士璋授甘肅蘭州府遺缺知府。

二十二日甲寅　晴。閲《史記志疑》。作片致孺初，得復。以錢十千買齊次風《帝王年表》三册。其明洪武以後阮賜卿福所續。又附桐鄉陸丹叔費墀《帝王廟謚年諱譜》一册，道光四年揚州阮氏原刻本也。齊氏所紀，頗詳略失當。予於丙辰歲曾校訂一過，稍有增注，今亂後久失之矣。阮刻亦有誤字，以置案頭，當隨時爲之刊正也。姬人買段襖一事，付銀五兩八錢。

邸鈔：户部右侍郎温葆深奏病難速痊，懇請開缺。葆深，字平叔，上元人，壬午翰林，今年將八十矣，以大學士寶鋆房師，故久於其位。詔：准其開缺回籍調理。李鶴年等奏福建福寧鎮總兵宋桂芳病故，懇請優恤。詔：宋桂芳上年辦理臺灣開山撫番事務，著有功績。兹以感受瘴厲，積勞病故，深堪憫惻。著交部照總兵軍營立功後病故例從優議恤，並祔祀王凱泰臺灣府專祠。以吴光亮爲福寧鎮總兵。

二十三日乙卯　晴，上午微陰，午後薄晴。閲《史記志疑》。牧莊來，談至一更後去。是日又戲擲采骰，予大勝，六得元籌。

邸鈔：兩宫皇太后懿旨：三載考績，爲國家激揚大典。兹當京察届期，恭親王首贊樞廷，殫心匡弼，靖共夙夜，歷久彌勤，懋著勛勞，深資夾輔，著交宗人府從優議敘。大學士文祥、寶鋆，協辦大學士、兵部尚書沈桂芬，工部尚書李鴻藻，同心贊畫，勤慎益昭，均著交部議敘。大學士、直隸總督李鴻章宣力畿疆，勛猷卓著；大學士、陝甘總督左宗棠督師邊塞，備極勤勞，均著交部從優議敘。以内閣學士翁同龢爲户部右侍郎，兼管錢法堂事務。以大理寺卿潘祖蔭署理刑部右侍郎。

二十四日丙辰　上午晴，午微陰，下午陰。族弟小圃來。於寶森取江寧新刻《史記》來，直銀六兩，前日所購《志疑》直銀四兩五錢，此費又不知何出矣。予舊有汲本《史記》兩部，一寄回南中，一缺末卷尾葉，今日補完之。不用行格，以三錢水筆信意而書，凡大小八百餘字，無一苟且，無一攲斜。老眼未花，頗覺自憙。

二十五日丁巳　未正初刻八分雨水，正月中。晨晴，上午晴，微陰，下午晴。是日又寒。

秦亡於子嬰，漢亦以孺子嬰爲莽所篡，《困學紀聞》謂莽蓋有意爲之。考《廣弘明集》引《陶公年紀》云：『秦殤帝子嬰四十六日。』《水經注》卷十八引漢冲帝詔曰：『翟義作亂于東，霍鴻負倚盩厔芒竹。』冲帝，指孺子嬰也。是兩子嬰皆有謚，不知誰加之。或謂秦子嬰爲項羽所殺，其謚蓋漢高所加。孺子嬰爲更始丞相李松所殺，其謚蓋光武所加。然漢高不聞爲義帝作謚，光武不聞爲更始作謚，何反厚於兩子嬰？此蓋出於當日遺臣所爲也。金哀宗自焚之後，體骨被分，而昭宗、義宗名號迭出，蓋遼天祚、宋帝昺所不如者。顧氏棟高、全氏祖望謂春秋時如欒懷子、郈昭伯、中行文子、范昭子，皆身死族滅，誰爲謚以美名？予謂范中行特出奔耳，本未覆宗，當時周與齊、鄭皆爲之助，其獲謚宜也。郈昭伯忠於魯君而死，其謚當出昭公所賜。若欒懷子，素得士心，曲沃之人皆願爲之效死，雖事近叛亂，實非得罪晉君，故死而謚懷，與郤克之謚昭子，皆遺臣感義，足見人心之公。

《史記・酷吏傳》：『置伯格長，以牧司奸盗賊。』梁氏《志疑》云：『「牧」乃「收」之訛，「司」即「伺」字。』予昨所購本爲高郵王氏藏書，於『牧乃收之訛』五字以墨筆勒之。考《讀書雜志》云：《史記・商君列傳》：『令民爲什伍而相收司連坐。』引之曰：『收』當爲『牧』字之誤。《方言》：『監，牧，察也。』《周官》『禁殺戮』注：『司，猶察也。』凡相監察，謂之牧司。《周官・禁暴氏》：『凡奚隸聚而出入者，則司牧之，戮其犯禁者。』亦引《酷吏傳》此語爲證。梁氏因《漢書・酷吏傳》作『收司』，顔注謂『收捕司察奸人』，故據以正《史記》。王氏謂『必先司察而後舉發，舉發而後收捕，不得先言收而後言司』，其説是也。王氏《雜志》序中頗稱《志疑》之細密，而書内抹勒處甚多。前輩論學，虛心而不相假借如此。

邸鈔：上諭：吴棠奏知縣審斷謬妄請旨革職一摺。四川署銅梁縣知縣、候補知縣邵坤於該縣監生徐春亭被控逼娶孀婦一案，并不詳細研究，輒憑該監生誣揑供詞，率行擬杖詳結，致節婦宋湯氏憤激自盡，實屬謬妄。且該員聲名平常，難期振作，著即行革職，永不敘用。節婦宋湯氏著照例旌表。

御史賈瑚授山東登州府知府。

二十六日戊午　晨陰，上午微晴，下午陰。

秦三十六郡，裴駰謂河南上中地，案汲本有此五字，蓋誤衍。監本、王本皆無。三川、河東、南陽、南郡、九江、鄣郡、會稽、潁川、碭郡、泗水、薛郡、東郡、琅邪、齊郡、上谷、漁陽、右北平、遼西、遼東、代郡、鉅鹿、邯鄲、上黨、太原、雲中、九原、雁門、上郡、隴西、北地、漢中、巴郡、蜀郡、黔中、長沙，凡三十五，與内史爲三十六郡。《晉書·地理志》因之，遂謂其後置閩中、南海、桂林、象郡，爲四十郡。王伯厚等皆從其説。近儒錢氏大昕據《漢書·地理志》謂三十六郡是河東、太原、上黨、東郡、潁川、南陽、南郡、九江、鉅鹿、齊郡、瑯邪、會稽、漢中、蜀郡、巴郡、隴西、北地、上郡、雲中、雁門、代郡、上谷、漁陽、右北平、遼西、遼東、南海、長沙、三川、泗水、九原、桂林、象郡、邯鄲、碭郡、薛郡，以内史爲京師，别於三十六郡。鄣非秦郡，劉原父《漢書刊誤》已辨之。黔中郡置於昭襄王三十年，而《漢志》不之數，故取南海、桂林、象郡以易裴説。段氏玉裁《説文注》力主錢氏之言。全氏祖望則去内史而列東海、黔中、楚郡，又謂九原在三十六郡之外，而當取《水經注》之廣陽郡。王氏鳴盛則數内史而云其二當闕疑，以黔中、鄣郡爲不在三十六郡之内。金氏榜、洪氏亮吉則去内史而數鄣郡、黔中、郯郡。金氏榜説見《禮箋》。姚氏鼐則云南海、桂林、象郡不當數。梁氏玉繩則數内史、黔中及廣陽。亦據《水經·漯水》篇注。折衷諸説，則錢氏是也。

蓋自裴氏泥於《史》文，分天下爲三十六郡在始皇二十六年，而略取陸梁地爲桂林、象郡、南海在三十三年，故謂此三郡不在三十六之數，抑知《漢志》明云秦京師爲内史，分天下作三十六郡，足見秦一代定制，止三十六郡，無所謂四十郡也。無論史家敘事，往往總括前後，不必拘定年次。若以二十六年爲斷，則是年僅因滅齊置齊郡、琅邪兩郡，其餘多置於二十六年以前及惠文、昭襄、莊襄之世，并有爲六國舊所置者。且《史》文於三十三年但云『發諸嘗逋亡人、贅婿、賈人略取陸梁地，爲桂林、象郡、南海，以適遣戍』，不云始置桂林、象郡、南海郡也。故徐廣注云『五十萬人守五嶺』，明爲發罪適之人以戍守三郡，非至此始置郡。其曰陸梁地者，謂三郡時有陸梁不靖之徒耳。《索隱》《正義》説皆同，蓋若今苗疆之類。況裴氏所數之九原，全氏謂其置郡當在三十三年蒙恬闢河南地之後，則裴説亦不能以二十六年爲限斷也。若内史，則必不得儕於列郡。《漢志》甚明，郡各置守，而内史不名守也。鄣郡，班氏於丹陽下不稱秦置，明是楚漢之間分會稽置，猶吴郡之比也。楚郡則秦以莊襄王名子楚，故諱楚字，《始皇紀》於『楚』皆改曰『荆』，而《楚世家》云『滅楚名爲楚郡』者，謂滅去楚名，下『楚』字乃『三』字之誤。《集解》引孫檢注可證。王本注作『三郡』，各本皆誤作『秦郡』，此由校者不解『三郡』之義，疑爲『秦』字爛脱之故，而後人又以向無秦郡，遂徑改正文爲『楚郡』矣。東海，班《志》明言高帝置。《陳勝》《周勃傳》所稱東海守及東海郡皆不足據爲秦制。故《高帝紀》又稱爲郯郡，明是秦末及楚漢之間隨時分易，猶東陽郡之比也。黔中，雖見《楚世家》及《秦本紀》，昭襄王三十年伐楚，取江南爲黔中郡。而次年即云『楚人反我江南』，《正義》謂黔中郡反歸楚，蓋自後秦不復置，故班《志》『武陵郡』下不載，是亦如新城、巫郡之比，爲楚舊郡而秦旋廢也。廣陽，《漢志》言昭帝改燕國所置。酈注云秦滅燕以爲廣陽郡，不知所本，亦恐不可信也。夫可證《史記》者莫如《漢書》，班去司馬時代不遠，圖籍具存。班《志》兩引秦地圖。不此之信，而横求單文孤證，出此入彼，强以足數，皆臆説也。故錢氏謂以志解志，自持其説甚堅，兩與談階平書及與姚姬傳書，皆反復詳辯。段氏謂其説確然不易，而姚氏範《援鶉堂筆記》載《集解》三十六郡之説，亦以《漢志》爲據也。

邸鈔：詔：此次京察引見京堂各官均照舊供職。　命禮部左侍郎徐桐、理藩院右侍郎麟書充丙子科會試知貢舉。

二十七日己未　晨陰，上午微晴，下午晴。作書致肯夫。作片致孺初，得復。閱《史記志疑》。張颸民來。夜校《史記・周本紀》《秦本紀》。

二十八日庚申　晴和。遍澆花竹。水仙、梅花盛開，頗覺香溢一室。校《史記・秦始皇本紀》。夜校《六國表》。

邸鈔：詔：江安糧道劉傳祺以回避江蘇祖籍，與安徽徽寧池太廣道李榮對調。

二十九日辛酉　晨晴，上午後澹晴。校《六國表》，至餔時始訖。此表錯誤頗多，梁氏《志疑》用力甚密，今日逐條補注，間附鄙見，不勝其勞。自此當暫輟倈，過會試後從事耳。

邸鈔：李鴻章奏參庸劣不職各員。直隸任丘縣知縣馬河國即行革職，鉅鹿縣知縣英棨、三角淀通判趙書雲，均勒令休致。詔從之。

三十日壬戌　晨及上午霒陰，午雪大作，至晡止，積寸許。署中呈請會試，付廣東司文書錢八千，本司賞錢六千。作書致牧莊，還《四書拾義》及《文穎》四帙。牧莊來，談至二更時去。是日復同梅卿三人擲采骰，予九得元籌。夜晴，二更後大風。是日得《喜雪》詩一首。連夕疾動，復咳嗽。

正月晦日喜雪作

鳳城漸近養花天，先試春風六出妍。慰望一囊郎吏粟，懷人千里孝廉船。謂計偕諸君。　景靈久試金仙醮，太乙新浮玉鼎烟。爲道至尊憂穡事，中和前日兆豐年。時大高殿、覺生寺、時應宮等屢啓齋壇祈禱，數日前上親禱大高，是日復下詔二月三日親往祈雨。

邸鈔：詔：二月初三日親詣大高殿拈香祈雨，仍派禮親王世鐸等分詣覺生寺，時應宫，昭顯、宣仁、凝和等廟，黑龍潭，白龍潭拈香。其大高殿、覺生寺住宿輪班上香行禮，仍著原派之王大臣等敬謹將事。魁玉、吴棠奏剿辦四川雷波廳蠻匪，殲除首逆，收撫蠻衆，全境肅清。詔：知府張世康、提督胡國珍等獎敘有差。雷波廳通判徐浩於蠻匪滋事，未能先事防範，惟隨同進剿，尚知愧奮，著開缺留省另補，以示薄懲。

二月癸亥朔　晴，有風。

閲金輔之《禮箋》。古義湛深，研究不盡。國朝狀元通經學者，以輔之爲巨擘，次則姚文僖文田、畢總督沅、胡尚書長齡、吴侍郎鍾駿、龍布政啓瑞及洪氏瑩而已。畢累於官，洪累於富，皆未能自竟其學。胡尚書僅名見而已，不知有無著述。吴侍郎著書，身後遭亂，亦無一字流傳，可惜也。輔之本字蕊中，蓋如洪初堂之字蕊登，皆不免世俗之見，其後乃改輔之，而號檠齋，始以故訓爲義。

吴越之俗，久不得子者，相傳以朱牋書『五更露結桃花實，二月春生燕子巢』一聯，帖於床後，爲宜男之讖。戚里屢爲予言，未之信也。昨牧莊言其太夫人常以告其親屬，輒有驗。予今已老矣，不能不以此事縈懷。今日以《鄴侯家傳》爲獻生子日，又明日是春甲子，聊如其法爲之，并書『中和迎富』一横額，此亦與寫殿卷祀魁星同意也。是日復得七律一首。

丙子二月朔日作

送窮迎富又今年，未覺春深二月天。樂天詩：『不覺春已深，今朝二月一。』西嶺風回千樹緑，半城雪散萬家烟。畫簾映燭横梅蕊，棐几留香媵水仙。獨念故園花事近，南湖虚待酒人船。

初二日甲子　晴。向寶森取《御選唐詩》來。康熙五十二年三月親書御製序文，後鈐二印，曰『體元主人』，曰『萬幾餘暇』。此書於《全唐詩集》采取其尤，爲幾餘之覽。凡三十二卷，古風、近體，分類爲編。後命儒臣爲之輯注，皆先呈御覽，親加考訂。時先中書公爲校録官。考先一年壬辰科進士，分甲後，聖祖特命取數十人入武英殿修書，先中書公與焉。凡修《御選唐詩》《月令輯要》兩書而畢。此國朝曠典，世鮮知之，即子孫亦多不能識，今録兩書之首所載職名，以志其略。

康熙五十二年六月二十二日奉旨開載《御選唐詩》閱纂、校寫、監造官員職名：

總閱：原任經筵講官、文淵閣大學士兼吏部尚書陳廷敬。

校勘官：翰林院侍講學士勵廷儀、翰林院侍講蔣廷錫，司經局洗馬兼翰林院修撰張廷玉、翰林院修撰趙熊詔。

校勘兼繕寫官：左春坊左中允兼翰林院編修陳邦彦、庶吉士王國炳。

纂注官：左春坊左諭德兼翰林院修撰、教習進士吴廷楨，編修周彝、廖賡謨、吴士玉、楊開沅、宫鴻曆、汪灝，檢討盧軒，庶吉士楊士徽，待詔高不騫，議敘候選知縣郭元釪。

繕寫官：議敘候選知縣顧祖雍、王曾期。

校録官：進士、候補内閣中書舍人吴玉崙、汪柟、李諱登瀛、徐啓統、遲之金、覺羅吴拜、孫宗緒，議敘選授湖廣荆州府監利縣知縣叢潤、議敘選授順天府通州武清縣知縣裘嚴生、議敘選授貴州平越府餘慶縣知縣蔣深、議敘候選知縣潘秉鈞等十二人；貢生、官學教習孫天霖，監生、候選州同知吴廷元、儒童、鄒家龍、嚴文照。

監造官：武英殿總監造、管翻書房、原内閣侍讀學士、今佐領和素等四人。

康熙五十五年三月二十九日奉旨開載《月令輯要》閱纂、校對、監造官員職名：

總閱：文淵閣大學士兼吏部尚書李光地，經筵講官、文淵閣大學士兼禮部尚書王掞。

校勘官：詹事府少詹事兼翰林院侍講學士蔣廷錫，侍講學士勵廷儀、張廷玉、陳邦彦，侍讀趙熊詔、候補侍講楊名時、右春坊右中允兼翰林院編修王圖炳、檢討張照、編修薄海。

纂修官：原任左春坊左諭德兼翰林院修撰吴廷楨、國子監司業盧軒、翰林院侍講吴士玉，編修周彝、廖賡謨、楊開沅、宫鴻曆、楊士徽、汪灝，待詔高不騫、原任蘇州府知府陳鵬年。

分纂官：内閣中書舍人覺羅吴拜、吴玉崙，廣西桂林府靈川縣知縣樓儼，進士、候選知縣徐啓統、遲之金、李諱登瀛、甄之璜、李祖望、郁瑞、崔琳、劉正遠、沈曾發、倪見龍、孫宗緒、陳德榮、張坦、汪栻、王鈞、王箴輿、張秉亮，候選知縣戴天瑞、孫天霖，舉人于枋、候選州同知鄒家龍等三人，原候選州同知吴廷元、監生文永豐、生員嚴文照。

校對官：原任翰林院編修何焯、留京食俸知縣鄒元斗、福建建寧府浦城縣知縣徐球、候選知縣沈元滄，舉人張廷璐、程鵬，候選州同知查廣。

監造官：武英殿總監造兼佐領張常住等五人。

是日本生祖母顧太恭人生日，供紗帽餃子、花糕、蘆菔餅、炸餛飩，點心四盤，蒸豚一簋，酒兩巡。弢甫來。蕚庭來。是日以感寒小病，身熱，咳嗽大作。署吏告初五日陪祀孔子廟。夜念故鄉南鎮春事，得七律一首。

憶南鎮春游

南鎮嬉春近若何，禹王廟下幾經過。繞城十里連歌吹，落日千山散綺羅。楊柳絲藏箏舫窄，桃花紅較酒人多。曉風初月湖東路，日夜歸心寄逝波。

初三日乙丑　晴，寒，有風。閱《御選唐詩》。同邑新舉人徐慶安來拜，嚴菊泉師之婿。菊翁晚年先得兩女，後復得兩子，今其兩婿一即陸一謌。去年俱舉於鄉，兩子亦俱已補廩生，足以娱其晚景矣。剃頭。

邸鈔：詔：未親政以前，太廟時享及袷祭大祀，於祭前一日親詣行禮，以本年孟夏爲始。詔：河南候補道劉成忠准補南汝光兵備道。從巡撫李慶翱奏請也。

初四日丙寅　晴寒。得紱丈書，即復。終日補訂吴荷屋《國朝名人生卒譜》。同邑新舉人馬星聯來拜，同年馬叔良之姪也。其父良騂，乙丑副榜。

邸鈔：李鴻章奏遵化州人廣東候補道史樸年七十七歲，嘉慶戊寅恩科舉人，道光丙申恩科進士，請援案豫期重赴鹿鳴筵宴，并照章懇恩加銜。奏稱乾隆元年丙辰恩科舉人馮浩先以乾隆六十年乙卯重赴鹿鳴，嘉慶十三年戊辰恩科舉人龔綬先以同治六年丁卯重赴鹿鳴。又吏部奏定章程，重赴鹿鳴筵宴人員，四品官加三品銜，如已有升銜即由升銜品級遞加，以示優異；其四品以下已加有三品以上升銜者，應照三品以上大員由督撫奏明辦理。今史樸已有正三品封典，與已加三品升銜無異云云。詔：禮部議奏。

初五日丁卯　上午澹晴，午後晴。曾祖妣忌日，供饋。印結局送來十二月、正月兩月公費銀十三兩九錢。

李次青《先正事略·何文安公凌漢傳》云：州牧汪某爲加賦事，以抗糧拘諸生數十人，解永州府。太守王公宸見公名，特釋之。後獄雖解，而諸生已瘐斃七人。汪牧由刑幕起家，能著書，廣聲氣。公恒歎酷吏之可畏，而欺世盗名如汪者，世尤多不察也。其言蓋本何氏家傳或志銘等類。所謂汪某者，即吾鄉龍莊先生輝祖也。考先生《病榻夢痕録》云：乾隆五十五年庚戌九月，以寧遠縣知縣署道州知州。州多抗賦，自佾生以至職員，皆名曰衿户。有營陽上、中、下三鄉尤甚。毆差拒官，習爲常事，糧役不敢往催。余先諭示禁革衿户，闔州大詫。十一月，以抽查社倉爲名抵營陽，衿户無一到者。次日，有原任長沙訓導何延壽來謁，年七十餘，言民力不及，請寬限。余曰：『欠十餘年矣，尚有限可寬耶！』叱去之。乃提欠户之白丁，量責數人，縶抗欠最多之衿户監生、生員、佾生各一人而返。不二旬，營陽完欠八百餘兩。次年州士聞余告病，欣欣然欲復衿户舊名。有訟師陳禹錫知余忤臬司，糾州生營陽何竹筠及生、監、佾生二十餘人，訐余加徵浮收。巡撫批司確查。余將營陽積欠抗糧底册稟呈。委員提鞫，浮加無據，抗欠有憑，欲擬竹筠等杖枷。余謂道州衿民，刁頑成習，告官不究，後益難治。巡撫姜公晟韙予言，乃擬何竹筠等流、徒有差。五十七年壬子七月，閲邸鈔，時龍莊以先一年桂陽檢案事，臬司恩長劾其遲緩規避，革職回籍。知四月十六日道州士民欲復衿户舊名，知州劉國永不許。刁民聚衆抗官，道府督捕，盡獲之，首犯李長春梟示，餘斬、絞及發新疆者數十人。龍莊又有《後春陵行》詩并序，紀道州衿户逋賦之害。其時正王蓬心守永州，即《文安傳》中事也。道州地僻民頑，何氏聚居營陽鄉，恃横積逋，蓋其實事。所云何延壽、何竹筠者，蓋皆文安族人。龍莊所縶之生員一人，蓋即文安。龍莊言止縶三人，而《文安傳》云數十人，故甚其辭也。文安卒於道光庚子，年六十九，計生於乾隆壬辰。傳稱其年十六，州府試皆第一，補諸生，是當庚戌，已補諸生數年矣。龍莊孤童勵志，以至服官堅苦，自持學有本末，居家禮法，足爲典型。惟精於刑名，事必綜覈，故近於法家者言。其爲牧令，務安良善、除奸惡，亦頗以嚴爲政。道州此役，尤不免急迫趨事，如武健吏之所爲。然文安以私恨之深，遂詆爲酷吏，欺世盗名，則誣甚矣。龍莊雖嘗佐郡縣幕，然以進士得官，不得謂由此起家。『刑幕』二字，尤里俗不通之甚。『起家』二字之誤用，前人已辨之。次青此書，於循良中亦載龍莊，全取阮文達集中《循吏汪君傳》爲之，蓋不知即文安所指者也。可見其書盡出鈔撮，絶無考證之功。

邸鈔：詔：加甘肅文闈鄉試永遠中額十名。從左宗棠請也。以軍興以來各屬士民捐銀至五十餘萬。

初六日戊辰　上午澹晴，下午晴，終日有風，寒甚。偶取庚申日記檢一事，因將其中怒駡戲謔之語盡涂去之。爾時狎比匪人，喜騁筆墨，近來暫一翻閲，通身汗下，深愧知非之晚。然言之玷，尚可滅，行之愆，不可磨，幸清夜自思，猶知依循名義，拘牽繩檢，無大過於身。今去此讕言，便覺心目爲之一快。附記於此，以警將來。是年與匪人從迹最密者南海知縣杜奉雉，今亦悉滅去其名，無俾僉壬污我簡册。肯夫來。夜咳嗽復大作。

初七日己巳　晴。得紱丈書，即復。得弢夫書，即復。

閲《李石渠中丞年譜》。中丞名殿圖，字九符，高陽人，今工部尚書鴻藻之祖父也。乾隆丙戌進士，由翰林官至福建巡撫，當時號能吏。其在閩最久，嚴懲械鬥、糾搶、洋盗、花會、蠹役、訟師。其言有曰：『鰥寡孤獨，天下之窮民。然奸徒或假手以濟其私，或慫恿以肆其毒。里長耆老，浸潤之資也；寡婦孤兒，膚受之據也。大率老弱殘疾，其奸棍設計混冒者十之七，而真是顛連無告者僅十之三。今之情狀，古人之所不忍爲，而古士師所不及知。要在耐煩强記，平情鑒物，不昧其是非之本心。』又曰：『要濟事，勿喜事；要近情，勿循情；要惜名，勿沽名；要任怨，勿斂怨。』皆可味也。中丞任閩臬時頗著酷名，蓋恃察太過，必流於刻。

郭侍郎嵩燾來，不晤。

初八日庚午　晴，稍和。閲《春融堂文集》。復寫大卷。作書致伯寅。夜作復孫琴士涇陽書，并寄贈曾文正《奏議》《文集》各一部。作致季弟書，并寫寄天山公年譜，增改四條。是日付賃屋銀四兩，銀鑲烏木箸銀三兩，岑福工食錢十二千，更夫八千，陳媪七千。鍾荏山學士爲子祖恩娶婦，賀錢四千。

邸鈔：李明惠補授雲南臨元鎮總兵。李鴻章奏請以原任刑部侍郎、前河間府知府吴廷棟入祀直隸省城及河間府名宦祠，奏稱吴廷棟於咸豐三年以刑部郎中出守河間，時髪逆竄及獻縣，登陴固守。洎升任永定河道，因林鳳祥往來肆擾，留署郡事。旋升直隸按察使，仍留郡籌防。五年，全股蕩平，始赴臬司本任。九年夏，復由山東藩司調任直臬，又值豫東捻擾海口，用兵戢暴安良，威惠並著。查吴廷棟生平，究心理學，躬行實踐，體用兼備，允稱一代名臣。兩任直隸臬司，察吏衛民，循聲卓著云云。以原任大理寺卿、前順德府知府王榕吉入祀順德及大名府名宦祠。奏稱王榕吉自咸豐十年涖任大順廣道，值山東教匪劉占考等倡亂，竄入賊境，句結土匪楊朋凌等，分陷曲周，遂圍威縣，順郡東境戒嚴。王榕吉親帶練勇，馳赴威縣，立解城圍，並克復曲周縣城。同治元年，降賊楊朋凌復叛。王榕吉由山西臬司調回直隸，幫辦軍務，道出順德，倡捐廉銀，修築南關堡寨，俾資防守。七年春，張總愚北犯，所過肆掠，惟順德因城堡相連，閉門拒守，得以無恐，保全實爲不少云云。詔：禮部議奏。

初九日辛未　終日薄晴，微陰，下午有急雨數點。得陳訏堂師正月二十日仁和書，并惠銀四十兩。先生久任省會首邑，政劇用繁，家又夙貧，予之疏懶，久不通問，而忽有此寄。書僅親筆十餘行，肫摯之思，溢於言表，深可感也。得伯寅復書。予以吴松堂之子恩藻在東河候補通判，旅況艱甚。伯寅從兄辛芝近攝河北道，松堂自去冬即屢屬予爲乞伯寅一書致辛芝小差幹，予力拒之，而松堂請益堅。念昔年爲先人請封，皆松堂所料理，且固不肯取一錢之酬，至今不能忘懷。昨因致書伯寅，未敢期必得也。伯寅近以兼攝秋官，職事甚繁，又聞久病未愈，故下直即止宿東華門外，而予書甫達，即蒙作函，飛騎馳交，蓋伯寅亦知予以報請封之勞，而所請又非地方公事也。此雖小事，其意可感，亦以見君子之交，相見以心耳。梅卿饋三元餅十枚，小食分甘，亦徵念我之厚。作復嚴菊泉師嘉興書，小楷數十行，多言持身避俗之理。作片致吴松堂，送所乞書去。同邑新舉人姚炳勳、馮寬、章以咸、楊越等來拜。閲姚君履歷，爲憂庵少保之五世孫，霸昌道陶之元孫，乾隆庚辰舉人、階州知州繼祖之曾孫，乾隆己酉進士、温縣知縣杰之孫，道光乙酉舉人、湖州教授汝諧之子。自霸昌君以下進士三人，乾隆丙辰姚述祖，嘉慶甲戌姚汝晉。舉人八人、副榜四人。少保之澤長矣。志之於此，以見全謝山、袁簡齋兩家所撰碑文歸平臺灣之功於少保不爲誣也。施氏後人有《辨誣録》，專駁袁碑之誤。夜偕梅卿及錢蕃卿孝廉手談。二更返坐室中，月色甚清，梅花水仙，香韵幽絶，滅燭領會久之。作復傅蓮舟開封書。作片致子蕁。

邸鈔：譚上連補授陝西漢中鎮總兵。李鶴年奏臺灣府知府周懋琦仁和監生，以主事奏調至閩。人地不宜，請與福寧府知府張夢元直隸舉人。對調。詔：吏部議奏。李鶴年奏道員用福建候補知府丁嘉璋仍請革職。奏稱丁嘉璋由縣丞久仕閩省，於福州府知府任内，經前督臣吴棠以該員一味軟熟，善伺意旨奏參，奉旨革職，勒令回籍。嗣經前督臣英桂等會摺奏調來閩，辦理通商局務，開復原官，留閩補用。此次辦理電綫，派令專司其事，宜如何激發天良，實心經理，乃竟委曲遷就，懦弱無能，始則冒昧貽誤，率立合同，繼則播弄是非，造言生事，雖無營私舞弊實據，其心術實不可問。此等劣員，若令久留閩中，不獨豪無裨益，更恐别生枝節，於中外交涉事件大有關係，相應據實參奏云云。詔：丁嘉璋著即革職，勒令迅速回籍，不准逗留，並不准投效各路軍營，以示懲儆而肅官方。

初十日壬申　晨陰，午前後薄晴，下午霒陰。是日午正二刻五分驚蟄，二月節。作復訏堂師書、致秦澹如觀察書。是日悉發所作書，付寄書錢三千。閲《更生居士甲乙集》。其以後漢耿恭所守之疏勒城爲在今安西州西九十里之白墩子，所謂疏勒泉者是其遺址，非西域之疏勒國。海寧俞氏思謙痛闢其妄。兩家之説皆甚繁。然近儒之言地理者，皆以洪説爲非。王弢夫來。

邸鈔：詔：十三日再親詣大高殿祈雨，仍分遣王公、貝勒禱諸寺廟、龍潭。

十一日癸酉　終日陰曀。卧起甚遲。寫《周禮》。夜有大風，二更後月色仍佳。

十二日甲戌　晴，晨有大風，上午後止。寫摺卷唐詩兩開。姬人詣前門觀音殿及慈仁寺、善果寺禮佛，付車錢八千，兩寺茶錢八千。夜月甚佳，寫摺卷《急就篇》一開。

十三日乙亥　晴，午前後微陰。牧莊來，仍偕梅卿三人手談，二更後去。是日付賃屋銀四兩，付西山堂《唐會要》銀五兩。作片致潘孺初，還正月所借銀十兩。得孺初復。夜月甚佳，二更後室中映窗，看梅花、水仙，甚有佳思，惜無人可語耳。窗外籬陰一桁，大似山家。如得老梅一樹横斜其間，尤當清絶入畫。

十四日丙子　晴，有風，至晡止。寫摺卷《急就篇》兩開。陶仲彝來，樊雲門來，皆自湖北宜昌入都者。留飯暢談，夜復作手談八局，二更後散。月皎如晝。

邸鈔：命侍郎翁同龢、彭久餘，署侍郎潘祖蔭，左副都御史奎潤爲直省舉人覆試閲卷大臣。文題『禹聞善言則拜』，詩題『林花不待曉風開』。共取一等八十人，二等三百八十四人，三等七百三十人，四等停科三人。

十五日丁丑　晨晴，上午微陰，下午陰。閲《説文》。饋梅卿茶葉兩瓶，託其代製銅匣墨瀋。夜月出澹然，一更時漸清綺，是夕望。自課制藝一首。

是日見浙江學政胡瑞瀾、巡撫楊昌濬奏申明科場定例一摺，略言：浙省士習浮漓，咸豐己未鄉試有逼换提調之事；同治四年補行辛酉壬戌科，點名時非常擁擠；六年丁卯科士子入場後數到至公堂喧嚷，並毆傷受卷官；庚午、癸酉兩科場中稍覺安静；今年乙亥恩科頭場尚就範圍，至二場有亂號者，提調官出示禁止，輒敢聚衆喧鬧，言須更换提調官。此等弊端流極，勢必决裂一朝，致成巨案，異日雖欲保全，而不可得矣云云。吾浙士習不肖，近年益甚。予以己未春入都，聞是年秋試提調候補道齊某以貼出疵卷，被衆聚毆，聞首發難者妄子趙之謙也。乙丑補科，予未至杭。丁卯試時，予在書局。時王補帆中丞爲按察使，二場點名歸後，邀予飲其署，極言士子之横肆。同坐五六人，皆浙之監司，人人切齒。至己巳，紹興府試童生，時以嵊人怒其知縣全有之無行，群爲歌謡，訐之大吏，且不肯赴縣試。大吏因急易知縣，而欲停嵊人府院試以恐之。巡撫李瀚章揭示通衢，有云本部院在湖廣總督署任時晤張學院，備言浙江士習不端。今嵊縣又罷縣考，方信張學院之言果確。其云張學院者，指香濤也。及蒞浙任，即有臨安生童拒官之事。去年鄉闈，聞頭場即大半亂號，提調方鼎鋭稍勸阻之，即大嘩，欲毆鼎鋭。巡撫自出彈壓，復群圍巡撫，脅其立出手諭，聽士子坐從所便，决不查號。巡撫三揖謝過，方得解。此奏所謂異日雖欲保全而不得者，其言誠是也。然巡撫何以先既隱忍其事，後又遷就其詞，且遲至半年始行舉發，是何心哉？

邸鈔：詔：此次京察一等各員，宗人府理事官宗室敬信以四五品京堂補用；户部銀庫郎中耆彬，兵部郎中蔡逢年，壬子。工部郎中文沛、松椿、裕昆、慶錫綸，壬子。理藩院郎中福裕，本係專用道員，著交軍機處記名，仍專以道員用；内閣侍讀毓銘、劉湻焴，翰林院侍讀嵩甲、戊辰。張家驤、壬戌。黄毓恩，乙丑。司經局洗馬興廉，左春坊左中允温忠翰，壬戌。修撰鍾駿聲，庚申。編修楊霽、乙丑。曹秉哲，乙丑。文啓，逢潤古，乙丑。軍機章京、理藩院員外郎祥明，軍機章京、刑部郎中魁元，吏部郎中劉澤遠、己未。户部郎中景聞，壬子。恩綸、志潤、戴霖祥、己酉拔貢。劉餘慶、丙辰。吴廷芬，壬戌。禮部郎中惲彦琦，己未。提督會同四譯館、禮部員外郎善聯，兵部郎中文綬、廣蔭，刑部郎中景維、斌鑑、奎福、丁未。齡椿、余撰、壬子。莊錫級、丙辰。李貽良，丙辰。理藩院郎中祺保、奎綬，員外郎崇綱，吏科掌印給事中胡毓筠，己未。吏科給事中景隆，掌京畿道御史奇臣、許廷桂、庚申。劉國光，太僕寺右司員外郎文增，步軍統領衙門郎中博潤，户部坐糧廳郎中譚繼洵，己未。均交軍機處記名，以道府用。

十六日戊寅　晴，稍和，地潤。朱蓉生來，以《漢書》列傳四册及《衎石集》見還。樊雲門來，以近作詩詞各一册見示。施敏先來。課督庸僕澆竹移樹。是日買夾段馬褂、夾段袍各一，直銀十五兩五錢，先付十兩二錢。

十七日己卯　晨及午霒陰，午後間有曦景。

《禮記·中庸》「上祀先公」注：『先公，組紺以上，至后稷也。』《正義》云：『組紺，太王之父，一名諸盩。《周本紀》云：「亞圉卒，子太公叔穎立。太公卒，子古公亶父立。」又《世本》云：「亞圉雲生太公組紺諸盩。」則叔穎、組紺、諸盩是一人。此云「追王太王、王季，上祀先公」，則先公之中包后稷也。』《司服》云：「享先王則袞冕，先公則鷩冕。」后稷爲周之始祖，祫祭於廟，當同先王用袞，則先公無后稷。故鄭注《司服》云：「先公，不窋至諸盩。」若四時常祀，惟后稷及太王、王季之等，不得廣及先公。《天保》云：「禴祠烝嘗，于公先王。」鄭注：「先公，謂后稷、諸盩。」是四時常祀，但有后稷及諸盩以下，今本「是四時常祀」二句誤在鄭注上，又「后稷」下無「及」字，今皆依文義更正。又案：「四時」上當有「文王」二字，以《天保》爲歌文王之事也。此皆望經上下釋義，故不同，或有「至」字誤也。』此指《天保》箋或本有作『謂后稷至諸盩』者，故云有『至』字爲誤，其文甚明。今本『后稷』下仍有『至』字，則此語不可解。今仿臧氏琳注疏削繁之例，稍爲删正之。案：據此則冲遠所見《詩·天保》箋作『先公，謂后稷諸盩』，無『至』字。今《詩經》注疏本仍有『至』字。而《正義》申之云：『先公，謂后稷至諸盩。』俗本皆然。定本云：『諸盩至不窋』。疑定本誤。《中庸》注云『先公，組紺以上至后稷』，《司服》注云『先公，不窋至諸盩』，《天作》箋云『諸盩至不窋』，同是先公而注異者，以太王之前皆爲先公，而后稷周之始祖，其爲先公，書傳分明，故或通數之，或不數之，皆取便通，無義例也。此歌文王之事，又別時祭之名，文王時祭所及先公，不過組紺、亞圉、后稷而已。箋言后稷至諸盩者，廣舉先公之數，不謂時祭盡及先公也。又《天作序》箋云『先公，諸盩至不窋』，《正義》中申之云：『諸盩至不窋，於時並爲毁廟，惟祫乃及之。此言祀者，據序云『祀先王先公』。乃是時祭，其祭不及此等先公。而箋言之者，因先公之言廣解先公之義，不謂時祭皆及也。時祭先公，惟后稷。若直言先公爲后稷，嫌此等不爲先公，故除去后稷而指此也。』

案：冲遠兩疏，皆近曲説。《天保》明云『禴祠烝嘗』，是四時之常祀，安得遍及先公？鄭箋『后稷』下本無『至』字者，是也。蓋文王時后稷爲太祖，亞圉、諸盩、古公、季曆爲四親廟，正與《王制》『諸侯五廟，二昭二穆與太祖』合。鄭箋不及亞圉者，省言之耳。後人誤加『至』字。定本作『諸盩至不窋』，則尤誤矣。《天作》本爲祫祭之詩，據疏引或説。故序云『祀先王先公』。祫亦可稱祀也。祫者，群主合食於太祖之廟。后稷爲太祖，則自在先王之列，故箋於先公不言后稷。若如疏説，則《天保》《天作》皆本於不窋等無涉，鄭箋何必專爲『先公』二字，兩處皆横相牽引以乖經義乎？至《中庸》『先公』，則自當包后稷言之。后稷雖爲太祖配天，未嘗追加王號，故仍稱先公，而廟正南面之位，配天於南郊，所謂祀以天子之禮也。不窋以降，禘祫皆升合食。《國語》有『我先王世后稷』『我先王不窋』及『十五王』『十八王』之稱，所謂皆祀以天子之禮也。言各有當，不必强爲之説。至冲遠之疏《中庸》，明知《天保》箋有『至』字者爲誤，而《詩疏》復據誤本，曲爲附會，尤失於檢照矣。

杭州黄同年福楙來。仲彝、雲門來，夜飯後復偕作手談，至三更時去。雲門携交會稽施山壽伯《通雅堂詩鈔》兩册，共十卷。其人以布衣佐郡縣幕於湖北，今在荆州知府倪豹岑所，年四十餘，爲王孟調婦翁施秀才璧煇之族子，言家居時曾見予於孟調所也。其詩頗有氣格，不落凡近，以近時新出詩集而論，在元和陳梁叔之下，施均甫之上，詩境亦相伯仲。製銅鸜哥燈一具，置之案頭，付京錢十八千。令圬人切壺道。

十八日庚辰　晨陰，上午雨，旋雪，下午雪止，有風。令圬人切室中磚地。爽秋來。得嘉興朱亮生書，并惠銀十兩。亮生以寒士依李合肥幕爲書記，與予相識在癸酉秋，僅三四面耳。別後寄予長箋一通，并所作《治河私議》十餘紙。三年未答。而此次復分脩脯相餉，令人感不能忘。同邑新舉人陸一諤壽民來。得曉湖去冬書。夜晴。

十九日辛巳　晴，微陰，寒甚，下午風。令圬人切庭中地。先生賃廡以居，且日作歸計，營營何爲！閲徐子遠《通介堂經説》。剃頭。得王弢甫書，饋華頂朮十枚。即復謝，犒使一千。

二十日壬午　晴寒，午時微陰。先祖忌日，供饋八簋。得紱丈書，即復。楊雪漁來。梅卿贈獺皮冠一頂，墊巾林宗既嫌其潤，小冠子夏尤非所宜，即作復還之。夜再得紱丈書，即復。是夕復自課制義一首，至二更畢。頗苦齒痛。前日題爲『君子於其所不知蓋闕如也』，今日題爲『故君子名之必可言也』一節。

邸鈔：詔：二十三日再親詣大高殿祈雨，仍分遣禮親王世鐸等禱諸宫廟、龍潭，又遣那爾蘇禱清漪園龍神祠，載瀛禱静明園龍神祠。

二十一日癸未　晴，少和。

前日樊雲門言湖北安陸至河南信陽州境，有平靖關，最爲險隘。又數日前閲邸鈔，御史安陸人劉國光奏咸豐四年三月署安陸縣知縣萬成滿洲鑲白旗人，道光甲辰舉人。殉難事，言時湖廣總督台涌駐兵德安府城，賊由武昌北竄，陷雲夢。台涌欲退守三關，萬成争之不得。及賊至，台涌啓北門遁去。今日考之《元和郡縣志》，中州義陽縣本漢平氏縣義陽鄉地。故平靖關城在縣南七十六里，舊有此關，不知何代創立。按義陽有三關之塞，此其一也。武陽、黄峴二關在安州應山縣界。長老云此關因山爲障，不營濠隍，故名平靖關。《乾隆府廳州縣志》：湖北德安府即安州。應山縣平靖關、百雁關、禮山關，並在縣東北，隋禮山故城在縣東，西魏平靖故城在縣北，禮山在縣東八十里，唐置應州於此。又河南汝寧府信陽州即申州。平靖關，在州東南九十里，南至湖北應山縣亦九十里，有大小石門，鑿山通道，極爲險隘，即春秋時冥阸也。《左傳·定公四年》，吴伐楚，自淮涉漢，楚左司馬戌請還塞大隧、直轅、冥阸，自後擊之。《圖經》：《左傳》之大隧即黄峴，今名九里關，在州南九十里；直轅即武陽關，今名大寨嶺，在州東南一百五十里；冥阸，即平靖，今名行者陂。又石城山，在州東南七十里，即古之冥山也。《吕氏春秋》：『天下九塞，其一冥阸。』然則平靖固古今險要著稱之地，楚、豫所恃以固境。台涌總督兩湖，寇自南來，而北保豫境，真可笑矣。

是日贖珠皮袍褂，付京錢七十五千七百，又付洋布錢八千。同鄉施刑部啓宗嫁妹，送賀錢四千。對門張刑部茂貴續娶，賀錢二千。夜雲合，大風，旋星見，三更後風止。得孫琴士正月十二日涇陽書。

二十二日甲申　晴，稍和，傍晚風，入夜益甚。閱毛西河《經問》。其駁《日知録》晉用夏正諸條，極爲精確。是日補種紅杏一樹，垂柳一樹，紫丁香兩樹，又移海棠於外院，付錢十二千五百。買帽纓一頭，付錢十三千五百，計十餘年不易此矣。仲彝來。

是日閲邸鈔。沈葆楨奏：臣在臺灣請調道員段起差委，奉有該員向有嗜好留心察看之諭。臣内渡後與同駐船政兩月有餘，再同駛赴金陵，至今又逾三月，隨時隨事，觀其所爲，實見其孜孜講求吏治，於立身義利之界，辨析尤嚴。其忠奮有爲，與十年前一轍，而退讓之度有加焉。兵部侍郎彭玉麟嫉惡之嚴，世罕倫比，移書論段起人才，首以剛健篤實許之，蓋起生同里閈，稔其素行久矣。仰懇聖恩，准將段起暫留江南差委，仍令照例坐補江西督糧道原缺，以遂其退讓不妄干進之心。倘將來有簠篋不飭，及世俗烟酒嗜好，臣與同罪，所不敢辭云云。其推許可謂極矣。豈湖南人材，雖支羅、穬麥，皆足當人參、麥冬乎？吾書此，以觀其諭。

二十三日乙酉　晴。得濮紫泉書，送來貴州路朝霖所贈洪北江《登封縣志》一部。予二十年前曾得此於柯山故家，後燬於賊。昔年晤此君時，以其父方爲洛陽令，屬其代覓此書，今三年矣，竟能不忘所諾。此君雖以妄言得罪於予，此事則可取也。即復紫泉書。比日令圬人拔屋上草及理瓦具畢，共付庸錢二十三千。上庸每日受直一千八百，次庸一千四百。是日復自課製藝一首，題爲『追王太王王季上祀先公以天子之禮』。

二十四日丙戌　晨微晴，上午陰，有風，午後澹晴，晡後復陰。午出門答客十餘家。至牧莊處小坐，晡後歸。付車錢六千。作書致梅卿，饋以生日糕、桃、肉、麪。寫單約仲彝、雲門、牧莊、陸一謌明日晚飲。甘肅同年吴蜀江編修開吊，賻以四千。此君以去年祭竈日暴歿，今聞其實以縊死也。江敬所來，贈箋紙兩匣，名片兩束。仲彝來，述其尊人安軒年丈之意，饋予十六金，又贈陰沉木印匣一枚。雲門來，贈荆州八寶香一匣。同邑新舉人杜鍾祥來，尺莊先生之從孫也。其父名璘，字豐玉，山陰老諸生，故此君字小豐，年亦至五十，其入學時已四十餘矣。交到其從弟壽平秀才恩康書，予王氏妹之婿也，并王氏妹所寄鮝脯兩肩，龍眼一簍。作書致殷蕚庭，以前日紱丈所贈兩書及同鄉所投行卷悉致之。夜偕雲門、仲彝、梅卿手談，至三更罷。聞二十一日兩宫皇太后召恭邸及翁、夏兩侍郎至養心殿侍上試書。上先書『天下太平』四字，再書『正大光明』四字，又作清文四字，皆無誤，諸臣稽首而退。

邸鈔：以詹事府詹事宗室寶森爲大理寺卿。以前盛京户部侍郎志和爲太僕寺卿。詔：記名提督、陝西延綏鎮總兵劉厚基恪遵母命，捐資贍族，古誼可風，加恩賞給伊母羅氏御書扁額，以示嘉獎。從湖南巡撫王文韶奏請及禮部議奏也。

二十五日丁亥　未初三刻九分春分，二月中。晨晴，上午大風，午微陰，晡時風止。祀曾祖考妣、祖考妣、本生考妣、先考妣，肉肴、菜肴共十簋，果、羹、卵各一簋，點心三色，時果四盤，杏酪一巡，酒三巡，飯兩巡，下午畢事。同邑新舉人屠壽田來。此君字子疇，本名銑庚，其祖母即予本生祖母之妹，其世父又予姑之夫也。不相見者二十餘年，今年亦四十餘矣。言於癸酉歲改名壽恬，去年揭曉時，學政胡侍郎以爲名犯御名，必欲斥去。正考官奎君力持之，且曰：『此字宜避，固也。然公何以録送入闈乎？』胡不能答，始得免。故榜後又改壽田云。牧莊來。雲門來。仲彝來。張子虞來。陸一謌來。作片并邀杜、屠二君飲酒。傍晚兩君來。夜主客八人共飲，至二更罷。陸、屠、杜三君先去。復偕牧莊、梅卿、仲彝、雲門手談，三更後散。是日杜君言張䅣塘先生於去年八月病卒。䅣翁以嘉慶戊寅舉於鄉。予日前見合肥爲史觀察奏請豫期重宴鹿鳴疏，方擬致書當事爲䅣翁請之，而不知已作古人矣。親問老輩，自此遂無一人，不勝慨悵。

邸鈔：詔：雲南迤東道丁士彬與四川建昌道許培身互調。

二十六日戊子　晴，午後有風。王子獻來，以𦍒脯一肩、笋尖兩匣、新茶兩瓶、洋燭兩封爲饋，犒使四千。杭州同年蔣其章來。得朱西泉同年昌壽書。西泉年六十餘矣，窮老無子，今年始來覆試，而二十三日補覆已過，禮部言此後不得再補。向例舉人不赴覆試逾三科者黜，故西泉以問予，然月尾月初必當加恩再補一覆也。梅卿以生日送酒一壺，炒麵一盤，作書復謝，犒使一千。是日又自課制藝一首，題爲『孟子曰人不可以無耻一章』。

邸鈔：左春坊左中允宗室寶廷調補國子監司業。掌京畿道御史奇臣升補吏科給事中。工部郎中松椿授江安糧道。李榮告病。軍機大臣面奉諭旨：御史慶壽等奏烈婦循例請旌一節。浙江吏員張澐之妻高氏因夫病故，仰藥殉節，可嘉可憫，准其旌表。

二十七日己丑　晴，午前有大風，晡後風止，稍和。禮部取三場試卷來，親填覆歷三通，是科卷費以浙紹鄉祠公項抵送。以京錢五十七千一百贖癸酉八月所質江紬夾袍一領，計已三十月限滿矣。本錢祇三十五千，因此衣是先人所遺，故不敢棄也。仲彝來。雲門來。弢夫來。梅卿邀同諸君夜飲，復共擲采骰十五局，予五得元籌，三更始散。得紱丈書。

二十八日庚寅　晴，上午有風。作書致孺初，饋以華頂朮八枚，新茗一瓶。作書致錢笣仙，爲朱西泉詢補覆消息。作書致紱丈，饋以笋尖一器。作書致王芝仙，贈以近出詩詞兩種。得孺初復、紱丈復。屠子疇饋羗脯一肩，龍井茶兩瓶，作片復謝，犒使二千。蔣子相饋松花皮蛋一簍，茶葉一簍，犒使一千。子獻來，以周雪甌《耻白集遺詩》兩册見示。又言雪甌之子德鴻已補諸生。其一册子獻從余輝庭得稿本録副，其一册則德鴻得之於親黨者，皆雪甌未識予時所作，多江湖酬應之什也。雪甌之詩蓋已盡此。子獻以嘗問業，勤勤理董，將謀付梓。德鴻爲雪甌自都歸里納姬所生，甌卒時年甫數歲，能不墜遺書，皆可喜也。將爲序以傳之。

二十九日辛卯　澹晴，晡後陰。寫單約江敬所、朱西泉、蔣子相、王子獻晚飲廣和居。錢笣仙來。剃頭。鮑敦甫來，得舍弟正月十三日書，并寄燕窩一匣。王蓉舫師來，言前年署衢州教授。晚詣廣和居，并邀朱蓉生同飲，夜一更時歸。

三十日壬辰　終日陰霠，地气蒸潤。仁和董子恩孝廉寶榮來。子縝來，得心雲書、王眉叔書。午前出門，答拜客八九人，晡後歸。朱亦甫來，不值。子縝、雲門、仲彝來，暢談，留共夜飯，一更後去。

印結局送來是月公費十兩四錢。朱亦甫饋金華堯脯一肩，犒使二千。比日不復能讀書，轉覺疲乏，夜卧復咳嗽，五更疾動。夜雲合，似將雨矣，二更大風作，徹夜震撼，仍開霽。

三月癸巳朔　晨至午晴，午後陰。得子縝書，惠乾青魚一尾，甘杞子兩匣，綫縐半臂，裁紫豪筆四枝，并心雲所寄笋乾一簍，茶葉兩瓶，作書復謝，犒使四千，返紬及筆。作書致王廉生。録《論語古義》『述而不作』一則，《養心録》『古語有本』一則，曉讀《書齋初録》『文子引用古語』一則，皆置諸坐右，以戒妄作之蔽。孫琴西布政來，不晤。夜大風，作篆百餘字。付岑福庸錢十千，順兒二千，陳媪五千。

邸鈔：命翰林院侍讀學士許應騤爲甘肅學政。此甘肅設學政之始。應騤，番禺人，聞其鄉人言絶不知文字，亦隴涼之大不幸矣。

初二日甲午　晴，微陰，終日大風。得朱蓉生片，饋金華堯脯一肩，即復謝，犒使一千。王廉生來。得子縝書，再送半臂及筆來，即復謝，犒使一千。得季弟二月七日書，陳葉封所附至。又得鍾慎齋正月二十一日書。復作篆百餘字。傍晚風止。夜寫殿卷。作書致牧莊。

邸鈔：詔：初四日再親詣大高殿祈雨，仍分遣諸王公、貝勒禱覺生寺及各宫廟、龍潭、龍祠。定郡王溥煦奏請因病停俸。詔：加恩賞給全俸，安心調理。福建巡撫丁日昌奏福建補用道區天民前署督糧道任内，聽書吏將應行停發兵米折價給發現銀三千五百餘兩，實屬蒙混，請革職查辦。許之。

初三日乙未　晨至午晴暖無風，午後風又起，晡後陰，晚晴。得子縝書、雲門書，并寫示上巳《滿庭芳》詞一闋。得廉生書，送帖括一包來，即復。得史實卿二月十二日書，言今年不赴公車，將讀書駝峰山寺一年，以明春入都，并惠建曲一斤，羊豪筆兩枝，紫豪筆兩枝，託余某孝廉帶來。牧莊來。同年韓達夫開濟來，不晤。潘紱丈來。是日買摩本段半臂一領，付銀三兩，又付前日袍褂餘銀二兩四錢。比久不雨，百物昂貴，今日賖米百斤，至京錢三十二千，較去冬長四千矣。夜洗足。今日本約牧莊、雲門、仲彝、子縝至龍樹、陶然諸寺小作禊堂，陶、樊三君以事不至，牧莊小病，午後又風，遂不出門，以此祓除不祥而已。

初四日丙申　晴，有風。得秦秋伊書，饋彘脯一肩，乾青魚一對，紅醬菽乳一方，作書復謝，犒使二千。王子獻來。屠子疇來。杜小豐來。田杏村寄來王氏妹書，并番銀十圓，茶葉一簍。是日寫殿卷數開。付買考籃及油紙、鐵釘等錢六千，修表錢四千。

邸鈔：詔：以剿平粵匪、捻匪《方略》兩編校勘刷印，一律完竣，在館各員著有微勞。軍機章京、太僕寺卿朱智以應升之缺候補，太常寺少卿周瑞清以三品京堂候補，餘升賞有差。內閣侍讀李耀奎以郎中掣分户、刑兩部，無論題選諮留，遇缺即補。光禄寺卿許庚身賞加二品頂帶。候補四品京堂、前鴻臚寺少卿徐用儀服闋後免補原缺，以四品京堂候補。後吏部駁周瑞清於定章不符，乃改加二品銜。詔：以京師日久不雨，清理刑獄。

初五日丁酉　晴和。王子獻饋鴿卵二十枚。梅卿至内城賃試寓於表背胡衕。得紱丈書，即復。殷蕚庭來。杜小豐來，屠子疇來，以衣箱各一寄頓予家。鮑敦夫來。作書致牧莊，饋以藥物數事。敦夫饋彘脯一肩，并交來予家所寄笋乾、蘆菔乾共一簍及燕窩等物。得牧莊復，并饋普洱茶一包，貴州水筆兩枝。是日寫大卷《爾雅》訖。

邸鈔：詔：本日引見之降調翰林院編修黄自元以檢討用。　以□□□□色楞額爲興京副都統。

初六日戊戌　晨晴，上午後陰，下午霒陰。是日復寒。

晨見邸鈔，命户部尚書董恂甘泉，庚子。爲會試正考官；刑部尚書桑春榮宛平，壬辰。吏部右侍郎、承恩公崇綺，滿洲鑲黄，乙丑狀元。禮部左侍郎黄倬善化，庚子。爲副考官；翰林院侍講學士徐致祥，嘉定，庚申。編修陳學棻、安陸，壬戌。朱以增、新陽，乙丑。楊頤、茂名，乙丑。譚承祖、南豐，戊辰。黄湘、珙縣，戊辰。姚協贊、承德，戊辰。邵積誠、侯官，戊辰。顧樹屏、廣豐，戊辰。崔國英、安徽太平，辛未。鄧蓉鏡、東莞，辛未。李肇南、鎮雄，辛未。袁善、丹徒，辛未。陳理泰，長沙，辛未。修撰陸潤庠，元和，甲戌。户科掌印給事中夏獻馨，新建，丙辰。掌河南道御史梁景先，三原，乙巳。吏部文選司郎中沈源深祥符，庚申。爲同考官。

作書致子縝、仲彝、雲門三君，饋以食物。作書致子獻，饋食物。料檢考具。

邸鈔：刑部右侍郎、輔國將軍宗室載崇卒。詔：加恩照侍郎例賜恤。上諭：御史余上華奏請將永不敘用人員不准投效軍營等語。據稱近來此項人員竟有投效軍營，希圖保請注銷永不敘用，以爲開復地步者，殊非澄敘官方之道。嗣後永不敘用人員概不准投效軍營，各路統兵大臣及各省督撫並不得率行保奬，以杜取巧而肅官常。

初七日己亥　晴。剃頭。晡後入城，寓東表背胡衕吏部富宅，與梅卿及秦秋伊、陳葉封、田杏村同寓，仲彝、子縝、雲門來，孫彦清來，夜談甚暢。

邸鈔：以兵部右侍郎恩齡爲刑部右侍郎，以内閣學士烏拉喜崇阿爲兵部右侍郎。岳林補鑾儀衛鑾儀使。常星阿補正黄旗漢軍副都統。吉和補鑲藍旗護軍統領。詔：順天府府尹吴贊誠開缺，以三品京堂候補，督辦福建船政事宜。

初八日庚子　晴。晨入闈，坐西鹹字號。鄰號生有温州戴孝廉某、雲南嶍峨謝孝廉某，皆循謹知禮法。

邸鈔：以順天府丞張澐卿爲府尹。

初九日辛丑　晴。三更後得題：『康誥曰克明德』兩節，『施於有政』兩句，『惟義所在』，『南山曉翠似浮來得來字』。

邸鈔：詔：瑛棨以按察使用，楊能格以道員用，文碩以五品京堂候補。

初十日壬寅　晴。酉正一刻七分清明，三月節。午出闈。彦清來。作書致盛伯希同年。殷蕚庭饋燖鴨、燒魚。

邸鈔：以内閣侍讀楊鴻吉爲順天府府丞。翰林院侍讀學士特亮奏病難速痊，請開缺調理。許之。

十一日癸卯　晴。晨入闈，坐西商字號。鄰號生有武邑楊呈華，年七十六歲，戊午歲舉人，現官撫寧教諭；又許州丁應斗，年六十六歲，庚午舉人。楊耳已聾，作字甚艱。丁甚健，如少年，文字則一無所知也。子縝來。子獻來。夜月甚佳，比日暖，可衣單綿，而夜中甚寒，五更須重裘矣。

邸鈔：以大理寺少卿王家璧調補順天府府丞，以楊鴻吉爲大理寺少卿。鴻吉，丹徒人，以曾補大興學生員，故回避。然家璧以大理少卿而補府丞，爲左遷矣。理藩院郎中福裕授甘肅鎮迪兵備道。詔：本月十四日再詣大高殿祈雨，仍遣諸王公、貝勒、將軍分禱諸寺廟潭祠。

十二日甲辰　晨晴，午後微陰，有微雨，旋復晴。四更後得題：『孚於嘉吉』，『寬而有制』兩句，『興雨祁祁』兩句，『仲孫蔑衛孫林父會吴于善道』，『温柔敦厚』四句。二更，四藝寫畢即睡。以所携高麗參分贈楊、丁兩君。

邸鈔：以詹事府詹事周壽昌爲内閣學士，兼禮部侍郎銜。

十三日乙巳　晴。午前出闈。作書致仲彝、子縝諸君，饋食物。作書致子獻，饋食物。作書致盛伯希。仲彝、子縝來。彦清來。子獻來。馬芸臺同年來。夜大風。

邸鈔：上諭：前據刑部奏遵議劉坤一等審擬已革總兵詹啓綸主使毆斃人命案摺。適因都察院奏詹啓綸呈訴冤抑，並控已革都司陳國瑞挾嫌唆使服毒陷害等情，當諭令沈葆楨嚴訊。兹據奏明定擬，並請將陳國瑞發軍臺效力，及總兵劉福興、副將蕭誠均發往黑龍江當差等語。此案詹啓綸因與胡士禮帳目轇轕，胡士禮屢向索欠，胡士禮之妻胡王氏毒詈其妾，輒將胡士禮主使叢毆斃命，即回湖北原籍，豫爲抵賴地步。旋復在都察院遣抱呈控，希圖委卸，實屬罪無可逭。詹啓綸著仍照原擬絞監候，秋後處決。陳國瑞雖訊無唆使陷害各情，惟以嚴加管束之員，輒敢擅離原籍，且於胡士禮命案有干預相驗情事，殊屬不安本分；已革總兵劉福興於詹啓綸幫給劉文富銀兩，輒思從中取利，起意訛詐；副將蕭誠於詹啓綸命案借名賄托，誆騙銀兩，均屬罪有應得。陳國瑞著改爲發往黑龍江，與劉福興、蕭誠一并交黑龍江將軍嚴加管束。沈葆楨奏請將庸劣各員分別革、降、勒休。江蘇候補知府李傳黼、安徽試用同知朱光遠、候補運判方克猷均革職；候補知縣彭宗洛降以府經歷縣丞選用；六合縣知縣王賓、震澤縣知縣柳承先、板浦場大使沈維鎮均勒令休致。從之。

十四日丙午　晨陰霾大風，上午稍止，午復大風震撼，至晚稍止。上午入闈，坐西灊字號。

邸鈔：陜西巡撫譚鍾麟奏查明庸劣各員。綏德州知州湯敏、白河縣知縣胡馨桂、候補知縣楊振鈞等六人均請革職。從之。

十五日丁未　晴。黎明得策題，第一問經學，第二問史學，第三問官制，第四問選舉，第五問財賦。其問目可笑者甚多，予隨意條答，且駁詰之，二更正草俱完，已無餘幅矣。

邸鈔：詔：都察院左都御史景廉在軍機大臣上學習行走。詔：本年七月十二日恭遇慈安瑞裕康慶皇太后四旬萬壽，著查照成案，將在京八旗官員及男婦、太監等年六十以上者均加恩賞。詔：今年秋審、朝審照例辦理，其情實人犯，著停止句决。　廣西巡撫嚴樹森卒。樹森，字渭春，四川新繁縣舉人，以十二月十七日蒞巡撫任，今年二月二十八日卒。三子：長鶩昌，官湖北恩施縣知縣；次翽昌，二品蔭生，候補同知；三翊昌，候選知縣。詔：嚴樹森由知縣洊擢兩司，簡授封圻，自到廣西以來，於地方軍情吏治，認真籌辦，克稱厥職。兹聞溘逝，悼惜殊深。嚴樹森著照巡撫例賜恤，伊長子知縣嚴鶩昌加恩以直隸州知州用，長孫蔭生嚴祖衡以主事用，用示篤念藎臣至意。　以湖南布政使涂宗瀛六安，舉人。爲廣西巡撫。詔：即迅赴新任，毋庸來京請訓。未到任以前，著署布政使廣西鹽法道慶愛暫行護理。詔：廣西布政使楊重雅即赴新任，毋庸來京請訓。廣西按察使長賡業經請訓出京，無論行抵何處，迅速赴任，以重職守。　湖南候補道孫翹澤補授衡永郴桂兵備道。翹澤，貴州舉人，由長沙府知府保升道員。

十六日戊申　晴暖。黎明出闈。有鄰號諸暨周鄂友景祁爲分負考具及衣包以出，可感也。周君爲乙丑年補行辛酉壬戌科舉人。其父蕃，辛酉拔貢，今官廣西遷江令，地甚瘠苦。周君自遷江獨行入都，亦近日子弟之難得者。仲彝、子縝、彦清、雲門來。周鄂友來。偕仲彝諸君訪盛伯希，不晤。午前出城返寓。周荇農閣學來，王廉生來，皆不值。剃頭。得季弟二月十三日書，并家譜四册。洗足。孫鏡江來。是日見楊柳初青，壽檀花發。

邸鈔：以湖南按察使崇福滿洲，貢生。爲布政使，以四川鹽茶道傅慶貽清苑，丙辰進士。爲湖南按察使。上諭：御史袁承業奏雨澤愆期，請修明政體一摺。據稱近來濫捐濫保過多，内外臣工，或有徇私圖利，情同蔽惑，請飭各衙門恪遵成法，力挽頹風，並下詔求言等語。嗣後内外臣工，務宜各矢公忠，悉除奔競之風，勿用調停之説。朝廷政事，如有闕失，必當盡言無隱，庶幾上下交儆，感召和甘，毋再玩忽因循，共安緘默。

十七日己酉　晴。得紱丈書，即復。作書致蕚庭，饋以武夷茶一瓶及佛蘭燭三條。謝夢漁來，許竹篔來，俱不晤。庭中補栽海棠一樹，櫻桃一樹，櫻桃已作花矣。得孫鏡江書，約後日午飲。殷蕚庭來。是日付考具及三場食物，共費錢三十八千有奇，又賞三場號軍錢八千，賞岑福六千，守門張僕四千，更夫三千，胡氏僕趙福三千，更夫一千，陳媪五千，順兒一千。潘孺初來，言第一場試畢即出城，不復入矣。談至夜一更後去。

邸鈔：兵部郎中蔡逢年丹徒，壬子進士。授四川鹽茶道。

十八日庚戌　晴。爲王子獻撰墨合銘，以行篆法書之，即書致子獻。作書致伯寅，爲杏泉乞書楹聯。得子獻復。吴松堂來。施敏先來，不晤。得伯寅書，并所寫楹聯，即復謝。仲彝、子縝來。雲門來。嘉興沈同年瑜寶來。傅子蕁來。作書致紫泉。爽秋來。得紱丈書，即復。偕仲彝、子縝、雲門、子蕁、梅卿共作采籌之戲，至夜二更後散。子縝以所著《淮南子參證》《淮南許高二注考異》及近文一册見示。

十九日辛亥　晴。晨起澆花。紫泉來。筦仙來。上午出門詣鏡江，晤。詣鎸山師，久談。詣廉生，久坐，爲設小食，借書兩種，復饋駮魚子三斤。詣蕚庭、敦甫，俱晤。答拜周荇農丈、周鄂友，俱不值。答拜紱丈，不值。詣伯寅，久談。答拜沈氏兄弟、許竹篔及邑館諸君，晚歸。牧莊來，屠子疇來，秋伊來，俱不值。牧莊贈紫豪筆兩枝。子疇取所寄衣箱去。得仲彝書子縝寫示近詞兩闋。是日復補栽李花一樹，榆葉梅兩樹。

二十日壬子　晴，暖甚。作書致肯夫，得復。子獻來。徐孝廉濟川來。牧莊來。王弢夫來。潘星丈來，吴庶常講來，山陰張某孝廉來，俱不晤。周生文令新選户部廣西司主事來謁。蕚庭約明晚飲宴賓齋，辭之。得沈曉湖書，爲上虞連秀才乞撰其尊人樂川仲愚家傳。其人於上虞江海塘工最爲盡力，著有《紀略》三册，規畫頗爲周至。夜有大風。是日以珠毛袍褂質錢七十五千。紫丁香開，新栽李花亦盛開。又换栽海棠一樹，紫丁香一樹。

二十一日癸丑　晴，有風。約牧莊、子縝諸君至城西諸寺看花，不至。是日付賣花人錢二十五千二百，海棠一樹，櫻桃一樹，李花一樹，榆葉梅一樹。車錢十二千，水桶錢三千八百。仲彝來。

前日廉生贈《朱博殘碑》拓本一通，共三十九字。去年乙亥春出於青州諸城縣某村，今藏縣人尹彭壽家。其文可辨者曰：『惟漢河下缺，蓋河平也，成帝元號。尉朱博遷下缺。曹史諸佐下缺。布治□史下缺。賞過必誅下缺。姑莫縣捕下缺。卿奉檄□下缺。漸除豪强□下缺。忌周郎邪民下缺。□頌萬世。下缺。』考朱博本傳，先以太常掾察廉補安陵丞，後歷京兆府曹史列掾。成帝即位，除大將軍莫府屬，舉爲櫟陽令，遷長安令、冀州、并州刺史，護曹都尉，琅邪太守，入守左馮翊。《百官公卿表》博爲馮翊在成帝永始二年，去河平紀元已十三年。據此碑，則博之遷琅邪尚在河平中，是守郡頗久。其所曰『尉』者，蓋謂博以護漕都尉遷琅邪也。曰『曹史』者，追敘博先歷之官也。曰『姑莫縣』者，琅邪屬縣也。曰『卿奉檄』者，謂博檄姑幕游徼王卿捕賊事也。詳見本傳。『幕』作『莫』，『琅』作『郎』，皆古字通借。『檄』作『檄』，隸之别體。諸城在漢爲東武縣，琅邪郡治焉。姑幕故城在縣西北五十里。此蓋琅邪吏民頌博德政之碑。字徑二寸，筆法渾樸，爲得先秦八分遺意。

邸鈔：詔：二十四日再親詣大高殿及宣仁廟祈雨，仍分遣諸王、貝勒公禱覺生寺、時應宮、昭顯廟、凝和廟及各龍潭、龍神祠。

二十二日甲寅　晴，微陰，有風，晡後陰。連五夕舊疾舉發，憊甚。補栽朱砂欒枝一樹。牧莊來。

仲彝、子縝來，雲門、秋伊、彦清來。新栽海棠開。午偕諸子及梅卿同游慈仁寺。雜花半落，丁香盛開。同坐花下，啜茗清談，好風徐來，香雪如海，緑陰漸布，鳥聲無人。復至後院，海棠正禯，梨花已將落矣。偕登毗盧閣，裴回小立，因覺腹餒，不及游長春、法源諸寺而回。牧莊先去。偕諸君同作采籌之戲，至夜二更時散。得謝夢漁書，言揚州書局提調王湘舲太守寄予新刻陳卓人太守《白虎通疏證》一部，即復謝。潘鳳洲來，楊孝廉崧年來，不值。

閲《詩經廣詁》，桐城徐璈撰。璈，字□□，號樗亭，由進士、户部主事改浙江壽昌縣知縣，調臨海縣知縣。前有道光十年洪氏頤煊序。其書共八册，不分卷，先以序例綱領及《詩》家源流，其後自《國風》至《商頌》，依次爲説，皆搜輯古義以爲證左，而不加論斷。凡《春秋》内外傳，周、秦諸子，以至宋、明，國朝人之説，無不甄録，間亦附注己見。曰『廣詁』者，取『《詩》無達詁』之義也。

二十三日乙卯　晴，微陰。姬人詣極樂寺看花。張颬民送蘭花一叢來。杜小豐來取衣箱。

閲王葉友筠《鄂宰四稿》。爲《夏小正正義》一卷，《弟子職正音》一卷，《毛詩雙聲疊韵説》一卷，《毛詩重言》一卷，皆其知山西鄉寧縣時所作。前有咸豐三年三月自序，言自甲辰宰縣至此八年，俗樸訟簡，温習故書，成此四種。其書意在訓迪初學，故不繁爲稱引，而包括故訓，審正古音，自非經儒之魁不能爲也。

蕚庭來，不晤。夜得紱丈書，即復。

閲朱亮生所寄《海防議》。凡四十一紙，分練兵、簡器、造船、籌餉、用人、持久六議。其言多切中事勢，非書生泥古之談。

二十四日丙辰　薄晴，多陰，晡後陰。汪柳門司業來。作書致仲彝、子縝、雲門三君，致牧莊，皆約明日極樂寺看花。作片致蓴庭。剃頭。得子縝書。得紱丈書，即復。邑館今日春祭，不赴。得夢漁書，送《白虎通疏證》來，即復謝。羊辛楣來。得徐壽蘅鴻臚書，并以郭侍郎嵩燾所著《禮記鄭注質疑》玉藻一册送閲，即復，并子縝近文一册送去。得仲彝復、雲門復。陳葉封來，田杏村來，朱味笙來，吴子重來，俱不晤。夜有風。

二十五日丁巳　晨微陰，有風，旋晴，晡後微陰。牧莊、仲彝、子縝、雲門來，上午共飯後即升車入宣武門，出阜城門，經西直門，過高梁橋，至極樂寺。海棠花事，爛漫已極，梨花、丁香，落英滿地，碧桃、紫荆，亦作華矣。彦清後來，王子獻及韓達軒同年亦在焉。予與梅卿各携茶具、點心，小憩西國花堂，遍行花下，過晡而還。傍晚彦清邀同子縝、仲彝及王子裳飲春馥堂，并設肴饌。予招秋菱，子縝招雁儂，仲彝招藹雲。三更後子縝復邀飲嘉穎堂，羊辛楣邀飲景龢堂，皆力辭而歸。季士周來，謝惺齋來，皆不晤。汪柳門約二十八日飲。羊辛楣約明日劇飲。是夕移宿外房。

二十六日戊午　丑正初刻二分穀雨，三月中。晴。閲《白虎通疏證》。下午詣文昌館，赴辛楣之招。傍晚詣牧莊小談。晚復赴辛楣福興居之招，坐有仲彝、彦清、胡光甫、潘伯馴兩孝廉。予招秋菱。二更酒罷，詣仲彝、子縝、雲門寓，偕三君及彦清、王子裳、弢夫飲桐仙家。予復招秋菱。飲未畢，驅車歸，已四更餘矣。駱雲孫孝廉來，鍾仲龢同年來，皆不晤。

邸鈔：詔：定今年會試中額三百三十九名。浙江二十五名。孫詒經補詹事府詹事，瞿鴻禨補翰林院侍講學士。皆去年大考一等所得。以詹事府少詹事文澂爲詹事。

二十七日己未　晴。朱蓉生來。課僕栽芭蕉，移花澆竹，終日不得閑。同年許孝廉繹來，同鄉陳孝廉善來，馮孝廉乃慶來，馮孝廉寬來，俱不晤。

二十八日庚申　晨至午晴，暖甚，晡陰，有風，傍晚風止，晚有大風。王弢甫招今日文昌館觀劇。傅子尊約明日晚飲。上午出門答客十餘家，晤謝夢漁、陳葉封、田杏村。午後詣安徽館，赴柳門之招。坐客杳雜，酒一行而起，赴弢甫文昌館之招。彦清、仲彝、子縝、雲門諸君皆在。傍晚歸。弢夫邀飲，辭之。彦清、子縝、雲門邀飲福興居爲夢局，晚赴之，并招秋菱，一更後歸。得王月坡正月下旬仙居書。孫布政衣言送來留別銀八兩。是日付考寓賃屋銀三兩二錢，同寓五人，共十六兩。王九車錢三十千。廿二日游慈仁寺，廿三日游極樂寺，廿五日再游極樂寺，夜飲春馥堂，廿六日下午文昌觀劇，夜飲福興居、遇順堂，及今日，共須下澤之貲四十餘千矣。聞葛畢氏、楊乃武昨已逮至刑部。

邸鈔：詔：雲南巡撫岑毓英現在丁憂，以四川布政使文格滿洲，甲辰庶常。爲雲南巡撫，未到任以前命布政使潘鼎新署理。翰林院侍講歐陽保極轉侍讀，編修朱逌然升侍講。肯夫以丙寅大考二等前列，記名遇缺題奏，至今得之。命禮部尚書萬青藜赴邯鄲聖母廟取鐵牌禱雨。廟有井，沉鐵牌於中，相傳旱則官禱於廟，牌輒浮出，取而祝之，雨即至。同治六年夏秋，京師旱甚，命萬尚書往取牌，甫及國門而雨。神道設教，蓋難理測。聖人不言，亦不廢也。

二十九日辛酉小盡　晴，暖甚。緋桃作華。晡後陰。得弢夫書。孫仲容孝廉來，琴西布政之子也，年少好學，言近爲《周禮長編》，搜集國朝諸儒説經之書，已得數十種。又言陽湖莊大久，名獻可，方耕先生之曾孫也，著有《周禮集説》，尚未刊，已屬人借鈔。牧莊來。施敏先邀飲，辭之。晚偕牧莊、梅卿赴子尊宴賓齋之招。夜初更偕諸君及陳葉封歸，作采籌之戲，四更時散。夜雲合，有風。

邸鈔：以山西按察使程豫陝西山陽，丙辰進士。爲四川布政使，以前陝西巡撫、頭等侍衛、科布多參贊大臣瑛棨爲山西按察使。上諭：穆圖善奏已革道員異常出力，據實密陳等語。已革甘肅西寧道舒之翰，前據御史袁方城奏參有索取規禮等情，經左宗棠查明屬實，奉旨革職，永不敘用，並著穆圖善飭令該革員迅速回籍，不准藉詞留營。此次該革員由原籍前赴吉林，穆圖善豈不知其不應留營？乃竟派委差使，並爲聲敘累年勞績，意存乞恩，實屬巧於嘗試。穆圖善著交部議處，仍懍遵同治十二年二月初九日諭旨，飭令舒之翰迅速回籍，不准逗留。

附是月詩、文、詞各一首：

暮春微陰偕秦秋伊陶仲彝子縝張牧莊孫彦清坐慈仁寺丁香花下作

倦旅偶相集，言尋古寺去。殿合蒼松陰，徑積雜花雨。丁香交廣庭，密葉點繁素。東西隔池臺，濛濛亘香霧。掃地坐其下，商量理茶具。一磬穿花來，始覺遠天暮。

極樂寺看海棠記

高梁水環，太行山峙，輦路所屬，鳳城以西，吹有精藍，創於明代，爲極樂寺焉。明時以牡丹著稱，國朝乾隆中則荷花爲盛。香國代嬗，上林接春，奇葩列畦，經苑皆錦，明妝照水，净天亦霞，蓋迄今百年，群卉稍歇，而海棠之名冠都下焉。觀其高柯矗雲，叢幹圍月。花繁酣火，蕊密攢星。清露滴曉，則千重暈緋；微風扇晚，則連林亂粉。經卷開而絳英滿，鐘杵落而紅雨飛。蓋自經高梁橋入平野，絲薺鋪縟，清泉曲流，即見花光，艴然林表。五里之地，香霧結紺；四面之天，金光匝采。幽徑既闢，山門遠映，罨若深谷，杳乎洞天。綺繡張於列屏，珊瑚壓於高閣。猩紅鸚緑，是爲華鬘之居；鹿女獅王，悉證須彌之果。金輪展地，奪七寶之莊嚴；紫蓋騰空，照四天之歡喜。旃檀輸其妙相，優鉢遜其長生。每當梵課風宣，戒壇香涌，萬花如笑，隙地皆紅。殿廡周遮，不礙净行之品；袈裟經過，即無壞色之衣。若其林宇多奇，紺宫選勝，則東有軒榭，曰國花堂。其後小池泮環，危橋尺劣，山石亂疊，横广峙顛，曰雨花亭，足以俯瞰花頭，遠攬霞尾。朱闌側映，緑楊四垂，往往闉幕句留，釵裾小集。其西爲佛殿。又西則小圃粗成，蠣墻低繞，槐榆散植，雜花被蹊。中結勺亭，製象吴舫，疏窗四敞，環地一筵，可以延西山，數五塔，雲氣晃目，嵐翠在眉，烟客以之悦情，林侶因而憩足。此又花外之幽賞，廛表之餘襟矣。余郎潛累歲，朝隱鍵扉，每至花時，勇言脂轄，僧寮暗記，浪跡爲多。困頓之年，計偕正集，暮春多暇，素心肯來。乃與同寓胡生小具餅餌，分携茶具。人數符乎竹林，香積資其蔬饌。清言竟晷，雅集留圖，雖愧不文，敢辭作記。錦城紅燭，羡放翁赴飲之豪；禪榻茶烟，諗小杜題詩之感。是日集者，張舍人錫申、孫孝廉德祖、陶孝廉在銘、陶孝廉方琦、樊孝廉增祥及余與胡比部壽鼎共七人。

臨江仙 極樂寺佛殿前有梨花一樹，大幾蔭畝，落花滿院，蘭當、茗樓皆有詞賦此和之。

寂寂琳宫長晝，玉梨一樹晴妍。不知春恨幾經年。爲誰開又落，夕磬曉鐘邊。 過盡扶肩女伴，繡襟一樣低穿。飛來難得上花鈿。願留纖屧印，芳迹有人憐。

桃花聖解盦日記丁集第二集

光緒二年四月初一日至八月十九日(1876年4月24日—1876年10月6日)

光緒二年丙子夏四月壬戌朔　晨微陰，旋晴，有風。潘星齋丈來。王子裳來。子獻來。高仲瀛駿麟來。仁和姚棫卿孝廉櫄來。得子縝書。

初二日癸亥　晴。閲華亭倪思寬《二初齋讀書記》。思寬，原名世球，字存未，乾隆時恩貢生，見知於學政雷翠峰，嘗與戴東原交。所著尚有《經籍録要》十二卷、《文選音義訂正》《二初齋詩文集》。此書共十卷，前有沈既堂業富序。其書多考據經義，間及古人詩賦，雖未爲博奥，而實事求是，亦漢學之有根柢者。作書致子裳，借洪氏《筠軒文鈔》。寫單約羊辛楣、高仲瀛、秦秋伊、彦清、子裳、弢甫、仲彝諸君明晚飲福興居。得謝夢漁書，約後日飲。蓴庭來。雲門來，仲彝來，子縝來，偕諸君暢談，夜飯後至二鼓時去。是日印結局送來前月公費銀十九兩六錢；又托牧莊轉借銀二十兩，其息三分。得子裳復。夜客去後閲洪《筠軒文鈔》。共四卷，皆考據之文，前有嘉慶十一年六月孫氏星衍序。

邸鈔：詔：初五日親詣大高殿及時應宫祈雨，覺生寺等分遣諸王。

初三日甲子　晨微陰，上午薄晴，下午陰。得伯寅書，贈所刻叢書兩部，即復謝。得弢夫書，即復。剃頭。高仲瀛饋甘菊兩簍，彘脯一肩。孺初來。是日緋桃穠艷尤絶，薄陰罥之，媚不自勝。客去後裒回花下，賦《清平樂》一闋。傍晚詣福興居，邀諸君飲。夜二更時復偕飲秋蓤家，子縝招桐子彈琵琶。四鼓時歸。是日付秋蓤酒錢四十千，岑福工食錢十千，更夫七千，陳媪五千，廚食錢二十九千，岑福零帳錢八千五百，順兒二千，福興下賞四千，紗裙錢六千，高氏使二千。

邸鈔：編修逢潤古授廣東高州府知府。陝西坐補漢中府知府林士班鳳陽人，甲午舉人。授漢中府知府。原任高州府鈺坤故，漢中府劉堃告〈病〉。

初四日乙丑　晴，下午有風。夢漁再作片催飲宴賓齋，上午赴之，午歸。得星齋丈書。得錢笣仙書。下午詣星丈、紱丈，久談。詣陶然亭，赴羊辛楣之約。到者十八人，子縝、雲門、秋伊、弢甫、子裳、仲彝、彦清皆在，杭人特多，跳叫不可堪。酒甫行，即命駕而歸。程同年咸焯來，孫鏡江來，俱不值。傍晚清陰微風，坐花下飲茶微吟。子縝、雲門來，遂邀之并坐，夜飯後去。謝惺齋約明日夜飲，辭之。得星丈書。是日得七律一首、五古一首。

夏初偕子縝雲門王子裳王弢甫工部彦威**楊定敷舍人**晨**羊敦叔刑部**復禮**小集陶然亭**

漢家城闕對郊壇，佳氣葱蘢隱几看。平野暖風翻緑葦，遠山晴翠落朱闌。時清想見宦曹樂，亭爲康熙間江工部藻督黑窑廠時所構，有詩刻石。老去常知聚會難。猶是江亭觴詠地，夕陽芳草滿長安。

歸自城南晚坐花下子縝雲門見過欣然有作

出門意不適，巾車命行還。我居一畝宫，竹樹殊清閒。禯花殿餘春，新葉媚晴鮮。脱帽坐籬下，呼僮候茶烟。開徑望二仲，日夕聞款關。山居幾雨屐，點破蒼苔斑。素心良不易，清談有餘懽。空庭生暝色，碧雲依遠天。徙倚晚柯下，惜此須臾間。

清平樂緋桃晚華，禯艷殆絶，以此寫之。

畫簾低照，一樹緋桃笑。澹艷明妝臨薄曉，占得春陰多少。臨風獨倚朱闌，晚來猶怯微寒。第一內家鬟影，簪花儘與人看。

初五日丙寅　晴。紱丈來。作片致孫鏡江，得復。閱《經義述聞》。比日頗疲乏，連夕疾動。付欒枝、雜花錢六千。

初六日丁卯　晨至午晴，午後晴陰相間，傍晚有雷，風，小雨。是日鬱熱特甚。午詣長椿寺，會同年合請劉鐫山師。孫鏡江主其事，人率醵錢十六千。李若農師之弟孝廉文冏亦至。晡時散。答拜鍾仲龢、季士周、謝惺齋而歸。付車錢十千。得孫仲容書，屬書扇。楊蓉初舍人晨來，同邑顧孝廉家相來，楊翰臣孝廉來，均不值。得子縝書。

初七日戊辰　晴。周鄂友孝廉來。牧莊來。寫單約鮑敦夫、江敬所、潘孺初、韓達軒諸君後日小飲。得弢夫書，約明日劇飲，作片辭之。得子縝書，并近詞及雲門近詞各一闋，即復。盛伯希來，不晤。肯夫約後日晚飯。

夜閱洪《筠軒文鈔》。其文共四十首，已刻入《詁經精舍文集》者三之一；又《論説文與叔子百里書》一首，有目無文。其《漢淮陽置郡考》、《虖沱河考》、《與宋德煇書》條録夏小正十七事、德煇名咸熙，仁和人，助教大樽之子，官教諭。《與季子潤功書》論漢之亭制，補《日知録》所未備，考據皆極精覈。

邸鈔：上諭：前據岑毓英奏雲南總兵等缺未便久懸，應否開缺另補，請旨辦理，當降旨令兵部議奏。兹據該部查明議覆，雲南督標右營游擊王東發久未在滇，亦未請假，實屬擅離汛守，著照部議即行革職。總兵李家福于同治十二年因病離任，回湖南原籍就醫，是否病尚未痊，抑或逗留何處，著王文部查明，據實具奏。總兵楊盛宗前因進京陛見交卸，何以率回巧家廳原籍；且時閱兩年，並未到京，究在何處逗留。副將吴奇忠等四員均於同治十二年請假修墓、就醫，久未回滇。著劉長佑查明各情形，分晰據實具奏。昭通鎮總兵李家福、騰越鎮總兵楊盛宗、督標中軍副將吴奇忠、東川營參將王維金、鎮雄營參將李文才、督標左營游擊金仕耀均著先行開缺。至該管總督暨提鎮各官於擅離汛守者，並不隨時奏參，其請假各員既擅行給假，准其離任於前，又不照例開缺揭參於後，殊屬姑容，著劉長佑查取該管、兼轄、統轄提鎮及原准給假之總督各職名請旨，交該部分别議處。以張從龍爲雲南騰越鎮總兵，鄧有德爲昭通鎮總兵。　刑部左侍郎黄鈺奏病久未痊，懇請開缺調理。許之。黄字孝侯，休寧人，咸豐癸丑二甲一名進士，南書房翰林。

初八日己巳　晴陰霎靆，傍晚陰合，大風，晚漸開霽。補撰前日《極樂寺看海棠記》稿，附前册日記之末。聞袁小午調刑左，殷譜經調户左，徐蔭軒師調吏右，伯寅補禮右，鎸山師當可得閣學或大理矣。張慼民來。胡光甫約明晚飲福興居，辭之。作書致牧莊，作片致子蒓，俱約後日飲廣和居。弢甫再速觀劇，作片辭之。湖南同年毛編修松年以今日受吊，送奠分四千。此君字季卿，長沙人，辛未庶常。去年大考，以病不赴。今年二月十八日保和殿補試《奉三無私賦》，命景壽、黄鈺閲卷，詔附入二等。以三月十七日暴卒。聞其前一日尚醵飲宴賓齋也。年四十有七，亦可異矣。　夜有雷雨。

邸鈔：以户部左侍郎袁保恒調補刑部左侍郎。以吏部右侍郎殷兆鏞調補户部左侍郎，兼管三庫事務。以禮部右侍郎徐桐調補吏部右侍郎。以大理寺卿潘祖蔭爲禮部右侍郎，仍兼署刑部右侍郎。詔：浙江布政使盧定勳留京另候簡用，以安徽按察使衛榮光河南新鄉人，壬子翰林。爲浙江布政使，以四川成龍潼綿茂兵備道謝膺禧順天大興人，癸丑進士。爲安徽按察使，以前甘肅按察使楊能格漢軍正紅旗人，丙申翰林。爲成龍潼綿茂道。　護理四川總督、布政使文格奏參署樂志縣知縣王志棠作事荒謬，習氣太深，侵虧正款銀七千二百餘兩；署温江縣知縣李光廷狡詐無行，聲名惡劣，侵虧正款銀六千六百餘兩，均請革職，永不敘用，勒限兩月，嚴追完解。署梁山縣知縣、試用同知沈德浩行止卑污，聽斷乖謬；署金堂縣知縣、試用通判王椿操守不謹，公事廢弛；興文縣知縣徐顯清才庸性執，操守平常；及南部縣縣丞丁如松、射洪縣教諭傅良佐、中江縣教諭邱大成、大寧縣訓導張炳謙等九人，均請即行革職。隴縣訓導湯三聘等二人年力就衰，均請勒令休致。從之。

初九日庚午　晨陰，上午澹晴，下午埃𩆜鬱悶，多陰。買夾竹桃兩盆，月季、石榴花兩盆。夾竹桃，《爾雅》所謂『銚弋』，即《詩》之『萇楚』也。月季、石榴花葉皆與安石榴殊，又無實，不知於古何名也。作書致朱西泉，饋以高麗參四枝，𦏁脯一方，以西泉明日赴保和殿補覆試也。今年舉人不及覆試者不過十數人。會試前御史吴鴻恩疏請援上科例，先准會試後再補覆試，詔不許。孫子授學士復疏請加恩寒士止令覆試，詔下禮部議，得請，以是月初十日補覆一試。蓋此事於西泉爲尤幸。西泉窮老久衰，後之入都甚難，又除辛未本科不計外，至下科丁丑滿三科，過此則永不准覆試矣。子授與西泉皆錢塘人，所請亦或有爲也。得西泉復。子縝、仲彝、雲門來，彦清來，晚同赴肯夫之招，二更時歸。

初十日辛未　晴，晨及上午有清風，頗涼。閲《白虎通疏證》。作片致謝惺齋。剃頭。付買花錢二十五千。牧莊來，鮑敦夫來，晚偕兩君及梅卿詣廣和居，邀傅子蒓、張子虞、杜小豐、屠子疇、韓達軒飲，至二更後歸。

十一日壬申　晨晴，上午微陰，午後陰，多風，晚晴。得嚴菊泉師三月八日書，并寄還請封銀。得孫生子宜二月朔日書，并寄懷詩七律兩章。午前出門答客數家，即出廣寧門，至天寧寺，偕梅卿、秋伊、仲彝、子縝、彦清、雲門、鼎甫爲夢局，醵飲於山上塔射山房，牡丹正開，紫藤半落矣。是日游客甚稀，禪房晝寂，緑陰菴藹，清風灑然，遍行殿廡，園圃間頗有塵外之賞。傍晚而歸，付車錢七千。得王子獻書，即復。子縝招夜飲雁儂家聽琴，作片辭之。孺初來夜談。是日付二月、三月賃屋銀八兩。

十二日癸酉　午正一刻十四分立夏，四月節。晴。懸先世神位圖以薦新。子縝來，雲門來，共作手談。紱丈來。是日報春榜紅録，子縝及朱蓉生、袁爽秋皆得隽。紹興公車共百四十餘人，僅中三人：會稽得二人，其一顧家相中第六；上虞一人，莫峻。買草花名紅繡球者兩本，香紫茸者一本，付錢三千。雲門招晚飲廣和居，辭之。夜月甚佳，雲門來談。

邸鈔：詔：十六日親詣大高殿及昭顯廟禱雨，覺生寺等仍分遣諸王。

十三日甲戌　陰晴靉靆。終日多睡。傍晚坐庭下閱《唐兩京城坊考》。

邸鈔：駐藏幫辦大臣希凱奏請因病開缺回旗。許之。以通政使司通政使桂豐滿洲，丁未。加副都統銜，爲駐藏幫辦大臣。翰林院侍講學士銓林轉補侍讀學士，以左春坊左庶子崇勳爲侍講學士。

十四日乙亥　晨薄晴，上午後多陰，晡後霒陰。是日取試卷出，爲第十八房長沙陳編修理泰所薦，評『經策冠場』，而主考桑尚書評『額溢見遺』，蓋得卷已遲也。爲孫仲容、王子獻書扇，即作書分致兩君。謝夢漁來。張廞民來。作片致子縝，薦僕人張林。潘鳳洲來。子蕤來。得子縝復。閱毛西河《經問》。晚凉，有風，坐庭下讀書，頗自得也。

邸鈔：理藩院郎中奎綬授江西建昌府知府。

十五日丙子　晨陰，微有曦景，上午陰，午微晴，旋有小雨，下午陰，有大風。早起，步庭下讀書。雲日清怡，花竹間寂，悠然獨會，樂不可言。江敬所來，王蓉舫先生來，殷萼庭來，均不晤。王子獻來。

晚潵雨入夜。

邸鈔：署湖廣總督、湖北巡撫翁同爵奏甄劾平庸不職各員。武昌縣知縣張炅、黄梅縣知縣覃瀚元均以府經歷縣丞降補；鍾祥縣知縣鄭燡林、天門縣知縣傅詩均原品休致；廣濟縣知縣李裕後、監利縣知縣謝家蘭均以簡缺改補；興國州知州燕永烈、通城縣知縣陳維模、蘄水縣知縣徐兆英、京山縣知縣張金瀾、石首縣知縣雷登蟾均開缺酌量補用。從之。上諭：文煜等奏劣員侵吞工費，請革職追辦一摺。花翎福建補用道遇缺即補知府凌定國，經管建造臺灣安平口三鯤身礮臺，膽敢任意侵蝕，現經查出浮冒各款，已有一萬四千餘兩之多，實屬貪劣，著即革職，嚴訊究追。

十六日丁丑　晴。得孫仲容書。爲王弢夫扇面書前日《極樂寺看海棠記》，又爲楊蓉初書扇，即作書致弢夫。爲孺初書扇。孺初來。得弢夫復。作書致牧莊。得江敬所書。

十七日戊寅　晴熱，有風。作致史實卿書、致秦澹如書、致陳訏堂師書。牧莊來。子縝來。仲彝來。弢夫來。雲門來。子蓴來。作片致王芝仙，饋以磨菌、芥頭。作片致屠子疇，饋以杏人、芥頭。子疇來。得子獻書。夜人定時有大風。仲彝、子縝、雲門、弢夫先去，子蓴、牧莊後散。始買勺藥花爲瓶供。

十八日己卯　晴，熱甚。作致季弟書、致沈曉湖書。作書致朱西泉，贈以二金爲行資，并托附寄秦、陳兩公書，亦欲爲西泉道地也。作片致屠子疇，以家書及史、沈兩君書托附去，并寄實卿《滂喜齋叢書》一函。剃頭。王子獻來。晡後詣邑館送屠、王兩君之行。詣興聖寺送孫仲容行。詣蕭山館送王蓉舫行，不值。答拜姚棫卿、程黻卿、高仲瀛，皆不值。仲瀛則已行矣。就子縝、雲門談，至夜歸。付車錢十千，良鄉修村廟錢四千。是日庶吉士散館，命翁侍郎同龢擬題，擬唐李程《日五色賦》，以『德動天鑒祥開日華」爲韵。詩題『際天菽粟青成堆得青字』。得弢夫書，即復。孫鏡江來，不值。

邸鈔：上諭：劉秉璋奏懇請開缺終養一摺。劉秉璋之母胡氏逾八旬，兼患目疾，侍奉需人。覽其所奏，情詞懇切，原應俯如所請，以遂孝思。惟江西地方緊要，劉秉璋向來實心任事，於吏治民風，頗能整頓，朝廷倚畀方殷，且該撫尚有兄弟二人，可資奉養，正當及時圖報，用副委任。劉秉璋著毋庸開缺。以章合才爲江西九江鎮總兵，朱淮森爲江南淮揚鎮總兵。

十九日庚辰　晴，下午微陰，熇熱。作書致弢夫，爲雲門賣文事。作書致秋伊，索畫扇，贈以《邵位西詩集》等數種。作書致紫泉，爲梅卿尊人六十雙壽送公幛事。終日苦歊熱，卧閱《白虎通疏證》，時時睡去，蓋濕氣又發矣。弢夫來。

邸鈔：上諭：兵部奏遵議署將軍處分一摺。署吉林將軍、寧夏將軍穆圖善將永不敘用之道員舒之翰派委差使，並爲聲敘累年勞績，意存乞恩，實屬咎有應得。穆善圖著照部議，即行革職。以錦州副都統古尼音布署理吉林將軍。

二十日辛巳　晴。早起，自澆花竹。作復朱亮生書，并還其所著《海防議》一册，贈以王郎中《鹽法議略》。作片致紫泉，屬其轉寄亮生書。作書致肯夫。得紫泉復。得族姪恩圭廣東求館書，渭亭之子也。秋伊來，贈泥金畫梅扇一柄。夜梅卿邀同秋伊及陳葉封、杜葆初飲，一更時散。

邸鈔：睿親王德長薨。謚曰慤。詔：德長於同治年間承襲親王，賞戴三眼花翎，在御前行走，歷任内大臣、都統領侍衛内大臣，均能勤慎持躬，恪恭盡職。兹聞溘逝，悼惜殊深。著賞給陀羅經被，派惠郡王奕詳即日帶領侍衛十員往奠，加恩於例賞外賞銀一千兩經理喪事，由廣儲司給發，任内一切處分悉予開復。其餘飾終典禮，著該衙門察例具奏。以肅親王隆懃調補鑲黄旗領侍衛内大臣，科爾沁親王伯彦訥謨祜調補正黄旗領侍衛内大臣，貝勒奕劻補授正白旗領侍衛内大臣，貝子載敦補授鑲紅旗蒙古都統。以西安將軍克蒙額調補寧夏將軍，以西安左翼副都統圖明額署理西安將軍。以正黄旗漢軍副都統恩麟署理錦州副都統。

二十一日壬午　晴。讀《孔氏公羊通義》。寫大卷《小爾雅》。得紱丈書，即復。晚有風，坐庭中看澆花。再得紱丈書，饋醋淹鵝卵八枚，即復謝。

邸鈔：豫親王本格補授内大臣。

二十二日癸未　晨晴陰相間，上午晴熱，下午陰，晡後有雷，傍晚風涼。作片致子縝，詢昨日殿試消息。作片致秋伊，詢行期。讀《公羊通義》。寫《小爾雅》。得子縝復、雲門復、秋伊復。譚硯孫來，言此科分房中式者二十三人，會元即在其房。今年會元陸某，江蘇人，其文較之甲戌秦某，尤爲不通。首藝起比有云『皇古無教子之文，自保傅設於周官』云云，既不知是何題，而周官以前即爲皇古，尤是奇語。後比有云『文不必法湯之明，湯不必質文之明，明不一明』云云，既直犯下文皆自明也，而語亦不可解。聞其家世爲興化縣役，其父曾充糧隸，今爲小胥，尚在也。秦某，湖北人，聞素淫蕩，好博無行，癸酉未得鄉舉之前，與一小吏之棄婦奸，被人叢毆幾死，未幾即連捷矣。其首藝『君子坦蕩蕩』，文後比有云：『簞瓢陋巷，顔氏子其庶幾乎？疏水曲肱，東家某其知樂乎？』其小講已入語氣，而自稱『東家某』，闈墨爲改作『予平生』，而進呈録猶如故也。其三藝『君臣莫不仁』二句文，小講即用『棠甘瓜苦』『鼠牙蠆尾』等字。而是科主考萬尚書、今科主考董尚書，皆歎賞以爲名元。予自咸豐壬子後未嘗見鄉會闈墨此等委瑣，不足污我簡編。聊復記之者，以見時文取士，其敝至此，而公卿之無人心，風會所關，亦非淺鮮，故附出於此，以志深憂。作片致孺初，還所書扇。夜雷電，有雨，即止。

邸鈔：以光禄寺卿宗室桂全爲内閣學士，兼禮部侍郎銜。

二十三日甲申　終日陰涼。寫《小爾雅》。得子縝書。牧莊來。得雲門書，言今日是其母夫人壽辰，招夜飲。作書復雲門。作書致紫泉。肯夫來。

邸鈔：上諭：前因萬青藜等奏宗室載坤冒認地畝等情，當交宗人府會同刑部審訊。茲據奏稱，載坤冒認地畝屬實，按律定擬等語。此案宗室輔國將軍載坤將郭鴻功等所領之官地認作伊府地畝，希圖霸占，雖訊無私設公堂、沿村騷擾情事，實屬不安本分，著即行革職，其應得徒三年罪名，照例折圈禁一年。

二十四日乙酉　涼陰，有風，下午微陰。寫《小爾雅》畢。吴碩卿自吴門來，言已報捐知府，以海運差入都引見。下午偕梅卿詣仲彝、子縝、雲門，適彦清來，邀同秋伊至福興居夜飲，予招秋蔆，二更後歸。得碩卿片，以揚州漆合大小三枚、吴中新刻《祝枝山集》及《野記》爲贈。是日殿試榜出，狀元曹鴻勛，山東濰縣人；癸酉拔貢，乙亥舉人，刑部七品小京官。榜眼王賡榮，山西朔州人；辛酉拔貢，丁卯舉人，刑部主事。探花馮文蔚，浙江歸安人；乙亥順天舉人，刑部主事。傳臚吴樹梅，山東歷城人；内閣中書。子縝、爽秋、蓉生皆在二甲。

二十五日丙戌　晴。作片致碩卿，犒使二千。終日不快，卧閲《祝京兆集》。文既蕪僿，詩尤淺陋。《野記》亦大半無稽之談。午後有風，甚涼。寫大卷《弟子職》一開。子蓴來，不晤。

二十六日丁亥　晨晴，上午後陰，午晴，下午微陰。作片致紫泉。作片致蓴庭，贈以《枝山集》。作片致牧莊，致子蓴。紫泉來。鮑敦夫來。

邸鈔：京畿道御史劉國光授福建福州府遺缺知府。丁日昌等旋請以新調臺灣府張夢元調福州府，部駁不准；復以汀州府延楷調福州府，劉國光補汀州府。

二十七日戊子　終日薄晴，下午鬱悶。梅卿尊人六十壽辰，偕紫泉、仲彝、子縝、牧莊、雲門、鏡江、弢夫、蓉生合送紅尼壽障及紅燭一匣，又自送桃、麵各一盤。剃頭。仲彝、紫泉、牧莊、蓉生、韓達軒來談，夜梅卿治具相款，偕牧莊、鏡江、紫泉、葉封同席，二更時散。

邸鈔：詔：五月二日親詣大高殿及凝和廟禱雨，仍分遣諸王公、貝勒禱覺生寺、時應宮及各廟、潭、祠。

二十八日己丑　丑正初刻十一分小滿，四月中气。上午微晴靉靆，下午澹晴，旋陰，有大風。庭前榴花開。夜風。

邸鈔：詔：此次散館之修撰陸潤庠、編修譚宗浚業經授職，編修黄貽楫改主事，二甲庶吉士馮光遹、劉傳福、華金壽等四十六人授編修，三甲庶吉士吴浚宣等五人授檢討，餘八人改主事，十六人改知縣。馮光遹爲館元。山陰鮑臨、吴講皆授編修。錢唐張景祁賦足冠場，而開韵誤書『崔嵬』作『崔巍』，遂置三等第一。黄貽楫詩中『拖藍水滿汀』句誤書作『拖蔚』，置三等第三。陸潤庠詩首句『一望茫無際』，『茫』字誤書作『芒』，又用殷其雷，殷字爲平聲，而以一等得留。其餘異聞甚多，不悉記也。（此處塗抹）

二十九日庚寅小盡　晴。先本生王父忌日，供饋。作片致紫泉，送還前日公幛錢六千。得紫泉復。作書致仲彝、子縝、雲門。得雲門復。王信甫來，不晤。徐壽蘅師邀飲龍樹寺，辭之。聞子縝朝考一等十二，覆試一等，殿試二甲，館選必矣。（此處塗抹）是日朝考董恂擬題爲『夙夜惟寅論』，『剛健中正疏』，『清詩美政逐年新得年字，五言八韵』，取一等八十人，第一爲吴樹梅。浙人列一等者十二人。有慈谿李濂者，不識一字，而家鉅富，鄉、會試皆以代倩及鈔襲得之，此次亦列一等。其餘十人，自朱蓉生外，皆較勝李濂者耳。詩以勖之。王弢夫來，不晤。讀《春秋大事表》諸序論。

寄子縝

唐重進士科，利禄稱極選。積重千餘年，它涂弗敢踐。有明設庶常，翹材最尤雋。其始比列宿，肄讀洿秘典。上以儲論思，次亦備編撰。國朝盛文教，華擢過禁鑾。坐卧歷臺閣，壽考必鼎鉉。趨榮漸波靡，濫迹遂漫衍。金銀踵故事，顓翾習貤舛。舉止類風狂，應對若吃謇。鴟鴞滿上林，不顧爾顔靦。吾子淵雲徒，潛思炳丹篆。六藝資盥饋，百家抉輨鍵。餘事及文章，繽紛濟清辨。區區致青雲，豈足爲子善。此中有老宿，儒林號弁冕。行爲吾道光，非特詞苑顯。朱竹垞毛西河全謝山惠半農錢竹汀，戴東原王石渠孫淵如洪北江阮芸臺。吾子夙服膺，絶學將大闡。行藏雖殊途，述作庶共勉。集賢與北門，蓬萊等清淺。任彼驅烏流，蒙頭飲香莽。

五月辛卯朔　晴，上午有風。得弢夫書，還詩集，并以團扇乞書，即作復，略與言作詩之恉。得壽蘅師書，即復。予與此公絶無援繫，以庚午爲浙闈監臨榜，後循例謁之，稱師生，意謂其必不敢當也，而竟居之不疑，其意以録科取予第二也。予於己酉以監生赴昆明趙文恪録科，戊午以貢生赴丹徒張文貞録科，皆取第三，未嘗以師目之，此果何師乎？比年與壽翁周旋，略假借之者，以其虚心好學，樂道人善，公卿中所難得，且方左官失志，沉滯下卿，不欲忤之。然偶與書，必曰『壽蘅夫子』，或『壽衡先生』，間至其門，未嘗下車，不純以師禮事之也。今日書來，竟以『吾弟』見呼，則大可怪矣。因復書，微風以意。書本不足存，而其事稍稍有關系，故記出之：

慈銘頓首壽蘅先生閣下：伏承手書一。昨見召飲龍樹寺，以先本生王父忌日，例不出門，有失趨侍，罪甚。慈銘於世，處生人之至困，負鮮民之至痛，於科名榮進，夙不關懷。故咸豐、同治之間，凡十載不赴試。庚午以同人牽率，勥復觀場。李學士以衆人遇之，齒之無足重輕之列。本可不必入都，復爲戚友所敦迫，今三試於禮部矣。辛未爲宗人府官霍穆歡所抑，甲戌爲貴鄉王編修所薦，而怵於勢利，爲德不終。今科爲貴鄉陳編修所薦，而此君讀書似太少，於經策習見之字多不能識。文中用『襮』字，經藝及策三用『恉』字，皆不識。又《易》藝中用變來字，第二策中兩用『足』本字，皆不能解。其遇不遇，皆無足論也。行年五十，尚復何求？俟至秋時，即當浩然歸去。過蒙知愛，迹阻情親，轉眴長辭，能無悵邑？郭侍郎文章學問，世之鳳麟，此次出山，真爲可惜。行百里者半九十，不能不爲之歎息也。所著書浩博無涯涘，用意亦極精密，惟其書名，何不曰《禮記補疏》或《裨注》之類，而必曰《鄭注質疑》？竊恐世之能讀鄭注者，已無幾人，而空腹高心，剽宋人之議論以詆漢儒者，轉得以爲口實，是反爲郭公病矣。書一册附繳。不宣。書中及李學士、王、陳兩編修者，所以見意也。予於己酉房薦官吴公，壬子房薦官鳳公，皆未嘗通贄；惟甲子順天房薦官徐公稱師者，以外間傳其與主考瑞常公争至三日，頗心感之也。然於諸君皆官而不名，若以許汶長稱賈侍中例之，則尊之已太過矣。洪北江於吾鄉王方川亦會試房薦官，而年譜中止稱王編修，且名之。蓋薦而不中者不爲師生，嘉慶以前猶如是也。近世士不知耻，以奔走聲氣爲能，於是師日多而俗日薄。蘇杭之士，每刻行卷，受知師皆至百餘人。寧、紹之不肖者，亦漸效之。江河日下，此亦其一耳。全謝山作《師説》，蓋乾隆初座師、房師之稱漸盛，外吏保舉之師亦漸多，謝山故激而言之。豈知卑靡浮僞，遍地稱師，有如今日者乎？

又壽翁前送郭侍郎《禮記鄭注質疑》來求閲，復以一帖，久已不能記，其論郭書大恉，略具於左：

郭侍郎《禮記鄭注質疑》，前年於潘侍郎許曾見其《郊特牲》等篇一二册。其書實事求是，絶不肯爲依附之談。然慈銘私意，以爲三《禮》舍鄭注無從得其途徑。陳滙澤之陋，無論矣。嘗慨衛正叔《集説》，意存博搜，而不知别擇。其中如輔漢卿、方性夫等，强測文義，鑿空妄説，雖力欲與鄭君爲難，而浮蝣速死，不足與辨。惟陸農師、王介甫之流，依據典禮，自立一説，間亦有所補正，而不詳究始終，所謂彌近道而大亂真，足以惑後生而汩聖制。若不融貫經緯，别其是非，而掎摭康成，蔑棄冲遠，臆見日出，岐途愈多，是經學之蟊賊也。慈銘少本失學，老益無聞，於經義一無所得，萬不能一發郭公著述之盛心，敢略陳其狂瞽，惟長者裁之。

子縝來。得伯寅侍郎書，惠銀二十兩并《小謨觴館集》兩部，即復謝，犒使六千。雲門來。弢夫來。星齋丈來。閲趙寬夫《春秋異文箋》。夜五更大風，有雨。

邸鈔：命左都御史景廉、户部左侍郎殷兆鏞教習庶吉士。

初二日壬辰　晨陰，旋晴，有大風，下午稍止。閲《春秋異文箋》。印結局送來前月公分銀十兩。孺初來。子蓴來，有宜興人吴協心同來，言是庚午舉人，知經學者。滿口古器古泉，㬫相聒擾，甚爲可厭，它日當拒絶之。

邸鈔：郭嵩燾奏請因病回籍。詔：再賞假兩月。

初三日癸巳　晴。閲《公羊禮説》。仲彝、雲門來，清談竟日。得紱丈書，饋蒸鷄、鮓魚，即復謝，犒使二千。子縝來。爽秋來。换聽事聯幅，以新裝池石鼓拓本等懸之。是日付寶森書銀六兩，昔帳餘銀二兩，《史記志疑》四兩。西山書銀二兩四錢，《唐會要》餘銀。又以江寧新刻《史記》還寶森，今年節事窘極矣。

邸鈔：前任内閣侍讀學士鍾佩賢補原官。

初四日甲午　晨陰，上午微晴，午晴，下午多陰，晡後風，有小雨，旋止，晚晴。蓴庭饋角黍、鷄卵、餅餌、雙鷄，受角黍，報以豚肩。作書致星丈、紱丈，各饋蒸豚一器，饅頭一盤。節事甚乏，而庭前後石榴、夾竹桃等作花甚盛，戲賦一詞。是日付米錢百二十千，自去年十二月至今所食也。又付南物錢五十一千。盛伯希來，久談。此君留心掌故，宗室中之傑出，當不愧完顔璹、趙與旹也。得族伯父硯香四月十二日福州書，年已七十五六，書非其手作矣。中言自癸酉就養閩中，貧老益甚，欲予爲芸舫道地。此非所能謀也。梅卿饋角黍。

錦堂春丙子端午

灼灼榴苞吐火，猗猗桃竹流霞。薰風不管人憔悴，點綴滿庭花。　五十顛毛如許，三千歸路猶賒。不知明歲蒲觴底，芳事屬誰家。

初五日乙未　晨微陰，上午晴，下午輕陰，多風。作書致伯寅侍郎，并五古一章。爽秋來。署吏送養廉銀十三兩來，犒以車錢三千。得伯寅復書，再惠銀十六兩。可感之至，即復謝。仲彝來，子縝、雲門來，午偕梅卿略治具款客。弢夫後來，清談極暢。得星齋丈書，饋角黍、蠶豆、嗛飴，即復謝，犒使二千。肯夫饋銀一流，即復謝，犒使四千。紫泉來。午後偕梅卿、仲彝、子縝、雲門、弢夫游龍樹寺，登看山樓，朱茮堂所題也，以八分書之。又有王伯申篆書『水月清華』一額。是日凉陰匝户，清風遠生，携茗品泉，清言竟晷。子縝、弢夫所眷諸郎系踵而至。鉤簾四望，亦有山光鬟影之娱，至晚而歸。是日付石炭錢百十二千，福興居酒食錢五十一千，廣和居酒食錢四十七千，衣襦銀二兩九錢，磚灰錢三十七千，僕媪、長班節賞錢五十四千。

重五日游龍樹寺記

宣武城之南，地形偏下。潢水所積，蘆葦叢生。冢肂朁鱗，刹宇間結。紼挽之地，乃爲觀游；鐘魚之場，遂萃壺勺。龍樹寺者，本觀音寺之下院也。道光初年，有浙西僧增葺寮廡，補栽花竹，以寺有古槐，蟠屈倒垂，枝幹阿互，角距四鄉，鱗鬣羃披，因易興誠之名爲龍樹之額。面南開軒，野色萬頃。春芟發葉，則碧浪浮塍；秋苕作花，則縞圃散雪。顔曰蒹葭簃，一寺之勝概也。小萑大葦，雅訓堪徵；初葭秀蒹，稱名各異。要以流連光景，延寄嘯歌。愛雎緑之上簾，雨痕可染；比鷺檝之編徑，月色都通。不必辨毛、許之誤文，究孫、郭之同異。其東爲樓三楹，繞以叢竹，可以栖止畸士，仿儗隱居。西爲危樓一間，方廣二仞。窗虚四敞，簾垂一重。西山繚青，憑檻可數。朱右臣侍郎眉之曰翰山樓，游息宜於高明，佳境副其題目矣。歲在游桃，月逢夏五。蒲英泛酒，榴火凝庭。小設羹匏，相邀群屐。與胡匡伯比部，東西分釀，南北夾廚，約恩施樊子雲門，黄巖王子弢甫，會稽陶子仲彝、孝邈兄弟，飲於寓齋。小户易酣，佳興未已。遂同車入寺，憩於斯樓。輕陰匝檐，凉風在幌。佳茗數瀹，清談不疲。胡蝶自飛，芳草無礙。語笑出於天半，鴉鵲望其下風。游女釵符，低颭於花雨；市人角黍，高堆於緑陰。有節物之娱，極媻娑之樂焉。至於南攬江亭，西帶崇效。紅墻近映，翠幕遥開。挹危堞之浮雲，數平林之過鳥。暮景晻曖，歸騎繽紛。逝陰促於駛波，盍戠難於上第。古人不作，將續乎夜游；來者如斯，莫忘夫今樂。綴以短製，首唱八言；和而賡之，是在五子。

朱明啓中序，琴尊邀素心。烟羅入微徑，幽日開禪林。樹繞郊宫壝，鳥度層城陰。清風自終古，後者還思今。

寄伯寅侍郎

我聞昔如來，捨身食餓虎。亦有慈悲貍，銜肉以擲鼠。美人織雲裳，頗亦乏機杼。顧抱衣被懷，窮檐遍覆咻。十年掌計臣，脂膏竟空處。豈知僵卧客，朝饑待懸釜。予也習微尚，鰭骨不能嫵。厝迹畏鬼憎，形蕊甘草茹。裹飯無子桑，簞漿絶狐父。所幸牽船來，暴桑託春宇。一昨聞叩門，深情溢豪楮。清俸手自分，朱提粲可數。赤脚趨行酤，長須亦歡舞。鄰家驚廚烟，庭花媚晴午。昌蒲雜艾蒜，丁倒滿瓶甒。奈何債臺迫，索券積尺許。髼鬆百十群，敲窗復踢户。支吾澀言辭，進退躓寸武。涸轍仍由衷，廉泉近堪抒。欲爲無厭求，再作外府取。知君解金貂，慨然不余拒。急計償米薪，餘力辦角黍。是時久荒旱，我缶滿甘雨。願益揚薰風，遍使獄生穭。時侍郎攝少司寇，讞餘杭疑獄。

邸鈔：太子太保、武英殿大學士、軍機大臣文祥卒。文祥，費莫氏，字博川，滿洲正紅旗人，居奉天，道光乙巳進士，謚文忠。上諭：文祥清正持躬，精詳謀國，忠純亮直，誠懇公明。由部曹荷文宗顯皇帝特達之知，洊升卿貳，在軍機大臣上行走。復蒙兩宫皇太后、穆宗毅皇帝重加倚畀。同治四年，奉天馬賊肆擾，特派帶兵出關剿捕，地方賴以廓清。旋經簡任綸扉，深資輔弼，於國計民生利病所關，及辦理中外交涉事件，無不盡心籌畫，實爲股肱心膂之臣。以積勞成疾，屢請開缺，朝廷寬予假期，遣醫診視，賞給人參，方期克享遐齡，長承恩眷。兹聞溘逝，震悼良深。著賞給陀羅經被，派郡王銜貝勒載澂帶領侍衛十員即日往奠。加恩予謚，晉贈太傅，照大學士例賜恤，入祀賢良祠。賞銀三千兩，由廣儲司給發。賞給騎都尉世職，即令伊子熙治於百日孝滿後承襲。靈柩回籍時，沿途地方官妥爲照料，到旗後，著崇實前往賜祭一壇，用示篤念藎臣至意。

初六日丙申　晴。閲《古文苑》。終日小極，多卧。剃頭。是日凡六得伯寅書，皆往還書籍也，凡四作復。傍晚有風，凉陰曖然，坐庭花間，讀唐人詩。夜初更時睒電雷鳴，有溦雨，即止，旋月出，晴明。

初七日丁酉　晴，下午有風。得仲彝書。作書致牧莊，致弢夫，各贈以《小謨觴館集》一部。又作書致仲彝、子縝、雲門三君。得雲門復書，并新詞一闋。仁和諸編修可炘來。

邸鈔：命協辦大學士沈桂芬稽察欽奉上諭事件處。户部尚書載齡充武英殿總裁。

初八日戊戌　晴，微陰，有風。曉卧中疾動，憊甚。得伯寅書，還《授堂遺書》。比日見雲門、子縝填詞，不覺技癢，亦賦兩闋，以寫抑鬱之思，即爲雲門書扇，作書致雲門。再得伯寅書，贈秀水杜文瀾《平定粵寇紀略》一部，吴中所新刻也。共十八卷，起道光三十年六月洪秀全倡亂廣西桂平縣之金田村，終同治三年九月洪福瑱就擒於江西石城縣之荒谷，皆編年紀事，而詳略失當，稱謂俚俗，敘次全無文法。末附《賊名記》《邪説記》《逆迹記》《瑣聞記》四卷，亦拙陋不足觀。得紱丈書，還《衎石記事稿》，即復數字。

渡江雲 重午晚陰，偕諸子登龍樹寺看山樓，佳序難逢，芳情多春，感時傷老，渺渺余懷。

雲谷天澹澹，葦痕風影，都上寺西樓。遠山青萬疊，甚處斜陽，來與挂簾鈎。雛楊細草，又今年，緑遍瀛洲。偏未許、玉容花貌，深處蕩蓮舟。凝眸。高城望極，點點宫鴉，正晚鐘時候。還認取、闌干遥倚，壓鬢紅榴。單衫小扇分明在，衹錦箋、難寄珠彄。歸騎沓，憑誰繫住閑愁。

附子縝和作：

碧槐風影麗，蒨衫畫扇，同倚夕陽樓。西山青不了，一縷茶香，低罥小銀鈎。光陰黍夢，甚年年、草緑南洲。曾記得、花香巾黛，催上木蘭舟。自注：戊辰五日在江山舟上。盈眸。天涯一望，小院東風，想此情依舊。憶前度、山房對塔，水榭開榴。相思都似春前絮，盼玉人、彈上金彄。人不見，又教添個春愁。

附雲門和作：

遥山青似黛，麝巾茗碗，來上竹間樓。僧廬渾未改，紙閣明簾，曾記笑藏鈎。湔裙夢杳，但蘼蕪、繡滿芳洲。還共約、横塘秋水，同泛采菱舟。回眸。家山底處，物候頻移，更魚書沉後。空憶得、香囊綴虎，玉鬢簪榴。尊前不聽琵琶語，甚等閑、還帶銀彄。春去也，一年長是春愁。

長亭怨雲門見示新譜《蕙蘭芳引》，感滇南李叔寶庶常所眷作也。倚情多觸，言哀已深。庶常，予同年，曾識之蓮花寺。館選假歸，抵黔而殁。作此哀之，并調雲門。

恁彈出、夜弦清怨，湘水巫雲，譜成凄絶。淚濕青衫，寄情空自費花葉。碧梧吟罷，還憐惜、芳蘭未歇。可憶紅樓，吹玉茗、東風如雪。雲門有《茗花春雨樓詞》。愁説。昔年蕭寺見，風貌蓮花無別。蓬山路近，看纕佩、尊前親結。怎滇池、啼至紅鵑，便夢斷、竹王殘月。祇應羅袖黄昏，猶記舊時横笛。

邸鈔：以詹事府詹事文澂滿洲，癸亥。爲通政使，以翰林院侍讀學士錫珍蒙古，戊辰。爲詹事府少詹事。

初九日己亥　輕陰作凉。兩得伯寅書，皆復。雲門來。子縝、紫泉來。羊辛楣來。王弢夫來。得紱丈書，借日記，即復。夜辛楣邀飲景龢堂，偕仲彝、子縝、雲門、弢夫赴之，三鼓後歸。

邸鈔：詔：十三日親詣大高殿及時應宮祈雨，並遣惇親王奕誴禱天神壇，恭親王奕訢禱地祇壇，孚郡王奕譓禱太歲壇，禮親王世鐸禱覺生寺，鄭親王慶至禱黑龍潭，貝勒載澂禱昭顯廟，鎮國公奕謨禱宣仁廟，散秩大臣載瀾禱凝和廟，貝勒載治禱清漪園龍神祠，散秩大臣載瀛禱静明園龍神祠，惠郡王奕詳禱白龍潭，均先期齋宿。大高殿道衆祈禱，覺生寺僧衆諷經，及輪班上香住宿之王大臣等，均恪慎將事。一切應行典禮，該衙門敬謹豫備。

初十日庚子　晨雨，至午止，終日霒陰。得紱丈書，即復。仲彝、雲門移具來同居，子縝亦移寓肯夫家。偕二君暢談，至夜三鼓始罷。五更大風。

十一日辛丑　晴，晨大風極横，上午少差，午復甚，晡後稍止。劉鑴山師生日，送銀二兩。作書致張飈民。子縝來。福州陳汝翼進士翥來。牧莊來。紫泉來。潘伯馴孝廉來。是日談諧甚暢，偕諸君夜飯，至初更後散。月色甚佳，偶得句云：『客去茶烟猶繞户，宵初花氣漸通簾。』因成兩首，以示諸君。

仲彝雲門携具來同居喜賦一詩并柬肯夫子縝

老屋三間學隱淪，多君來此息風塵。已憐暮景催歸鳥，暫喜窮途對故人。濁酒一尊停夜月，庭花半架殿餘春。東頭爲問蓬瀛侣，官燭詩篇定倍新。是日子縝亦移寓肯夫家。

次日牧莊子縝紫泉見過夜偕仲彝雲門匡伯小飲客散後作

華月纖纖欲挂檐，東厨西釀偶相兼。清談舊雨閑彌永，脱粟荒年儉不嫌。客去茶烟猶繞户，宵初花氣漸通簾。衹應振觸閑情賦，一曲燈前昔昔鹽。調仲彝、子縝。

十二日壬寅　晴，下午有風。張飈民來，贈以貴州黑羊井水筆一枝。（此處塗抹）鍾仲穌同年來。王弢夫來夜談。月甚佳。

邸鈔：自初七日至十二日新進士引見畢。詔改爲翰林院庶吉士者吴樹梅等八十九人，分部學習者七十六人，以内閣中書用者八人，以知縣用者一百十三人，以郎中、主事原官用者五人，歸班候選者二十七人。浙江得庶吉士者九人，子縝、朱蓉生及庚午同年歸安朱鏡清皆與焉。爽秋及莫峻、李濂皆分部學習，顧家相、朱彭年皆用知縣。福建陳汝翼得庶吉士，貴州路朝霖、黄國瑾亦皆與選。

十三日癸卯　晴，晡後陰，傍晚風。觀雲門昨夕所爲《卷簾新月上得簾字》五言八韵，新秀絶倫，因以『竹醉日』爲題，得『移』字韵，約諸君同賦。作片致鍾仲穌，并一紙，寫《養自然齋詩話》應改者數條，屬轉致其兄雨人修撰。得子縝書，饋行軍散藥一瓶。得仲穌復，并詩話一部。是日小感微凉，嗌間火發不快。夜月甚佳，有微風，坐庭下久之。

十四日甲辰　酉初二刻十四分芒種，五月節。終日霎䨲鬱悶，多陰，晡後有雨數點，夜有小雨。寫詩致子縝。爲鄭香題畫蘭。剃頭。弢夫來，因留夜飯。子縝來，陳汝翼來，夜談甚樂，復以四十字紀之，並成寄朱亮生七律二章，寄謝夢漁七律一章。

雨後喜弢夫子縝偕陳汝翼庶常𦏁見過同雲門仲彝匡伯夜話

疏雨過銀河，虛堂暢嘯歌。人間知己少，天上暮雲多。短燭消更漏，高言畏網羅。商量文字業，莫問夜如何。

寄秀水朱亮生采**明經保定幕府二首**時督相移駐津門，君仍留省垣。

府主三公督八州，疏狂書記世無儔。軍門祇解能長揖，漆室頻聞恃老謀。附體誰修張裔敬，卧屍容得禰生留。廣筵珠履三千客，獨自悲歌學楚囚。

雄藩保塞拱京華，彍騎蕭蕭静建牙。渤海列屯傳羽箭，潞河飛粟漲桃花。萬言盾墨常馳檄，君著《防海私議》《治河私議》共十萬餘言。八口風塵遠寄家。頭白横流何日止，相期歸去問桑麻。

贈謝夢漁給事

拜疏歸來乞米忙，群兒騶騎擁煇煌。三朝白髮呼風漢，五考黄門作病坊。殿上詼諧方朔樂，詩中涕淚杜陵狂。憐余寂寞頻相過，多事人間著漫郎。

邸鈔：詔：詹事府右庶子文治轉補左庶子，禮部郎中啓秀補授右庶子。禮部員外郎李樞交軍機處記名，以道府用。編修畢保釐、孫欽昂均准其一等加一級交軍機處記名，以道府用。

十五日乙巳　晨至下午晴，晡後陰，有雨數點。是日鬱熱。晚晴。作致朱亮生書并詩寫去，作書致紫泉，託其轉寄。作片并詩致夢漁。買紡紬褌一，越羅袴一雙，付京錢二十二千。先生老矣，尚不免紈綺餘風，以素多汗畏熱，不得已也。仲彝饋漆布桌韜一張。得紱丈書，即復。作書致子縝，得復。是日翰詹部院諸官考試差，毛昶熙擬題爲『雅頌各得其所』，四書文；『嶧陽孤桐泗濱浮磬』，經文；『罨畫溪光碧玉泉得洲字』，五言八韻。此元遺山《濟南雜詩》也，全首作：『吴兒洲渚似神仙，□□□□□□□。別有洞天君不見，鵲山寒食泰和年。』其意以吴中山水雖佳，不及鵲華。所云『吴兒洲渚』者，泛指江南言也。乃以『洲』字爲韵，蓋誤認『吴兒洲』爲地名，而又截去『渚』字，此亦大笑柄矣。

邸鈔：上諭：近畿一帶天時亢旱，直隸、山東兩省暨豫省、河北等府亦復雨澤愆期，被旱地方較廣。著順天府尹，直隸總督，山東、河南巡撫體察情形，加意撫恤，並講求救荒之策，督飭所屬，實力舉行。以副都統銜頭等侍衛台慶爲伊犁索倫領隊大臣。本任額爾根巴圖告病。

十六日丙午　晨小雨，上午晴，晡後陰，傍晚晴。彦清來。子縝來。汝翼來。吴碩卿來夜談。四更時疾動。

十七日丁未　晨至下午晴熱，晡後雲合有雨，傍晚晴。偕仲彝、子縝、汝翼、雲門、梅卿、彦清、弢夫醵飲李鐵拐斜街之且園。滿洲同年宜伯敦宜垕爲其尊人某都司所新闢也，栽花築榭，營造未已。有城南別舍三楹，小足留憩。其西穿池置廊，畚鍤方始，而位置拙俗，糞壤等觀，八旗惡札，遍滿堂廡。是日定席地者，弢夫及朱郎霞芬也。晡後酒闌，弢夫復移席霞芬家，至夜一更時歸。付車錢十千。謝夢翁來，潘孺老來，常熟同年龐庶常鴻文來，俱不晤。

夏日偕汝翼匡伯彦清弢夫仲彝子縝雲門飲滿洲某氏且園復從弢夫飲對門朱郎家夜歸即事呈諸君

城南馬廄新爲園，雜花稚竹深映門。池臺簡略半未就，時有客至羅琴尊。面東開軒數弓地，佳日停雲暫相憩。窮途猶喜交材賢，餘力同期治文字。庭前烟霧横窗紗，石榴如火紛夭斜。清風時來入簾隙，玉缸酒面飛紅霞。長髯短屐互行炙，雄辯清言共駱驛。朱郎手持團扇來，玉樹一枝照瑶席。芭蕉展葉桐陰交，此外尺地皆炎歊。醉中不覺人世窄，仰見赤日行天高。是時至尊正憂旱，神畿千里麥苗斷。我曹冗食何所爲，對此盤飧得無赧。柳邊隱隱鳴輕雷，西鄰重見華筵開。檜花一陣過疏雨，轉向銀屏看月來。

十八日戊申　晴。終日不快，多卧。閲《唐兩京城坊考》。彦清來，竹篔來，子縝來，夜飯後去。

邸鈔：上諭：文煜、丁日昌奏特參文武各員，請旨分别革職、正法一摺。提督銜總兵朱名登以專閫大員委帶營勇，竟敢曠缺不補，並於游擊郭珍明等剋扣勇糧等情始終袒護，實屬荒謬糊塗。游擊郭珍明、都司何積祖、從九品郭秉義通同剋扣勇糧。朱名登、郭秉義著一併革職，永不敘用，不准投效各路軍營。郭珍明、何積祖以幫帶哨官，輒敢販運洋藥，賣與勇丁，希圖漁利，敗壞營規，實堪痛恨，均著於軍前正法，以昭炯戒。

上諭：御史周聲澍奏請收回淮鹽引地、禁止川私一摺，著户部議奏。其疏爲劾李瀚章也。兩湖向爲淮鹽引地，軍興以後，江淮道梗，兩淮借運川鹽。江寧克復，兩江總督曾國藩重整淮綱，因議重抽川税，以暢淮銷。同治七年九月，曾國藩兩疏言川鹽侵楚害淮之弊，劾湖廣總督李瀚章袒護川鹽，膜視淮綱，皆下户部議，嚴禁川鹽繞越偷漏。嗣李瀚章竟札下湖南督銷局，裁徹衡州府等處緝私巡船。曾國藩争之。於是奏請分界銷售，以湖北之安陸、荆州、襄陽、鄖陽、宜昌五府，荆門一州，湖南之澧州一屬，借銷川鹽。户部議以川鹽因黔邊不靖，無本岸可銷，暫照所議。一俟黔邊肅清，即行退出，歸還淮地。下各省議行。先是川鹽鄰税每斤抽錢八文，以五歸淮，以三歸湘。李瀚章忽減作五文，以三歸淮，以二歸湘。湘省以爲數太微，咨覆全減，於是每斤止抽三文矣。旋以川鹽成本太重，又奏請停收湖北陸課矣。未幾，又請裁湖南澧州花畹岡税局。户部再駁奏，謂其徒示體恤於川販，未權利害於淮綱。事不行，而川梟日益横。同治十三年二月，遂焚劫岳州鴨欄磯緝私卡局，殺傷巡船水勇。李瀚章止劾文武卡員，而首事者置不問，刑部飭訪亦不答，且復撥湖南勇戍守，於是委員反爲護送川私矣。李瀚章又飭湖南督銷局許川私假道常德、辰、沅，以達貴州，沿途灑賣，聽其所爲。於是川販毆勇毀卡，莫敢誰何，兩湖州縣，路路走私，而淮引久懸，場鹽積至百餘萬引，各岸積至數十萬引矣。聲澍歷陳其弊，且謂川鹽取巧舞弊，每包數百斤，或數十斤，散裝船底，無數可稽。視淮鹽之出進，悉憑官局按引扣税，不爽分豪者，孰多孰少，相去天淵。乃必取少棄多，故違定制，公忠體國，當如此耶？又謂同治十年户部奏稱鄂省必欲行銷川鹽，原爲籌餉起見。乃近年鄂省所報川釐數目，遠不及淮課之多，是淮銷之短絀，既見川釐之挹注無期，徒使祖宗成法因此敗壞，是川鹽并無益於鄂餉也。淮鹽以五百引一票計之，多銷一票釐課，可得三千兩，場地錢糧可得三百餘兩。倘能盡杜鄰私，則兩湖七十七萬之引額不難復舊；使楚省全岸能早銷一綱，即可入銀一百六七十萬云云。然此疏亦止就淮鹽言耳。兩湖人皆利食川鹽，雖盡復引地，淮鹽仍不能暢銷，蓋淮鹽之積弊極矣。

以詹事府少詹事馮譽驥高要，甲辰。爲内閣學士，兼禮部侍郎銜。原任興義景其濬以三月十六日卒，至此始補。

十九日己酉　晴。上午詣謝夢翁，晤。詣汪柳門，不值。詣碩卿，晤。詣王信甫，不晤。詣肯夫，晤。詣竹筼，不值。詣鍾雨人、仲穌兄弟，均不晤。詣譚研孫，晤，午歸。汝翼來，不值。紫泉來，子縝來，汝翼來，偕諸君擲漢官采選儀。夜得肯夫書。是日付錢四千。

邸鈔：以吉林副都統西蒙克西克與正白旗漢軍副都統玉亮對調。

二十日庚戌　晴。外祖妣孫太君生日，設饋奠。作書致牧莊。子縝來。汝翼來。牧莊來。弢夫來。羊辛楣來，約游三海。夜偕汝翼、牧莊、弢夫、子縝諸君小飲。

邸鈔：詔：二十四日仍親詣大高殿及昭顯廟禱雨，仍命惇親王恭祀天神壇，恭親王恭祀地祇壇，孚郡王恭祀太歲壇，禮親王世鐸禱覺生寺，鄭親王慶至禱黑龍潭，貝勒載漪禱時應宫，鎮國公奕謨禱宣仁廟，散秩大臣載瀾禱凝和廟，惠郡王奕詳禱關帝廟，貝勒載治禱城隍廟，散秩大臣載瀛禱清漪園龍神祠，載津禱靜明園龍神祠，貝勒載澂禱白龍潭。

二十一日辛亥　晨及上午陰悶鬱熱，下午澂雨數作，晚又小雨。始換冷布窗，易絺衣。

二十二日壬子　晴。得伯寅書，以新作消夏詩四絶句索和，并饋龍井茶兩瓶，即復謝。再得伯寅書，以新得鈔本姚少師《逃虚類稿》《獨庵集》兩册，及介谿、瑶草、圓海三奸相尺牘一册見示，即復。子縝來。汝翼來。下午偕仲彝、子縝、雲門、汝翼至文昌館觀劇。夜偕梅卿、雲門邀諸君及弢夫飲萬福居，予招秋菱，弢夫招藹雲。二更時汝翼邀飲鄭香家，四鼓後歸。肯夫來，不值。得紱丈書，還《遺山集》。

二十三日癸丑　晴熱，下午陰。和伯寅《消夏四月詠》，即書致伯寅。

手模明三相尺牘各一通。分宜止一紙，署曰『侍生嵩頓首子應契兄先生足下』，於『嵩』字鈐『[illegible]』三陽文。貴陽兩紙，共二十餘行，首曰：『士英罪廢十餘年來，絶意灰然，不料當事諸公捉生替死，以此重擔忽委之於英，事事從頭做起。』蓋初起爲鳳陽總督時也。下署曰『弟英頓首』，而不署所與之人。其起處鈐『[illegible]』二字陽文。懷寧兩紙，起處鈐『[illegible]』二字陽文，下署曰『弟鋮頓首』，亦不署所與之人。書中有云：『過張秋不及晉謁，蒙撥淺夫，俾賤眷得遠行。』又云：『管河簿邵時祥，弟吏垣舊效勞吏也，幸在仁人君子雲芘下。』則其人當是總河或河道監司。三奸行草，俱有筆意，文筆亦不俗。貴陽尤明快，其書自任能制獻、革諸賊，而深慮闖賊之南下，蓋其時始起戍籍，亦思有以自見。小人得志，恣其披猖，遂無所不爲，家國盡喪，身亦屠僇，可以示戒矣。

作書復紱丈。得伯寅復。傍晚坐庭下洗足。

章子厚題名

方丈仙人本淼茫，一言腹劍竟披猖。同文獄起清流盡，宣訓誣深故后傷。幸爾黨碑聯禹玉，終然甓法悔商鞅。僭雷配字酬相謔，空自題名記草堂。

逃虛子集

北郭曾傳十子詩，彌天神駿想當時。海鷗游戲真無賴，香象超騰大有辭。赤脚已成和尚錯，紫袍難得女嫛知。程朱何與方黄事，一炬煩人報少師。

鈐山堂集

詞臣十載耦樵漁，清望東山世莫如。竟負焚香天上祝，虛傳禮斗殿中居。邊防河套終捐棄，直諫朝班盡掃除。猶有一編遺集在，不教隨例没圖書。

三相國尺牘

五宰相書能避瘧，曾聞戲語出涪翁。何來勝國三奸聚，恍見陰謀異代同。孔雀羽毛悲盡落，魅狐形影向誰工？留都賣後終强死，猶較袁江餓鬼雄。

二十四日甲寅　晨晴，上午有風，午後陰，終日熇熱。剃頭。閱《金石萃編》中《宋元祐黨禁碑考》《七十二弟子贊考》。彦清來。雲門太翁生日，衣冠以賀之。夜得肯夫書，即復。

邸鈔：以内閣侍讀學士瑚圖禮爲光禄寺卿。上諭：御史張盛藻、李廷簫奏近畿省分被旱甚廣，亟宜速籌賑濟，請飭先撥帑項一摺，著户部速議具奏。旋部議先撥庫銀十萬兩交順天府府尹、直隸總督，分領給賑，並著山東、河南巡撫酌量倉庫存項，分别籌辦。閏月初二日具奏，得旨准行。

二十五日乙卯　晨陰，上午薄晴，午後晴暑特甚。晨偕仲彝、子縝、汝翼、雲門、彦清、梅卿進宣武門、西安門，至金鼇玉蝀橋，晤羊辛楣，同入右掖門，登圓城。周回睥睨，下臨池水。中爲承光殿，殿前有古栝一株，傳爲金時物，夭矯蔭數畝。其餘松樅竦峙，亦皆數百年物也。殿穹覆而圓，人呼爲團殿。

殿中設御坐，前列燭臺、熏爐，左列商文父鼎，右列諸葛銅鼓。殿南有玉甕亭，置元代玉甕，黑質白章，刻魚龍波濤，甕中刻高宗御製《玉甕歌》。殿後石山陂陀，循徑而出，爲敬躋堂、古籟堂。又北爲□□□，中設御坐，規模略如承光。自此下階而北，爲積翠堆雲橋。過橋爲永安寺，即金、元之瓊華島也。却出右掖門，坐車折東行，半里許入陟山門，望瓊華島之東面石幢，登山徑，看畫廊諸處，山徑委蛇，峰巒聳峙高下，林木蔚深。以諸君欲先游南海，遂出。復上車南行里許，入西苑門，明之西内也。門内有平橋朱闌，截池而度。循東岸而北爲蕉園，亭榭傾敧，樹石荒澀。經素尚齋、響雪廊，登石磴，入粉垣小門，山徑曲折，爲流杯亭，有聖祖御題『曲水浮花』四字。經長春書屋、牣魚亭、鏡光亭、待月軒、補桐書屋、雲繪樓，皆棟宇半頹，不復可入。小憩於寶月樓下，復循池西岸而南，歷人字柳、交蘆館、春及軒，過豐澤園，過織女橋，登日知閣，下有水閘，歷涵元門、狎漚亭、秋雪亭，至藻韵樓下。山石嶔崎，多具洞壑，有木變石三根，卓立丈餘，其一題『插笏』二字。遂至瀛臺，三面臨水，以太湖石爲地，荷葦交風，坐卧其中者久之。復入涵元門，中爲涵元殿，殿西室上有樓，供銅佛；東爲祥暉殿；西爲瑞曜殿；後爲香扆殿，陳設華重，有象牙文石琱鏤人物屏風十二扇，極精工，外以玻黎隔之。殿東爲景星殿，西爲慶雲殿。又出涵元門迤西行，入豐澤亭，世宗演耕之所也。有長廊曲檻，花木幽深。内爲惇敘殿。又進爲澄懷堂，堂後爲遐矚樓。其北爲崇雅殿，複道重軒，窈深以曲，前則欄窗束抱，下有曲池一帶，池水久枯，池北有戲臺。又北爲春和殿，殿後有樓，文石紆縈，朱闌環映。殿屋隱秀嚴静，暑晝生凉，陳設清華，屏風四合，有沈檀山一坐，玉磬數架。其南出爲静谷，山勢周遮，竹樹蒼鬱，亭廡高下，備極玲瓏，蓋西苑最勝處。出經結秀亭、聽鴻樓，仍度平橋，出西苑門，經南花園門奉宸苑署。時冒烈日行，暍困不能堪，就茶檣小憩。登車沿景山，過大高殿，出地安門，至十刹海，飲於一曲湖樓。

樓下荷池數里，對面瓊島、景山，東西雙峙，都中酒樓第一家也。傍晚歸。是日自入城至出城，約六時許，付車錢十千。汝翼來，夜飯後去。

買陂塘夏日偕諸子十剎海探荷，飲於一曲湖樓，望瓊島、景山，烟樹迷濛，苑墻繚繞，水田風葉，事事宜人，譜此以堅看花之約。

展簾前、翠雲千頃，田田荷葉飛舞。鳳城西抱盈盈水，臨水樓臺無數。天際路，看百道，紅墻遍鎖宫中樹。笙歌散去。祇玉輦苔封，錦帆塵歇，傾盡掌盤露。　凌波近，綽約瓊華島嶼。景山撩亂鵶語。妝臺莫話遼金事，一霎夕陽紅過。能幾度，待擁檝，人來同向花間住。闌干倚處。指夾岸垂楊，蒼烟忽斷，飛渡液池鷺。

二十六日丙辰　晴。弢夫來。作書致肯夫，慰其第四郎殤逝之痛。作酸梅凉飲子。得子裳書，言二十八日南旋，并索還《筠軒文集》，即復。夜紫泉書來，邀飲鄭香家，偕雲門、梅卿赴之，坐有子縝、仲彝，三更後歸。

邸鈔：慈安端裕康慶皇太后、慈禧端佑康頤皇太后懿旨：御史潘敦儼奏請開除親王差使一摺。前因醇親王奏舊疾復發，懇賜矜全，當允王公、大學士、六部九卿之議，將各項差使開除。即神機營事務，亦改派伯彦訥謨祜等管理，僅令醇親王隨時會商籌辦。惟菩陀峪工程重大，仍令照料，亦該親王職分所當爲。嗣因皇帝入學讀書，特派照料毓慶宫事宜，亦非尋常差使可比。至每年七月、十月萬壽及元旦令節，均令詣壽康宫行禮，毋庸隨班慶賀，並加恩以親王世襲罔替。所有體恤而優崇者，原與諸王廷臣迥别。該御史於朝廷用意未能深悉，持論致多失當，所奏著毋庸議。另片奏請表揚毅皇后以光潛德等語，覽奏深堪詫異。本朝恭上列后謚號，均恪遵成憲，敬謹舉行。孝哲毅皇后已加謚號，豈可輕議更張。該御史逞其臆見，率行奏請，已屬糊塗，並敢以傳聞無據之辭登諸奏牘，尤爲謬妄。潘敦儼著交部嚴加議處。潘敦儼，江寧人，故雲貴總督謚忠毅鐸之子，由蔭生、刑部郎中爲御史。聞其奏疏有『子不得臣父北面而朝，不免爲臣民所惑』之語，語雖稍戇，誠今日所宜言也。其片奏有聞毅皇后絶粒吞金之事，請特旨表揚，改定謚號，則誠謬矣。幸而朝廷寬政，不窮其事也。使詰以聞自何人，責其明白回奏，將何辭以對乎？孝哲皇后去年之事，異論甚多。臣子之心，不無傷痛。要之此疏，設上於甲戌十二月、乙亥正月之時，據當日之傳聞，求兩宫之調護，攄所隱痛，婉其措辭，東朝聖明，必爲動色，即或觸怒而得罪，天下當諒其心也。今長信之逝，已閱期年，謚號尊崇，典禮無闕，而忽爲此論，徒駭聽聞。且匹婦捐軀，有待旌異；中宫坤極，何所表揚？豈綽楔之榮，可加之陵寢；節烈之謚，將增其徽稱乎？不學之言，可爲不思之甚矣！然敦儼入臺，今甫數月，必其昔日備聽人言，有所感激，故乘亢旱之灾，抒其積疑之隱。觀過知人，君子無深責之可耳。

二十七日丁巳　晴，暑。爽秋來，江敬所來，俱不晤。偕子縝、汝翼諸君閑話。得敬所書。是日中暍不快。

邸鈔：上諭：李鴻章奏職員冒充欽差私造劄印請旨革職審辦一摺。據稱内務府贊禮郎續昌與伊兄桂昌私雕假印，同莊丁劉宗順等假充欽派四品京堂，馳駬查辦地畝，至延慶州一帶騷擾地方。現經拏獲解審，實屬目無法紀。續昌著即革職交刑部嚴行審訊，並著内務府、步軍統領衙門、順天府、五城將桂昌一體嚴拏，解交刑部，照律懲辦。

二十八日戊午　晨至午晴，下午微陰，熇暑，晡後陰，有風。謝夢翁來。湖北按經祝應燾來，不晤。作片致朱蓉生，得復。蓉生招飲廣和居，辭之。跋朱子元殘碑二通。夜微雨，即止，有風，三更後密雨有聲。

二十九日己未　晨至午晴，下午陰，晡後復晴。朱蓉生來。作書致伯寅，并以《水調歌頭·賦洞庭碧螺春》詞寄之。殷蕚庭約明日飲，作片辭之。孺初來。蕚庭來。夜閲羊衒之《洛陽伽藍記》。

水調歌頭伯寅侍郎饋洞庭碧螺春新茗賦謝。

誰摘碧天色，點入小龍團。太湖萬頃雲水，渲染幾經年。應是露華春曉，多少漁娘眉翠，滴向鏡臺邊。采采筠籠去，還道黛螺奩。龍井潔，武夷潤，岕山鮮。瓷甌銀碗，同滌三美一齊兼。時有惠風徐至，贏得嫩香盈抱，緑唾上衣妍。想見蓬壺境，清繞御爐烟。

三十日庚申　巳正二刻十三分夏至，五月中。終日晴歊酷暑，大風。得伯寅書，再饋碧螺春三瓶，即復謝，報以紫洪山芽茶一筒。汪柳門來。許竹篔來。印結局送來是月公費銀十五兩一錢。偕竹篔、仲彝諸君暢談共飯，至夜二更時去。

閏五月辛酉朔　晴。祀曾祖考妣、祖考妣、本生祖考妣、先考妣，以肉餚七簋，鷄魚肉三牲加燖㒹、蝦丸等。菜肴五簋，梅糕兩盤，蝦餅一盤，簌湯一碗，時果四盤，饅頭一盤，桂花緑豆湯一巡，酒兩巡，自巳至未畢事。作書致牧莊，約今晚小飲。作書致弢夫，得復。子縝來。牧莊來。夜偕諸君共飯，談甚暢。作書致江敬所，饋以魚、肉，敬所返魚。

邸鈔：詔：於本月初七日恭祀社稷壇虔祈雨澤，命恭親王奕訢恭代行禮，初四日先期齋戒。詔：初七日仍親詣大高殿祈雨，敬謹叩禱，並親詣宣仁廟拈香。仍命惇親王奕誴恭祀天神壇，肅親王隆懃恭祀地祇壇，孚郡王奕譓恭祀太歲壇，及禮親王世鐸等分禱覺生寺等處。命編修龍湛霖湖南攸縣，壬戌。爲雲南正考官，胡喬年湖北天門，戊辰。爲副考官。顧奎甘泉，乙丑。爲貴州正考官，李岷琛四川安縣，辛未。爲副考官。

初二日壬戌　晨至午後晴，晡後雲合，小雨，有風，旋霽。鍾雨人修撰來，金庶常星桂來，馮庶常崧生來，朱庶常鏡清來，俱不晤。子縝、汝翼約今日早集龍樹寺，仲彝、雲門俱作片相催，雲門復由寺還寓見邀，以予之懶散無侶，而不爲諸君所棄，如是亦可感矣。剃頭。紫泉來。午後偕紫泉、雲門、梅卿赴汝翼、子縝之招。主賓共十七人，設飲蒹葭簃。簃外馬纓三樹，交柯接花，香色穠艷，日昳雨過，坐客半散。偕竹篔及雲門諸君裴回花下久之，晚歸。夜有溦雨。

夏晚偕諸子坐龍樹寺馬纓花下作

雨過夕陽澹，禪房開緑陰。微風交葦影，晚色上花心。飛鳥有時倦，暮雲隨處深。徘回無限意，何似在山林。

初三日癸亥　晴。終日不快，多卧。弢夫來作夜談，彦清、仲彝諸君皆集。衫痕扇影，杏脆茶香，以一詩紀之。

弢夫挈霞芬來同彦清諸君夜話聽歌

緑蕙香無歇，言愁奈爾何。晚風吹鬢暖，初月媚人多。詩意宜吴語，茶光上越羅。王珉白團扇，掩淚不聞歌。

邸鈔：詔：浙江温州府知府裕彰、滿洲生員。湖北宜昌府知府王熙震、四川拔貢。施南府知府許賡藻、孝豐舉人。貴州銅仁府知府許大綸順天優貢。均開缺，送部引見。丁泗濱補授廣東碣石鎮總兵。

初四日甲子　晴，微陰，晚有風，夜三更時有小雨。黎明即起，坐庭下看書，不久復困甚。比日濕疾大發，時時昏卧，今日尤劇，甥出對客，不能逾一晌，蓋俗所謂蛀夏。陳汝翼以爲脾濕，當服白芍、茯苓。實則五十之年，氣血早衰，羸頓至此，恐非藥力所及。虚負日月，何用生爲！是日雲門適感小疾，子縝來視，夜與之談，憊不可支，因書感四首示諸君。是日付賃屋銀四兩。

病中書感兼示仲彝子縝雲門三君四首

貧瘁與年進，况堪灾疾攻。笑談成氣逆，跬步即途窮。半世呻吟裏，終朝轉側中。此身今已贅，溝壑任西東。

滿目流民畫，餘生尚百憂。世途真逼仄，天意亦沉浮。漸有探丸警，誰聞曲突謀。吁嗟求雨意，蔽蔽竟何仇。

寂寞誰相慰？知心得兩昆。循良傳治譜，文采起清門。憂樂無人識，科名待爾尊。大官方減膳，温飽事休論。

樊澤真風義，歌詩百感來。家傳名將業，身抱著書才。花月追騷意，文章禜小灾。濟時應有待，笑口爲君開。

初五日乙丑　晴。是日爲金危危日，以竿頭豬、凫、酒、果五更祭之。楊蓉初舍人來，以江寧新刻南滙張孟彪文虎《舒藝室隨筆》六卷、戴子高《管子校正》二十四卷見贈。彧夫來。朱蓉生來。子縝來。汝翼來。以是日爲閏端午，夜與諸君及仲彝、雲門小飲，至二更時散。作片致吴蕙吟郎中廷芬，取本司印結；作片致王信夫，取直隸印結，俱爲友人投考宗人府供事也。得信夫復。乞馮子因孝廉繪《三山世隱圖》，託紫泉轉致。夜客去，復得七絶四首、七律一首。

姬人張端以五月四日生今年逢閏示以詩五首

女兒佳節難重遇，姊妹花開記閏娘。小帖紅箋報端四，燈前閑譜荔枝香。姬人之姊以閏月生，故字閏娘，今嫁金縣丞，在閩中。

碧裙新意試裁綃，王母分來再熟桃。怪底菖蒲花發處，重臺還比五雲高。

客中典盡舊釵鈿，正是黃楊厄閏年。一事總輸房老福，秋風篋扇絶新篇。

霧鬢風鬟不入時，持家常得魏城知。赤靈符在何須換，長命新添續命絲。

房中十賫儘堪誇，七事新兼筆硯茶。更有一庭紅醋醋，供人插戴滿頭花。

丙子閏端午戲作俳體

粽煮菰香酒泛蒲，更料平節物入荒廚。人量采縷身依舊，裙驗榴花淚未枯。天上香羅無復夢，心前故紙尚懸符。衹應研取殘硃滴，重繪終南進士圖。

初六日丙寅　晴陰相間，下午有風。作書致弢夫，借以張皋文四種，并以趙味青校刻《韓詩外傳》借楊蓉初。得吴蕙吟書。前日子縝、雲門皆和飲十刹海《買陂塘》詞見示，雲門復製菱詞《江城子》一曲。今日雲門又和前移居詩一首。午後體中小適，玩味久之，因題一律於菱詞後。孫鏡江來，不晤。

戲書雲門江城子菱詞後

多勞湘管譜菱詞，天問箋成醉不知。五月風花燕市酒，千年蘭芷渚宫詩。黃金買賦人誰識，緑葉尋春事已遲。添得楚江騷客恨，淚拋紅骰刻相思。

邸鈔：吏科給事中奇臣授浙江杭州府遺缺知府。杭州府陳魯以道員用。旋以紹興府龔泰備調杭州府，奇臣補紹興府。科布多參贊大臣托倫布以病奏請開缺。許之。以科布多幫辦大臣保英爲參贊大臣，以鑲黃旗漢軍副都統桂祥爲幫辦大臣。吏部右侍郎崇綺補鑲黃旗漢軍副都統。上諭：御史吴鴻恩奏川鹽釐課未可遽議更張一摺，著户部議奏。鴻恩疏言：兩淮額引一百八十二萬，每年課釐不過三百餘萬。川鹽經户部議准分界行銷湖北宜昌等五府一州、湖南澧州一屬，引地十五六萬，每年釐課三百餘萬。淮鹽釐輕而弊重，其利在商；川鹽釐重而弊輕，其利在國。蓋淮鹽成本既輕，而獲利最重，故淮商百計爭之；川鹽成本既重，而每斤釐課，本省抽十餘文，宜昌又抽十餘文，約共三十文，故湖北京協各餉、荆州滿營兵餉、水師及本省軍餉、四川歲解京餉、雲貴陝甘協餉，歲二百餘萬，均出於此。是川鹽行楚，關系匪輕。即如該御史所奏，全復十五六萬之引地，加出淮商課鳌二三十萬，而所少川鳌已一百七八十萬，争引地之虚名，失已成之巨款云云。

初七日丁卯　晴，酷暑。

閲張嘯山《舒藝室隨筆》。卷一《經説》，自《易》至《爾雅》；卷二、卷三《説文》，附《玉篇》數則；卷四《史記》；卷五《漢書》，多據明刻廣東本及汪文盛本校日食、晦朔、月日之誤；卷六《後漢書·本紀》《續漢書·律曆志》《逸周書》《戰國策》《管子》《韓非子》《墨子》《吕氏春秋》《淮南子》《莊子》《文選》《樂府詩集》，而《管子》所校最多，餘皆不過數條或一二條。其書實事求是，鉤貫邃密，而《説文》爲尤精，於近儒段、桂、錢、嚴之説多有所補正，卓然不刊者也。

晡後陰，有風，旋復日見。旱既太甚，爲之奈何！

初八日戊辰　晴，酷暑，傍晚陰，有㵐雨，夜有小雨。早起，爲孺初、梅卿書扇，即作書致孺初，得復。仲彝、子縝邀同汝翼、雲門至文昌館觀劇終日，歸。夜汝翼招飲鄭香家，偕仲彝、雲門同車往，坐有子縝、弢夫，三更後歸。

初九日己巳　晴，酷暑，傍晚有急雨，即止。爲子縝以金泥書扇訖，即書致子縝。終日躁熱不可堪，晚坐庭下讀唐人王、孟、嘉州、常尉、儲太祝諸家五言古詩，頓覺肺府清凉，因擬右丞、襄陽、太祝短章各一，亦當暑懸《北風圖》之意也。

儗王右丞屋上春鳩鳴《春中田園作》詩：『屋上春鳩鳴，村邊杏花白。持斧伐遠楊，荷鋤相泉脉。歸燕識故巢，舊人看新曆。臨觴忽不御，惆悵遠行客。』

㵐雨過林塘，和風交阡陌。柔桑環我垣，垂楊蔭我宅。倚樹飯耕牛，臨流設漁席。門巷春事多，永無遠行迹。

擬孟襄陽松月生夜凉《宿葉師山房期丁鳳進士不至》詩：『夕陽度西嶺，群壑倐已暝。松月生夜凉，風泉滿清聽。樵人歸欲盡，烟鳥栖初定。之子期宿來，孤琴候蘿徑。』

明月出林間，清露滴山翠。鐘磬初已定，泉聲偶來至。幡風遠颭燈，松影半在地。猿嘯不逢人，負此烟中寺。

擬儲太祝種桑百餘樹《田家雜興》詩：『種桑百餘樹，種黍三十畝。衣食既有餘，時時會親友。夏來菰米飯，秋至菊花酒。孺人喜逢迎，稚子解趨走。日暮閑園裹，團團蔭榆柳。酩酊乘夜歸，凉風吹户牖。清淺望河漢，低昂看北斗。數甕猶未開，明朝能飲否。』

人生貴自足，粗能治田園。藝稻五十畝，種竹數百竿。稻花竹陰中，結屋十餘間。茅茨亦云整，籬落僅自完。後圃帶流水，前軒面青山。右灌瓜蔬饒，左蔭桃李繁。租税既早輸，鷄豚供祀先。時亦速親友，歡笑羅杯盤。夏日緑陰合，棚架圍檀欒。置席北窗下，清風盈我前。雖有機杼聲，不擾午後眠。睡醒夕陽下，倚杖聽鳴蟬。

邸鈔：上諭：本年近畿一帶天時亢旱，業經撥帑振濟，並諭令李鴻章等應否截留東漕，查明具奏。兹據李鴻章奏稱懇准截留漕糧等語，加恩著照所請，所有山東後幫粟米儘數截留，並將奉天本屆牛莊運通粟米二千九百餘石，錦、寧、廣、義四州縣運通粟米一萬一千六百餘石一併截留，以備振濟之用。其順天、直隸應如何分撥米數之處，該督等酌度辦理。上諭：直隸地方灾歉頻仍，所有同治十三年以前民欠，及緩征帶征地糧、旗租、竈課各案補徵銀兩，暨出借倉穀、籽糧、牛具、學租等項，除十年以前業經豁免外，其十一、十二、十三等年迭次欠緩各項，加恩全行豁免。上諭：丁寶楨奏近來參革各員並不回籍，仍復戀踞省城，造言生事，任意妄爲，大爲風氣之害。著各直省督撫嚴行查察，凡有參革人員，奉旨後即行勒令回籍，如敢藉故逗留原省，滋生事端，即著該督撫嚴行懲辦，毋稍徇隱。

初十日庚午　晴，酷熱。剃頭。得肯夫書，借日記。錢笣仙來，久談。子縝來，夜在聽事共飯。夜二更後雨作，終夕數雨，有檐滴聲。

邸鈔：上諭：文煜、丁日昌奏福建省城驟遭水患，現辦拯恤情形一摺。本年福建福州等府屬雨水過多，五月中旬省城連日大雨，又值海潮驟涌，溪河漫溢，城内外水深丈餘，田廬均被湮没，間有傷斃人口。覽奏殊深矜憫。即著文煜等妥爲撫恤，毋任失所，應如何賑濟之處，務當悉心籌畫，認真經理。上游建寧、延平府屬及福州之古田等處被灾情形，並著查明具奏。另片奏閩清縣被水淹浸，居民尚無傷斃。著該署督等一體確查，妥籌振撫。

十一日辛未　晨小雨，上午晴，微凉，夜月甚佳。是日始食早粥。梅卿饋玉簪花一叢，秋海棠兩盆。爲雲門、仲彝、梅卿、弢夫評點制藝詩賦。予與諸君約今年爲夏課，此其第一會也。文爲『浴乎沂』三句，賦爲『錢勃遺朱買臣紈扇賦』，詩題『團扇風前衆緑香得前字』。汝翼來，招夜飲，辭之。

邸鈔：上諭：廣壽奏天時亢旱時事艱難請飭中外臣工實力修省一摺。方今時勢多艱，本年京師及直隸、山東等省天時亢旱，閭閻困苦，深宫宵旰焦勞，爾中外大小臣工務當振刷精神，盡心職守，毋得稍事因循，内而部院堂官，外而督撫大吏，正己率屬，舉劾嚴明，庶幾共濟時艱，用副朝廷諄諄誥誡至意。廣壽疏言：古者水旱不時，則大臣引罪。蓋君臣一德，上下交儆，未嘗以憂勞之任獨歸君上，而臣下晏然無事者也。方今西陲不靖，國用未豐，民生未遂，已覺可慮。況自春徂夏，久旱不雨，聖駕親詣大高殿，屢次祈禱。當此之時，大臣中省躬自責者有幾人？愧悔自奮者有幾人？僅能按日到班，照常畫諾，即以爲無誤公事而已。或避夫嫌疑，則慮多事之招忌；或耽於暇逸，則思請假以偷安，甚至有坐享厚禄，養尊處優，專顧身家者。望其任勞任怨，視國事如家事耶云云。不知其何所指，然實當世之名言也。

十二日壬申　晨至午晴，下午微陰，晚風，夜有小雨。是日鬱悶，至夜凉甚，須綿被。閲《五經異義疏證》。

邸鈔：命詹事府詹事孫詒經錢唐，庚申。爲福建正考官，户部主事王綍無錫，癸亥。爲副考官。翰林院侍讀學士王之翰濰縣，甲辰。爲廣東正考官，編修郁崑蕭山，辛未。爲副考官。編修朱文鏡漢軍，辛未。爲廣西正考官，御史李嘉樂光州，癸亥。爲副考官。

十三日癸酉　晴。作書致牧莊。作書致紫泉。寫單約夢漁、肯夫、碩卿、汝翼、牧莊、鮑敦夫明日飲福興居。敦夫來。得碩卿書。夜月甚佳。

邸鈔：恩合賞頭等侍衛，在大門上行走。

十四日甲戌　晴，酷暑。得肯夫書，借《舒藝室隨筆》，即復。作書致子縝。彦清來。傍晚偕子縝詣福興居，夢漁諸君已早至，肯夫復來。二更時歸，月色如晝。偕彦清諸君談，至四更始寢。

邸鈔：副都統銜頭等侍衛、索倫領隊大臣額爾根巴圖卒。得旨褒惜，照軍營病故例議恤。

十五日乙亥　晴，酷暑。偕雲門、仲彝、彦清早飯，暢談。潘鳳洲來。羊辛楣來。子縝來，弢夫來，夜共飯，暢談。是夕望，月好如前夜。

邸鈔：詔：二十日仍恭祀社稷壇祈雨，仍命恭親王奕訢代行禮，十七日先期齋戒。二十日仍親詣大高殿敬謹叩禱，暨親詣凝和廟拈香，並命惇親王奕誴恭祀天神壇，肅親王隆懃恭祀地祇壇，惠郡王奕詳恭祀太歲壇，仍命禮親王世鐸等分禱覺生寺等處，均先期齋宿。詔：二十日遴選道衆在黑龍潭開壇祈雨，命鄭親王慶至恭代拈香，並派師曾住宿，載遷、溥楙、思慶、克塵分班住宿，上香行禮。上諭：

毓橚等奏請派大臣查勘大碑樓情形並自請議處一摺。本月十二日夜暴風急雨，孝陵大碑樓被雷火延燒。著派魁齡、桂清前往敬謹查看情形，奏明辦理。毓橚、溥芸未能即時撲救，均著交該衙門議處。

上諭：崇實奏特參庇護盜賊之蒙古郡王，請旨嚴議一摺。本年五月間，崇實派兵拏獲著名盜匪密勒僧格一犯，供係賓圖郡王旗台吉。迭次行劫，該郡王豈毫無見聞？竟敢隱匿窩藏，並派以副關防差使。迨拏獲到案，猶敢移文諂取，聲稱官兵騷擾，意存挾制。並有台吉特克什巴雅爾等數十案均在該王旗地面當差，陽託巡緝之名，肆行搶掠之事。似此袒護盜賊，實屬目無法紀。賓圖王西呢巴咱爾著交理藩院嚴加議處。並著蒙古各盟長知照各該王旗，嗣後務當約束壯丁，毋許滋事。密勒僧格一犯，著按律懲辦。

哈密辦事大臣文麟卒。詔：文麟由内閣侍讀歷任監司，旋授哈密辦事大臣。哈城屢經匪擾，防剿極爲得力，且治軍撫回及興辦屯田，均能妥爲籌畫，悉協機宜。前因患病賞假，方冀調理就痊，長資倚畀。兹聞溘逝，軫惜殊深。加恩照都統軍營立功後病故例賜恤。賞銀一千兩治喪，由左宗棠給發。靈柩回旗時，沿途地方官妥爲照料。伊子候選員外郎多培，俟百日孝滿後由該旗帶領引見，用示篤念勤勞至意。以哈密幫辦大臣明春爲哈密辦事大臣，以副都統銜德克吉訥爲哈密幫辦大臣。

十六日丙子　寅正一刻六分小暑，六月節。晨至午晴，晡後陰，傍晚復晴。是日酷暑。偕彦清、雲門諸君暢談。紫泉來。爽秋來。夜偕諸君小飲。三更密雨，至曉有聲。

邸鈔：以太僕寺卿朱智爲大理寺卿。

十七日丁丑　晨密雨，已稍止，午後密雨，至晚止。久不見雨，得此甘霖，永晝生凉，静坐觀之，覺竹樹空濛，咫尺有山林之勢，因賦五古一章，又以五律一首寫示仲彝、雲門。

齋中喜雨

自冬汔今夏，望雨若朝飢。况兹值暍暑，一滴千金思。何意水雲合，積滰先萋萋。奔騰忽四注，坱圠窮端倪。檐溜織烟霧，竹樹交參差。虛堂生萬籟，庭砌横風漪。静看雨中色，冥會林居時。山谷杳無極，白氣分茅茨。松濤捲天際，蘿薜垂紛披。江湖收俄頃，魚鳥俱忘機。新凉沁枕簟，濕翠侵罘罳。野老庶滿慰，聖人息疇咨。莫問門外路，泥深如淖糜。

雨中示仲彝雲門末韵兼懷子縝

静聽一庭雨，虛堂秋已生。翠憐新竹辨，紅見晚花明。比屋交檐滴，聞門斷屐聲。池塘應有夢，不盡對床情。

附雲門和作：

一雨收新暑，滿庭秋意生。坐憐芳草碧，猶見晚霞明。門外空車轍，林間悦鳥聲。巡檐視嘉植，無異老農情。二句真道得鄙人意出。

邸鈔：詔：大理寺卿朱智仍在軍機章京上行走。

十八日戊寅　晨陰，上午後晴陰埃𩞄，蒸溽鬱煩。剃頭。徐孝廉升鼎來。碩卿來。作書致肯夫。得王揚庭訃，以四月九日歿於蘇州，年四十六，無子，可哀也，賦詩輓之。

哭王揚庭弟

三年書未報，忽聽訃音來。久客悲風木，聞去冬葬親始畢。無兒慟夜臺。故人多不壽，循吏竟爲灾。山縣儒官老，令原一倍哀。令兄賡廷新選宣平訓導。

邸鈔：詔：以得雨深透，敬答天庥，二十三日親詣大高殿、凝和廟拈香，仍命恭親王奕訢詣社稷壇恭代行禮，惇親王奕誴等分詣三壇及各寺廟、神祠、龍潭致祭拈香，同申報謝，均先期齋宿。黑龍潭毋庸開壇，命鄭親王慶至拈香報謝。大高殿、覺生寺即行徹壇。所有諷經道衆、僧衆，内務府照例給賞。詔：直隸邯鄲縣龍神廟祈雨靈驗，前經奉旨加封靈應聖井龍神，本年迎請鐵牌，來京供奉大光明殿。昨日甘澍滂沱，郊原霑足，寅感實深，著再加封靈應昭佑聖井龍神。次日命順天府府尹張澐卿賫送鐵牌至邯鄲。

十九日己卯　晨溦雨，上午晴陰埃𩂯，午後大雨，有雷，晡漸霽，晴陰無定，溽暑益蒸，晚又雨。得碩卿書，言廿四日準行，即復。和雲門前夜《聽雨懷子縝》詞一首。夜雨數作，二更後雷電密雨，四更大雨，雷隆隆不絶，昧爽雨始止。

高陽臺閏五月夏十六夜聽雨和雲門並柬子縝。

榴火添旬，槐陰閏夏，月圓纔下初弦。蓮漏聲中，無端瘦到荼烟。夜深一例瀟瀟雨，祇淒凉、獨自燈邊。况消魂、數盡流螢，聽遍啼鵑。　隔簾花影知誰惜，儘無言烟裏，泣損紅娟。聞説銀屏，近來也蹙眉山。却看湘簟盈盈淚，總無情、争忍輕眠。眄星河、玉雁飛時，還與傳箋。

邸鈔：上諭：文煜奏查明福建西路各幫擅准加給耗票情形一摺。前署福建鹽法道陸心源，於西路官商各幫領運票鹽，輒敢詳請加給耗票二成。經李鶴年批准。現查明此項耗票於額票有礙，業經停止填給。核計加給一年已短完課釐銀二萬六千餘兩。陸心源擅改章程，具詳請批；李鶴年率行批准；鹽法道盧士杰於回任後不能即時查出，雖據自行檢舉，詳請停止，究屬疏忽。李鶴年、陸心源、盧士杰著交部分別議處。

二十日庚辰　初伏。晨陰，上午漸霽，午後晴，酷熱。汝翼來。以敝裘質銀八兩，又以姬人夾段襦質京錢五十千。得子縝小啓，招飲桐仙家，其辭雋麗如蘭成。以暍甚，辭之。付葛紗袍直錢五十五千，芙蓉紗女衫直銀四兩五錢。夜梅卿邀同雲門、仲彝、子縝小飲。爲子縝賦《尉遲杯》詞。

尉遲杯子縝招飲桐花館聽琵琶，賦此調之且辭芳勺。

桐陰静，又悄地，小扇穿花徑。遲遲玉漏聲中，消受紗窗雙影。檀槽倦抱，憐撥損、銀槤有誰省。衹横床、約略如人，認來紅淚猶凝。　多情翠鳥銜箋，長辜負、金尊小榼同飲。月色雲香相牽惹，偏愛看、銖衣懶整。從春去、懨懨病後，便强刷、鴉青怕對鏡。訴相思、夜雨燈前，玉梟孤守烟冷。

二十一日辛巳　晨陰，午晴，酷暑。碩卿來辭行，不晤。得紱丈書，言劉鎸山師於前日暴卒。聞之驚痛，即作復。始以瓜祭先。得王廉生書，取還《詩經廣詁》，即復。夜與雲門庭下共飯，暢談。終夕酷熱，汗流如雨。切瓜一器饋雲門。雲門復爲小啓，極爲典雅。

二十二日壬午　晴，酷暑如焚。以雪菜煎凝成凉花，和以糖酢，并西瓜祀先。得紱丈書。整理書案。作小札，以凉花饋雲門、梅卿。作書致肯夫，得復。作書致碩卿。雲門復凉花小啓，極新雋。餔時偕雲門談説部，遂及村書市劇鼓板彈詞，曼衍恣肆，以遣酷熱，至二更始散。

邸鈔：命太僕寺少卿周家楣宜興，己未。爲四川正考官，編修吴觀禮仁和，辛未。爲副考官。編修潘衍鋆南海，乙丑。爲湖南正考官，修撰陸潤庠元和，甲戌。爲副考官。翰林院侍讀黄毓恩鍾祥，乙丑。爲甘肅正考官，御史胡聘之天門，乙丑。爲副考官。

二十三日癸未　晴，酷暑，晚風，微凉，夜有澂雨，即止。上午出門，詣鎸山師家。靈床已設，撰杖無期。晤其婿陳主事某，言師以十八日時加戌覺體中不佳，即入内眠，夜中微有淡涌，次日時加卯起溲而化，壽七十二，嗣孫僅十歲，哀哉！坐次見唐副都壬森入吊，號慟，行禮畢，又跪柩傍哭甚悲。唐與師爲丁未同年，年亦七十餘，無子，故傷心之甚。然老輩交情，即此可見矣。詣法源寺答拜汝翼，又詣碩卿送行。午歸，付車錢四千。得紱丈書，還日記，即復。作書致牧莊。作復族姪蓮塘書，託碩卿附去，即作書致碩卿，得復。晚浴。夜初更即睡，三更熱甚，復起至庭中坐凉，月出甚佳。是日賦哭鐫山師七律兩章。

哭劉鐫山師二首

兩月秋官竟左遷，那堪羸博慟耆年。奉常虚長諸卿秩，下杜難營一頃田。人識劉寬真長者，天教伯道促華顛。傷心無子無孫語，小築東堂信黯然。師昔年築素絲堂初成，故用喬丞相語。

自慚老病荷深知，凄絶彌留索序詩。師今春曾以詩集屬訂定，臨歿時遺言索予序。厚德豈須文字重，清名長見後人思。紫門永斷嗚騶日，蕭寺難忘載酒時。從此西街花市地，醉歌扶路不勝悲。

二十四日甲申　晨陰，上午微雨，午後小雨，晡晴。雲門以昨日夜坐詩見示，依韵和之。彦清來。羊禔盦來。子縝來，以新和《尉遲杯》詞見示。禔盦邀飲藹雲家，作書辭之。汝翼來。得紱丈書，索閱近製《高陽臺》詞，即寫一紙致之。王弢夫送來仙居王月坡四月間書，并惠野朮四兩，乞撰其六十壽文，即作片復弢夫。孫鏡江來。晚晴，坐庭下作字。柳絲拂几，蕉蔭照檐，竹桃弄花，明艷欲絶，此景不可多得也。又斸新笋二枝入饌，味極佳。

夏夜静坐和雲門

數點天街雨，微雲碧似羅。山痕分薄電，樹色轉明河。砌竹含烟密，墻花上露多。清宵雨無寐，愁絶郢中歌。

附雲門原作：

客去餘華燭，庭空散綺羅。含情獨良夜，無語望明河。暗草墻陰濕，流螢竹上多。鬢絲忽中歲，惆悵怕聞歌。

邸鈔：上諭：都察院奏順天民人丁永富以丁得功句串御史家人陳福，將伊父丁萬福押詐斃命，赴該衙門呈訴，請飭部提訊等語。陳福是否御史隆光家人，有無詐贓押斃情事，著刑部提集人證訊辦。上諭：御史劉錫金奏請釐剔教職，以端士習，暨歸班進士量予分發省分，及慎重學額各摺片，著該部議奏。其言皆是也。然不釐剔學政、主考而釐剔教職，不慎重翰林、進士之額而慎重學額，是舍竊國而問竊鉤也。至歸班進士，特百幸而偶一失，何足惜乎？

以翰林院侍講學士宗室崑岡爲詹事府詹事。吏部郎中劉澤遠授甘肅甘州府知府。

二十五日乙酉　晨雨，巳後晴陰埃𣆶，晚雲合，溦雨。得紱丈書，以所和《高陽臺》詞見示。金忠甫來，言某幼貧寠，未識一丁，後陷賊中數年，及得出，猶爲慼隸，給役於茶肆餅坊間。有同陷賊者憐之，稍教以文字。會杭州重試，時以補試五六科，且有恩詔加額，每學額至三百餘人，而應試者不及五十人，某竟得入學，然實未嘗學爲文也。於是居蕭山爲質庫司簿記，後爲村塾童子師，稍學爲八比。又五六年，庚午開科，有村農勸之入試，及得題，不能分章節，亦不能成比偶，遂混寫成三段。主司鐫山師素不喜時墨，得而異之，竟中舉人。次年會試文，亦先爲兩小比，後爲三段。都下傳觀，無不大笑，而闈中（此處塗抹）又得而異之，竟中進士，入翰林。有杭人吴煦者，由小胥官蘇松太道，贓槖鉅萬，以此人既貴且尚未娶也，以女孫妻之，奩資數萬金，竟貴且富矣。甲戌散館，改吏部主事，日踵鐫山師之門，乞轉言要津，求實録館差，求陵工差，師皆爲之盡力。於是炫衣服，飾輿馬，日與滿洲子弟及胥之儈、越之胥結兄弟，逐酒肉，淫倡賤優，裸逐於市。杭之要人達官以其婦家故，亦争引重之，於是意氣益高矣。昨以鐫山師賻奠事，孫鏡江言當屬某料理，而今日竟拒不肯任，且云今年入都未嘗與師相見。此於情理實爲難恕。然其人面黄而薄，目小而無光，於相法必無壽徵，雖連得非分，恐其福薄耳。（此處塗抹）再得紱丈書，即復。子縝來，同作夜談。是日得詩詞各一首。

斸庭下新笋佐晚飯

屢數庭前竹，欣看雨後滋。斸來新笋脆，剛與晚飧宜。小具園林樂，無忌灌植時。故鄉三百个，焦土不堪思。

臨江仙 夏晚讀書庭下，花竹静妍，俱有塵外翛然之意。

一陣檐前疏雨過，夕陽樓角晴妍。小安筆研晚風前。柳絲低拂几，蕉影半遮檐。　團扇單衫都稱意，不須紗帽閑眠。静看庭際颺茶烟。緑陰中斸處，紅試晚花天。

二十六日丙戌　終日晴陰靉靆。雲門以小啓送絡緯兩籠來，其文清妙之甚，報以一詩。潘孺老、袁爽秋來，談甚久。鮑敦夫約明日飲福興居，作片辭之。前日羊禔盦約二十九日十刹海觀荷，今日小病，欲静養數日，因用子縝《踏莎行》『影』字之叶爲一詞以柬諸君。

雲門送絡緯兩籠以小文情辭清麗作一詩報之并系小引

候先悉蟀，産異斯螽。傳聒聒之方言，徵嘤嘤之雅訓。凉燈初上，缺月將升。俾和苦吟，庶振凡響。清風將睍，何異夜飛之蟬；雅韵欲流，不驚夢化之蝶。荻籠分惠，花管難酬。

絡緯勞將送，才多媵綺辭。翕清如我樂，聒夜記兒時。枕畔喧逾静，花間遠亦宜。悲鳴果何事，竟夕不成絲。

踏莎行 羊禔盦、孫彦清約十刹海觀荷，以病不欲往，賦此柬諸君，即用子縝、茗廛、禔盦、彦清『影』字之叶。

曉露清流，午風香静，翠盤低擁花千柄。柳陰一帶淺紅闌，日斜過書香車影。　辜却前游，新添酒病，畫船無意窺妝鏡。秋風蝦菜小亭西，待看明月空潭定。

二十七日丁亥　晨晴，旋陰，上午晴，下午暴風大雨，有雷。雲門、子縝俱和前日弢夫挈愛雲夜話詩見示。汝翼來。傍晚偕子縝同車，仍赴敦夫之招，夜更餘歸。汝翼來，茗話甚樂。子縝、紫泉俱在坐，三更始散。兩得紱丈書。雲門復疊《踏莎行》『影』字之韵，紀今夕之事，再同其作。

踏莎行 即事同雲門再用『影』字叶

快雨新收，嫩泥香潤，絳河明照銅街静。小車油壁夜深來，瘦鞋痕在青苔徑。　小褪蕉衫，虛堂凉沁，惜花人惜花同病。悄携銀燭過紗窗，畫簾微漾茶烟影。

二十八日戊子　晴，酷暑，傍晚有風。剃頭。子縝、弢夫來。梅卿約游天寧寺，以小疾不往。復用《踏莎行》『影』字叶賦一詞柬同人。始食新蓮子。

踏莎行 同人期飲天王寺塔射山房，小極不往，賦此柬諸君，再疊『影』字叶。

小隊清游，鳳城西近，古松凉合禪關静。院深日午不逢人，畫幡風過花間磬。　相約携尊，偏耽薄病，料應裙屐穿香徑。翠簾剛對緑陰開，扇光輕度西山影。

邸鈔：以翰林院侍讀學士許應騤爲詹事府少詹事。

二十九日己丑小盡　晴，酷熱。蔡同年正昶來，諸暨人。陳主事甫來，鐫山師婿。俱不晤。作書致牧莊，問其疾，并饋蓮蓬四十枚。秋伊寄來《夏初集天寧寺得辰字韵》詩。子縝爲雲門繪蘭八幅，各題五絶一首，意皆有寄。今日甚暇，取其中五幅各爲補題七絶一首，亦别有所託也。其一首云：『唱斷喬家碧玉詞，一叢香草最相思。不堪更著銖衣舞，風露先愁欲墮時。』爲雲門之眷作也。又一首云：『綽約豐肌分外妍，鏡中倩影不勝憐。娥眉曼睩分明在，孤負琴心已十年。』則託興益深，難爲懷抱矣。得牧莊書，并還《古今釋疑》兩帙，即復。紫薇花開，襯以芭蕉，明艷尤絶。夜作書致禔盦，辭明日十刹海之游。

六月庚寅朔　中伏。晨及上午晴，微陰，午晴，下午有風，終日酷熱，傍晚尤悶。作書致子縝，問其疾，得復。得牧莊書，贈藕一把，即復。彦清、仲彝、梅卿俱惠蓮蓬，仲彝并惠荷花三柄。浴。晚雲起，有風，夜人定時雷電雨作，初更密雨，至二更後止。

初二日辛卯　晨陰，上午雨作，傍午密雨，至午後止，下午晴，傍晚有風，甚凉。是日亥初三刻一分大暑，六月中。子縝來，作夜談，以紅荷花緑薄荷盉飴饊作點心。夜雨數作，三更後不絶，至曉瀧瀧有聲。

初三日壬辰　終日密雨凉風，至晚稍止。墻傾屋漏，終日屏營。傍晚至聽事，偕子縝諸君談。夜凉如秋，燃燭讀書，蕉影滿窗，香篆縈繞，頗得少佳趣。諸君集飲聽事，且招歌郎（此處塗抹）數人，轟飲方喧，予非不樂與諸君談，以市脯村酤，熏蒸狼籍，較之香爐茗碗，映帶丹鉛，自不能舍此就彼也。

邸鈔：上諭：吏部奏遵議道員處分一摺。前署福建鹽法道陸心源擅改票鹽章程，徇私專擅，著照部議即行革職。閩浙總督李鶴年著降二級留任。福建鹽法道盧士杰著罰俸二年。李鶴年、盧士杰所得處分，均准其抵銷。上諭：劉長佑奏請將調任總兵開缺暫留雲南一摺。署雲南提督、調任廣西右江鎮總兵楊玉科，現在帶兵剿辦騰越廳滋事練勇，未能即赴廣西。楊玉科著即開缺，暫留雲南，即將騰越邊務妥爲辦理，以期迅速蕆事。

初四日癸巳　晨至午陰，午後晴，晡後復陰，夜雨。

邸鈔：劉玉成補授廣西右江鎮總兵。

初五日甲午　晴陰埃䨠，溽暑異常。比日參閱群書，小有考證，亦大氐對策家常耳。作書致伯寅侍郎。閲《舊唐書》。得伯寅復。

邸鈔：劉坤一、張兆棟奏特參庸劣不職知縣、候補知府等官及現任雜職各員。廣東封川縣知縣劉祖慶、直隸舉人。署清遠縣事試用知縣李若昌、新寧縣知縣秦廷英、四川廩貢。龍川縣知縣王炳文山東監生。均請即行革職；鶴山縣知縣劉書雲、順天舉人。合浦縣知縣王德溥上虞監生。均請勒令休致；河源縣知縣張濟川、陝西舉人。龍門縣知縣王承彦、直隸俊秀。惠來縣知縣陳元頊、會稽監生。遂溪縣知縣白樸、順天恩貢。恩平縣知縣柳應喬、會稽監生。徐聞縣知縣劉鴻典、四川舉人。長寧縣知縣孟長春、漢軍貢生。長樂縣知縣達材滿洲生員。均即開缺另補；廣東補用知府楊湘湖南。請即勒令休致，飭回原籍，不准逗留；試用知府輔良請以同知降補；試用運同陸慶松請即行革職；試用同知毓濂請降爲府經歷縣丞；候選高要縣縣丞方奎焯等二員均請勒令休致；龍川縣老隆司巡檢張光綬等三員均請革職；澄邁縣典史夏朝升等三員均請革職，永不敘用，勒令各回原籍，不准逗留。從之。劉坤一奏特參庸劣武職廣東水師提標中軍參將黄賢彪等五人，均請即行革職，撫標中軍參將雙達等七人請分别降補勒休。從之。鮑源深奏參劣員山西安邑縣知縣汪慶恩湖北監生。等三員，均請即行革職。從之。

初六日乙未　晨及上午晴陰不定，時有零雨，午後晴。是日酷暑特甚。得伯寅書，并惠十金，即復謝。得羊辛楣書，并和予《蹋莎行》詞一闋。

邸鈔：前任刑部尚書龐鍾璐卒。鍾璐，字寶生，常熟人，道光丁未進士第三人，以閏五月六日卒於家，謚文恪。詔旨褒惜，照尚書例賜恤。上諭：正白旗滿洲奏請將私自出京假冒撞騙之馬甲解部懲辦一摺。馬甲常存於直隸遷安縣地方，冒認地畝，遣抱呈控，旋往拜該縣知縣，交給地册，並敢粘貼告示，假充欽差暗訪事務，亟應嚴行訊究。著李鴻章即將常存迅速解交刑部嚴審，按律懲辦。禮部儀制司郎中張元益光州，癸亥。授廣西桂林府遺缺知府。本任桂林府知府鹿傳霖以回避姻親調廣東知府。

初七日丙申　晴，酷暑益熾。得紱丈書，并和予《尉遲杯》詞見示。云：『桐陰静，正雨後，留客開三徑。曾過窈窕文窗，窺見玲瓏清影。知音有幾，憐百種、心情問誰省。向檀槽、訴盡纏綿，袖痕紅淚先凝。當前碧月瓊枝，潛携手、空庭曲檻同飲。玉骨冰肌花比瘦，纔薄病、羅衫不整。徘徊處、搜詩款夢，有一帶、天河似明鏡。憶吴船、抹麗叢香，夜凉人共秋冷。』其詞清綺穠幽，不見用韵之迹，真老手也。上午偕仲彝、子縝、雲門、汝翼詣紫泉，午從紫泉飲廣和居，下午從子縝飲景龢堂。竹篔亦來。晚歸。

邸鈔：上諭：理藩院奏遵議蒙古郡王處分一摺。哲里木盟幫辦盟務賓圖郡王西哩巴咱爾著照所擬革去幫辦哲里木盟務之任，並革去乾清門行走、御前行走差使，拔去三眼花翎，徹銷紫韁，以示嚴懲。翰林院侍講學士崇勳轉補侍讀學士，以左春坊左庶子文治爲侍講學士。

初八日丁酉　晴，酷暑。作書致紫泉，得復。得伯寅書，以羅兩峰畫《當場出醜圖》十幅索題，皆院本中丑脚也，即復。得竹篔書，以雅雨堂本《大戴禮》、洪筠軒《管子義證》與予易抱經堂本《逸周書》，昨日所成議也，今日先送《管子義證》及鈔本雅雨堂刻《匡謬正俗》來，即復，付《逸周書》去。汝翼來，偕子縝諸君暢談，且招鄭香來共瓜弈。羊辛楣來。朱味笙來。剃頭。夜汝翼招飲鄭香家，偕雲門、仲彝、子縝、辛楣、弢夫同往。有琴香、雁儂諸郎徵歌擫笛，盡歡而散。三更歸，得詞一首。

滿庭芳汝翼邀同仲彝、子縝、雲門、禔盦、弢夫飲蕙蘭室，徵笛選歌，子縝、雲門各賦此解，余亦和之。

新月當簾，微風生樹，繡勒同逐香車。韓潭西去，燈影記蘇家。難得蓬瀛俊侶，商量到、銀勺紅牙。偏容我，坐頭白髮，移近一枝花。　周遮屏鏡側，分飄羅袂，小疊蠻靴。更掩扇清歌，嬌倚窗紗。笛裏分明舊恨，瀟湘水、不到天涯。空贏得，青衫老淚，重與灑琵琶。

初九日戊戌　晴，酷熱如焚。偕子縝、雲門、梅卿擲采選圖。弢夫挈霞芬來。夜同諸君小飲，復作凉花飲子，二更始散。是日得詞二首。

青衫濕

湘江終古傷心淚，長自發紅蘭。鶯聲啼老，鵑聲化去，零落誰看。　鈿車催至，冰甌銀燭，半日追歡。馮唐霜鬢，何戡病骨，同此長安。

南柯子和蘭當、茗樓并示仲彝、弢夫。

病久香都減，愁多夢轉加。秋深寒蝶獨無家。風露簾前，分與一叢花。　灑淚和杯洗，含顰借燭遮。清歌一曲換年華。何況聽歌，人亦滯天涯。

初十日己亥　晴，酷暑如焚。上午偕子縝諸君在聽事觀弈。東箱墻壞。夜同雲門坐庭中談身世之恨。風月娟娟，言愁轉艷，以一詞寫之。

雨霖鈴夏夜坐月，同茗賡感舊言愁欲愁，且喚奈何矣。

蛩聲初咽，正尊前話，竹下凉夕。回頭恨事如水，相憐倦旅，傷心愁説。等是巫山一現，奈雲散愁結。望隱約天上銀河，淺淺情瀾幾時竭。　瑶華分是傷摧折。更難堪、未落人先別。秋千院落何處？螢火點、曉花如雪。鏡破珠沉，一樣紅箋，芳訊都絶。衹夢裏、還道相思，淚滿羅襟月。

十一日庚子　晨晴，上午微陰，有雷隱隱然，午後晴，有風。是日酷熱尤不可當。徐蔭軒師之兄蔚軒太守名彬，庚子舉人，官福寧府知府。開吊，送奠分六千。得嚴菊泉師閏月廿四日書。子縝以近年所得陶遺民《農師山居詩》册見示。遺民名湝，字去病，號秋原，明末諸生，入國朝，隱居雲門山中。此册其手書也。前有自敘一首。所著尚有《文漪堂詩》，其節録手稿本尚存子縝族人家。此册古、近體數十首，與祁氏五公子、六公子唱和甚多。詩皆真率，不墜山林風味。其子式玉，字尚白，康熙間以進士官御史。

十二日辛丑　晴，酷暑。彦清來。以今日山谷生日，邀彦清、汝翼、弢夫、紫泉、子縝、仲彝、雲門諸君小飲。汝翼招鄭香，子縝招琴芬，三更始散，紀以一詩。明日公祭劉鎸山師，人率京錢十四千，今日借之仲彝，以付孫鏡江。

丙子六月十二日寓齋作山谷生日祀以瓜果梅糕同彦清弢夫仲彝子縝雲門諸君作

老樹當門清蔭長，茅堂三面薰風涼。共爲涪翁作生日，荷花一丈瓶中香。佳客清才俱絶出，相約瓣香敬風節。就中壓倒黽張流，却有樊詩與陶筆。主人五十身早衰，奇貧尤似宜州時。蘇羹玉糝劉飯皛，咄嗟廚下猶能治。種竹數竿已抽笋，紫縮寸餘不成箘。作葅剛配西江詩，味苦氣清嚼難盡。薄荷煎餅翠且醃，豆飴惟碗紅冰酣。雛伶擎燭互上壽，此亦先生槁木庵。

邸鈔：命通政使司文澂滿洲，癸亥。爲江西正考官，編修劉恩溥吴橋，乙丑。爲副考官。光禄寺少卿潘斯濂南海，丁未。爲浙江正考官，右春坊右中允王先謙長沙，乙丑。爲副考官。右春坊右贊善葉大焯閩縣，戊辰。爲湖北正考官，御史梅啓熙南昌，癸亥。爲副考官。

十三日壬寅　晴，酷暑。上午詣鎸山師家公祭，同年到者十九人，午歸。以佩表質京錢八十千。得竹篔書，送《大戴禮》來，即復。晚坐庭下讀書。比日困暑，憊劣之甚，往往羸卧，久不能治經，今日勞自支持，閲《東原集》十餘葉。

十四日癸卯　晴，酷暑。禔盦録示近作《十刹海泛舟觀荷記》。楊蓉初來，孫鏡江來，俱不晤。彦清去。閲桂未谷《晚學集》。傍晚復坐花樹下閲《東原集》。精神劣甚，絶無所得。

十五日甲辰　晴，酷暑如焚。子縝連日咯血，甚爲憂之，今日扶病勞與閑話，以遣寂寂。得肯夫書，饋薄荷梅糕一盤，即作小啓復謝。子縝、雲門各和予擬王右丞、孟襄陽、儲太祝古詩三首，一疏爽，一名隽，各極其長。晚浴。子縝招飲豐樓，仲彝招飲春馥堂，俱不往。比夕月甚佳，昨與雲門庭中久談，暗風時至，相對甚樂。二更時仲彝亦來。切西瓜食之，風味可念。今夕風月如昔，而疲甚不能談，露卧少時，即入内睡。人生清福，固有定耶？

十六日乙巳　晴，酷暑益烈。祖妾節孝張太太生日，以素饌供饋。叔弟亦以是日生，予去年爲之傍設羕豚，今年窘甚，又恐非節孝所樂，故不復設，要使九原知我心耳。得紱丈書，即復。剃頭。晚偕子縝、雲門庭中共飯。夜風作，人定後大雷電，震霆猛雨，至三更後少止，月出，旋復雨，五更大雨至曉。通州楊媪以是日受庸，月給八千，先付一月直。

十七日丙午　晨密雨，至午少止，午後復雨，傍晚止。雲門邀飲天王寺塔射山房，偕仲彝、子縝、汝翼、梅卿、弢夫、紫泉、潘伯馴同往。凉雨滿天，烟樹皆濯。出大街後，望廣寧門，鳳城雲靄，濕翠如畫。沿途流水滿衢，兒童多聚土激之，作谿瀑觀。及抵寺，竹樹森碧，樓閣浄深，塔雨山烟，風景彌美。酒半，子縝招琴芬來。傍晚入城，復從子縝飲琴芬家。二更後歸，付車錢十千。是日凉如秋中，可夾衣。

夏日雨中集天寧寺記

樊子茗慶，以丙子夏同居京師，先戒其儔，集飲於廣寧門外之天寧寺。先夕猛雨，經日㴒沛，炎氛滌除，凉颸通爽。巾車竟發，避潦而行。流水周於市廛，新緑拭其衢巷。鳳城菴藹，杳深以闢，出郊遥視，烟翠無際。右折而北，陂陀里許，壕流屈曲，遂得寺門。始拓跋之創基，經隋氏而宏構，興廢遞歷，名迹益崇。芝房星啓，匝里成林；柰苑花開，四時皆錦。其後積土爲阜，因顛作广，翼以圓寮，疏以方磴。廊楯周繞，林篠密列。舊爲緑野堂，今日塔射山房者，尤一寺之襟轄，勝游之輻集焉。是日以雨，道俗闃寂，鳥隱樹而不飛，雲攝山而俱斂。磬風過竹，已作秋聲；茶烟出簾，欲爲暝色。近攬梵塔，黛壓諸天；遐俯畿甽，碧合大地。山澤通其清氣，雷雹走於下方。蓋又極峥泓之觀、寥曠之想矣。此文未完，續見是月之末。

十八日丁未　未正初刻六分立秋，七月節。晨陰，上午後陰晴相間，午後多陰。終日多睡。夜偕弢夫、仲彝、子縝、雲門、梅卿從汝翼飲鄭香家，二更後歸。連夕强作酬醋，甚無謂也。

十九日戊申　終日晴陰餖飣，晡後小雨，傍晚止，夜有雨。

二十日己酉　晨及上午晴陰相間，午後晴。早起，爲伯寅題羅兩峰《當場出醜圖》，得詞一闋，意有未盡，又系以絶句四首。雲門入内裹談。得紱丈書，借《顧閣年譜》，即復。夜偕汝翼、雲門、仲彝、子縝諸君暢話。

賀新郎爲伯寅侍郎題羅兩峰《當場出醜圖》，圖中爲毛延壽等丑脚十人，皆元人院本中事也。

展卷呼之起。便迎人、低眉柔骨，百般神似。不分丹青神妙筆，變相都成非是。算鬼趣、直窮到此。袍笏當場宜活現，奈破衫、多半妝窮子。真與假，有誰記。筆頭粉墨談何易，要包羅、太行三峽，眼中心底。莫道當前真出醜，占盡人間頭地。且漫問、王侯餓隸。衮衮相逢皆此輩，祇笑啼、暫戴猴冠耳。誰竟識，真羞耻。

題羅兩峰當場出醜册子四絶句

出塞琵琶不忍聞，妍媸誰向筆頭分。黄金顛倒蛾眉事，俎豆千秋是此君。圖中第一幅爲毛延壽出塞事，以下皆戲齣中丑色。

自詡端州出又新，史家描繪逼成真。八關十子紛紛現，先補三元第一人。

起滅烟雲又一時，鏡中狐影總難知。草頭木脚匆匆了，萬拜當場薛乞兒。

净色争如丑色多，稗官狡獪奈公何。可憐腹劍千秋毒，换得登場一曲歌。

二十一日庚戌　末伏。晴。作書致牧莊，問其近狀。作書致紱丈，以《滿庭芳》詞乞和。作書致伯寅，并昨作詩詞。作書致徐壽蘅師，索還子縝近文。子縝邀飲景龢堂，辭之。得牧莊復，并以新補《樞垣紀略》寄閲。得紱丈復。得壽蘅師復。雲門、子縝諸君招夜飲豐樓，黄昏後呼車往，坐惟仲彝、弢夫、竹篔、汝翼，初更後歸。

二十二日辛亥　晴。早起詣鎸山師家陪吊，送奠銀四兩，亦暫借之仲彝者。朱蓉生同往，不久歸。得伯寅書，惠銀十兩，作書復謝。彦清來。再得伯寅書，即復。牧莊來，鮑敦夫來。得紱丈書，并和《滿庭芳》詞見示，即復。夜邀彦清、雲門、仲彝、子縝、汝翼、弢夫飲綺春、琴香家，二更後散。付酒資三十千，下賞十千。得弢夫書，饋彘脯兩肩，即復謝，犒使二千。

邸鈔：命内閣學士龔自閎仁和，甲辰。爲江南正考官，給事中邊寶泉漢軍，癸亥。爲副考官。修撰洪鈞吴縣，戊辰。爲陝西正考官，編修陳欽慈谿，辛未。爲副考官。

二十三日壬子　晨及上午晴陰霼霴，下午晴。剃頭。偕諸君閑談，擲采選圖。汝翼邀飲，不往。得朱亮生是月十五日保定書。傍晚坐花樹間讀書。子縝招夜飲景龢堂，坐惟竹篔、雲門、汝翼、仲彝，予招秋蓤，二更後歸。

二十四日癸丑　晴。晨起，詣宣武門大街，道左結設祖筵，以是日鎸山師出殯長椿寺，柩車經此。偕同年二十人致奠。輓歌既作，悲不自勝。晤張颭民及桑叔雅、龐俊卿諸君。午前歸。下午詣陶然亭，。偕弢夫、汝翼、彦清、雲門、仲彝、子縝、梅卿小集。葦光山色，蒼翠接天，漸有秋望之美。晚歸，付車錢七千。許孝廉慶恩來，濮紫泉來，俱不值。得紱丈書，借《南宋雜事詩》，即復。夜與雲門清談。

邸鈔：命編修、貴州副考官李珉琛爲雲南學政。

二十五日甲寅　陰，微晴。彦清去。爲許培之慶恩題其母鮑太孺人《見青閣詩册》五律一首。作書致肯夫，得復。子縝招飲景龢，不往。

邸鈔：御史張盛藻湖北拔貢。選授浙江温州府知府。

二十六日乙卯　霼霴微晴，午後有雷。是日不快，卧閲紀文勤《閲微草堂五種》。張颭民來，以明人南皮李時遠騰鵬《皇明詩統》殘本及獻縣戈芥舟學士濤《坳堂詩文集》鈔本見示。《詩統》分代繫人，卷帙頗夥。坳堂詩、文俱不足觀。其《新建街道公署記》言乾隆三十一年始命御史二人，工部及步軍統領衙門司員各二人督理街道溝洫，時學士以御史膺其選，創建公署於三里河西，更定條規，皆見於所記也。紫泉來，偕雲門共坐庭中花樹下，啜茗清談，繼以夜飯，初更時散。

二十七日丙辰　晴。傷風身熱，卧閲《閲微草堂五種》。文勤此書，專擬干令升、顔黄門一流，而識議名雋過之。其字句下間附小注，原本六書雅訓，一字不苟，是經生家法也。

二十八日丁巳　澹晴微陰，晡後晴。作書致伯寅。作書致夢漁。是日身熱鼽涕，多嗽。得伯寅復。

二十九日戊午　晴，微陰。印結局送來兩月公費銀十二兩八錢。作片致爽秋，送朱亮生書去。謝夢漁來。得錢笹仙書，送禮部議准許叔重從祀疏稿來。弢夫來，約初二日飲安徽館，辭之不獲，請改初五日爲鄭司農作生日。身熱不快，且苦咳嗽。請汝翼按脉撰方，夜服藥後睡，至二更後嗽益甚。是日小盡，復酷暑。付廣義園、擴義園中元楮鏹錢三千。聞李合肥以初六日自天津赴山東烟臺與夷酋威妥馬等會議，尚以滇事也。

邸鈔：上諭：金順奏帶隊大員不遵節制，阻撓進隊，請旨懲辦一摺。墨爾根城副都統吉爾洪額因患病請假，所帶馬隊經金順派員接統，抗不交代，構言煽惑，迨金順派隊近護軍糧，復敢縱兵阻撓，實屬任性妄爲。記名副都統依勒和布、驍騎校委參領永成主謀唆鬧，幾釀事端。吉爾洪額、依勒和布、永成均即行革職，交左宗棠查辦，以肅軍律。

集天寧寺記尾

『之想矣』下。酒炙既行，言笑遂洽。塵拂偶擊，則山花亂飛；觥籌雜投，則檜葉共響。留連晚色，徙倚柯陰。幢影迷離，隨青靄爲表裏；屐聲下上，衝濕霏以往來。鐘杵一鳴，田水四落。泉石悅其羈魄，風雨證其素心。則若忘京華之居，息久旅之感焉。恒河沙數，來者何常；即論平生，亦嘗數至。而媅玩蕭瑟，翕息烟霞，聽僧房之雨聲，數經廊之香篆，則知者不數人，過者不數值矣。失此不書，後將無述。臨河之敘，敢讓斯賢。是日集者，汝翼、弢夫、仲彝、子縝、紫泉、匡伯，賓主共八人，而予爲之記。

秋七月己未朔　晴，酷暑。早以素饌祀竈，終日素食。得袁爽秋書。得子縝書，即復，還其近著。得紱丈書，即復。得弢夫書，即復，且訂以初五日慈仁寺小集祀鄭君，以其地有顧亭林、閻潛丘兩先生祠也。得星齋丈書，以吴人葉道芬所繪小鷗波館詩意十二幅屬題一詞，即復。得陳訏堂師六月十七日杭州書，言已去仁和任委辦鄉試内收掌。鄭香來。

邸鈔：以頭等侍衛、大門上行走恩合爲墨爾根城副都統。

初二日庚申　晨陰，有小雨，上午大雨，有震霆，下午又大雨，晡後霽。是日仍鬱暑。夜嗽大作。

初三日辛酉　晨至午晴，午後微陰，有風，晡後雲合，密雨數作，是日溽暑益甚，得雨少凉。是日寅刻上詣慈寧宮奉册寶加崇兩宮皇太后徽號，曰『慈安端裕康欽昭和莊敬皇太后』『慈禧端佑康頤昭豫莊誠皇太后』。剃頭。得紱丈書，即復。付賃屋銀四兩，岑福工直錢十千，更夫兩月分工直錢十四千，升兒兩千，陳媪五千。以前月十六日畢庸去，隨一餘姚人何姓南還。是日得詞一首。傷風初止，濕淡大作，淡，俗作『痰』。喘嗽不可堪，飲化州橘紅湯。夜雨。

渡江雲 子縝、雲門賦此解記十刹海之游，皆託興芳華，結情巾舄，將離恨抱，未落悲秋。雨窗誦之，有烟水迷離之感，因爲繼和，然余愁則更深矣。

宮墻斜抱處，盈盈一水，蓮葉與天齊。幾家樓閣好，隱隱垂簾，偏映緑楊堤。香車滿路，怎凌波、怯到湖西。頻唤取、紅裙蕩槳，窄舫就烟栖。　依稀。笙歌小隊，翠罼銀燈，有鴛鴦能記。誰爲拭、盤心露點，鉛淚都迷。傍花莫怨汀洲冷，怕秋深、難覓紅衣。拚醉卧，月明自占鷗磯。

初四日壬戌　終日霒陰。彦清來，以近詞十餘闋見示。得孫生子宜越中書。鄭香來。子縝邀夜宴雁儂家，下午偕雲門同車往。坐爲汝翼、弢夫、禔盦、彦清、竹篔、仲彝。予招秋蔆、琴香。二更後酒畢，聽雁儂鼓琴兩曲，三更後歸。

初五日癸亥　寅正二刻七分處暑，七月中。晨陰，微有日景，上午陰晦，小雨，旋晴，終日埃雺蒸鬱。得紱丈書，即復。得江敬所書。劉仙洲夫人來，請議家事。同司譚郎中繼洵以其妻徐恭人及長子諸生嗣貽兩喪來訃，送奠分四千。上午詣安徽館，集於碧玲瓏榭，以慈仁寺無坐地，弢夫移席於此也。設鄭君虚位，偕諸君焚香肅衣冠行禮。午後飲酒，晡後畢，裴回山石池橋間，垂柳數株，縈烟繚翠，紅闌曲折，掩映逾妍。傍晚坐山上小亭及磐石上，談詩嚼茗，清氣彌襟，眷賞久之始返。是日付兩日車錢十三千，鞋錢八千八百。得楊蓉初書。張戺民來，不值。晚雷起，旋有烈風，大雨隨至，夜雨聲滴歷數作。嗽益甚。

邸鈔：郭嵩燾奏久病未痊，請開署缺差使。詔：郭嵩燾准開兵部左侍郎署缺，其原派出使大臣差使仍著届時前往。

初六日甲子　晨及上午晴，微陰，下午多陰，晡後雨，夜大雷雨。

《管韞山集》中《追紀舊事》詩注云：『丁未春，大宗伯某掎摭王漁洋、朱竹垞、查他山三家詩及吴園次長短句語疵，奏請毀禁。事下機庭。時余甫内直，惟請將《曝書亭集》壽李清七言古詩一首，事在禁前，照例抽燬；其漁陽《秋柳》七律及他山《宫中草》絶句、園次詞語意均無違礙。當路頗韙其議。奏上，報可。』考竹垞此詩，止發揮映碧在内渡時請恤謚建文諸臣一節，於國朝絶無妨礙。所謂『事在禁前』者，以有旨禁李清著述也。乾隆四十七年五月，《四庫全書》館所刻《銷燬抽燬書目》尚不及映碧諸書，故是年七月所進《簡明目録》史部别史類猶收其《南北史合注》一百五卷，載記類猶收其《南唐書合訂》二十五卷。至《提要》告成，則削去兩書矣。丁未爲乾隆五十二年，禁令早頒，故并其名氏見於它家集者亦抽燬之耳。

紀文勤《槐西雜志》云：『世傳推命始于李虚中，其法用年月日而不用時，蓋據昌黎所作虚中墓志也。其書《宋史·藝文志》著録，今已久佚，惟《永樂大典》載虚中《命書》三卷，尚爲完帙。所説實兼論八字，非不用時。或疑爲宋人所僞託，莫能明也。然考虚中墓志，稱其「最深於五行書，以人始生之年月日所直日辰支干，相生勝衰死王相，斟酌推人壽夭貴賤利不利」云云。按天有十二辰，故一日分爲十二時，日至某辰，即某時也。故時亦謂之日辰。《國語》「星與日辰之位，皆在北維」是也。《詩》：「跂彼織女，終日七襄。」孔潁達疏：「從旦至暮，七辰一移，因謂之七襄。」是日辰即時之明證。《楚辭》：「吉日兮辰良。」王逸注：「日謂甲乙，辰謂寅卯。」以辰與日分言，尤爲明白。據此以推，似「所直日辰」四字當連上「年月日」爲句，後人誤屬下文爲句，故有不用時之説耳。余撰《四庫全書總目》，尚沿舊説。今附著於此，以志余過。』案文勤五種，雖事涉語怪，實其考古説理之書，其中每下一讀，必溯本原，間及考證，無不確覈，又每事必具勸懲，尤爲有功名教。録此一條，幸後人勿以小説視之也。

《雜志》又言《永樂大典》載李芳樹《刺血》詩云：『去去復去去，悽惻門前路。行行重行行，輾轉猶含情。含情一回首，見我窗前柳。柳北是高樓，珠簾半上鉤。昨爲樓上女，簾下調鸚鵡。今爲墻外人，紅淚沾羅巾。墻外與樓上，相去無十丈。云何咫尺間，如隔千重山？悲哉兩决絶，從此終天别。别鶴空徘徊，誰念鳴聲哀！徘徊日欲晚，决意投身返。手裂湘裙裾，泣寄稿砧書。可憐帛一尺，字字血痕赤。一字一酸吟，舊愛牽人心。君如收覆水，妾罪甘鞭箠。不然死君前，終勝生棄捐。死亦無别語，願葬君家土。儻化斷腸花，猶得生君家。』芳樹，不著朝代，亦不詳始末。其次在韓蘄王孫女詩前，必是宋人。其詩世無傳本，纏綿悱惻，可泣鬼神。予謂此詩一句一轉意，兩句一轉韵，其音調氣韵，置之六朝三唐，亦爲傑作。楊升庵《丹鉛録》舉『門外猧兒吠，知是蕭郎至』一詩，以爲一句一轉，古人所少。然彼止八句，且不過男女相悦之詞，以視此詩，相去何止數等耶？

邸鈔：副都御史童華署理兵部左侍郎。

初七日乙丑　晴。先君子生日，以瓜果、鷄凫、肴饌、點心供饋，至晡畢事。楊蓉初來。夜邀蓉初、弢夫、紫泉、子縝、仲彝、雲門便飯，至二更時散。

初八日丙寅　晴。爲潘星丈題詩意畫册，得《水調歌頭》一闋。

邸鈔：命國子司業汪鳴鑾錢塘，乙丑。爲河南正考官，編修楊霽漢軍，乙丑。爲副考官。修撰鍾駿聲仁和，庚申。爲山東正考官，編修曹煒甘泉，癸亥。爲副考官。編修蕭晉蕃長沙，乙丑。爲山西正考官，刑部主事馮光勛陽湖，乙丑。爲副考官。以前署陝西巡撫劉典爲太僕寺卿。

初九日丁卯　晴熱。爲汝翼改庶常大課《定時成歲賦以以閏月定四時成歲爲韵》。牧莊來，敦夫來。殷蕚庭來，董金門來。作書致伯寅。夜牧莊邀飲宴賓齋，初更歸。是日付圬人理瓦及切磚錢五千五百。

邸鈔：以山西河東道升泰爲浙江按察使。原任興奎以六月死。

初十日戊辰　晴。得伯寅書。得王子獻六月十七日鄞縣書，并周雪甌殘稿兩本。

邸鈔：山西太原府知府江人鏡升補河東兵備鹽法道。内閣侍讀毓銘授太原府遺缺知府。

十一日己巳　晴，秋暑復盛。仲彝饋白木耳。

邸鈔：翰林院侍讀嵩申升侍講學士。

十二日庚午　終日陰，上午微有日景，溽暑鬱蒸，下午有飛雨。是日慈安端裕康慶昭和莊敬皇太后四十萬壽。吴松堂送去年所請誥命兩軸來。作書致肯夫，得復。閲《説文》。剃頭。紫泉來，晚邀同雲門飲宴賓齋，初更後歸。

十三日辛未　晴陰溽暑，鬱悶不堪，晚有電，黄昏大雨，人定又雨，四更後大雨雷電。得肯夫書，即復。子縝、雲門邀至文昌館觀劇。竹篔招夜飲，傍晚偕諸君往。肴覈甘潔，二更後散。雨中坐車歸，付車錢二千。

十四日壬申　秋陰微晴，早晚甚凉。作書致肯夫。潘星丈來，以明日中元先祀屋之故主。比日紫薇、夾竹桃盛開，又以鷄冠、江西菊數十本映帶之，頗爲爛漫。貧家秋色，足娱晚陰。偕雲門暢談，夜飯。夜半後密雨，至曉有聲。

十五日癸酉　晨及上午雨數作，午日偶見，旋陰，下午霡陰，有零雨。先君子忌日，供茶湯特牲，并以素饌祭曾祖考妣、祖考妣、本生祖考妣，自辰至晡畢事。楊蓉初約明日午飲，辭之。作書致肯夫，饋以蒸梟及梅糕。作書致潘孺初，饋以果饌，得復。是日甚凉，可衣綿。夜月清絶，偕雲門就坐竹下，坐話久之。

十六日甲戌　陰。彦清來。禔盦來。爲子縝、雲門書扇。爲禔盦題花谿漁笛圖。禔盦邀飲桐花館，傍晚赴之。坐有彦清、仲彝、子縝、雲門。予招琴香。夜復從禔盦飲豐樓，秋菱來入坐，二更後歸。是日道濘，車行甚苦。

月下笛爲羊禔盦題《花谿漁圖卷》

流水桃花，除非别有，洞天深處。層林略彴，髣髴青山峽川路。花谿在海寧州，州之山水以峽石鎮爲最，亦稱峽川。禔龕，州人也。年年谿水春來長，辦舴艋、全家穩住。祇新詞琢就，眠香擫笛，翠蛾閑譜。烟侶今何許？望天際、汀洲漸鷺鷗鷺。漁蓑典否？幾時收柂歸去。臨風一弄滄浪曲。早拍醒，緋霞萬樹。待醉掃團篷，又怕輕紅墜雨。

邸鈔：上諭：前據文格、譚鍾麟先後奏報，四川東鄉縣匪徒滋事，首犯袁廷蛟在逃未獲。嗣據御史吴鎮奏知府易蔭芝辦理不善，提督李有恒妄殺無辜，當經諭令文格查明究辦。兹據巡視北城御史奎光等奏，袁廷蛟潛逃來京，現經拏獲，訊據供稱上年因該縣官紳苛斂難堪，率衆赴局算帳，該縣遂以民變稟請剿辦，李有恒殺戮無辜，虜掠婦女，懇請代訴等情。袁廷蛟即交刑部審訊，暫行監禁。其所供各節，著李瀚章、文格一併確切查明，據實具奏，不得稍涉回護。

十七日乙亥　終日霒陰，密雨數作。得星丈書，以近作獨游崇效寺五律一首見示，即復。竹篔來。杭人汪若卿綬之自江右來，不晤。金忠甫來，不見。夜有小雨，是夕望，月食。

邸鈔：上諭：黎培敬奏遵查貴陽府知府惲鴻儀辦理公務，諸多竭蹷，難勝煩劇之任。惲鴻儀著即開缺，送部引見。上諭：劉秉璋奏請將才不稱職各員分别懲辦一摺。江西武寧縣知縣姚大元湖北吏員。著即革職；崇仁縣知縣許兆楠、孝豐監生。瀘谿縣知縣崔慕瀾、安徽附生。星子縣知縣藍煦大興監生。均著以府經歷縣丞降補；吉水縣知縣彭際盛廣西拔貢。著開缺，以無字簡缺酌補；弋陽縣知縣譚洛勛廣西舉人。著開缺，遇有相當中簡缺出酌量補用。

十八日丙子　晨晴爽，上午稍熱，午後陰，下午小雨數作。汝翼贈龍井茶兩筒，紫豪筆四枝。是日腹痛，多卧。夜雨。

邸鈔：刑部郎中余撰授貴州貴陽府遺缺知府。旋以大定府陳鴻翥調貴陽府，余撰補大定府。

十九日丁丑　晨雨，至午稍止，下午又雨。是日凉甚。作書致星丈，還詩意畫册，并爲子縝、雲門各以扇乞畫。子縝、雲門各寫昨夕聽雨詞見示，予尚賦詩未就，見之感發，因爲夜坐聽雨、秋日對雨兩詩，以廣其意。是日買秋帽一頂，付錢四千七百文。夜有溦雨。

秋夜聽雨示諸同志

累月苦炎熱，所眄秋風凉。霖雨及時至，漸覺金氣剛。枕簟怯晚就，羅幃試新颺。燈火如故我，對案生清光。今夕雨又作，瀟瀟殊未央。參差雜蓮漏，斷續凄寒蛩。種蕉南榮下，墻角多叢篁。淅瀝稍可辨，檐溜微相妨。不覺庭宇窄，滿室聞清商。坐聽遂成趣，静候爐中香。同居念我友，疏簾隔秋房。共聽空階滴，所惜非聯床。美人易遲莫，况復客異鄉。相勖葆真意，無爲多感傷。讀書繼日力，喜此秋夜長。

秋日對雨作

蕭蕭急雨打簾櫳，坐覺遥天爽氣通。四壁秋聲圍薜荔，一庭凉翠上梧桐。泥騰萬騎邊關路，露立千官御道中。獨喜閑身無事日，方床安坐對西風。

二十日戊寅　晴。申正二刻八分白露，八月節。得星丈書，并畫扇二柄，即復。是日午後有大聲震發，墻壁皆動。聞阜城門外有載火藥者七車相系行，忽六車藥爆裂，人騾皆飛，道傍死者二十三人。遽罹此厄，是何辜哉！

二十一日己卯　晴，少熱。爲子縝以金泥書扇。郭筠仙侍郎來，言近日乞假三月回籍，前日召見，慰諭不許，仍將有海外之行。得紱丈書，贈箋紙三束，即復。

邸鈔：前任四川總督吴棠卒。詔：吴棠老成練達，辦事勤能，由大挑知縣洊擢監司，循聲卓著。

嗣在漕運總督任内帶兵剿賊，保衛地方。歷任閩浙、四川總督，克盡厥職。上年冬間因病開缺調理。兹聞溘逝，軫惜良深。著照總督例賜恤，伊子廕生吴炳和賞給舉人，一體會試，用示篤念藎臣至意。賜謚勤惠。

二十二日庚辰　終日霒陰，密雨數作。得紱丈書。夜雨，至一更時稍止。雲門來，小室對弈，出茶餅餉之，二更後始去。（此處塗抹）

邸鈔：以候補三四品京堂陳蘭彬爲太常寺卿。

二十三日辛巳　霒陰，多風，時有溦雨，傍晚西風甚勁，小雨漸密。作書致紱丈，爲弢夫乞題《焦尾閣遺稿》。作書致星丈，爲舍弟以摺扇乞畫。作書致肯夫。弢夫來。彦清來。得紱丈書。剃頭。夜風雨，凉甚。

二十四日壬午　晴，午後微陰，終日有風。得星丈書及所畫扇，并以秦宜亭所繪歲暮江村小幅屬題，即復。爲子縝書《重五游龍樹寺記》。仲彝贈雪絹帳額一幅，并屬仁和馮子因繪《秋林著書圖》於上。予丁巳初冬謝墅山行詩有云：『幾時來著書千卷，黄葉聲中自閉門。』昨夕因寫於圖右，又系以一絶云：『鵝谿新幅掃螺鬟，黄葉青林咫尺間。最好夢回茶熟候，半床書對一房山。』今日再乞子縝、雲門兩君各題一詞。爲星翁題江村小幅三絶句。彦清邀夜飲宴賓齋，紫泉亦來，二更時散。

邸鈔：上諭：御史樓譽普奏風聞本年考試，試差人員有分帶《佩文韵府》進内檢查詩題出處者，請飭部明定搜檢章程等語。殿廷各項考試人員，理宜各知自愛，豈容懷挾書籍，以圖倖進？若如該御史所奏，殊屬不成事體。嗣後殿廷考試，著監試王大臣嚴行稽察，不得視爲具文。所請明定搜檢章程，著毋庸議。自同治初元以來，殿廷及鄉會考試，命大臣擬題，内出書一卷，折角數葉爲記，擬者即數葉中擇之。其詩題多出於

《唐宋詩醇》，後改用乾隆中尹文端所進《斯文精粹》，於是其書價驟貴，或翻刻以行。近年改用《御選唐詩》，廠肆購是書者遂爲之空，去年春時價至十七八金，至冬則二十五六金，今年春至三十餘金矣。坊賈更摘句分韵，刻爲小板，會試士子多携以入場，則詩題果出是書也。及朝考，聞樞庭有言之者，乃改用《佩文韵府》，其題爲『清詩美政逐年新』，朱子詩也，通場無知之者。嗣外間知其故，有翰林數十人相約分鈔《韵府》詩句，於考差時携之入，其詩題果得之。然《韵府》例止載某人詩，不載其題目，故擬題者不知元遺山此詩爲傷亂諷宋而作，又不知『吴兒洲渚』爲何所指，遂强截『洲』字爲韵，得題者遂或押『渚洲』，或押『吴洲』，且有不知元好問爲何人，而明點出處曰『詩吟元好問』者，一時傳以爲笑。詩之佳惡，本不在此流連風景之句，亦何必知作者之人？唐宋試場不知題目者，得請之主司，乃閲文之冬烘以此爲去取，可笑已甚。而士夫作奸犯令，至争爲之而不顧，頹風陋習，即此可知。（此處塗抹）譽普，吾郡之嵊人，癸亥翰林。其人頗謹厚。

二十五日癸未　晴。終日倦甚，閲書，多卧。夜爲戚族書扇，將託子縝附寄南中。得星丈書，即復。

爲潘星齋侍郎題秦宜亭歲晚江村小景三絶句

扁舟載鶴來，烟水不知處。遥指板橋西，當門一松樹。

茅堂對水開，風貌映清絶。爆竹一聲起，寒林落殘雪。

野曠山空裏，何人共歲寒。黄壚無老友，酒甕畫中看。

邸鈔：上諭：劉長佑、潘鼎新奏克復順寧、騰越府廳等城一摺。本年五月間，雲南騰越練軍蘇開先藉索餉爲名，搶掠官署，占踞廳城，順寧、雲州等城相繼被匪竄擾。經劉長佑等督飭提督楊玉科等分剿，生擒蘇開先，並先後陣斬匪首多名，將順寧、雲州、騰越各城次第收復，並將永昌、緬寧等處匪徒一律驅除，辦理尚爲迅速。仍著督飭各軍搜捕餘匪，務絶根株，毋任一名漏網。提督楊玉科賞給白玉般指一，白玉翎管一，白玉柄小刀一，大荷包一對，小荷包二。道員陳席珍賞加布政使銜。游擊丁槐以總兵記名，並加提督銜。總兵和述廷、張潤均以提督記名，遇缺儘先題奏。副將黄河洲以總兵記名，遇缺儘先題奏。餘升賞有差。命貝勒載治充崇文門正監督，左都御史景廉充副監督。

二十六日甲申　晴。禔盦來。王信甫來。牧莊來。夜梅卿邀同牧莊、汝翼諸君小飲。

邸鈔：工部郎中慶錫綸授山西雁平兵備道。

二十七日乙酉　晴。作書致肯夫。得王廉生書，贈河平三年麃孝禹石本一通，即復謝。雲門招夜飲鄭香家，偕汝翼同車往。坐有竹篔、弢夫、仲彝、子縝諸君，壓笛徵歌，予招秋菱、琴香，三更時歸。

邸鈔：上諭：兵部奏遵議副都統等官處分一摺。阿勒楚喀副都〈統〉崇歡於已革協領烏勒喜布等挪移應行入庫租錢及丈地放照换照收錢等情，毫無覺察，並違例差派筆帖式烏勒喜寵阿署理左司關防，已有不合，著照該部所議辦理。已革委協領蘇勒通阿散放門牌，議收錢文，該副都統並不禁止，輒行畫稿，實屬咎有應得。崇歡著照部議降二級調用，不准抵銷。上諭：太僕寺卿志和奏因病請假，並請另派監臨一摺。本年順天鄉試監臨著改派崑岡。

二十八日丙戌　晴。

閲《定盦文集補》。亦杭人吴煦所刊，凡續録文八首，古今體詩《破戒草》二卷，《已亥雜詩》絶句三百十五首，詞一卷。《無著詞》（本名《紅禪詞》）四十五闋；《懷人館詞》三十二闋；《影事詞》六闋；《小奢摩詞》二十闋；《庚子雅詞》三十五闋。其詩不主格律家數，筆力矯健，而未免疵累，其情至者往往有獨到語。《已亥雜詩》則其以禮部主事乞假出都，又自杭入都携家歸，述其身世、交游、著述及道途游覽贈答作也。詞勝於詩，而自出名雋，亦復不主故常。

得紱丈書，即復。作書復星丈，爲子縝謝畫扇。弢夫招飲霞芬家，下午偕仲彝、子縝、雲門聯步而往。道經且園，聞桂花香，入内游歷一過。夜子縝復命琴芬設飲，弢夫別具肴饌，徵笛選歌，予招芷秋、秋蔆。芷秋自壬申五月見之於秦宜亭坐上，今四年餘矣。聞其閉門戒飲，不赴人招，今日作書與之，始爲一出也。三更後歸。是日弢夫於舊書攤上購得七家詞兩册，爲汪小竹全德、袁蘭村通諸家小竹詞，中有《詠闌干·金縷曲》一首，頗工，因偕子縝、雲門和之，又爲芷秋賦詞一首。五更有小雨。

金縷曲 闌干。和汪小竹詞，偕子縝、雲門同作。

庭院深深處。恁低徊、輕紅一抹，把愁圍住。人影亭亭嫌半掩，况隔花叢無數。更倒映、紗窗如霧。蠡曲迴廊烟繚繞，算句留、能有多時否？斜日影，自來去。　當年並倚花陰語。指身邊、重重卍字，個儂心緒。回首凝塵飛絮迹，難辨畫裙金縷。只略有、啼痕堪據。便是攲斜那平忍换，怕餘香、猶發經時雨。羅袖底，斷魂路。

永遇樂 聞歌感舊

紗幌銀屏，今宵還醉，花影深處。飣坐菱香，纕襟芷老，總是傷心侶。當年風調，絲囊羽扇，問有幾人能語。衹筵前、盈盈畫燭，淚痕爲我偷注。　一時鶯燕，恁爭持羅帶，題遍傷春好句。誰分而今，白頭蕭颯，難賣黄金賦。尺餘横笛，米家歌裏，略記貞元風度。還愁問，簾前月色，尚如舊否？

邸鈔：以護軍參領秀吉爲阿勒楚喀副都統。上諭：惇親王奏驗放官缺，辦理不符，並請察議各摺片。據稱城守尉缺出，例應揀員請旨補授。此次義州城守尉一缺，該衙門擬定正陪，是否向章如此辦理，著總管内務府大臣查覈成案，明白回奏。至請將該親王及萬青藜等察議之處，著俟該衙門覆奏時再降諭旨。三十日覆奏：義州城守尉缺，自同治元年起均擬定正陪，咨送内閣驗放，業已三次。詔毋庸議。

二十九日丁亥　昧爽雨，至晨後止，上午微陰，午後晴。得肯夫書，即復。作書致弢夫。爲弢夫、汝翼書扇。得弢夫復。是日偶成絶句一首。印結局送來是月公費銀十二兩。作書致牧莊。

偶成

不覺詩成日已遲，閑來窗下覆殘棋。秋花滿地蕉陰緑，又爲斜陽立少時。

邸鈔：上諭：沈葆楨、吴元炳奏特參玩視人命之廳縣，請旨懲處一摺。署江寧縣事、銅山縣知縣許誦宣海寧副榜。前在銅山縣任内，於棍徒鍾小玉脅奸李劉氏不從，致該氏羞忿自盡一案，並不驗訊詳辦；署崇明縣知縣甘紹盤、安徽監生。海門廳同知俞麟年蕭山貢生。於民人龔金富在崇明縣境被毆棄水身死一案，互相推諉，日久耽延；署丹徒縣知縣周作鎔於民人孫恒春呈控郭清郎强奸伊妻郭氏未從被毆自縊一案，僅飭差查，並未詣驗。似此玩視人命，亟應從嚴懲辦。許誦宣、甘紹盤、俞麟年、周作鎔均著即行革職。沈葆楨另片奏許誦宣呈遞稟函，内敘前贛榆縣知縣吴蕊元案，並臚列署銅山縣知縣蔣志拔多款，請旨辦理等語。該縣意存挾制，刁風斷不可長。即著沈葆楨、吴元炳確切查明，從嚴訊辦。至該員稟内所稱沈葆楨家丁在徐州有挾妓飲酒情事，著交吴元炳查訊辦理。次年六月奏結，許誦宣發軍臺效力。上諭：沈葆楨奏提督丁憂開缺，請旨簡放一摺。長江水師提督李成謀現丁母憂。該提督勞勩夙著，熟悉水師情形，整頓營務，深資得力。著改爲署任，毋庸開缺，准其扶柩回籍，百日孝滿後即回署任。該提督當仰體朝廷委任之意，毋許固辭。

三十日戊子　晨微雨，已後晴，晚陰，有雷聲，夜有電。徐壽蘅招同宴高麗使，不往。弢夫來，同作夜談。

邸鈔：上諭：李鴻章奏遵旨馳赴烟臺與英國使臣會辦滇案各摺片。英國繙譯官馬嘉理前在雲南騰越邊界被戕，該處地方文武不能留心保護，本應分别懲辦。既據奏英國使臣威妥瑪以爲責其既往，莫若保其將來，請將案内各犯寬免等語，著照所請，除署騰越鎮總兵蔣宗漢、騰越廳同知吴啓亮業經革職毋庸議外，已革都司李珍國及匪犯耳通凹惜都等十一名應得罪名，均著加恩寬免。惟馬嘉理由雲南前赴緬甸，發有護照，乃猝遭戕害，同行之員，並被擊阻，殊失朝廷和好之意。嗣後各直省督撫當懔遵上年九月十一日諭旨，嚴飭所屬，凡遇各國執有護照之人，務須照約妥爲保護，如有侵凌傷害情事，概惟該省大小官吏是問。各該地方官均宜講求條約，以期中外相安。倘有外國官民被戕，迅即查拏正凶，勒限辦結，不得任意遷延，致干咎戾。雲南邊界通商事宜，俟英國派員到時，即著雲貴總督、雲南巡撫選派妥幹大員前往邊界，察看情形，商訂章程，隨時奏明辦理。翰林院侍講學士徐致祥轉補侍讀學士，侍讀歐陽保極升補侍講學士。

八月己丑朔　晨晴，巳後微陰，晡後晴，終日大風，凉甚。下午出門答拜潘星丈、董金門，俱晤。詣肯夫，賀得學差。答拜汪若卿、郭侍郎，俱不值。詣牧莊，久談。傍晚至福興居，邀汝翼、彦清、弢夫、禔盦、仲彝、子縝、雲門夜飲，予招秋䕸。二更時歸，付車錢十千。

邸鈔：詔：本年值更换學政之期，除甘肅學政許應騤先期簡放，雲南學政李岷琛甫經簡放，江蘇學政林天齡、廣東學政吴寶恕、廣西學政歐陽保極、奉天府府丞兼學政楊書香毋庸更换外，工部左侍郎何廷謙定遠，乙巳。授順天學政，大理寺少卿楊鴻吉丹徒，己未。授安徽學政，國子監祭酒吴仁傑震澤，乙丑。授江西學政，禮部左侍郎黄倬善化，庚子。授浙江學政，詹事府詹事孫詒經錢唐，庚申。授福建學政，翰林院修撰梁耀樞順德，辛未。授湖北學政，侍講朱逌然餘姚，壬戌。授湖南學政，侍講學士瞿鴻禨善化，辛未。

授河南學政，右春坊右庶子鈕玉庚大興，乙丑。授山東學政，編修朱福基無錫，乙丑。授山西學政，左春坊左贊善陳翼閩縣，癸亥。授陝西學政，編修譚宗浚南海，甲戌。授四川學政，侍講張登瀛崞縣，戊辰。授貴州學政。

初二日庚寅　秋陰，多風。剃頭。仲彝邀飲天寧寺塔射山房，午前呼車往。桂花欲過，尚爲風香；楊柳未零，將因霜黛。登阜四望，西山翠映，秋光朗然。田園竹樹間，蕭疏滿聽，已有揺落意矣。抵暮始歸，付車錢六千。夜有溦雨。

邸鈔：上諭：大學士文祥靈柩於初四日起程回旗，著派郡王銜貝勒載澂前往賜奠。命郭嵩燾署理禮部左侍郎，潘祖蔭兼署工部左侍郎。

初三日辛卯　晨及午微陰，下午霒陰。是日補成昨集天寧寺詩一首。爲汝翼書扇。燈下於灑金紙作小楷千餘，以試目力。

仲彝招集天寧寺塔射山房是日秋陰眺望甚閑感而成詠

岧嶢古寺占清秋，勝侶招邀又出游。孤塔迴風偏壓樹，遠山銜翠欲依樓。蕭蕭落葉催人别，時子縝、汝翼將南還，雲門將往保陽。澹澹寒光寫客愁。如此闌干幾回倚，暮鐘烟際足句留。

初四日壬辰　晨及上午微陰，午後晴。作書致殷萼庭詢試期。下午仲彝邀同雲門至文昌館觀羅刹飛叉劇，晚歸。

邸鈔：左宗棠奏官軍攻克烏魯木齊等城大概情形一摺。左宗棠督飭西寧道劉錦棠會同烏魯木齊都統金順，於本年六月間由濟木薩西進。逆首白彦虎由紅廟子移踞古牧地，糾合該處回首，併力迎敵，安集延亦遣頭目率黨助戰。官軍會襲黄田賊卡，分途進擊，踞賊敗竄，緊躡追殺，直抵古牧地。各將領鼓勇齊進，立將南關攻破。六月二十七日，開礮轟城。二十八日，各軍踴躍登城，悍賊五六千人殄除凈盡。二十九日，乘勝進剿烏魯木齊。該逆紛紛竄遁，斬馘無數，立將烏魯木齊迪化州城池克復，剿辦甚爲得手。左宗棠規畫調度，洞中機宜，金順、劉錦棠剿賊奮勇，均堪嘉尚。所有一切詳細情形及應行獎恤各員，即著該大臣等查明具奏。仍著督飭各軍實力剿辦，並查明逆首白彦虎等下落，毋任漏網，以靖邊疆。

初五日癸巳　晨陰，上午陰晴相間，傍午後晴。是日稍熱。紫泉來。竹篔來。

初六日甲午　丑初二刻十二分秋分，八月中。晨微陰，上午晴陰相間，下午霒陰，晚雷雨。祀曾祖考妣、祖考妣、本生祖考妣、先考妣。得第四弟婦閏五月中書，家事甚乖，不勝憂念。肯夫來。彦清來。禔盦來。夜邀彦清、禔盦、汝翼、仲彝、子縝、雲門、梅卿、潘伯循諸君小飲。夜密雨，至三更後止。閱嘉興沈匏廬濤《交翠軒筆記》。共四卷，匏廬知大名府時所著。雜考群書，多有異聞。

邸鈔：命工部尚書魁齡滿洲，壬子。爲順天正考官，户部左侍郎殷兆鏞、吴江，庚子。兵部右侍郎夏同善、仁和，丙辰。理藩院右侍郎麟書滿洲，癸丑。爲副考官，侍講學士嵩申滿洲，戊辰。等十八人爲同考官。編修十四人，浙江得三人。又給事中一人，工部主事一人，内閣中書一人。

初七日乙未　晴。文昌廟陪祀惇王行禮，付遞職名錢二千。看禔盦作畫。子縝邀飲嘯雲家，作書辭之。作書致肯夫。

傍晚坐庭下閲《交翠軒筆記》。其第三卷考據經史，最爲精密。所駁《鍾山札記》《公羊・宣六年傳》『無人門焉者』『無人閨焉者』一條，顧憲成言子路、子貢論管仲兩章當出齊《論》一條，皆與予舊説合。蕭山王小穀庶常《筆記》中言南陔中丞頗輕視抱經，載其説甚備。予嘗以爲太過。然其深信顧氏及袁子才齊《論》、魯《論》之説，則誠不可解也。第四卷雜考説部瑣文，中如據岳珂《桯史》言韓蘄王克敵弓本於徽宗時知雄州和詵所上制勝强遠弓，亦稱鳳皇弓，非本於熙寧元年李宏所獻之神臂弓，以駁《容齋三筆》《揮麈三録》之誤；據《玉壺清話》盧多遜幼時抽得雲陽道觀廢壇上古籤筒一詞，知今神廟籤詩五代時已有，以駁《養新録》據《祠山事要》謂起於南宋之誤，皆鑿然不苟。

夜以食蟹，腹痛暴下。

初八日丙申　晨陰，上午有溦雨，旋晴。得牧莊書，饋雙鳧十蟹，即復謝，受一鳧。弢夫招飲景龢堂，不往。牧莊來，談至二鼓時去。是日胸中小逆，至夜始能小食。

初九日丁酉　晴。送子縝、汝翼南旋，賞其僕蔣福錢六千。作書致肯夫。得紱丈書，饋月餅、蒲桃，即復謝，犒使二千。

邸鈔：山西巡撫鮑源深奏舊疾日增，懇請開缺。詔：鮑源深准其開缺調理，以河東河道總督曾國荃爲山西巡撫，以閩浙總督李鶴年爲河東河道總督。上諭：鮑源深奏請飭各省捐備倉穀以濟荒歉等語。國家設立常平倉，原以備振濟之用，第監守在官，於民究有未便。鮑源深擬仿照江南從前設立豐備倉之法，勸民遵辦。其向有社倉者，加意整頓。其未立社倉者，趕緊捐儲，事成報官，地方官不得問其出入，以杜擾累。所籌尚爲周妥，著各直省督撫體察情形，飭屬一體辦理，務使户有蓋藏，以備荒歉。將此通諭知之。上諭：鮑源深奏請嚴禁罌粟，明定考成一摺。栽種罌粟，例禁綦嚴。乃近來私種之風，各省所在多有，於民食大有妨礙。地方官查禁不力，視爲故常，甚且有收費弛禁，藉以營私者。種種流弊，不可勝言。著各直省督撫嚴飭所屬認真查禁，倘仍積玩，即行參奏；並著該部明定考成，出力者如何示奬，不力者如何示罰，收費者如何議罪，以杜弊端而裕民食。將此通諭知之。

初十日戊戌　秋社日。晴，風甚勁，夜月色清寒，二更風益厲。

邸鈔：上諭：文煜、楊昌濬奏拏辦傳教匪徒情形各一摺。浙江温州府屬永嘉縣之雙隔田地方，有匪徒施鴻鼇等持齋設教，捏造符籙印信，設立軍師、將軍等名目，聚徒謀爲不軌。經該管鎮道先期訪聞，立將施鴻鼇並其黨潘阿士等拏獲，訊明正法，辦理尚爲迅速。在逃餘黨，著文煜、楊昌濬飭屬嚴拏懲辦，毋任漏網。被脅良民，並非甘心爲匪，准其繳符免罪。浙江温州鎮總兵吴鴻源、温處道方鼎鋭均交部從優議敘。

十一日己亥　晴，晨及上午有風，午後秋光甚佳。張慼民來辭行，言鐫山師家於明日遷居茶食胡衕，其家具悉歸何廷謙侍郎，慼民以直言爲其僕輩所怒，因辭館，將偕其鄉人秋試者同歸南皮。此人貧老無一技，而性極介，喜言忠義事，搜舂其先代著述及鄉邦文獻，孜孜不遺餘力。今日來別，言此去課村里童子，亦足糊口，惟有三事未了：一、爲其家及鄰里之節婦無後者六人請旌，尚未得旨，其部費亦未交；一、其先世詩文手蹟裝表未竟，亦未還；一、其子姻事未成，意欲俟香濤歲暮至京，面乞沾潤，而遽以失館，無從寄食，衹得且歸。予爲之愴然，因約其來居廳事東室，爲設三韭之餐。得江敬所書并贈七古一章，詩雖少率，而清老有蘇、黄家法。作書致紱丈，饋以羹脯、燒㷄，并作書致伯寅。夜月甚佳。

十二日庚子　晴和。得伯寅書。剃頭。肯夫來。蓴庭饋蘋果、秋梨、月餅、羹脯，即復謝，還其羹脯，犒使二千。作書致伯寅，得復。作書致孺初，饋蘋果、月餅，孺初返餅。夜月甚佳，孺老來談。

十三日辛丑　晴和。上午詣肯夫，久談。予今年窮甚，典質俱絶，非百金不能了此節債。肯夫爲我設法，得以過去。知己高誼，何時可忘！彦清來。近年酒邊花下，從迹甚稀，偶以朋好流連，十旬一出。錢秋菱者，鞠部之秀，間亦召之。計自甲戌至今，左觥録事，未嘗酬以一錢之直。今日從仲彝借京錢百千，爲予代致。此亦可感者也。今日晴暖，秋光極佳，思偕一二友人出游諸寺，而雲門諸君皆已早出，不得佳伴，遂亦興闌，獨行庭廡間，怏怏竟日而已。

十四日壬寅　晴和。得伯寅書，饋銀十兩，即復謝。仲彝邀同彦清、雲門、伯循至浙紹鄉祠觀劇，傍晚歸。作書致肯夫。再得伯寅書，饋銀十兩。三得伯寅書，又饋銀六兩，皆其門生束脩之資也。可感之甚，即復謝，犒使五千。署中送秋季養廉銀十二兩五錢。夜月甚佳。比夕與仲彝、彦清、雲門諸君暢談，間爲采籌之戲。

十五日癸卯　晴，微陰，甚和。弢夫來。紫泉來。禔盦來。得伯寅書。得子縝十二日津門書，并寄贈七律一章。以節物祀先。是日付米錢二百三十千，石炭錢九十八千，酒食錢六十四千四百，南食錢五十三千四百，紙錢二十八千，首飾錢十六千，磚灰錢八千，諸僕媼、長班、皂役節賞錢七十千，日用零帳錢五十千，陳媪回南賞銀十兩，賃屋銀四兩，此其大略也。夜偕梅卿邀彦清、仲彝、雲門、伯循小飲。月出，初有微雲，旋萬里一碧，皎絜如晝。談弈間作，繼以聯句，得七律四章，達旦始寢。

邸鈔：是日有翰林院侍講何如璋謝恩召見。如璋，番禺人，戊辰進士。其人齷齪下材，去年文相國等保舉堪使外國人員，列其名。近日定議，以郭侍郎嵩燾爲西洋各國正使，而刑部候補郎中劉錫鴻以五品京堂候補爲之副；以二品頂帶直隸候補道許鈐身爲東洋各國正使，而如璋以編修特升額外侍講爲之副。錫鴻亦廣東人，己酉舉人，昔年同寓鐵門，曾一相往還。其人已老，雅以經濟自許，今與如璋俱邀特擢，並加三品頂帶。鈐身，尚書文恪公子也。□□□新授太常寺卿。陳蘭彬到京謝恩召見。蘭彬亦廣東人，癸丑庶常，改部曹，□□□未補缺，亦以任使外國得此優擢者。十七日錫鴻謝恩召見。

十六日甲辰　晴和。彦清復賦昨夕即事七律一首見贈。是夕望，月皎尤絶，獨坐庭下久之。

十七日乙巳　晴。先母忌日，供饋，至日昳畢事。

邸鈔：上諭：前據御史吴鎮奏四川東鄉匪徒滋事，地方官辦理不善，並請將各州縣支應局裁徹，當經諭令文格一併查奏。兹據文格奏稱，袁廷蛟在東鄉聚衆搶掠，提督李有恒曾出示曉諭，祇令綑獻首惡，並未遽加攻剿。袁廷蛟輒敢率衆撲營，閉寨抗拒，豎旗鳴礮，甘爲叛逆。迨官軍攻破寨硐，該匪逃逸，散布謡言，希冀徹兵倖免。既據查明，李有恒實無奸擄婦女、縱勇報復及搜殺寨民等情事，著毋庸置議。綏定府知府易蔭芝於袁廷蛟上年圍城未加懲辦，意圖解散了事。此次袁廷蛟要挾減糧，由縣稟報，非該府通稟請剿，並無操切激變之處，惟才欠開展，辦事顢頇，著降爲通判，歸部銓選。署東鄉縣知縣孫定楊因袁廷蛟勾匪入境，具稟請兵，係爲慎重地方起見，尚無不合，該員是否任聽局紳等把持浮派，仍著李瀚章、文格提案訊辦。至各州縣設立支應局，易滋弊竇，自應一律裁徹，著李瀚章、文格飭屬查禁，不准陽奉陰違，致干咎戾。袁廷蛟一犯現在刑部監禁，著該部録取供詞，即將該犯解回四川，仍著李瀚章、文格懍遵七月十六日諭旨，秉公審訊。　户部郎中志潤授四川綏定府知府。

十八日丙午　晴和。作書致竹篔，寫單致定夷、牧莊、敦夫、弢夫、禔盦、彦清、雲門，俱約明晚飲福興居，爲竹篔、雲門餞行。子縝自津門寄來畫蘭絹幀四幅，并題詩見贈。作片致殷蕚庭，饋以燖鳧一，蒸蟹十二敖。閲江艮庭氏《六書説》及其孫子蘭氏《説文釋例》。夜月甚佳，方欲讀書，而有俗客來，遂敗清興。自今春以來，未嘗一日静坐，舊業益荒，不勝慨歎。

十九日丁未　晨及上午晴，暖如暮春，午後有風霾，晡復晴，晡後大雷雨，晚晴。鄉人徐樹蘭秀才來。下午答拜錢笣仙，久談。詣徐壽蘅師，不值。入城訪王廉生，亦不值。送蓬萊周孟伯禮部悦讓行，又不值。禮部丁未庶常，改主事，至今不遷，年六十八矣，以貧甚而歸。邃於經學，閉門不交人事，都中可矜式者惟此老耳。予心儀已久，竟未一見。王廉生爲禮部弟子，屢言禮部亦深許鄙人，前日張廐民來，又言禮部厚致推挹，故今日特往訪之，冀其臨别贈言，而從蹟乖韋，遂阻良價，不勝歎悵。出城答拜楊定甹，途中雷雨驟至。過傅子蓴小坐。傍晚至福興居，彦清已在，仲彛、雲門、牧莊、弢夫、竹篔先後來，二更時歸。風起月清，頓生寒意。付車錢八千，酒家庸賞四千。與雲門諸君談至四鼓始寢。巴陵杜仲丹孝廉貴墀來辭行，不值，爲書詩册二幅致之。孝廉年垂五十，楚南之學者嘗見其詩文數篇，皆清謹有家法，人亦誠篤。終夕風不息。

邸鈔：上諭：楊昌濬奏杭州等屬被水被風情形一摺。本年入夏以後，浙江杭州等府所屬之餘杭等縣雨水過多，田廬多被淹没，並有淹斃人口；台州府屬之臨海等縣猝被颶風，海潮斗漲，平地水深數尺，居民淹斃者不少。覽奏殊深矜憫，著楊昌濬督飭委員及該地方官確切查勘，妥爲撫恤，毋任失所，用副軫念災黎至意。

桃花聖解盦日記戊集第二集

光緒二年八月二十日至光緒三年正月三十日(1876年10月7日—1877年3月14日)

光緒二年丙子八月二十日戊申　晴，有風，微陰，初寒。晨起送雲門赴保定。弢夫邀同彦清、仲彝至浙紹鄉祠觀劇，晚歸。偕弢夫夜談，至三更後散。

二十一日己酉　晴和，下午微陰。禔盦來，饋龍井茶兩瓶，白菊花一包。牧莊來，饋筍煮豆一包，談至日旰去。敦夫來。是日辰初二刻五分寒露，九月節。終日不快。

二十二日庚戌　陰。課傭工等編荻籬，糊紙窗，移石榴、夾竹桃於室。作書致星丈、紱丈，各饋白菊花一瓶。作書致紫泉。剃頭。得星丈、紱丈復。彦清邀同仲彝、弢夫至鄉祠觀劇，傍晚歸。紫泉來，不值。

二十三日辛亥　晴和。得江敬所書。張瓞民來，言周孟伯禮部以昨日行，屬瓞民極致殷勤，謂倉卒治行，不能答謝，此身未死，終以一見爲期。作書致肯夫，以與牧莊、仲彝、匡伯約二十九日祀先師，晚以祭餘公餞肯夫也。作書復敬所。弢夫邀同彦清、仲彝夜飲豐樓，予招秋菱及傅芝秋佐飲，二更時歸。付王九車錢十三千，錢、傅兩郎車飯錢六千。是夕徹旦不瞑。

二十四日壬子　晴暖如春。得敬所書。周荇農閣學來。族姪芬來，雪樵之子也，留之夜飯。予於兄弟中與雪樵最善，今其死已二十四年矣。此子以孤兒隨外家流轉燕、趙中二十年，已習申、韓家言，今佐順天北路鄭同知幕，歲入三百金，差爲雪樵慰。惜其嗜鴉片烟，又有咯血疾，瘠而食少。相其狀貌，必不壽，是亦衰宗不振之徵也。得紱丈書，問浙闈題目，即復。首題『君子不可小知而可大受也』，次題『序爵所以辨貴賤也序事所以辨賢也』，三題『非聖人而能若是乎而況於親炙之者乎』。

二十五日癸丑　晴暖。寫單約笣仙、紫泉、敦夫、彥清、仲彝及殷蕚庭、董金門諸君今晚飲廣和居。作書致紫泉。紫泉來。族姪芬來，傍晚偕之同詣廣和居。敦夫、紫泉、仲彝、蕚庭、笣仙及其令子念劬皆來。夜一更後歸，付酒家庸賞三千，送客車錢數千。

二十六日甲寅　晴。同鄉馬星聯、楊越兩孝廉來，不見。得肯夫書，還《舒藝室隨筆》等書，即復。得張氏妹七月廿九日書，言僧慧定於九月十日娶婦。印結局送來是月公費銀十六兩。夜洗足。灑掃聽事。

二十七日乙卯　晴暖。是日恭祀至聖先師。先師生日，以《公》《穀》所記襄公二十一年十月庚子言之，實在今八月二十一日。已詳予己巳《息荼盦日記》中。今自宋以後皆作八月二十七日，蓋誤從《史記》作襄公二十二年。近來浙紹鄉祠及山左會館、衍聖公府皆以是日祭，姑從之。早起謹篆神位，偕梅卿具牲醴，陳七經於前，五經外加《論語》《孝經》也，《春秋》兼及《左傳》《公羊》，以《左傳》親從受業，《公羊》多載微言，實爲九經也。牧莊、弢夫、伯循、紫泉、禔盦次第至，巳刻彥清、仲彝共行禮者九人。買菊花二十六叢，分蒔盆盎，付錢五千五百。禔盦贈團扇一柄，繪《謝墅山居圖》，并題五古一章，詩畫皆佳，書法亦秀絕。夜同肯夫、彥清、弢夫、禔盦、牧莊、仲彝、梅卿飲至更餘畢，復談至二鼓後散。燈下作家書，致內子、季弟各兩紙，寄內子銀四十兩，仲弟四兩，僧慧五兩，二妹二兩，珊姬之母四兩，共五十五兩，託敦夫轉屬阜康錢鋪寄回，即作片致敦夫。得王月坡仙居書。

邸鈔：上諭：文煜、丁日昌奏訊明采購軍械虧蝕銀兩之革員，分別定擬，並自請嚴擬各摺片。此案福建已革候補同知文紹榮、已革候補直隸州知州沈純，承領庫款采購槍礮軍火等項，竟敢任意侵蝕，文紹榮浮開銀二萬一千餘兩，沈純浮開銀二萬八千餘兩，實屬玩法營私，均著照所擬斬監候，仍照例勒追完繳。已革坐補汀軍同知周星詒，據供並無侵蝕情事，該革員購辦船隻，未能核實給價，致虧洋銀十萬圓之多，著照所擬勒令繳清，發往軍臺效力贖罪，以示懲儆。福州將軍兼署閩浙總督文煜，前閩浙總督、河東河道總督李鶴年，督辦善後局務之福建布政使葆亨，鹽法道盧士杰，督糧道葉永元，前署鹽法道文吉，前署督糧道區天民，未能先事覺察，殊屬疏忽，著一併交部議處。前福建巡撫王凱泰業經病故，免其議處。此案並非丁日昌任內之事，該撫督自請嚴議之處，著毋庸議。同日文煜、丁日昌又奏參准補清流縣知縣柯掄，前署建寧縣時考試文武童生，令捐助義學經費，取爲文武案首。又有丁役被控詐擾之事。其在福州府署審案時，擅將屢次藉案索詐之蠹差翁濂私自縱放，實屬荒謬。前署邵武府知府梁元桂於該縣案首，率沿舊習，仍置前列，雖續經檢舉，究難辭咎。李鶴年於梁元桂查明柯掄各款稟覆時，未將柯掄即行參辦，亦屬咎有應得。詔：柯掄交部嚴加議處，梁元桂、李鶴年一併交部議處。柯掄，湖北進士。沈純，浙江歸安人，户部郎中鉉之弟。鉉與郎中長興董儁翰把持部務，朋占優差，作奸非一，國人皆惡之。去年兩人皆記名以御史用，今年應序補，而堂官以部事需才奏留。前日御史鄧慶麟疏陳部員占差取巧，堂官違例乞留之弊，請飭禁止。有詔申禁，即爲二人發也。周星詒即予所指之周蜮，凶險醜鄙，無惡不爲，有禽獸所不如者。丁君懲治，尚爲寬也。

二十八日丙辰　晴暖。痔發多卧，閱近人文集、説部以自遣。是日付糊聽事壁及風門紙窗等錢十八千，編籬錢二千，岑福工食錢十千，更夫兩月工食油火錢十四千，楊媪是月半月及九月工食錢十二千，順兒兩千，京報錢兩千。孫鏡江來。夜初更後風起，二更小雨，有聲，旋止。

邸鈔：上諭：給事中胡毓筠奏邪教貽害地方，請飭各省拏辦，並京師地面應一體稽查，奸民牽涉教堂，應由地方官查辦各摺片。前據沈葆楨等奏稱，江蘇等省現有邪教紙人剪辮情事，迭經諭令各督撫飭地方官查拏懲辦。此等匪徒，擾及數省，貽害匪輕，著各該督撫飭屬出示曉諭，務令居民各安本業，毋信訛言。遇有邪匪，即行縛送到官訊明，盡法懲治。匪徒行蹤詭秘，往往假託教堂，地方官仍應照例辦理，勿爲所愚。京師五方雜處，並著步軍統領衙門、順天府、五城妥定章程，督飭地面官協力梭巡，一體拏辦，以杜奸宄。

二十九日丁巳小盡　晴暖。閲《舒藝室隨筆》。作書致伯寅侍郎，得復。作片致董金門，屬其寫當世貴官命格數紙。此事予最不信，尤不喜言之，以近日嚴菊泉師來屬予録寄數人，故爲此無謂之舉耳。

九月戊午朔　晴暖如暮春。弢夫來。紫泉來。

偶閲近人陳其元《庸閑齋筆記》八卷，前有俞蔭甫序。其元，字子莊，海寧州人，由諸生官至江蘇候補知州。其書多載家世舊聞，間及近事，頗亦少資掌故。惟太不讀書，敘次又拙，不足稱底下書耳。三即如言其先本杭州高氏，明初有名諒者，至海寧爲趙家橋賣豆腐者陳姓婿，遂爲其子，因承其姓。三世之後，遂有登科者。至今科第已十三世，登進士者三十一人，榜眼二人，舉人一百有三人，恩、拔、副、歲、優貢生七十四人，官宰相者三人，尚書、侍郎、巡撫、布政使十一人，按察使二人，京官卿寺、外官道府以下名登仕版者逾三百人，其寄籍它省者尚不能考。其出嗣他姓者如仁和之張雲璈，累世科第；河南之司馬氏，嘉慶年間爲南河河道總督，今忘其名。案：嘉慶初有東河河道總督司馬騊，由簿尉起家。孫氏星衍《五松園文稿》中有墓志，言其字雲皋，江寧人，先世本寧波人，其祖始遷江寧。俞氏正燮《癸巳類稿》中《總河考》載嘉慶二年十二月司馬騊，江寧人，監生，任東河總督，四年三月卒。

此外東南兩河總督無有姓司馬者。孫志不言其先爲陳姓，亦非河南人。其元於此尚不能考，無論其它矣。

又所載多見在顯人，諂譽歸美，尤爲可厭。惟言道光時與歸安凌厚堂堃同爲金華教官，厚堂，辛卯舉人，爲教諭。好罵朱子，於天下人無不鄙薄。工古文，善奇門，醫卜、星相無所不能，著有《德輿子外集》數十萬言，儷於古作家。其診脉相人，多奇中。豫知庚申、辛酉南北之亂，謂浙江無一片乾净土，數俱前定，己未歲遂棄官歸居晟舍。鎮。湖州破後，自卜賊於某日某時到鎮，届日開門延客，飲酒以待。至時賊果至，擁之去。僞王某素聞其名，請以爲軍師，大罵不屈。有賊帥勸其一揖即可釋歸，亦不肯，遂被殺。延頸受刃，顔色不變，此可爲儒林生色矣。厚堂著述，詳見予壬申日記中。

又言蕭山蔡二風召南爲金華府教授，其夫人素事佛，庚申將亂前，夢觀世音告之曰：『大劫將至，汝家有善行，當令一人不死。』夫人醒以告蔡。蔡戚然，嘗語人曰：『世果亂而我家獨免，則生靈之罹禍者衆矣，何痛如之！』及賊陷金華，蔡投井死，二子亦被害，惟一孫得逸出，乃悟神言一人不死之恉。蔡爲道光戊戌進士，無所著聞。即此一言，可質聖賢而不愧，後日修吾郡志者所當表微也。

其載乾隆原書誤作嘉慶。癸丑科一甲一名潘文恭公，二名陳遠雯雲，二甲一名張春山，三甲一名馬秋水，時人爲之語曰：『必正妙常雙及第，春山秋水兩傳臚。』蓋世謂二甲第一爲金殿傳臚，三甲第一爲玉殿傳臚也。案：是年探花爲陳鍾溪侍郎希曾，二甲第一爲吾鄉陳治鋒秋水，故當日有『必正妙常三鼎甲，春山秋水兩傳臚』之語。春山，不知何人，當是三甲第一者之號或字。嘗以問星丈、紱丈，亦不知。治鋒先生登第時年已四十餘，榜後以必不肯謁和珅，遂用中書，乾隆以來，二甲一名不入翰林者，惟任氏大椿及先生者耳。旋告歸不出，並無所謂『張春山』『馬秋水』者。至傳臚日殿上傳鼎甲三人後，止唱二甲第一、三甲第一之名，蓋舉此以概其餘。洪氏亮吉《北江詩話》中言之甚詳。《實録》亦書賜一甲某某等進士及第，賜二甲某等若干人進士出身，三甲某等若干人同進士出身，皆例舉其首。而自來世俗相沿，稱二甲一名爲傳臚，以亞之於鼎甲，其家或懸扁樹坊，則稱之曰『金殿傳臚』。若三甲一名，則無人以此稱之。家居時，惟見康熙間三甲一名山陰人諸來晟之門懸傳臚扁額，餘無聞者。蓋榜眼、探花，已屬不典之辭，然尚肇於唐宋，傳臚則國初以前未有此稱。若金殿、玉殿之分，更可怪笑矣。

其間及考據，無不舛謬。如論官制，謂唐之尚書以處藩鎮，侍郎則居宰相之位。唐惟門下、中書侍郎爲宰相之職，非侍郎皆居相位也。此語亦微誤。案：唐於尚書省設六部尚書，領吏、兵、户、刑、禮、工之事，而侍郎爲之貳，始終未嘗改易。惟唐制長官多虛位，中葉以後尤甚。尚書省之尚書令，以太宗嘗爲之，後遂不置，而升左右僕射爲長官，此無論矣。門下省之侍中、中書省之中書令，惟以待元勳重臣，餘不輕授。御史臺之御史大夫，肅宗以後不常置，多以中丞攝之。六尚書官亦不必備，或亦除拜而不必涖職，往往以侍郎掌部事；而節鎮、留守及分司致仕者，多以尚書系銜，皆猶今之虛銜耳。節鎮所帶，自御史中丞、左右丞、散騎常侍，以至太保、太尉、司徒、司空、侍中、中書令，凡自五品御史中丞，武宗時始升四品。以至正一品，或爲檢校官，或爲兼官，皆視其勳格，以示加崇，並無一定，未嘗以尚書處藩鎮也。至謂官名、官制，歷代不同，惟宰相及大將軍始終貴重。古之官名，今有以呼執藝者，薙髮曰待詔，工匠曰司務，豈知自古及今無宰相之官名？待詔、司務，亦非古官乎？此書本不足駁正，因其中屢自詡博奥，而書甫刻於去年，今年已有翻板。蓋短書小説最易惑人，故略辨之。

孺初來夜談。二更時有風。

初二日己未　晴暖。得陳藍洲武昌書。得紫泉書，即復。潘星丈來。得紱丈書，即復。

初三日庚申　晴暖。菊花始開。繆庶常荃孫來，不晤。得紱丈書，還日記，即復。料檢三月來所得簡札，分三等置之。换聽事障帖。剃頭。得弢夫書，即復。張颸民來。彦清來，同作夜談。得王信甫書。

邸鈔：詔：郡王銜貝勒載治之第五子命名溥侗。

初四日辛酉　晴，午前後微陰。作書致牧莊，致弢夫。劉鐫山師之嗣孫曾枚來。作書致紫泉，皆商九日登高事。弢夫來。作書復王信甫。得董金門書，并禄命格一紙。下午偕弢夫詣鄉祠觀劇，定甹亦來。夜弢夫邀飲豐樓，予招秋蓤、芝秋，二更後歸。牧莊來，紫泉來，俱不值。

邸鈔：上諭：刑部奏訊取四川匪犯袁廷蛟供詞鈔録呈覽，都察院奏中書蕭宗瑀等聯名呈控帶兵官冤殺奸虜請旨辦理，御史李廷簫奏四川重案覆奏疑竇甚多請飭嚴訊各一摺。四川匪犯袁廷蛟聚衆滋事一案，雖該犯所供並無撲營抗拒官兵情事，遽難憑信，惟該紳士呈控李有恒於鄉民到營呈訴即行斬殺，所殺確係良民，並無匪徒，且李有恒印示有尖峰各寨搜殺無數之語，亦與原奏並無搜殺寨民語相矛盾。並據該御史聲稱案情重大，原奏疑竇甚多，亟應從嚴覆訊，以成信讞。李瀚章甫經到任，無所用其回護。此案仍交李瀚章，將李有恒有無搜殺無辜情事，及袁廷蛟滋事各節，秉公確查，據實具奏。袁廷蛟一犯即著刑部仍遵前旨解回該省，並將原供一併交李瀚章查辦。

初五日壬戌　晨及上午晴，傍午後多陰，晡後有雨數點。作書致牧莊，致紫泉，皆堅重九瓊島之約。笣仙來。禔盦來。得江敬所書，即復。紫泉來。夜料檢寄家書件，屏置一小簏，將屬徐秀才附去。

初六日癸亥　晴暖，有小風。作片致紫泉。彦清去。丙夜後雨。

邸鈔：降調河南道御史吴可讀以主事用。

初七日甲子　巳正一刻霜降，九月中。晴暖。作書致伯寅，得復。得紫泉書。午後仲彝邀同弢夫、伯循至鄉祠觀劇，晚歸。牧莊來，不值。夜爲琴香書金箋横幅。

邸鈔：河東河道總督李鶴年仍加兵部尚書銜。以前内閣侍讀學士文碩爲鴻臚寺少卿。

初八日乙丑　晴。得江敬所書，即復。得伯寅書，即復。寫箋幅訖，復爲舍弟寫扇幀各數事。夜得孺初書，屬爲其鄉人書扇，即復。是日付送三妹裙面金繡錢廿八千，小荷包錢六千，帶錢三千。

初九日丙寅　晨陰，上午晴陰相間，微有風，下午晴。早起。弢夫來，牧莊來，紫泉、伯循來，以是日與禔龕、彦清期游北海也。巳刻小食畢，偕仲彝及諸君進宣武門、西長安門，過金鼇玉蝀橋，至陟山門下車，循松陰石徑，至白塔山南面，即金元之瓊華島也。山左有碑亭，刻乾隆御書『瓊島春陰』四字。左折而北，至漪瀾堂，經道腴齋，穿九曲廊，登山至承露盤，玉石爲趺，高數丈，上鑄銅爲仙人，高亦丈餘，戴盤其上。旁有亭曰一壺天地亭，近已圮。穿山徑，過延南薰房，入石洞，嵌空宛曲，高下數百級，相傳其石多宋艮嶽之遺，金人入汴取以來者也。經環碧樓、盤嵐精舍，小憩於寫妙石室，至酣古堂而止。此爲塔山北面。復循舊路，穿洞西轉，至甘露殿，登閲古樓。曲室幽穿，朱廊四合，樓梯爲旋蠃形，邪闥數折，勢極便巧。樓上下壁間皆嵌《三希堂法帖》，石墨映耀，丹碧之中，倍生光采。樓南面壁上繪仕女，高皆數尺，神態欲生。檻外有飛閣通山，對峙小亭，奇石森列。下樓仍出甘露殿門，東轉而南，松杉夾道，液池忽開，秋波鱗生，霜鏡澄碧。度橋至永安寺，其前爲積翠堆雲橋，南對承光殿。此塔山正面大道也。由法輪殿後登山，經蓬壺挹勝亭，過悦心殿，望慶霄樓，雲氣晃耀，已在山眉。自殿後而升，危梯百級，峻若天際，直至山頂，白塔聳峙，順治間所建也。元時亦曰瑶島，明曰萬歲山，亦曰萬壽山。此見高宗御製《白塔山記》。明人野史説部以景山爲萬壽山，蓋誤。塔前有殿曰善因，中供銅佛，作觀音變相。殿前四周，以石檻朱闌，足恣憑眺。神京高下，朗然在目，禁籞郊坰，歷歷如繪，西山亘之，烟翠無際，良鄉一塔，近若可撫。登高之事，此爲冠矣。頃許，由西側斜陂下山，過引勝亭、有乾隆御製《白塔山總記》及《塔山四面記》兩碑。滌靄亭，有良石一，勒御製詩。午後回至金鼇玉蝀橋，欲游中海，不果。出西長安門、正陽門，至煤市橋，飲於豐樓，并招秋蔆、芝秋佐觥，至夜一更後散。復邀諸君飲秋蔆家，三更後歸。是日付秋蔆酒錢三十千，賞其僕十千，車錢十千，芝秋車飯四千，秋蔆車飯兩千。是日有詩，見後。

邸鈔：上諭：李鴻章奏藩司在籍病故一摺。前任浙江布政使沈兆澐前在河南按察使任内署理布政使，於粵匪攻撲省城時，督率官紳，登陴守禦，克保危城。嗣因患病，請假回籍。同治九年庚午科重赴鹿鳴筵宴，賞加頭品頂帶。兹據李鴻章奏，請量予恩恤。沈兆澐著加恩予謚。兆澐，天津人，丁丑翰林，謚文和。

初十日丁卯　晨陰，旋晴，微寒。是日僧慧娶婦，年二十一矣。是兒襁褓之中，連失怙恃。先妣曾命予子之，而予旋遠游，洊遭大亂，家日益落。是兒亦久羸瘠，遂成痼疾。先妣棄養，孤露更苦，僅分授薄田三十餘畝，依其外家以居。其乳嫗撫之，頗極誠摯，絲粟出入，經理極勤。己巳之歲，予爲娉定屯頭村任氏之女。近聞女之父已歿，女年長僧慧四歲，兩家皆日眄予歸，爲成家室。而流落不偶，迄今邅阻，幸季弟及諸妹爲之主持，得以集事。聞其僦舍大善橋，依鄭氏妹以居，家具蕩然，拮据可想。予既不能少資財帛，又不能目睹成禮，仰負先靈，俯慚孺子。今日早起，裴回南望，忽聞門外親迎車從，鼓吹而過，不覺淚落沾襟。嗚呼！如予者，真國之棄物、家之罪人矣。昨日邀知好諸君流連夜飲，亦以遣釋此懷，非僅消摇佳節也。作書致肯夫，得復。紫泉邀同弢夫、仲彝至鄉祠觀劇。傍晚仲彝邀飲豐樓，露坐闌前，携觴待月，且招芝秋佐飲，夜一更後歸。付芝秋車飯四千。

邸鈔：山西巡撫鮑源深奏布政使張瀛病難速痊，懇請開缺。詔：張瀛准其開缺調理。以前陝西布政使林壽圖爲山西布政使。上諭：御史英震奏宗室仕途及養贍請量爲變通一摺，著宗人府會同該部議奏。

十一日戊辰　晨陰，上午微晴，午晴。弢夫來，與仲彝會文。下午偕至鄉祠觀劇。作此無謂，亦可笑矣。傍晚歸。付祠樓坐錢六千。

邸鈔：以前江蘇巡撫何璟番禺，丁未。爲閩浙總督。四川總督李瀚章仍調補湖廣總督。以山東巡撫丁寶楨爲四川總督。雲南巡撫文格調補山東巡撫。以雲南布政使潘鼎新爲雲南巡撫。以四川按察使杜瑞聯爲雲南布政使。以兩淮鹽運使方濬頤爲四川按察使。上諭：楊昌濬奏浙省武闈考試人數倍於從前，擬變通辦理，將步箭分兩處閱看等語。武闈考試，向歸巡撫校閱，原所以昭慎重，自應恪遵功令，何得輕議更張？楊昌濬所擬與會考武員及提調監試分作兩處閱看，殊屬有違定例，著不准行。楊昌濬著交部議處。

十二日己巳　晴和。得雲門保定書，并寄懷七律二章。詩格甚超，語亦秀特可喜。作書致肯夫。剃頭。近屬仁和馮子因畫《三山世隱圖》，而山水失肖，頓迷佳境，然畫法頗不俗。今日静閲之，乃極似柯山對面之湖南山，其結屋尤肖蘿庵，因改爲《山樓對讀圖》，以甲寅之春曾偕亡弟勉齋讀書於庵之黄葉樓也。并題絶句云：『無恙青山舊梵寮，秋風幾度葉蕭蕭。對床把卷人何在，愁問南湖第五橋。』

夜月甚佳。

邸鈔：上諭：總理各國事務衙門奏川省民教滋事各案，請飭迅速持平辦結一摺。四川省民人與該處教民，挾嫌構釁。案犯到官，地方官自應將滋事根由確切訊明，秉公速結，何得日久拖延？乃川北廳及内江、鄰水、南充、巴州、營山等處均有民教滋事之案，未據訊結，殊屬延玩。著成都將軍、四川總督督飭該地方官，迅將各案查訊明確，持平辦理，並隨時分别良莠，撫綏彈壓，毋任尋仇生事，以靖地方。

鑲黄旗漢軍都統宗室春佑卒。詔：春佑老成謹慎，由道光年間恩賞鎮國將軍、三等侍衛，洊升盛京禮部侍郎。文宗顯皇帝擢授理藩院尚書，旋補熱河都統。穆宗毅皇帝優加倚畀，補授京旗都統、内大臣、總管内務府大臣。朕御極以來，復命署理正黄旗漢軍都統，均能勤慎供職。旋因病奏請開缺，賞假兩月。兹聞溘逝，悼惜殊深。加恩賞給陀羅經被，派鎮國公奕謨帶領侍衛十員即日往奠，照都統例賜恤，賞銀五百兩經理喪事，伊孫員外郎銓福、主事長福俟及歲時由宗人府帶領引見，用示篤念耆臣至意。旋賜謚誠恪。

湖北安襄鄖荆兵備道歐陽正墉湘鄉，附生。升補兩淮鹽運使，江蘇蘇州府知府李銘皖河南夏邑，庚子進士。升補安襄鄖荆道。

十三日庚午　晨晴，上午多陰，午後霡陰，晡後有溦雨，即止。得弢夫書，贈天台山茶葉一包，即復謝，犒使一千。日來菊花盛開，風霜將至，因移置聽事中。金粲霞敷，香艷溢户。此亦貧家之錦屏，寒士之華供。晚溦有雨，黄昏後月出。弢夫來，偕仲彝、梅卿小具夜飲，并招芝秋、霞芬諸郎。燈影花光，裒回清絶。三更始散。付芝秋車飯錢四千。是日得七律一首，見後。

邸鈔：兵部尚書廣壽補授鑲黄旗漢軍都統。貝勒奕綗補授内大臣。鄭親王慶至總理行營事務。額駙景壽管理上虞備用處事務。命刑部左侍郎袁保恒爲武會試正考官，翰林院侍讀學士徐致祥爲副考官。詔：閩浙總督何璟在紫禁城内騎馬。詔：翰林院侍讀學士孫家鼐仍在上書房行走。編修畢保釐授蘇州府遺缺知府。

十四日辛未　晴，微風，稍寒。始去簾，换風門。閱《小爾雅訓纂》。弢夫來。江敬所來。夜月甚佳。

十五日壬申　晴，微寒。得吴碩卿是月四日上海書，并寄來陳碩甫《詩毛氏傳疏》一部，後附《毛詩音》《毛詩説》《毛詩傳義類》《鄭氏箋考徵》四種，前有碩甫六十二歲小像。得殷蕚庭書，約今日晚飲。梅卿昨夜又得一男，饋以堯脯、冰糖、核桃、粉麵。夜月甚佳，出飲宴賓齋，初更後歸。紫泉來，不值。是日爲朱子生日，本欲邀肯夫及王廉生諸君小集，設醴酒之敬，因昨有友人來，約今夕爲肯夫餞行，邀予作陪，此事遂輟。今日往而肯夫不至，爲之悵悵。

十六日癸酉　晨及上午晴和，午後風起，晡後風陰，夜一更後大風雨驟至。牧莊來。弢夫來。彦清來。偕牧莊、弢夫暢談終日，至一更時去。得敦夫書。客去後爲季弟書摺扇，作金泥小楷。目力漸昏，得半而輟。是夕有雪，次晨見西山微白。

邸鈔：上諭：劉長佑、潘鼎新奏查明應劾各員請分别降革一摺。雲南澂江府知府昌善，滿洲，生員。心地欠明，遇事顢頇，著降爲通判，歸部選用。補用知府、思茅同知姚嘉驥植品卑污，居官貪穢；建水縣知縣安盤金心術不端，事多欺詐；思安縣知縣劉韞良貴州，辛未庶常。操守不清，聲名狼藉；候補同知唐濟川抽釐有弊，縱丁滋事；候補知縣陳紹基操守太劣，士論嘩然，均著即行革職。候補知縣章純儒言動輕肆，嗜好尤深，著降爲縣丞，歸部選用，以肅官方。

十七日甲戌　終日陰寒有風，午後微見日景，夜晴，月甚皎。是夕望。禔龕來。爲季弟書扇訖，又寫楹帖屏幅數事。以酒脯祀財神，求福利也。作致季弟書，寄去誥命兩軸，家譜一部，摺扇三柄，楹帖三副，絹幅三張，荷包一對，鍾修撰詩話兩部，同人尺牘一封；又寄内人戧金漆合一枚，高麗參十二枝，梳篦六事，先俗作『簪』。珥三事，及踦襬、障衣、絲帶等物；寄三妹金繡裙面一對，耳環一對；張氏甥女耳環兩對；鳳妹戧金漆合一枚，素錦帶一條；穎唐弟竹扇一柄，帶版一副，荷包一枚；大妹夫竹扇一柄。俱緘縢一小箱中。夜作書致敦夫，託其門人王豫生携歸。豫生，吉雲副都之子，與予家居對門也。雖竹釵春簪，瑣瑣小物，終日封題檢裹，極費經營。

十八日乙亥　晴，風，驟寒。作書致肯夫詢行期。孺初來。弢夫來。得肯夫復。楊蓉初來。聞郭嵩燾、劉錫鴻以二十五日赴西洋，故十五日召見二人，以請訓也。此後分使各國者尚多，去年文相國等保舉之二十餘人，皆將出使。竹篔雖歸，亦不能免。凡官二品者月支薪水銀千四百兩，五品以上者八百兩，七品以上者六百兩，如何如璋等雖以侍讀用，仍以七品論。計朝廷歲糜帑金至六七百萬，於洋稅中提支，所使皆鄙夫下材，不知國體。許鈐身者，尤險詐無耻，洋人頗以其不由甲科，益侮辱之。此議發於粤人陳蘭彬，謂各國皆有夷官駐我都城，而中朝官無駐外國者，欲以知情僞，通信命，非此不可。謀國無人，曲意從之。不知夷人挾其虎狼之威、犬豕之欲，近據輦下，外扼各口，唾喋一言，上下惕息，要求劫脅，無計不從，彼之監我宜也。我之使彼，形同寄生，情類質子，供其驅策，隨其嚬笑，徒重辱國而已，雖有智者，無所施力，况皆駔儈奴隸之輩乎！蘭彬嗜利小人，敢爲大言，自以翰林改官，潦倒不振，涂窮日暮，倒行逆施，祇以自便私圖，不惜賣國，言之可爲切齒。郭、劉銜命至英吉利，實以馬嘉理之死，往彼謝罪，尤志士所不忍言也。

十九日丙子　晴。肯夫來。弢夫來，同彦清、仲彝午間小飲，今日本約諸君作展重陽，以此點綴而已。下午偕至鄉祠，登樓觀劇。夢漁來，牧莊來，俱不值。晚赴肯夫之招，坐有霍丘張拔貢、忘其名。江陰繆庶常荃孫及笣仙、牧莊。庶常久客蜀中，讀書頗富，今日言姚彦侍爲川東道，購書及金石甚多，所刻《咫晉齋叢書》及翻刻曹楝亭本《集韵》《類篇》皆已竣。咫晉齋所刻多小學書，都中已有購得者。又有會稽人章貞，其父爲富順縣丞，不求仕進，獨憙讀書，收藏精槧秘本頗夥，刻有徐星伯校注《漢書·地理志》、嚴鐵橋校輯馬氏《意林》，皆世所未見也。其翻刻《絶妙好詞箋》，後附《皋文詞選》，則都門已早見之矣。二更後偕庶常步月，分道歸。

邸鈔：翰林院侍講桂昂轉補侍讀，檢討桂恒升補侍講。

二十日丁丑　晨及上午晴，午後陰，多風，晡後晴陰相間，傍晚復晴。剃頭。偕彦清、弢夫、仲彝諸君夜談。

二十一日戊寅　晴，有風。上午答拜周荇農，不值。送肯夫行。答拜繆庶常。送郭筠仙行，不值。仲彝邀同禔盦、彦清、弢夫、梅卿夜飲豐樓，予招秋薐、芝秋，二更時歸。付車錢六千，秋薐車飯錢二千，芝秋車飯四千。

二十二日己卯　巳初三刻八分立冬，十月節。晴。作片致繆庶常，託轉購蜀中所刻書。作書致牧莊。爲鄧鐵香書楹帖屏幅各一，以片致惠州人廖錫綸，託其附致。仲彝邀至鄉祠觀劇，烟花蔟繞，芝秋、采珠演《金山寺》甚佳。傍晚觀演《地獄變相》，亦復不惡。夜梅卿邀同彦清、弢夫、仲彝飲豐樓，予招秋薐，二更時歸。得牧莊復、繆小山復。聞五更時又有微雪。

二十三日庚辰　晴，旋陰，有風，上午復晴，午後陰晴相間，風益甚，夜稍止。是日寒甚。作書致徐壽翁，託向何小宋總督乞粤中新刻書。作書致伯寅，託向方濬頤按察乞揚州新刻書。仲彝邀同彦清、弢夫、梅卿祠觀劇，甚佳。夜弢夫邀飲豐樓，予招芝秋，二鼓後歸。得伯寅復、壽蘅師復。是日浙榜全録山陰四人、會稽十人，陶心雲得隽。付芝秋車飯四千。

二十四日辛巳　晴，晨寒甚，午後稍和。讀《史記·貨殖傳》一篇訖。仲彝邀至鄉祠觀劇，黄昏始散。予邀諸君夜飲豐樓，并招秋蕿、芝秋，二鼓後歸。付秋蕿車飯二千，芝秋車飯四千，酒家庸賞四千。

二十五日壬午　晴，下午陰。是日更覺和煦。何小宋制府來，不晤。作書致趙心泉。彦清去。牧莊來。禔盦來。伯循來。夜二更後大風。予性浮動，少喜觀劇，三十以後，深戒此事。比年在都，未嘗過問。近日强作游戲，自十九日至昨日，竟至六出不厭，雖以同人固要，情好媻娑，非可得已，然桑榆之景，漸近西山，入夏以來，十旬九病，近方少愈，怠荒已多，猶復不惜寸陰，作此兒戲。過庭之訓，老未知悛。通計今年廢經失業，學之無成，亦可知矣。書此以志自訟，非敢分過友朋。

邸鈔：詔：廣東高州鎮總兵張得禄，著崇實飭令迅速赴任。前廣西桂林府知府鹿傳霖，著涂宗瀛飭赴廣東差遣委用。俱從劉坤一請也。

二十六日癸未　晴，風甚寒，午後風稍止。禔盦來。得紱丈書，即復。夜讀古文及《後漢書》序論數首。作復雲門書：

雲門老弟足下：别後罔罔積日，自得手書，并承惠詩，情深文高，讀之無斁。慈銘本不知學，加以老病，頑鈍薄劣，一無足言。吾子以絶人之才，邁世之氣，而降情逾格，寵以非分。清夜循省，流汗浹體。漢貔南歸，吾子又東，仲彝、弢夫，軷迹寡偶，禔盦、彦清、紫泉諸君，過從亦稀。慈銘以同志鮮歡，强作排解，自月之中旬，以迄今日，每一相聚，輒詣鄉祠觀劇，至五六出不厭。日景益迫，學業益荒。齵瑳之功，非特深愧仲彝、弢夫諸君，亦無以對吾子。然其故有可爲吾子言者。自昔年餘杭獄起，日嘗憤憤，以爲法紀不立，人心盡死。近日閲邸鈔四川東鄉之事，尤怒眥欲裂。後遇文昌潘孺老言咸豐初儋州之獄，時徐廣縉爲總督，江國霖爲雷瓊道，枉殺良民數千，其酷視東鄉尤甚。又思去年十一月蘇撫所奏安東顧沈氏之獄，雖幸照覆盆，而知縣李恩瀚罪止革職。今餘杭之獄，刑部窮力研詰，葛品蓮實以病死，知縣劉錫澎壹意周内，酷刑陷人，驗屍之隸、賣藥之賈，皆已悉吐其實。近雖已提問縣令，而力主殺人之巡撫、死黨同官之學政，俱尚在位；造意羅織之知府，方待遷擢；其杭州無耻之搢紳、不肖之京官，以及奔走招摇、承竅乞餘之士人，猶并爲一談，熒惑清議。是獄之能否昭雪，猶不可知。伏思我朝世廟之時，法令嚴肅，上下凛凛，整齊畫一，何等氣象。高廟、仁廟，承奉無失。至宣廟時，已稍寬有容矣。然德清蔡氏之獄，使者一出，巡撫以下牽連罷官，道府縣令相率赴戍，而包安吴書三案始末，猶以爲十得七八。降而同治初太谷員杜氏之獄，愛尚書、王侍郎碌碌了事，山西之人至今憤懣。然受賂之大吏，枉法之縣令，下刃之婢僕，雖皆逃罪，而誣奸産子，尚得申洗。使在今日，更復何望乎？鄉祠一日演節義廉明之劇，傅會海忠介時事。有嫂謀産，殺其叔而以誣娣者，巡撫、巡道徇情曲法。洎事得申，撫道駢死。不覺拊掌大快，以爲禮失而求諸野，世道人心之公，猶有見於此者。越數日，復演斫判官之劇，附會包孝肅事。以縣官誤入人罪，而致死者不得主名，遂入冥司，歷求之閻羅各地獄，而鬼判亦復舞文，改易名氏，且禁錮死者，使無所訴。則又歎憤叱咤，以爲造作此劇者，蓋亦見世之顛倒刑賞，憤不得舒，故有託而言，或且身有奇冤至痛，爲贓吏奸胥所壓笮，極呼籲而卒不申。故并疑鬼神之或悖謬禍福，與世無異。嗚呼！此屈子之《天問》《遠游》，宋玉之《招魂》，類皆推極荒怪，呵問杳冥，舉愁苦無聊之思，歸之於無可究極之域。而後世《搜神》《齊諧》之記，《還魂》《睽車》之志，亦皆出於晚季多故，不得已而託之寓言，此所以一再觀之而不已也。夫優伶爨演，實始有唐。目連救母之記，見於白傅、劉賓客之相嘲誚。故小道可觀，賢者不廢。上之足以警貪吏、懲凶人，使目省而不敢爲非；次之亦足以申匹夫匹婦之幽憂結轖，而慰藉於善惡之必報。慈銘每見邸鈔所傳各省京控之獄，有獨鞫原告百餘次而不傳被告者，有一家十餘人盡死非命，而上控之人即死於輦下者，其它亦盈千累百，無一平反，雖臺臣亦屢言之，而積習牢不可破。又頗聞己巳、庚午間直隸有夫外出，不告其家人。或控婦殺其夫。時曾文正爲總督，太倉錢中丞爲臬司，竟磔其婦。越三年而其夫歸，官吏猲制之，不得白。文正之薨，猝以心痛；而錢中丞之卒於河南，則群言其見鬼爲厲，生疽落頭。然則鬼神亦有不可盡欺，而報應亦有未嘗不速者。夫膺高爵、享厚禄，靦然居民之上，而民之死生禍福，至懸待冥漠不可知之數，以冀萬一之得直，則生靈之痛，尚有極耶？稽之往代，若唐時吴湘之獄，宋時吴儲之獄，稗官多志其報應。明萬曆時荷花兒之獄，可謂奇冤。時長司寇者爲吾鄉翁尚書大立，僅得薄譴，而小説亦言其死時有所睹。即或言非盡實，而三代之直道，猶於此類存其幾希。是亦有心世事者之所深痛也。慈銘夙喜讀律，頗留心於世之獄訟，聊因近日所見，爲吾子陳其略。寒夜燈下，拉雜書之，言出無次，勿以示人。吾子慷慨開敏，雅志用世。刑獄者，生人之本，治亂之所由出。保定又，天下刑名之所出也。讀書之暇，或一訪之，於學問非無益者，幸留意！比届冬寒，風霜多厲，孑身遠旅，幸護眠食。蓮池風景，足娱詠歌，同志數君，不乏酬唱。撢研經史，三餘甚長，至於時文，不必多作。慈銘亦擬及此冬日鍵户讀書，稍補百一。歲晚務閑，局事應輟。幸早還都門，共蜡臘之祭。肯夫道經保陽，定相晤語，能悉近狀，不宣。（此處塗抹）慈銘頓首。

二十七日甲申　晴寒，有風，晡後陰。爲禔盦書扇，作小楷千餘。弢夫來，共飯，夜談至二更後去。傅子蓴來，張僊民來，均不晤。夜陰寒欲雪。

二十八日乙酉　晴，風。廖君錫綸來，不晤。終日閑談，且讀雜書。夜爲陳訏堂師撰其尊人北墅先生八十雙壽序，又答江敬所見贈七古一首。

餘汗江敬所孝廉式賦長歌見贈寒夜走筆答之

我年四十齒鄉舉，江右同舉有江公。其年長我又十歲，頗聞鄉里嘲龍鍾。三年京師忽相見，面目黧黑衣氍毹。自言計偕良不易，枯氈守拙將終窮。故人宰縣有餘俸，解囊相贈生春風。緊君故人我薦主，謂房師陳訏堂先生。門墻臭味能無同。方今時世重年少，弄姿搔首交稱工。冠裳輒見越人走，鐘鼓反使爰居聾。君已再上我三上，暴腮折翼遭冬烘。長安留滯不得去，草驢蹴蹐愁相逢。一官我溷百僚底，侏儒囊粟終年空。君課小兒享三韭，朝來暫喜飢腸充。相呼到處可牛馬，隨行所惜無驢蛩。朅來投我有長句，情真造語無凡庸。西江詩派本杜叟，半山曹洞稱旁宗。縱論學術亦特立，不倚漢宋爲奴傭。嚴霜一降萬木落，天地肅肅銷霾霧。回看桃李盡何有，蒼然古色蟠喬松。我曹俯仰豈徇物，遑計言貌驕兒童。飯顆山頭自游戲，稚孫況復能追從。毛褐不具且無恤，老讀異書窮三冬。梅花一笑相嫵媚，會看春色歸衰翁。君曾乞予題《梅花勸學圖》。

二十九日丙戌　晨至午晴，午後微陰，晡後陰。作書并詩致江敬所。殷萼庭來。剃頭。得敬所書。夜作復嚴菊泉師書。自前日感寒咳嗽，昨夕益數，今夜尤甚。

三十日丁亥　晴。印結局送來是月公費銀二十九兩五錢，此辛未以來第一利市也。作片致陸一謣孝廉，屬轉寄菊泉師書，得復。繆小山來，言陳培之近校曹本《集韵》，取宋本及嚴、段兩校本，過録甚多，擬作校勘記，寄姚彦侍刻之；又言滿洲文觀察良字治庵，即同司廷子俊（廷彦）之父。以四川道員爲駱文忠劾罷歸，儲書甚多，叢書尤備，可以借讀。張颭民來。得星齋丈書，贈東山新茗一瓶，即復謝。寫前書與雲門。比日頗温故書，間附考證。

邸鈔：翰林院編修寶昌庚午，甲戌。升補詹事府司經局洗馬。

冬十月戊子朔　晨及上午陰，傍午微晴，下午澹晴。閲《日知録》。弢夫來。禔盦來。以京錢百八十千贖三月所質珠皮袍褂、六月所質佩表。作片致傅子蓴。夜寫陳太翁壽序於金泥横幅訖，即作書致訏堂師。

初二日己丑　晴，晡後風，陰。祖妣倪太君忌日，初六日又爲前祖妣余太君忌日，以今日并供饋，肉肴六簋，菜肴六簋，時果四盤，饅頭兩盤，杏酪一巡，酒三巡，飯兩巡，楮錢兩挂，至晡畢事。作片致鮑敦夫，託轉寄訏堂師書件。作片致孺初。子蓴來，弢夫來，共夜飯，至三更時散。晚風益甚，二更後少止。付芝秋車飯錢四千。

初三日庚寅　晴，甚寒。得趙心泉書。作片致弢夫。爲梅卿作壽星書函贊。夜邀王永言、吴松堂、牧莊、敦夫、弢夫、仲彝飲豐樓，招傅芝秋來佐觴。又招琴香，以出應人事，命其弟子蔆仙來代。三更後歸。是日付岑福工食錢十千，更夫毛襖賞十千、工食七千，升兒兩千，京報錢兩千，芝秋録觴事錢一百千，車飯四千，蔆仙車飯二千，酒家庸賞四千，花布錢十千。

邸鈔：上諭：文煜奏請將多病頽唐之總兵休致一摺。黄聯開著以原品休致。福建海壇鎮總兵員缺著貝錦泉補授。詔：此次武殿試派惇親王、大學士寶鋆、禮部左侍郎察杭阿詳加校閲。

初四日辛卯　晴。閲薛文清《讀書録》。爲先二伯父少泉公及二伯母孫孺人請正四品誥命，以今年兩宫加崇徽號覃恩也。二伯父爲先大夫同産次兄，論服屬則已爲緦麻親，《儀禮》所謂族父母也，今從俗稱本生胞伯父母，出繼子之子，於禮、律皆無本生之稱。則例得請封矣。二伯父幼勤於學，與先大夫友愛甚至。偃蹇名場，年二十餘，以暴疾殁。二伯母節行甚備，事先本生王父母尤得歡心，今年七十四矣，有一子四孫。而經亂以後，貧苦益甚。區區銅臭之封，不足以光綽楔也。二伯母以道光之末旌表節孝。作致訏堂師書，并江敬所屬寄《薛文清集》，作片託董金門附去。作書致伯寅，以昨聞孫生子宜得舉於鄉也。孫生本名星華，今改詠裳，中四十二名。得伯寅復。付賃屋銀四兩。孫鏡江來。敬軒《讀書録》雖多心性膚末之談，然於持身實有益，向時過薄之，非也。

邸鈔：上諭：李慶翱奏查明庸劣不職各員，據實參劾一（職）〔摺〕。河南候補知府春慶性近乖僻，難資表率，著以同知通判降補。新野縣知縣吴炳照江蘇，監生。居心險詐，聲名平常；靈寶縣知縣周淦四川涪州，進士。信用丁役，辦事顢頇；葉縣訓導劉執中彰德，歲貢。物議沸騰；永城縣教諭高錦開封，舉人。不洽士心；西平縣教諭楊理卿頹靡不振，均著即行革職。魯山縣知縣王世昌大興，舉人。年老識昏，著以原品休致。西平縣知縣王喬江蘇，監生。才識平庸；候補知縣彭年才欠開展，均著以府經歷縣丞降補。西華縣知縣顧世綸宛平，舉人。辦事草率，殊欠歷練，著留省，遇有相當缺出，酌量另補。

初五日壬辰　晴。弢夫贈五色甌紬被裁一段。星齋丈來，久談。坐聽事南榮下，爲諸君評改制藝。夜坐補成九月間即事詩三首，録之於左。

丙子九日敦叔彦清邀同孝仲紫泉仲彝弢夫（此處塗抹）瓊島登高訪遼后梳妝臺紀以二詩

觚棱麗日照秋鮮，白塔晴標百尺巔。郭外風雲通極塞，禁中樓閣出諸天。玉河曲繞千章木，金闕平分萬户烟。多少登高萸菊會，不知蓬島有今年。

耶律妝臺事已賒，完顏樓殿創瓊華。龍蛇旗影三霄仗，金粉天香六代花。王母鏡開滄海日，玉妃裙起赤城霞。祇今太液秋光滿，終古神居屬漢家。

九月十三夜菊花盛開雨後月出偕㳙夫仲彝梅卿於寓齋然燈看花小設杯勺并招霞芬芝秋諸郎即事有作

錦屏小試菊花天，人影秋光一陪妍。曲坐衣香添酒暖，隔簾月影避燈圓。風塵客感搔青鬢，蘭蕙騷歌託素絃。莫道夜深霜漸白，小車油壁在門前。

初六日癸巳　晴。終日有俗客盤桓，不得讀書，負此冬暖，甚爲可惜。夜坐苦嗽，偶取子縝所繪蘭册六幅，於樂部中各擬一人，系以一贊；又追述平生綺情所觸，放佛風姿，各題絶句一章，名曰《影事詩》。意實以詩中人爲主，贊中人爲賓，花又賓中賓也。然事異目成，迹緣意造，所謂雖偶涉於篇什，實不接於風流，聊以驅使烟雲，消遣光景，游戲之作，故不存焉。

初七日甲午　卯正三刻八分小雪，十月中。晴。作書致孺初，贈以七律一首。敦夫約後日夜飲。得紱丈書，借日記。作書致嚴菊泉師，寄以七律二首。作書致星丈，以蘭花詩册送閲。柬紱丈五律一首。得星丈復、紱丈復。孺初來夜談，言郭、劉二使情好乖忤，劉嘗招孺初夜飲，自言之。中國生事，未必不在此也。

寄嚴菊泉教授師嘉榮嘉禾官舍二首

絳帷昔事嚴夫子，年少文章獨被誇。一别星霜成隔世，故鄉滄海已無家。頗聞杖履今增健，猶喜音書遠未賒。五十買臣頭半白，敝衣待詔尚京華。

雲門講舍罷橫流，老擁皋比向秀州。釋菜儒官推祭酒，傳經弟子幾登樓。鱣堂蘭玉分家學，鴛水弦歌應棹謳。自古大師多壽考，春風他日續前游。

二詩是七律正格也，於古人之法無不備，不止敘三十年情事婉曲無遺也，世人鮮能知此，特標出之。

初冬菊花猶盛招文昌潘孺初户部存**夜飲不至以詩柬之**

歲星游戲逐兒童，高躅逍遥見素風。萬里棄家瓊海外，一官卧病帝城中。悲歌屢爲憂時亟，推辭猶能念我窮。底事菊花謀一醉，壺觴今日不來同。

柬紱庭丈

不見先生久，平泉正養疴。圖書娱老富，花竹閉門多。志豈忘憂樂，時猶寄嘯歌。初冬窗日暖，曝背想維摩。

初八日乙未　晴。得紱丈書，并和昨日詩，即復。得鄭妹夫九月廿一日書。作書致伯寅。弢夫來。紫泉來。得伯寅復。再得伯寅書，即復。

初九日丙申　晨陰，上午微晴，下午晴。剃頭。得紱丈書。弢夫來。晚詣豐樓赴敦甫之約，予招秋蔆，二鼓時歸。是日温和，夜月如春。

初十日丁酉　晨晴，旋陰，午前微晴，晡後霒陰。慈禧皇太后萬壽節。子尊來。得族姪芬書。夜頗寒冽，爲弢夫題蘭册絶句九首。

十一日戊戌　晴和。弢夫來，談終日。夜閲趙雲松《廿二史劄記》南北朝數卷，爲之訂正五事。

十二日己亥　終日霒陰。閲《日知録》。王永言來辭行。吴松堂邀飲衍慶堂，辭之。菊花漸衰，移之外室。夜訂正《日知録》數事。作復吴碩卿粤東書。

邸鈔：兩江總督沈葆楨等奏請以海州直隸州歸淮揚道管轄，改淮揚道爲淮揚海道，改徐海道爲徐州道。疏稱：淮、揚、徐、海四屬，向設淮揚、淮海、徐州三道，兼管河務。淮揚道管轄揚州府屬及淮安府之山陽、鹽城、清河、桃源四縣，淮海道管轄海州屬及淮安府之阜寧、安東二縣，徐州道管轄徐州府屬。咸豐十年，裁南河各缺，將淮揚、淮海兩道裁汰，統歸徐州道兼管，作爲淮揚徐海道。同治三年，前督臣曾國藩奏淮復設淮揚道，管理淮、揚兩屬，其海州一屬仍歸徐道，作爲徐海兵備道。今查海州一屬，幅員遼闊，與徐州遠隔五百餘里，實有鞭長莫及之勢。且道路荒僻，遇有文報，必須遞至清河縣驛正站，再遞徐州，動經旬日；拏獲重犯，例解巡道提勘後解臬司，該州北解至徐，再由徐南解赴省，往返多繞千里云云。詔：吏部議奏。

十三日庚子　晴。作片致繆小山，屬其轉託陳培之寄碩卿書。作書致紱丈，借以《舒藝室隨筆》。作書致伯寅。殷蕚庭約明日赴其次兒湯餅，辭之。始著綿襪。夜月甚佳，弢夫來談，三更後月漸蒙籠。段茂堂謂牢籠字當作『瓏』。案《説文》：『瓏，兼有也。』似亦與牢籠義稍隔。既屬借字，則不妨作『籠』。

送伯寅侍郎冬日再奉使東陵

東來佳氣滿橋山，屢見行陵玉節頒。輦路黃花迎去旆，馬頭紅葉近邊關。徐無雪待褰帷賞，洩水聲知攬轡閑。園廟自來宗伯職，暫勞卿月輟鵷班。

邸鈔：命禮部右侍郎潘祖蔭爲武鄉試正考官，左副都御史唐壬森爲副考官。向例，武場正考官以尚書充，副考官以翰林侍讀、侍講學士充。同治庚午鄉試、辛未會試，潘君皆以户部左侍郎充副考官；而癸酉鄉試，則唐君以副都充正考官；甲戌會試，童君華亦以副都充正考官；去年鄉試，翁君同龢以閣學充正考官；今年會試，袁君保恒以刑部左侍郎充正考官。與此日正、副二君之命，皆非故事也。

十四日辛丑　晨雪，上午益密，午稍止，終日霃陰。閲《唐律疏義》。作片致殷蕚庭，賀以糕餅。得紱丈書，即復。蕚庭來邀飲，不往。夜微晴。

邸鈔：雲南雲南府知府熊昭鏡升雲南迤西兵備道。李衍綬授雲南府遺缺知府。

十五日壬寅　晴。梅卿次兒彌月，賀以涂金環鈴壽星及糕餅。作書致弢夫。梅卿饋酒麵，復以小啓。弢夫來夜談。得子蓴片，約明日迎看桃葉，即復。是日付涂金首飾錢二十一千，白灰火罏兩具錢七千六百，兩家糕餅錢六千。夜月甚佳。

邸鈔：上諭：吏部奏遵議知縣柯掄等處分一摺。福建清流縣知縣柯掄於署福寧縣任内，令文童聶光文、武童張金瀾捐助義學經費，取爲文武案首，藉端苛派，著照部議即行革職。前署邵武府知府梁元桂於該縣案首並不秉公棄取，將聶光文等仍置前列，著照部議降二級調用。前閩浙總督、河東河道總督李鶴年於梁元桂查明柯掄各款稟覆後，未將柯掄即行參辦，經該部議，以降三級調用，著加恩改爲降三級留任。

十六日癸卯　晴，有風，寒甚。始用火罏。閲《唐律疏義》。得雲門是月十一日保定書，洋洋數千言，并近詞兩闋，詩五首。梅卿作湯餅宴客，同子蕁、牧莊、敦夫、紫泉、伯循、仲彝、弢夫、彦清諸君夜飲，至三更時散。是夕望，月色皎甚。付相婢車錢四千，犒胡僕錢四千六百。與諸君説鬼，甚樂。

十七日甲辰　澹晴，大風，甚寒。曾祖考忌日，午供饋九簋，及點心四盤，酒三巡，飯兩巡，湯一碗，晡後畢事。得伯寅侍郎書，并惠銀八兩，即復謝，犒使四千。是日買石炭一千二百七十斤，付京錢三十五千五百六十。弢夫來夜談。

十八日乙巳　晴。偕仲彝、弢夫南榮下負日快談。午同匡伯早飯。下午同弢夫、仲彝鄉祠觀劇。傍晚仲彝邀同弢夫、牧莊、子蕁、敦夫、紫泉、伯循飲豐樓，予招秋蓤、芝秋，弢夫招霞芬，至夜半始散，與仲彝同車歸。比夕月甚佳。是日付狼皮暖鞋錢二十四千，芝秋車飯四千，秋蓤、蓤仙車飯各二千。

十九日丙午　上午晴，下午陰。得紱丈書，以近作喜雪詩見示，即走筆答之云：『下元節裏欣逢雪，瓊葉親裁七字詩。想見梅老深月夜，幾回竹杖緩吟時。熏香侍女烹新茗，倚膝嬌兒弄白髭。自是人生清絶福，笙歌錦帳有誰知。』牧莊居停鍾某以父喪來赴，賻以四千。牧莊來，談至二更時去。夜陰欲雪，閲《唐律疏義》。

邸鈔：命都察院左都御史賀壽慈、鑲白旗滿洲副都統奕貴均加恩在紫禁城内騎馬。

二十日丁未　晨微雪，至午稍止，終日霒陰。閲《唐律疏義》。夜雪，讀《後漢書》左雄、陳寔、李固、杜喬，黨錮陳蕃、竇武、何進、孔融諸傳論及昌黎《張中丞傳後序》，覺一室之内，熱氣蒸騰，遠過紅鑪熾炭。是日付各長班皮襖賞錢六千。

二十一日戊申　晨□，午霒陰，下午微晴。弢夫來，子蓴來，共談至夜分去。

邸鈔：翰林院侍講朱逌然轉補侍讀，詹事府司經局洗馬廖壽恒嘉定，癸亥。升補侍講。

二十二日己酉　丑初三刻四分大雪，十一月節。晴。爲仙居老友王月坡撰六十雙壽序，以自前年至今累書來乞一文字，不得已也。文惟叙交情始末，而世變因之以見，頗似歐陽公得意處。作書致弢夫，以致月坡書及壽文屬其轉託吴玉粟寄去。作書致殷蕁庭，借《説文句讀》。弢夫饋台州鮝脯六尾。夜讀《後漢書》，至三更後止。

二十三日庚戌　陰，微晴，有大風，嚴寒，冰壯。劉仙洲之婦兄張興書來，不晤。終日讀古文辭，間加評點。

邸鈔：山海關副都統崇禮奏請開缺養病。許之。以正紅旗漢軍副都統祥亨調補山海關副都統。盛京將軍兼管奉天府府尹崇實奏病勢日重，懇請開缺。詔：崇實昨已賞假兩月，著毋庸開缺，安心調理。以兵部左侍郎崇厚署理將軍兼管府尹。詔：奉天府府尹慶裕來京另候簡用。以奉天駐巡道恩福爲府尹。理藩院員外郎中續昌補授直隸霸昌道。

二十四日辛亥　晨晴，上午微陰，旋晴，寒甚。始著長袖皮褂。彦清來。飈民來。終日讀張平子

《思玄賦》，以《後漢書》《文選》互校。其字有互異者，皆以《後漢書》爲長。夜讀荀慈明《陳便宜策》。經義紛綸，字字簡質，《後漢》文字中僅見者也。

邸鈔：荆州將軍巴揚阿卒。賜謚威勤。詔：巴揚阿練達勤能，剿賊著功，由參領洊升將軍，宣力有年，克稱厥職。兹聞溘逝，軫惜殊深。著照將軍例賜恤，伊子鄂英賞給主事。安徽學政、大理寺少卿楊鴻吉未至任病殁，十一月八日卒於宿州。命内閣學士龔士閎爲安徽學政。内閣學士金慶補正紅旗漢軍副都統。禮部郎中松林授奉天馹巡道。浙江督糧道如山升長蘆鹽運使。林述訓丁憂。

二十五日壬子　晴。禔盦來。剃頭。弢夫來。終日讀《後漢書》。

邸鈔：以杭州將軍希元調補荆州將軍，以廣州漢軍副都統果勒敏爲杭州將軍。衍聖公孔祥珂卒，子令貽襲。賜祥珂謚莊慤。吏科掌印給事中胡毓筠武昌，己未。授浙江督糧道。

二十六日癸丑　晴。本生祖妣忌日，供饋六簋，饅頭兩盤，春餅一盤，蘆菔餅一盤，酒三巡，飯兩巡，清茶一巡。作書致紱丈，得復。仲彝邀觀劇鄉祠。夜梅卿邀飲景龢堂，三更後歸。

邸鈔：署盛京將軍、刑部尚書崇實卒。崇實，字樸山，滿洲鑲黄旗人，完顔氏，南河總督麟慶子，道光庚戌進士，以十月十九日卒於署盛京將軍、奉天總督任，年五十八。詔：崇實老成練達，才識俱優，受先朝知遇之隆，由翰林洊躋卿貳，旋由駐藏大臣升授成都將軍，署理四川總督。穆宗毅皇帝優加倚畀，内擢正卿，簡任部旗事務，勤慎恪恭，克盡厥職。上年命仕奉天查辦事件，即令署理盛京將軍，剿辦馬賊，整飭吏治，均能盡心籌畫，悉協機宜。昨因患病，奏請開缺。寬予假期，方冀調養就痊，長承恩眷。兹聞溘逝，悼惜殊深。加恩追贈太子少保銜，照尚書例賜恤。靈柩回旗時，沿途地方官妥爲照料，准其入城治喪。伊孫景賢賞給舉人，一體會試，用示眷念藎臣至意。賜謚文勤。詔：工部尚書李鴻藻、都察院左都御史景廉均在總理各國事務衙門行走。　以正紅旗滿洲副都統吉和調補廣州漢軍副都統。

二十七日甲寅　終日澹晴。弢夫來。讀《後漢書》。夜讀《楚辭》。

邸鈔：以理藩院尚書皂保爲刑部尚書，以禮部左侍郎察杭阿爲理藩院尚書，禮部右侍郎綿宜轉補左侍郎，以内閣學士全慶爲禮部右侍郎。以綏遠城將軍善慶爲鑲白旗蒙古都統，以察哈爾都統慶春爲綏遠城將軍，以熱河都統瑞聯爲察哈爾都統，以倉場侍郎延煦爲熱河都統。以工部右侍郎桂清爲倉場侍郎；以理藩院左侍郎德椿爲工部右侍郎，兼管錢法堂事務；理藩院右侍郎麟書轉補左侍郎；以内閣學士桂全爲理藩院右侍郎。内閣學士長敘署理兵部左侍郎。崇厚缺。以鑲藍旗漢軍副都統熙拉布調補正紅旗滿洲副都統，兵部右侍郎烏拉喜崇阿補鑲藍旗漢軍副都統。

二十八日乙卯　晴。弢夫邀同仲彝觀劇鄉祠，夜偕飲豐樓，予招秋蔆、芝秋，弢夫招霞芬。二更時仲彝邀飲德春堂，三鼓後歸。禔盦來，不值。汪柳門司業來，不值。

邸鈔：詔：伊犁將軍榮全來京供職。以烏魯木齊都統金順爲伊犁將軍。以前兩廣總督英翰賞給二品頂帶，署理烏魯木齊都統。以署烏里雅蘇臺參贊大臣、察哈爾副都統杜戛爾賞給副都統銜，爲烏里雅蘇臺參贊大臣。以署察哈爾副都統奎昌爲察哈爾副都統。鎮國公奕佩補正黃旗蒙古副都統。桂清遺缺。

二十九日丙辰　終日密雪，入夜稍止。禔盦邀午飲豐樓，偕仲彝同車冒雪赴之。坐有弢夫、牧莊、彦清、匡伯。弢夫招霞芬，予招秋蔆。日晚牧莊、敦夫留飲，繼之，二更時歸。

邸鈔：廣西巡撫涂宗瀛奏特參廣西庸劣各員。候補知府況逢春，試用同知刁秉鈞，補用知縣朱炳、王大鈞、何熠、楊世任均請即行革職；候補知府孫爲埻請勒令休致；試用同知楊培芳、平樂府通判羅建威、試用同知徐光籲、平南縣知縣王朱攫均請革職，永不敘用；泗城府知府梁炳漢廣東進士。請以通判降補；補用州判姚體渥等八人均請革職；永寧州吏目張國柱等四人均請革職，永不敘用。詔從之。

三十日丁巳　終日霠陰，下午微有日景。點讀《楚辭》。印結局送來是月公費銀十七兩六錢。

古『則』字，或借『咫』爲之，或借『枳』爲之。賈子《新書・淮難》篇：『天子之法，咫蹂促而弗用；皇帝之令，咫批傾而不行。』『立咫泣沾襟，卧咫泣交頸。』《連語》篇：『墻薄咫亟壞，繒薄咫亟裂，器薄咫亟毁，酒薄咫亟酸。』此借『咫』爲『則』也。《逸周書・小開解》：『德枳維大人，大人枳維公，公枳維卿，卿枳維大夫，大夫枳維士。』『君枳維國，國枳維都，都枳維邑，邑枳維家，家枳維欲無疆。』此借『枳』爲『則』也。《逸周書》文多脱爛，此篇孔晁無注。其上文又云：『維有共枳，枳亡重。』尤脱誤不可解。然大要是上下相維之意，『枳』之爲助辭無疑。後人不解，誤以爲『枳棘』之『枳』。如《後漢書・馮衍傳》：『捷六枳而爲籬兮。』章懷注：『六枳，《東觀記》作「八枳」。』因引『德枳維大人』云云。案衍作《顯志賦》，自此句以下，遍及蕙若、蘭芷、杜蘅、射干、蘼蕪、木蘭、新夷，皆言草木之香者，遍滿庭室。此自屈《騷》以後，每有斯比。則『六枳』自爲橘枳無疑。章懷亦先云：『枳，芬木也。』『六』『八』字，筆畫小異，何足致辯？而引《逸周書》以解之，謬亦甚矣。

蓋語助本無定義，古人從便書之，亦猶今之譯各國語者，止取對音，不求本字，故自來承用助辭，多出假借。如也，本女陰，借爲『乁』字，也，从乁爲聲，以乁不便書，故借也。秦篆又借『殹』。於，本『烏』之古文，借爲『于』字。焉，本鳥名，借爲『于』字、『曷』字、『也』字、『矣』字。用在句首者，如《禮記》『焉使信之』，即『於使信之』也，『於』即『于』字；《論語》『焉可誣也』，即『曷可誣也』。用在句末者，重讀則『也』字之借，輕讀則『矣』字之借。經籍皆如是。又借爲『於是』字。此二字合音，即反切之始也。《周禮》『焉使則介之』，《左傳》『晉鄭焉依』，《晉語》『焉作爰田』『焉作州兵』。而，本頰毛，借爲『能』字、『如』字、『若』字、『乃』字、『然』字、『汝』字、『爾』字。凡用在句中作轉勢者，皆『能』字之借，『學而時習之』，學能時習之也；『人不知而不愠』，人不知能不愠也；『直而温』者，直能温也；『寬而栗』者，寬能栗也。舉此可以類推。用在句中作『如』字者：《左傳》『且先君而有知也』，先君如有知也；《詩》『垂帶而厲』，垂帶如厲也；『胡然而天，胡然而帝』，胡然如天，胡然如帝也。用在句末作『如』字者，『翩其反而』『室是遠而』是也。作『爾字』者，『已而已而』『今之從政者殆而』是也。用在句中作『乃』字者，『雍也仁而不佞』『匿怨而友其人』『夫子莞爾而笑』『舍瑟而作』是也。餘俱詳王氏《經傳釋詞》中。能，本獸名，借爲『耐』字。猶，本犬類，借爲『由』字。古『猶』『由』字多通。由者，從也。經傳用『猶』字作取譬義。取譬，即以類相從也。雖，本蟲名，借爲『唯』字。『雖』从『唯』爲聲，因以爲『唯』字。《論語》『唯求則非邦也與』『唯赤則非邦也與』，兩『唯』字，皆『雖』之未借者也。凡文用『雖』字，皆有開宕義，故段氏玉裁又以『雖』爲『睢』之借字，似未確。耳，本人耳，借爲『爾』字。《論語》『女得人焉爾乎』，古本『爾』皆作『耳』，蓋古一字讀有輕重，於『爾』字之輕讀者多借『耳』字，如『前言戲之耳』之類。傳至漢末，曹操遂云『耳非佳語』矣。爾，本靡麗義，借爲『尒』字。『爾』從『尒』爲聲，因以爲『尒』字。凡文用語助，皆當作『尒』。其對己稱人者，或爾，或汝，或若，皆『女』字之借。稱人以女者，女有偶義，唯相人偶，始有爾、汝之稱，故以『女』字爲之。汝則水名，若則以手擇菜也。盍，本蓋覆義，借爲『曷』字。何，本負荷義，亦借爲『曷』字。它，本蟲名，即今之蛇也，隸轉爲『佗』，又變爲『他』。借爲『誰』字。爲，本母猴，借爲『僞』字。凡作『爲』字，皆當用『僞』字，長言之則『爲』作『僞』。推之，舊，本鴟舊，借爲『久』字。常，本衣常，即『裳』字。借爲『長』字。帥，本佩巾，即『帨』字。借爲『𢔶』字。率，本捕鳥之畢，借爲『𨓏』字。音隨義變，沿流忘原，日用之而不知，此類不可枚舉也。

有廣東知縣陳某家輿一婢來求賣，付車錢四千還之。此婢南海人，裴姓，姿在中下，而婉孌宜笑。意有所感，爲賦二詞。

相見歡二首

香車剛見簾開，整鬟釵。留得半庭殘雪，印弓鞋。端詳覷，低聲訴，暈紅腮。知道竹間煎茗，爲誰來。

年來遍顧花叢，總成空。虛負三生胡蝶，幾番風。偏相惱，韋郎老，恁匆匆。待約梅開雙笑，鏡臺中。

邸鈔：前江西督糧道段起補原官。李衢亨病故。

十一月戊午朔　晴。紫泉來，談竟日，借《後漢書》六册去。得雲門前月廿二日書。夜讀《後漢書》馬援、桓譚、馮衍、郅惲、郅壽、蘇竟、楊厚、光武十王諸傳。援傳醇實似班書，蓋全出《東觀記》。惲、壽傳簡儁有太史公筆意。東平憲王傳敘述恩禮，情味醲厚，令人油然生孝友之思。魏孝文嘗寫此傳以賜彭城王勰。朱子《詩集傳》亦引之，有以也。

是日付賃屋銀四兩，岑福工食錢十千，更夫工食錢七千，菜單錢十三千，楊媼八千，順兒兩千，門房修坑錢四千二百，京報錢二千五百，天壇職名錢二千，新曆錢四百。

初二日己未　晴，微有雨，有風，甚寒，夜有風。終日讀書，不出户，作《五不娶七出説》。夜洗足。

五不娶七出説

《大戴禮·本命》篇曰：女有五不取：逆家子不取，爲其逆德也；《韓詩外傳》《公羊注》俱作『廢人倫也』。亂家子不取，爲其亂人倫也；《韓詩外傳》《公羊注》俱作『類不正也』。世有刑人不取，爲其棄於人也；世有惡疾不取，爲其棄於天也；喪婦長子不取，《韓詩外傳》作『喪婦之長女』，《公羊注》作『喪婦長女』。爲其無所受命也。《韓詩外傳》作『爲其不受命也』。《公羊注》作『無教戒也』。婦有七去：不順父母去，爲其逆德也；《公羊注》作『不事舅姑棄，悖德也』。無子去，爲其絶世也；淫去，爲其亂族也；《公羊注》作『淫佚棄，亂類也』。妒去，爲其亂家也；有惡疾去，爲其不可與共粢盛也；《公羊注》作『不可奉宗廟也』。多言去，《公羊注》作『口舌棄』。爲其離親也；竊盗去，爲其反義也。婦有三不去：有所取，無所歸，不去；《公羊注》：『不窮窮也。』與更三年喪，不去；《公羊注》：『不忘恩也。』前貧賤，後富貴，不去。《公羊注》：『不背德也。』《公羊何氏解詁》所説同。《後漢書·應奉傳》注引《韓詩外傳》及《白虎通·嫁娶》篇之言五不娶亦皆同。

李慈銘曰：古之致重於妃匹之際者，其慎之又慎矣。納禮之繁重，誥戒之周至，重之以廟見，遲之以三月，而又有五不娶者，以謹其先；有七可去者，以防其後；有三不去者，以善其始終。誠以妻之言齊，陰雖卑於陽，女雖順於男，而人倫之本，王化之始。君后之尊，臣民同之；父母之尊，子等之。聖王固不願有一婦之被棄，而尤不忍有一女之失所。婦而被出，夫之所極不得已，子之所大痛也。顧七出之條，自漢律至今，沿之不改，其六者無論矣。至於無子，非人所自主也，以此而出，則狂且蕩色者，將無所不爲，而幽閑之仳離者，恐不知其紀極。《唐律疏義》申之云：『問曰：「妻無子者聽出。未知幾年無子，即合出之。」答曰：「《禮》云：妻年五十以上無子，聽立庶以長。」謂妻至五十未有嫡子，聽立妾子之長者。即是四十九以下無子，未合出之。』斯言也，可謂深知禮意，而救世教之窮也。蓋娶妻以承宗廟，不孝有三，無後爲大。妻而無子，情之所矜，而禮之所棄，故不得不設爲此條。然必待至五十，則有不更三年喪者，寡矣。古人三十而娶，四十而仕，五十服官政，而女子二十而嫁，至於五十，則貧賤有不富貴者亦寡矣。是婦人竟未有以無子去者，律雖設而未嘗用也。而况諸侯夫人，無子不出。鄭君《儀禮注》云：『天子諸侯后夫人，無子不出。』天子后無出禮。《儀禮疏》引鄭君《易注》云：『嫁於天子，雖失禮，無出道，遠之而已。』天子元士視子男，今之五品以上，皆古之諸侯，唐宋制，正五品上階封開國男。則士大夫家無以無子出者也。《穀梁傳》云：『一人有子，三人緩帶。』言姪娣有子，則適不去。今無姪娣而許有妾，則妾有子者，妻亦不去也。此七出之制，盡善無可議也。若夫五不娶之制，其四無論矣。至喪婦長子不取，則古今紛紜，未有定説。或謂喪婦當作喪父，謂失父之長女也。或謂喪婦長子，謂長女無母者，自女之父言之，爲喪婦也。夫女子不幸而失父母，何罪於天，而棄同逆亂？儒者求其説而不得，於是閻氏若璩曰：長子，蓋女子長成當嫁，而適遭父喪，即《曾子問》所謂『既納幣，有吉日，而女之父母死』，致辭於婿，則不娶是也。孔氏廣森曰：女年既長而未許嫁，疑其幼失母訓，婦德不備，人莫與婚，故慎之不輕娶也。夫由閻氏之説，是曰緩娶，非不娶也。且非獨長子也，凡女子居父母之喪者，何人不然？由孔氏之説，則愆期不許嫁者，父母之過，彼女子何罪焉？蓋嘗反覆求之。所謂喪婦者，謂喪夫之婦。家有喪者，謂之喪家，則婦有喪者，謂之喪婦。喪婦即寡婦，漢以後所謂孀婦也。《説文》及《釋名》皆曰：『霜，喪也。』孀字不見《説文》，蓋即傅合喪婦之義而爲之。《廣韵》引崔子玉《清河王誄》云『惠于媰孀』，是東漢已稱孀婦。長子者，謂子已長也。古人不諱娶再醮，婦人居夫喪畢，得再嫁，雖有子不禁。故以聖如孔子，伯魚既卒，子思幼孤，而母嫁於衛，不以爲非。惟夫喪畢而子已年長者，則不宜嫁，嫁則爲不安於室。《韓詩外傳》『不受命也』，即不安命也。《大戴禮》同。《詩》之《凱風》《寒泉》所以作也。故曰喪婦而子長者不娶。設爲此條，所以達人子之志，而救禮制之窮也。蓋夫死則嫁，定制也，子雖長不能以禁母也。然父喪而母嫁，人子終身之大恨，不幸之尤也。幼孤襁褓，無所識知，則已耳。若儼然成人，而坐視其母之更適，人少有耻者所不能自安於世也。聖人以是制之，而人莫敢娶，則嫁者絶而倫紀之事嚴，母子之恩篤矣。嗚呼！古先哲王，緣人情而爲之制，如此其周且盡也！是故君之於臣也，不曰不廉，而曰簠簋不飾；不曰污穢，而曰帷薄不修。夫之於妻也，即萬不得已而當出，亦必善爲之辭。曾子之去妻也，不曰不順父母，而曰藜蒸不熟。王陽之去妻也，不曰竊盜，而曰取庭中垂棗。妻道臣道，其義一也。故妻之去，必送之，接以賓客之禮，皆所以正妃匹、重廉耻。《周書》曰：『至于敬寡，至于屬婦，合由以容。』《孟子》言太王之好色，極之『内無怨女，外無曠夫』。蓋聖賢之謹昏姻而防夫婦之道苦者，無所不至也。錢氏大昕著《七出論》，其言偏激，作此正之。

邸鈔：文煜、丁日昌奏臬司患病，懇請開缺。詔：福建按察使張岳齡准其開缺。以湖北漢黄德道李明墀德化，廩生。爲福建按察使。詔：准調福建延建邵道文吉前經告病開缺，現在該省差委需人，著吏部、正紅旗滿洲都統飭令該員於病痊引見後迅速前赴福建，毋稍延緩。從文煜、丁日昌奏請也。

初三日庚申　終日陰晴相間。寒甚，硯冰。寂坐無事，戲作小文自遣，題曰《花部三珠贊》。餘姚同年劉福升邀飲豐樓，不往。得雲門書，并惠《題秋林著書圖》七古一章，詩甚秀健。得江敬所書，勸予刻所著書，凡千餘言。弢夫來，偕仲彝共夜飯，圍鑪暢談，至二更時去。

今日邸鈔刻出崇實奏病勢日增請假調理一疏。其言奉天善後事宜，極爲周悉。如論東溝至通溝，綿亘千有餘里，歷年墾種甚多，祇得就地升科，設官分治。無論旗民，一律編入户口册籍。遴選各員，分路清查丈量，兼抽木税，清葦塘，設斗租以及山貨各税，分局徵收。事事均爲創舉。地廣事煩，駕馭稍有未協，則人心涣散，亦甚可虞。况邊氓久居化外，一旦令其入我範圍，更非易易。現在安官設兵、建城分治各大端，籌辦均有規模，年内即可劃清界址。而昌圖試辦秤徵斗税，亦有端緒。現擬添設三廳州縣畫界分疆，已飭各員妥爲籌議，不日亦可具奏。改練旗、緑各軍，設汛分防，酌定營制，均須悉心籌度。當此諸務蝟集，如治棼絲之際，思慮稍有未周，辦理即虞遺漏。又言奉省變通吏治，業已挽回十之三四，下僚賢否，專視大吏爲轉移。儻稍游移遷就，持之不堅，弊即日生，害亦日見。所言皆極真摯。

又前月十八日刻出熱河都統瑞聯酌擬圍場地畝章程一疏，言圍場爲國家肄武綏藩之地，列聖詒謀，豈容輕廢？自同治初年前任都統瑞麟誤信人言，輕議開墾，不知七十二圍之外，原無隙地，今之所謂邊荒，皆嘉慶年間未經巡幸之圍，始謀不臧，貽患無窮。其後麒慶設法招徠，百弊叢生。庫克吉泰決意規復，半塗輒廢。固皆由於任用非人，實由於創議者之見小利而昧大體也。今當積重難返之時，已成熟者，根蒂已深，只可因民所利。已封禁者，疆界宜守，勿令越畔而耕。七十二圍中業經勘放三十一處。庫克吉泰奏明騰清八圍，今親往履勘，除坡賴一圍原未勘放外，所復者實止巴彥喀拉、永安、莽喀哩雅吐、巴彥什那四圍。其威遜爾格、巴彥布勒嘎素汰、巴雅爾額勒棍郭三圍，地畝縱横，屋舍櫛比。據圍弁委員等僉稱，彼時因無地可補，改議緩騰。檢查舊卷，既無奏章，亦無成案。當日力圖規復，初議未嘗不善，其後撤旗補民，借民補旗，號令紛更，佃民敢意存嘗試矣。果能妥爲布置，未必民皆頑梗。查此三圍，毗連巴彥格拉等圍，自應一律封禁，所有領種三圍之佃户，全行遷徙地畝，由此次奏明入官地畝撥補。一俟騰清，即嚴飭圍場總管設卡，與此外未經勘放及撤回正圍四十五處，一律認真防守，嚴密稽查，以杜私墾。計圍場共一千四百餘里，分隸承德府平泉州，赤峰、豐寧兩縣，多倫諾爾廳各界，地面寬廣。擬請在圍場附近地方設立糧捕同知一員，專管徵收緝捕，圍場界内之人命盜案及旗民詞訟統歸管理，作爲衝繁疲難兼四要缺，由熱河現任六州縣内揀員調補。並請添設吏目一員，專司監獄；於西圍添設巡檢一員，幫同同知催徵，均請作爲繁缺，由熱河現任佐雜調補。其錢糧同知經徵仍歸道府催徵，都統督催，以重考成。都統衙門所設裕課總局即行裁撤。

又言圍場墾荒，自瑞麟創議，迄今十有五年，勘放圍地，委員[illegible]存領爲何如人，以定地之美惡。前署都統崇實奏陳圍場摺内有佃户李升認領夾皮川，因[illegible]瘠薄，乘騰圍之便，換給罕特莫爾川肥饒之地，置前奏於不問，尤出情理之外等語。此次[illegible]土脉膏腴，地勢寬平，實爲最優之地。卷查夾皮川之地，認領者並非李升，乃瑞麟之子[illegible]塔布，因聞欲舉辦清丈，始更李升之名。李升者，瑞麟家人，在熱河時服役者也。瑞麟創[illegible]子承領地畝，已屬不合，乃復棄瘠薄，而易肥饒，誠如崇實所云尤出情理之外。現在人心[illegible]言，請將此項地畝房屋一併查明入官，以安小民之心，以全大臣之體。其言皆能不避嫌[illegible]洲文臣中如崇、瑞二君者爲僅見矣，乃一遽卒於官，一遽移它地，豈任事之固難哉！

邸鈔：山西巡撫曾國荃奏病難速愈，懇請[illegible]曾國荃賞假兩月調理，毋庸開缺。

初四日辛酉　晴，寒甚。終日讀書。夜[illegible]芝秋以今日日中物故，爲之悲歎。不見才六日耳，遽登鬼籙。渠前日告我以是月朔日始[illegible]旬中閉門，不能相見。豈意此言，遂爲訣別。是夕桂雲筵上，燈前分手，永無見期，玉折蘭[illegible]已。年二十餘，尚未有子。其妻將以月中坐蓐，而身先委化，悲哉！

邸鈔：前廣西慶遠府知府張聯桂授廣東[illegible]。逢潤古丁憂。

初五日壬戌　晴。弢夫來。剃頭。作[illegible]郎。得伯寅書，即復。再得伯寅書，又復。以明日冬至，先祀屋之故寓公。弢夫來，夜偕[illegible]詣秋蔆家飲酒。以昨日戲與梅卿、仲彝決賭采籌，得全色者出二十籌，兩客各賀十籌，即[illegible]之需，予六幺，故今夕復菱舟一渡也。并携四金賻傅芝秋，即交秋蔆轉致其家。三更後歸。

邸鈔：詔：山東曹州鎮總兵保德開缺，來京陛見。王正起補授曹州鎮總兵。

初六日癸亥　戌初一刻八分冬至，十一月中。終日霒陰。祀曾祖考妣、祖考妣、本生祖考妣、先考妣，肉肴、菜肴十二簋，餛飩四盤，春餅一盤，饅頭一盤，時果四盤，酒三巡，飯兩巡，逮闔畢事。得紱丈書，即復。謝夢漁來。彦清、弢夫來。夜邀諸君飯，畢，仲彝邀飲春馥堂，予招秋蔆，三更時歸。

初七日甲子　晨至午後晴，晡陰，有風，傍晚復晴，晚風。作書致牧莊，作片致敦夫，以明日與彦清、仲彝諸君醵飲且園，爲禔盦作生日，邀二君作陪也。孫仲容自湖北寄贈桂未谷氏《説文義證》一部，弢夫爲作片送來，即復。彦清諸君在豐樓夜飲，作片來邀，即復辭之。買石炭九百八十五斤，付錢二十七千五百六十。

花部三珠贊并序

嗟乎！蘭漸以瀡，雖風不芳；麻居於蓬，委地疇直。是以污窳之所，佳卉難名；枳棘之林，祥禽自遠。其或猗靡下澤，宛轉中泥。君子原其遭逢，達人憫其沉溺，乃有籍編坐部，名列伎人。而靈珠在握，能別淄澠；華玉中韜，不迷白黑。豈非蓮性本潔，絶累於負塗；金質美完，何傷於在鍛者歟？余滯迹京華，薄游燕市，偶因所見，蓋得三人：

時琴香者，名小福，吳人，所居室曰綺春。色善事人，藝能傾俗，引喉一歌，廣場百諾。余與琴香甚疏也，顧甚眷余。今年其三十生日，百溢之金，十日之饌，豪客接坐，華轂塞門。琴香獨乞余書一横幛以爲光寵，至數十請不厭。夫李陵生降，鄉里以爲耻；褚公高壽，骨肉之所羞。今則清議不申，中正失品，鷹鸇之疾，乃在斯人。至於思附題門，不嫌疥壁。較之會稽孤嫗，乞臨川之數行，洛下名姬，夸李端之一語，殆有甚焉。

錢秋蓤者，名桂蟾。父故吴人，僑於京師，遂爲燕人。所居室曰婜春。秀色可餐，清神善照，矑鮮秋水，頬艷晨葩。每當裹首登場，轉喉按曲，伯龍爲之失步，玉茗因以添豪。滇人高某者，奴隸之材，駔儈之行。始以進士官吏部，狹邪無行，幾伍轉屍。後内其女於總戎之子，脅取其訾萬數，遂市裘馬，逐輕薄。慕秋蓤之色，歲秏其金數千。秋蓤鄙之，不一挂齒頰。余以同人媒介，偶一招從，三年之中，席無十接，囊金未解，花葉都虚，而秋蓤偏昵就余，往往衣香熨袍，萸玉温袪，脉脉相看，依依不捨。嘗曰：『聞君招而不至者，蓋非人也。』在昔牙郎賣絹，鄭婢欲以隕生；太尉斟羔，黨姬言而冷齒。彼爲女子，猶曰鍾情，若其愛異分桃，緣非結佩。而洞簫之謚，先上於歌筵；錦瑟之身，有懷於禪榻。求之近世，敻爾誰儔？

朱霞芬者，名愛雲。父，吴伶也，以善歌名。霞芬事景龢梅蕙仙爲弟子，今年十五矣。瓊枝擢苑，玉山映人，骨俊亭妍，膚清内朗。樂部故事，每届三年，矑傳榜發，則亦翹其尤異，目爲狀元。恩榜偶開，亦同斯例。丙子之歲，遂屬霞芬。冠珠樹之三英，是稱極選；附杏園之雙宴，特寵名花。黄絹同評，非冬烘之假手；皂紗一裹，何汗顔之讓人。繇是百琲投珠，十環斫玉。金錢入市，争看西家；珥果盈車，共縈衛玠。彯纓多於星流，曳裾疑其雲集。同郡湯某者，貌同獠犵，文昧偏旁，新由翰林改官知縣，敢爲債帥，日擁淫倡。偶見霞芬，亦以大悦，遂朝夕從之飲酒，百計奉之，冀得歡心。而霞芬益自遠，背輒唾罵之。

嗚虖！自《錢神》著論，君相因以無權；《貨殖》名篇，史策從而失據。醬瓨漿儋，屠酤與封君絜訾；黼繡偏諸，孽妾以后衣緣履。食何飾盂，誰問乎畦醫；酒趙蒻張，遠跨於許史。降至今日，事益難言。朝無等章，士無禄糈。帶重儓以金紫，假卒皂以鐘縣。客婢安輿，突王姬之仗内；蒼頭駿馬，薄朝貴於溝中。其學士大夫，往往丐麴豉之餘沾，驕甒鮑之遺臭，效籧篨於販豎，峻門墻於寒人。家無孔方，即非生我；國有顏子，何足與人？况乎此曹，本以利市，而能不淆清濁，内別薰蕕。龍門之登，迺慕乎棘下；驥旄之附，獨耻於新秦。是則傳彼伶官，當改題以一行；師乎桐子，宜易位於三公。春秋貴賤，不嫌同辭。爲之贊曰：

韡彼時生，英英韶爽。芳風遠聞，孤雲直上。削迹賊中，萬花孰抗。錢生婉孌，天街璧人。愛弄臨池，松雪奪真。出樓一曲，魚馬知春。晥爾朱生，綽約殊絶。翩來近人，荀香三接。冰霜在懷，勝於雲熱。惟此三子，風塵莫儔。報以銀筆，爲有位羞。

哀傅生文并序

游桃之秋，瑟居不聊。一日，與同歲生二三人過鄉祠，聞有演曲者，入聽之，始與傅生相見。後數日，飲豐樓，遂招之來。年二十餘矣，名芝秋，字曰四，京師人也。長身玉立，眉目如畫，吐辭清亮，有士夫風。至改服登場，盡態極妍，光彩裴回，驚動四坐，雅俗頑艷，齊口感歎，以爲都下數十年來所僅見也。自是屢招之，生亦日與余親。性善飲，工談笑，嘗爲余言：幼入樂部爲弟子，其師程長庚，拗而愎，不許弟子出侍酒。及長，安徽某中丞閲其伎，賞之，遂邀與偕。某故滿洲世家子，以軍功積官，性揮霍，一嚬笑，得其意，立畀千金，生固未嘗乞一錢也。某在晥，與故提督李世忠交最歡，李亦奇賞生，從某乞生去，欲留之。生以李故盜渠，意不可測，亟辭歸。某擢兩廣制府，生從之粤。未幾，某被劾落職，生遂還京師。蓋其所至，流落不偶，與余同也。生故善爨演，諧媚百出。然生言遇廣場有婦女，輒改變其辭語，託之莊諷。見同輩有媟褻者，輒規之。或聞中茸帷薄之失，忿疾形於面。客滬上三年，未嘗一入北里也。余嘉生之志行卓出流俗，而悲其沉於樂伎，以色藝爲養，招摇過市，蓋非得已。嘗兩召生至越縵堂，倚燭共語，皆至夜分。生初見余居處容服，以爲富人也。一日，新折券畜弟子，需百金，告余，余默不應。生遽覺之，謝過，不復言。數日，語余曰：『君之不得志，天下所知也。然私窺君澹定無戚容，君必非長貧者。以某測之，君不久當有所遇也。』又曰：『君儻歲有千金入，某必從君執鞭矣。』孟冬二十八日，余偕友人飲，兩召生。生告余：『以近屢病，必戒烟藥，當於明月朔日始誓絶之。然須調息早睡，恐十日中不能侍君也。』又屈指曰：『蓋七八日，亦可矣。』又顧坐人曰：『諸君幸識之。』次日雪中，余飲豐樓，召生，不至。又三日，而生死矣。悲夫！島夷之烟藥，流毒中國者，蓋六十餘年，自王公大人，以至走隸庸丐，死於此者無萬數。其始食之而後絶之而死者，亦不知其數也。余深疾世之嗜此者，而不勸人以遽絶。其生禀脆弱者，尤苦止之。生之告余也，余謂之曰：『汝質羸，宜少減之，毋遽戒。况日届冬至，病者所忌，宜慎之。』生不謂然。臨去時余再三屬其重自愛，蓋已心憂之，而不謂其遽至於此也。生未有子，其婦方娠，將以是月娩。爲文以哀之曰：

嗟余生之屯邅兮，疇相許以知心。何斯人之慧憭兮，乃乍見而窺深。憐美質之陸溷兮，效薄技於審音。羌易服以呈媚兮，懼冶容以誨淫。秉貞姿而怫怨兮，薄一笑而千金。欲援之以爲士兮，奈余力之不任。彼衆甚之叢妒兮，久淹滯於儔類。夸菉葹以都朝兮，棄蘭蓀於幼艾。胡嬙嫫之顛倒兮，泣姬姜於蕉萃。悲寔命之不猶兮，抱冰操而誰懟。迨色藝之傾群兮，已逝景其催人。賞軟舞而點留兮，眩光采之繽紛。花枖枖以濃至兮，柳儌儌而駘春。一嚬笑之不自主兮，冀得奉君子之光塵。訝初價之傾心兮，撫琴軫而相託。執都養而甘薺兮，比下女之貽若。結殷勤以弗替兮，將蜕垢而離濁。胡坐席之尚温兮，倏鬼伯之下索。痛醜夷之蠱毒兮，幾驅世而爲蝨。哀斯人之勇悔兮，翻速禍而僵踣。豈優曇之一現兮，遽霜摧以凋落。豈余陀之不瘳兮，遂眈殃於爾身。既死喪之孔迫兮，慭相見之無因。滋窮塗之涕淚兮，怨造物之不仁。祝孺子之生男兮，庶畢爾之娱親。冀爾靈之不沫兮，識操筆而傷神。

賀新郎冬夜偕匡伯、弢夫、仲彝飲蓤香室，賦贈錢郎，兼悼傅生。

燭下人如月，又當筵、倚襟吴語，暗香初接。一樣秋人纏綿意，分手俄成愁絶。記隔夜、瑶笙吹徹。花葉團圞屏録曲，更金尊、互勸歌迴雪。雙袖底，酒痕熱。同看鶯燕開簾出，驀回頭、紅蔆照眼，玉芝先折。猶有蛾眉留人住，爲我明珠承睫。衹一霎、温存須惜。曲盡貂裘那作計，恐人間、容易芳華歇。休更憶，北鄰笛。

前調題雲門《茗花春雨樓填詞圖》

家在巫雲曲，更那堪、蕙情蘭袍，楚天人獨。屈子騷根三千載，悱惻靈芽能續。且莫怨、衫痕凋緑。湘水芳魂招未得，又黄陵、泣斷瑶妃竹。歌迸急，素弦促。知君心似彈棋局，憶三生、香階剗襪，定情銀燭。緑綺徽寒么鳳寡，淚洗明珠盈斛。便錦裹、回文誰讀。一角紅樓春如夢，衹東風、歲歲花吹玉。多少恨，認横幅。

初八日乙丑　晴，上午有風。午詣且園，梅卿、彦清、弢夫、仲彝、敦夫、牧莊、褆盦先後至，予招秋蔆，弢夫招霞芬。晡時設飲飛花行酒，至夜一更時散。諸君皆留飲霞芬家，予先歸。月色如晝。

夜閲許珊林槤《洗冤録詳義》，共四卷，伯寅侍郎所翻刻也。其書以宋宋惠父《洗冤録》爲本，而采取《平冤録》《無冤録》以及近時例案爲之補訂。其舊義未明者爲申釋之，間加駁正，於檢骨尤詳。事事分晰，輔以圖繪，皆得之於閱歷。末附《急救方》，亦較原書爲備。蓋仁者之用心，作吏者不可不讀也。

邸鈔：刑部右侍郎、一等侯恩齡卒。恩齡，孝静成皇后之弟也。詔：恩齡老成謹飭，由部曹外任道員，旋蒙文宗顯皇帝賞給二等子爵，嗣復賞給一等侯爵、散秩大臣。同治元年，復蒙穆宗毅皇帝簡擢卿貳，克盡厥職。兹聞溘逝，軫惜殊深。著加恩照一等侯爵兼任侍郎例賜恤。以理藩院左侍郎麟書調補刑部右侍郎，理藩院右侍郎桂全轉補左侍郎，以都察院左副都惠泉本名惠林，蒙古，庚申。爲理藩院右侍郎。内閣學士鐵祺兼補正白旗蒙古副都統。

初九日丙寅　晴。得伯寅侍郎書，即復。殷萼庭來，不晤。再得伯寅書。作書致伯寅，并以所評許周生《廟祧考》一册寄閲，得復。閲《明紀・世宗紀》《穆宗紀》。作書致伯寅。夜讀《楚辭》，至四鼓始寢。

初十日丁卯　陰，晡後薄晴。終日讀書。夜梅卿招同弢夫、仲彝小飲，更作采籌之戲，至三鼓散。

十一日戊辰　晴，晨風，至午稍止。作書致弢夫，乞其分鈔駢文。同司河南吴時齋協中喪母來訃，送奠分四千。新授浙江糧道胡君毓筠來，不晤。夜得紱丈書，以新作詠梅七律見示，即走筆和韵答之云：『綺窗春信最相思，驛使誰從寄一枝。影落鏡湖冰破處，香生紙帳夢回時。遥知官閣温鑪坐，絶憶江樓玉笛吹。何日扁舟侍公去，竹筇鄧尉共題詩。』是日付門房鑪火錢五千七百。

邸鈔：上諭：文格奏續查營勇滋事情形，據實檢舉，自請議處一摺。據稱提督李有恒所帶虎威營勇丁，前在東鄉，有斫傷趙姓等數人，及抱去龐姓幼孩之事。尖峰寨一帶房屋焚燬多間，是否該營勇丁所爲，傳説不一。李有恒與分帶該營提督劉道宗在途中帶有婦女，訊係該提督等眷口，其來歷尚未查明，殊難憑信等語。帶兵官携眷隨營，已屬大干軍律。至營勇滋擾地方，該提督等倘有縱容情事，尤屬罪無可逭。東鄉縣袁廷蛟滋事一案，前經降旨交李瀚章訊辦。李瀚章現調任湖廣總督，著交四川總督丁寶楨確切查明，據實具奏，毋稍瞻徇。李有恒、劉道宗著一併交丁寶楨審明，分別革職治罪，以肅戎行。文格前於覆奏時未將實情查出參辦，亦屬咎有應得，著交部議處。

十二日己巳　晴。兩得紱丈書，即復。䟸夫來夜談。爲雲門、秋蓤書團扇。比夕月甚佳。

十三日庚午　晴，傍晚風起。作書致雲門。作書致紱丈，并爲其戚汪慧生舍人題星翁所繪《菊花稱壽圖》一絶云：『老去鷗波悟畫禪，一枝相贈傳延年。不須真用餐英法，坐對花光是浄天。』夜讀《周官新義》。得紱丈書，即復。黄昏大風，初更後稍止。月皎甚，如晝。

十四日辛未　晴。䟸夫來，談終日。傍晚仲彝邀同䟸夫、梅卿、牧莊及劉介臣飲豐樓，至夜二鼓歸。長隨岑福以今日罷庸去，賞以錢十千。剃頭。是日頗温煦，夜月佳甚。閲《百官公卿表》，至四更始寢。

十五日壬申　終日霠陰，有微雪。劉介臣邀飲瑞春，下午偕仲彝、梅卿、䟸夫往赴之，繼以夜飯。二更後梅卿復招飲慶春，三鼓後歸。是日付同年宜垕尊人壽儀錢四千。以珠毛袍褂質銀四兩五錢。

十六日癸酉　霠陰，至下午雪大作，至夜半積五寸許，大風，雪止。

邸鈔：上諭：王文韶、顧雲臣奏革員蒙混録科中式，請注銷審辦，並請議處一摺。前湖南臨武縣訓導劉洪澤因案革職，復以歲貢生蒙混録科中式舉人，亟宜懲辦。著即注銷舉人，由王文韶提省審明，按律擬辦。顧雲臣於録科時未能查出，王文韶監臨闈務，與布政使崇保、署按察使夏獻雲均未能先事覺察，著一併交部議處。

十七日甲戌　晴，大風，至午稍息，入晚止。先祖妣倪太恭人百歲生日，江浙之俗所謂冥壽也。祖妣以壬寅見背，今三十五年矣。馬鬣未封，鶉衣長結，一身遠役，百事無成。本欲延僧誦經，少資冥福，而近日窘甚。昨以敝裘質錢，經營兩天，始得稍治藜菽之祭。上午設筵，供菜肴八簋，果羹一器，薯蕷羹一器，笋蔌饅頭一盤，糖覈饅頭一盤，點心兩盤，糖果兩盤，乾果四盤，蜜果四盤，時果兩大盤，火鍋一器，扁豆茶一巡，清茶兩巡，酒三巡，飯兩巡，傍晚畢事，焚楮錢。欲報之德，昊天罔極，哀哉！作書致牧莊。禔盦來邀飲遇順，辭之。同司張標雲、王子莊約明日福壽堂樂宴，辭之。

先祖妣百歲生日感賦

舞綵髫年事，遺孤百藥身。一棺猶淺土，四海此窮民。典質供烹菽，飄零愧負薪。凄然鋪席祭，後顧更無人。

十八日乙亥　晴。牧莊來，弢夫來。午後以昨日祭餘，稍加薰鮭數品，邀二君同仲彝、梅卿小飲，弢夫招霞芬，仲彝招扶雲，日晚始散。復留二君夜談，至二鼓後去。

邸鈔：上諭：左宗棠奏查明官軍襲攻瑪納斯城輕進失利情形一摺。本年正月間，凉州副都統額爾慶額、總兵馮桂增與統領徐學功議攻瑪納斯城，原約二十九日會師進攻，並未明定時刻。迨徐學功率所部前進，官軍已敗出城外，救援不及。額爾慶額並未咨商金順，詳籌布置，貪功輕進，咎有應得，著交部議處。馮桂增身受重傷，罵賊捐軀，著交部議恤。

十九日丙子　晨晴，上午澹晴，傍午陰，晡日景復見，旋陰，傍晚霒陰。是日嚴寒，滴水皆凍。終日擁鑪，閱《明紀·神宗紀》《熹宗紀》《莊烈帝紀》未竟。

二十日丁丑　晴。終日翻閱雜書，稽覈一二小事，迄無所得，此亦虛費光景，古人不如是也。蓋健忘之人，必不可爲漢學，如予之勞心繁碎，徒自苦耳。不若效宋、明儒静坐，鑪香碗水，轉得自延其年。夜得紱丈書，即復。

邸鈔：詔：已故河南巡撫錢鼎銘准於江蘇太倉州原籍捐建專祠，並加恩予謚。從沈葆楨、吴炳請也。葆楨等言其在本籍辦理團練，有功桑梓。由上海赴安慶軍營請援，籌餉濟師，功績尤著。旋賜謚敏肅。

二十一日戊寅　午正一刻六分小寒，十二月節。晴，寒威小減。紫泉來，暢談終日。得雲門書，敘傅芝秋之事，詞旨哀艷，極似齊梁小文。夜閲《舊唐書》，至四更後始睡。

邸鈔：前丁憂河南開封府知府英瑞授四川昭通府知府。

二十二日己卯　晴。閲《舊唐書》。爲仲彝改制藝兩首，排律兩首。爲弢夫改制藝兩首。余閲古今人文字，必細按其脉絡，尋其用意處，遇字句疵累，亦再三審思，始敢下筆，雖制藝亦然，故用心頗勞，不輕爲人點竄也。作書致紫泉，得復。爲弢夫製《揚州慢》詞，三更後睡。

揚州慢同年王弢夫水部薄游邗上，有碧玉之眷，約登第後迎之。别後三年，未遂斯願。弢夫一日夢至蜀岡，春人宛在，乞其題額，爲書『如此江山』四字而寤，乃繪《緑楊春樓圖》以紀其事，屬余題詞。

宛轉青山，畫欄紅處，並肩暗締香盟。有花間姊妹，證鈿合深情。慿妝鏡、芙蓉暫掩，翠簾珊檻，猶自藏鶯。漸橋邊、明月春風，吹老簫聲。　夢中彩筆，認蕭郎、重到江亭。祇鸚鵡呼來，驪駒唱去，偏自分明。寄語玉樓紅杏，休重誤、陌上香塵。望垂楊城郭，凝眉都待泥金。

二十三日庚辰　晴。作書致弢夫。弢夫來。孺初來。夜客去後，覺倦甚，未三鼓即思睡，不知何故也。

邸鈔：以詹事府詹事宗室崑岡、太常寺卿慶福俱爲内閣學士，兼禮部侍郎銜。

二十四日辛巳　晴。紫泉約今晚飲豐樓，即復。作致孫琴西布政、仲容孝廉喬梓書，作復陳藍洲書，約數千言，皆論近日官吏之害及勵品守道之要。不知者以爲憤激，其知者以爲孤介，然實中庸不易之道耳。余自述杜門七例：一不答外官，二不交翰林，三不禮名士，四不齒富人，五不認天下同年，六不拜房薦科舉之師，七不與婚壽慶賀。皆所以矯世俗之枉，救末流之失。其所謂翰林、名士者，亦止指今日之館閣驅烏、江湖疥蚓，稱情相待，實非過偏，恐藍洲讀之，已當舌橋不下矣。傍晚偕仲彝赴紫泉之招，坐有謝夢翁、弢夫、霞芬、秋菱。二鼓時歸。

二十五日壬午　晴，微和。封昨作三書，託仲彝轉交方武昌附去。得李君澤春杭州書，陳訏堂師之戚也。書中言訏翁以九月下旬聞其太夫人有疾，請急歸江西，余壽文寄到時已行矣。太夫人年已七十八，未知近日何如，爲之念念。

二十六日癸未　終日霃陰，夜風。作書致紫泉，詢葛品蓮檢驗消息。以葛品蓮之柩已於十七日遞至京，置朝陽門外海會寺，餘杭知縣劉錫彤及其門丁亦入都待質。聞前日已檢驗，且門丁鞫訊録供也。此事關系天下甚大，蓋生民之死活，中外之重輕，皆視此爲轉移。儻檢驗一不得實，將外吏益其鴟張，朝官遂以杜口，而天下之冤民將不勝其慘死，事更不可爲矣。區區補救之心，豈止爲一夫一婦乎？得紫泉復，以未得確耗爲言。敦夫來。弢夫來。爲梅卿改制藝兩首，排律兩首。姬人患逆經，爲之按脉定方。夜閲《禮記正義》。二鼓後風益甚。

二十七日甲申　晴，有風，嚴寒。得紫泉書，言調仵作，未至海會寺，尚未檢驗。禔盦來。彦清來。弢夫來。夜風止，閲《禮記正義》。

邸鈔：李鴻章奏參辦庸劣不職之知縣。直隸唐山縣知縣續魁滿洲，附生。請即行革職；廣平縣知縣李壽安徽，監生。請以縣丞留省降補；獲鹿縣知縣俞錫綱上虞，監生。請以原品休致；東明縣知縣松齡請開缺察看另補；清河縣知縣陳煥文江西，進士。請以教職歸部即選。從之。

二十八日乙酉　晴，嚴寒，上午有風，凜冽異常。作片致繆小山，致劉介臣，俱約今晚飲豐樓。仲彝邀同彥清、弢夫至會元堂觀劇，以近聞山右來一旦脚名一盞燈者，都下風狂，傾倒一時，王公以下，招致恐後，至有以與余之文章並論者，故一往觀之。是日朔風刺肌，寒冽特甚，乃忍俊不禁，作此游戲，亦無聊之極致矣。晚詣豐樓，邀三君及牧莊、繆小山、劉介臣飲，至二鼓時歸。孫鏡江來，不值，留書，以所得漢魏碑九種乞爲題識。

二十九日丙戌小盡　晴，午後微陰，有風。得紱丈書，以近詩七律二首見示。得伯寅書，言昨自西陵勘工歸，今日復派東陵隆福寺穆廟二周年行禮，以午刻行。其書來時，余猶在睡鄉也。自慚以衰庸病廢之身，猶得飽食暖衣，不侵寒暑，實天地之一虱、國家之一蠹耳，乃復不惜居諸，荒經蔑史，流連朋好，閑逐聲歌，其求不餓死也，慬哉！劉介臣邀同仲彝、弢夫、彥清、梅卿至福壽堂觀劇，本欲辭之，以主人情重，不得已而往。其旦脚有十三旦及上海新來名一陣風者，矯捷絶倫，帖地反腰，有飛花滚雪之勢。聞前日一滿洲都統及兩侍郎來觀賞，以錢百千欲其登樓，一謝不顧也。傍晚介臣邀至瑞春夜飯，肴饌甚佳，羹湯適口。余招秋蔆，弢夫招霞芬。酒畢，梅卿復邀飲慶春，四鼓時歸。印結局送來是月分公費銀十二兩一錢。是日得詩二首。

觀伎

海上新傳舞鶻來，細腰窄束稱時裁。紅氍衹見梁塵落，赤羽常先羯鼓催。足躡五花翻錦地，身輕一鳥度層臺。千金不少王侯賞，只惜無人爲費才。

贈朱郎霞芬調彂夫班孟堅《終南山賦》：「嶔崟鬱律，萃於霞芬。」章樵注：芬，與「氛」同。

碧欄新出一枝花，璧月團圞是舊家。勸客不辭金鑿落，向人羞舞玉鴉叉。偏移翠袖偎燈影，常得紅顔映鬢華。爲謝籠鵝王内史，肯教丹訣换胡麻。

十二月丁亥朔　晴。剃頭。孫鏡江來。彂夫邀同謝夢翁、敦夫、彦清、紫泉、仲彝及秋蓤、霞芬夜飲豐樓，二鼓時偕紫泉同車歸。閲《洗冤録詳義》。卷一附《釋骨》一篇，補正沈果堂之作，學者不可不讀也。果堂經儒，文皆掇拾詁訓而成，自不如目驗之覈。

邸鈔：上諭：左宗棠、金順奏攻克瑪訥斯南城情形一摺。官軍於六月間攻克瑪訥斯北城後，南城賊黨負嵎抗拒，將軍金順親率所部兵勇進剿，迭次猛攻，殄賊多名。八月十七日，西寧道劉錦棠所派各營馳抵瑪納斯，與金順一軍周掘長濠，轟發地道，連日會師進攻，斃賊無算。九月二十一日，賊衆二三千人突出西門，詐稱乞撫。金順嚴陣以待。逆首何禄嗾衆撲濠，立斃於陣。僞元帥黑俊等一律殄除。當將瑪訥斯南城收復。逸出之賊，經金順所部與湘軍馬隊及滎全等所派各隊追斬無遺，剿辦甚爲得手。左宗棠運籌決勝，調度有方，深堪嘉尚。金順督率各軍，奮勇剿賊，懋著勤勞，著加恩賞戴雙眼花翎，並賞給雲騎尉世職。提督劉宏發、馬玉崑均賞給雲騎尉世職。巴里坤領隊大臣沙克都林札布交部從優議敘。提督孔才賞給頭品頂帶。總兵方春發以提督記名簡放，並賞給頭品頂帶。副都統依精阿賞穿黄馬褂。提督劉占魁等均賞加頭品頂戴，劉占魁並賞穿黄馬褂。總兵徐得標以提督記名簡放，並賞穿黄馬褂。總兵劉萬發以提督記名簡放，並賞加頭品頂帶。提督羅永興賞加頭品頂帶。副將余致和以總兵記名簡放，並賞穿黄馬褂。餘升賞有差。其陣亡之擬保提督李大洪、總兵張大發，均交部照提督陣亡例從優議恤。李大洪並加恩予謚。提督楊必耀、鄧勝友等一百十五人，均優恤有差。

上諭：禮部奏元旦禮儀請旨遵行一摺。朕奉慈安端裕康慶昭和莊敬皇太后、慈禧端佑康頤昭豫莊誠皇太后懿旨，光緒三年元旦，著停止升慈寧宮寶座，停止筵宴，毋庸設立儀仗，樂設而不作。皇帝於養心殿行禮；王公大臣二品以上各員在慈寧門外行禮，三品以下各員在午門外行禮；内廷宫眷及公主、福晉、命婦，均著停止行禮。皇帝停止升殿受賀。其王公百官行禮之處，均照該部所議行。

初二日戊子　上午澹晴，下午陰。餘姚人沈梅史來。此人以陝西知州將隨許鈐身使日本，余託其購《吾妻鏡》及《東國紀載》諸書，故見之。謝麐伯來。得紱丈書，即復。是日付僕媪等庸錢，劉升七千五百，更夫七千，買辦十三千二百八十，升兒三千一百，楊媪十一千九百。夜和紱丈詩一首。閲《洗冤録詳義》。讀唐詩。是日不快。

紱庭丈復示近詩即和其韵

歲寒閉户寄徜徉，稍喜南榮日漸長。老去讀書如過影，貧來節食是新方。倦貍卧傍紅爐熱，佳墨磨添漆几香。窮巷由來人迹少，半庭積雪有清光。

初三日己丑　晴。作書并寫贈朱郎詩致弢夫。作書并詩致紱丈。得孫鏡江書，再以西漢刻石二種，又舊帖三册屬跋。得弢夫復。作書致鏡江。作片致紫泉。是日傷風，鼽嚔，夜二更時早睡。得紫泉復。聞昨日有旨：許鈐身停使東洋，發往福建船政局差遣委用；以何如璋爲東洋正使，候補道鄞人張斯桂爲副使。

初四日庚寅　上午晴，下午澹晴。繆小山來，以章石卿貞新刻錢獻之《斠注地理志》附徐星伯《集釋》一部爲贈，且言星伯所輯《九國志》及《西域傳補注》等書，石卿亦陸續付刻。又言章逢之宗源《隋書經籍志考證》有史部稿本四册，見存海寧管子湘庭芬家。烏程張秋水鑑有《晉書》十八家輯本，今不知存否。杭堇浦《三國志補注》已有刻本。向所稱『杭氏七種』者，首爲《鴻詞所業》四卷，次《史記考證》四卷，次《三國志補注》六卷，次《諸史然疑》，次《石經考異》，次《續方言》，次《榕城詩話》，今滿洲文氏尚有其書，惟缺《三國志補注》三卷。今世所行本，以前三種板片已失，姑以《兩漢蒙拾》《文選課虛》《晉書補傳贊》附入之。邵二雲《南渡事略》，戊辰以前已在江寧書局，曾文正將刻之，以移督直隸而止。是書本藏友人沈寄凡家，寄凡以卑官需次江蘇，故其書得至金陵。錢衎石《三國會要》稿本已失，惟《皇朝大臣碑傳録》尚藏其從子子密京卿應溥所，曾文正亦欲刻之，未果也。余又聞沈匏廬《兩漢書疏證》稿本在上海郁氏，全謝山《七校水經注》稿本在餘姚抱經樓盧氏，杭堇浦《續禮記集釋》稿本在杭州吴氏，徐星伯《唐科名記》稿本在朱修伯家，此祁夷度先生所謂當因地因人以求之者也。禔盦來，江寧同年陳翔翰舍人熙治來，俱不晤。晡後詣劉鎸山師家，爲廖伯欲賃下斜街居宅事。晤仙洲妻弟張某。晚至豐樓赴禔盦之招，坐有牧莊、敦夫、仲彝、梅卿、曾君表及秋蓤、霞芬諸郎，二鼓時散。禔盦邀飲遇春，余以身熱不快，辭歸。付車錢五千，秋蓤、霞芬車飯錢四千。劉介臣來，不值。

初五日辛卯　晨至午陰，下午微晴。廖伯來。得紱丈書，即復。作書致廖伯。再得紱丈書，惠永州白棗一盤，絨花十一枝，即復謝。得雲門書，中附子縝自越致仲彝書，言子宜、心雲明春入都，欲居余寓之東院，屬先爲修理。素心肯來，聞之先喜。所恨一車無定，四壁將空，緝茅樹援，資非易辨。又恐名心未絶，牽輓入場，尊酒般桓，樂事彌少。使我得一簿尉之奉，爲北道主人，豈不佳乎！弢夫來夜談。

初六日壬辰　晴。比日稍和，道凍盡釋。感寒不快，下午益甚。作書致廖伯，皆爲鎸山師居宅事。弢夫來。仲彝邀飲豐樓，以病不往。

邸鈔：詔：四川總督丁寶楨在紫禁城内騎馬。以通政使司通政使文澂爲都察院左副都御史。

初七日癸巳　卯初二刻六分大寒，十二月中。晴。身熱，不出户庭。弢夫邀福壽堂觀劇，辭之。鏡江來，張興書來，俱不見。得施均甫十月六日肅州書。終日閲方書。

夜偶考「棖」「闑」二字。謂門止中間樹一短木，謂之闑者，孔氏《禮記正義》之説也，江氏永、王氏念孫、《廣雅疏證》。王氏引之、《經義述聞》。邵氏晉涵、《爾雅正義》。桂氏馥、《説文義證》。郝氏懿行、《爾雅義疏》。王氏筠、《説文句讀》。劉氏寶楠《論語正義》。皆從之。謂門樹兩柱謂闑，以其中爲中門者，賈氏《儀禮疏》之説也，段氏玉裁、《説文注》。焦氏循《群經宫室圖》等書。皆從之。宋人李氏如圭從孔説，而朱子不能決。案：《説文》：「闑，門梱也。」「梱，門橜也。」「橜，弋也，一曰門梱也。」《爾雅·釋宫》：「橜，謂之闑。」其説皆同。然《曲禮》鄭注云：「梱，門限也。」則梱之誼，已許、鄭迥異。郝氏《爾雅義疏》以鄭説爲然。又《詩·鄭風》箋云：「棖，門梱上木近邊者。」《論語》皇疏云：「門中央有闑，闑以礙門兩扇之交處也。門左右兩槫邊各豎一木，名之爲棖，棖以禦車過，恐觸門也。」鄭君《曲禮》《士冠禮》兩注俱以闑爲門橜。《曲禮正義》云：「中央有闑。」故江氏《鄉黨圖》於門中畫一短木植地，名之曰闑，而以闑之東爲君所出入之門，以立不中門爲不敢立闑東之中。夫闑之東，是門之左偏，安得謂之中門？郝氏則謂豎木設於門中，其傍曰棖，其中曰闑，所以門必設棖與闑者，以爲尊卑出入中間及兩傍之節制，則又似於門中特立三短木，行禮出入，毋乃有株枸觸礙之憂。賈氏故創爲門中樹兩柱爲闑之説，以求其通。焦氏更爲之説云：「兩闑之間有閾，兩闑外無閾，以通車行。至掩門，則徹去兩闑與閾，而别設門限。」劉氏駁之云：「若有兩闑，則君行兩闑之中，臣行棖闑之中，判然異路，何至貿然而與君同中門，且履其閾？蓋門皆有閾，然門啓時或去其閾，以通車行。惟廟門不行車，故閾不去，而其閾或寬以庳，故行者多至踐履其上。』案兩『闑』之説，經傳無徵，自爲難信。劉氏之駁，亦出臆决。惟廟門不行車、不去閾之説，差爲得之。

竊謂《爾雅》以來，解『闑』者多牽於以闑爲槷。其實闑與臬殊。臬，本射凖的也，因而凡植地者皆謂之臬，是槷屬也。『闑』字从門，與槷無涉。故《爾雅》又云：『樴，謂之杙，在地者謂之臬。』杙，當作弋，弋即槷，此在地之臬。其字明作『臬』，非『闑』也。若闑與棖之製，皇氏所言，當得其實。蓋闑惟閉門時設之，門啓則徹，因以爲門中之名。棖則惟啓門時設之。《爾雅》：『棖，謂之楔。』又云：『樴，長者謂之閣。』又云：『槷，所以止扉，謂之閣。』《説文》：『閣，所以止扉也。』蓋棖、閣一物。《説文》：『棖，杖也，一曰法也。』無門旁樹木之誼，以閣誼可以包棖也。若『閫』『梱』二字，閫則門限也，其字从門；梱則槷也，字亦作枈。《曲禮》假『梱』爲『閫』，而《説文》偶脱『閫』字，故至糾轕耳。梱亦在門，蓋以短木之方者止門，即用於上車，故《史記》楚俗患庫車，乃高其梱，於是無不高車者。其製蓋猶今之上馬凳，唐謂之上馬石。梱在門，故曰門槷也。

初八日甲午　晴，和煦，地微潤。作臘八粥，祀先人。牧莊來。弢夫來，暢談終日。夜邀諸君食粥。是日稍愈，惟苦咳嗽。作書致伯寅，略言近日人材。

初九日乙未　終日陰。五得伯寅侍郎書，皆以近上東西陵道中詩見示，皆復。紫泉來，談竟日，至夜二更時去。江敬所來，以訏堂師手書見示，言太夫人病狀頗危。

夜偶閲桂氏《説文義證》。是書以引據浩博見長，若其正誤發疑，則遠不及段氏。王蕘友謂分肌析理桂氏尤精者，蓋鄉曲之見也。今即以『孿』字下言之，其注引《西京雜記》霍將軍妻一産二子云云，又譙周《法訓》一産二子者，當以後生者爲兄，言其先胎也云云。然如何休隱元年《公羊解詁》云：『其雙生也，質家據見立先生，文家據本意立後生。』此則眼前經注而反不引，此閻百詩所云考據不漏之難也。譙周以先胎爲『野人之鄙語，君子不測暗，安知胎之先後也』。不知此是周制，何氏非無本。又『孟』字下引《禮緯》『庶長稱孟』，案：出《禮含文嘉》。《白虎通》『適長稱伯』『庶長稱孟』，以及《容齋三筆》『孟字只是最長最先之稱』云云。案：孟之與伯，對文或別，散文則通。《月令正義》曰：『《尚書·康誥》云「孟侯」，《書傳》「天子之子十八稱孟侯」，並皆稱孟，豈亦庶長乎？』又案《白虎通》謂庶長稱孟，魯大夫孟氏是也。然《公羊》《史記》皆以慶父爲莊公母弟，惟《左傳》杜注以爲莊公庶兄。故其後爲仲孫氏，是孟氏庶長之説先未確也。又晉趙氏如宣子、文子、簡子、襄子，皆稱趙孟，而文子爲晉景公姊莊姬之子，非庶長也。是孟非必庶之證也。《禮》之伯某甫，《春秋》之伯父、伯舅、伯氏，《曲禮》稱同姓諸侯曰伯父，異姓諸侯曰伯舅。又婦人稱夫曰伯，《詩》之『伯也執殳』『自伯之東』，豈皆適長乎？是伯非必適之證也。桂氏亦未分晰言之。《左傳》之稱人謚如昭伯、惠伯、懿伯、戴伯、景伯、文伯之類，指不勝屈，而獨無稱孟者，此尤可爲散文不別之證。

邸鈔：劉坤一奏廣東碣石鎮總兵丁泗濱患病，懇請開缺。許之。以崖州協副將彭玉爲碣石鎮總兵。

初十日丙申　上午霠陰，下午雪大作，積寸許，至夜止。聞昨日海會寺開驗葛品蓮屍，刑部堂官六人、司官八人，率仵作二十餘人，司官先驗，堂官再驗。其屍牙齒及喉結骨皆白色，絕無毒也。仵作皆具結，言實以病死。劉錫彤亦俯首無辭。聞其先兩次赴刑部質訊，自恃年老，咆哮萬狀，至庭詬問官，謂：『我乃奉旨來京，督同檢驗，非來就鞫。若曹乃先録我供辭，何憒憒作司官耶？』其門丁懼罪，直供如何捏飾毒狀，如何句串藥證。錫彤直前，奮拳毆之。問官叱之，乃自摘其冠擲地曰：『我已拚老命矣，若參革我、處置我可也。』問官詰以所填屍格，何以先曰『口鼻流血』，後改『七竅流血』，探喉之銀籤何以不如法洗滌。皆瞠不答。其强很至此。昨日乃觳觫無人色，口齒相擊有聲。此輩豺狼之性，犬羊之智，刀未在頸，尚欲噬人，一聞執縛，摇尾帖耳，言之可爲憤絶。若知府陳魯之未驗屍傷，武斷坐獄；巡撫楊昌濬之力庇屬員，顯抗朝旨，至飭提人證，猶敢公言謀害本夫，惟當取犯供爲憑，而以刑部爲多事；學政胡瑞瀾之朋比蒙欺，喪心鍛鍊，奉特旨，讞重獄，而不一覆檢棺屍，惟以酷刑陷人，至被旨駁問，猶敢堅執。是四人者原情定罪，實禽獸所不食，有北所不受，皆當肆諸市朝，以謝天下者也。

十一日丁卯　震陰，上午微見日景，下午薄晴。得弢夫書。粤人鍾佩芳以新得官來拜，不見。廖伯來。夢漁來。閲《説文義證》。梅卿饋歲二十金。此束脩羊也，故受之。夜大風，晴，寒甚。終夕咳嗽，不成寐。

十二日戊戌　晴，風，嚴寒，下午風止。終日點閲伯寅侍郎東西陵詩，并題七古一章，又和《樂毅墓》七律一首。自處方服藥，用蘇子、貝母、杏仁、茯靈湯，夜仍咳嗽。

伯寅侍郎秋冬間四上東西陵賦詩一卷見示即題其後

我朝陵縣制嚴肅，東右北平西上谷。神京五驛無留程，頻見重臣騁華轂。侍郎久直明光宫，官佐宗伯兼司空。園寢宜統太常職，將作時領中都庸。軺傳一封按行去，來往秋深又冬暮。黄雲萬仞飛狐關，紅葉千林督亢路。庚沽水會還鄉河，淶易之浸交生波。朔風吹雪大如掌，亂流徑渡水嵯峨。堠亭土銼滿朝日，暫解貂裘看山色。題詩常使王侯驚，沽酒争爲市人識。歸來示我千珠璣，清風一律無妃豨。川涂簡寂屏騎從，詩囊愁壓皇華騑。我生好游乏腰脚，廿載長安昧阡陌。春來誓欲從君行，楊柳青青杏花白。西山蒼翠花作棱，田盤雲瀑松層層。竹杖籃輿遍山寺，袷衣更上十三陵。君詩有云：『風雪漫天吾未倦，更思攬勝十三陵。』

樂毅墓和鄭盦

生合奇兵五國來，死猶埋骨傍金臺。能軍世盡推騎劫，愛士人惟禮郭隗。終使客卿淪異地，空傳書語感奇才。望諸莫表將軍墓，知爲昭王首重回。

邸鈔：内務府郎中慶林補授奉宸苑卿。原任苑卿毓清病故。慶林以内務府郎中同治十二年任江蘇織造時進奉獎敘得之。

十三日己亥　晴。作書并詩致伯寅，得復。作片致㢡夫。再得伯寅書，即復。㢡夫來。剃頭。仲彝邀同㢡夫至文昌館觀演《五采輿》，晚復邀至豐樓小飲，余招秋蔆及琴香，㢡夫招霞芬，二鼓時歸。月甚佳。是夕晤牧莊，言林惠常《三禮通釋》中論棖、闑甚詳，亦主賈疏二闑之説，而駁王文簡止一闑有六證之非。紫泉來，不值。夜閲《經義述聞》。王氏所列六證皆確不可易，其論闑、閾、梱同爲一物，是門橜而非門限，以今京師城門中之方石是其遺制，則似未然。

十四日庚子　晴。爲㢡夫題霞芬蘭影三絶句，即作書致㢡夫。下午復偕諸君至文昌館觀演《五采輿》。梅卿邀夜飲豐樓，酒畢邀諸君及禔盦、劉介臣飲秋蔆家，至三更後歸。比日傷風未愈，咳嗽甚劇。今夕在嬰春又爲石火所熏，頭痛身熱，興盡而返，亦可謂抱病陪清賞矣。是日付嬰春酒錢三十千，下賞十千，車錢六千，秋蔆、霞芬車飯錢四千。

邸鈔：上諭：禮部奏在籍道員重宴鹿鳴，應否賞給升銜，請旨辦理等語。三品封典在籍廣東候補道史樸，早膺鄉薦，復届賓興，著准其重赴鹿鳴筵宴，並加恩賞給二品頂帶，以示寵賚科名至意。上諭：崇厚奏請將任意妄爲之郎中等革職查辦等語。兵部郎中齊薹堂由奉天前往吉林措資，竟敢藉端嚇詐，並有私設刑具等事。似此任意妄爲，實屬不安本分。齊薹堂著即革職，由崇厚咨行吉林將軍，一體查拏審問。守備張得功扶同騷擾，著一併革職，歸案訊辦。

十五日辛丑　晴。頭痛不快。劉介臣約晚飲豐樓。彦清來。閲《經義述聞》。史同年恩緒來拜，以未識其人，江蘇人，官中書。不見。晚偕仲彝、彦清詣豐樓。今日本不欲出，晡後尤疲苶，以介臣來書言爲余豫作生日，不請它人，故不得已而往，至則已有它客矣。余亟欲歸，彦清乃邀至别坐，爲作主人，并邀牧莊來同飲。余招秋蓤、霞芬。未及終席，眩瞀作惡，手足寒戰，亟驅車而歸。月色如晝。夜閲林惠常《三禮通釋》論闑閾一條，力主賈疏及焦里堂之説，而痛駁江氏永、江氏聲、王氏引之三家。然王氏六證，義據精深。林氏逐條强駁，多枝游之辭，實非王氏敵也。

十六日壬寅　晴。得牧莊書，饋越酒一瓮，紅燭五十枝，即修小啓復謝，犒使二千。

閲江都蔣叔起超伯《麗濵薈録》，共十四卷，末附《爽鳩要録》二卷。兩書皆刻於同治五年叔起任廣州知府時。曰『麗濵』者，謂郡齋廢圃數畝，有阜隆起，下停霖潦，《爾雅》所謂『陵夾水，濵』乎？畜鹿二，絶有力，呦鳴相聞，遂命之曰『麗濵』。其書剌取子、史、集部語之新奇、事之隱僻者，或爲之綴集，或直寫其文，每卷皆首條其目，以後連綴書之，不分門類，意在多識，罕所考證。間有一二偶涉經典，亦皆瑣文碎義。雖駁雜疏漏，均所不免，而鉅細雜陳，頗資摭拾，蓋兼説部家雜纂小説之流。其原始於高似孫之《緯略》，可與明之《玉芝堂談薈》《留青日札》，國朝之《寄園寄所寄》《柳亭詩話》諸書並佐談諧，無傷大雅者也。《爽鳩要録》乃其官刑部時所最録辟罪之實緩條款，是爲有用之書。

孫鏡江來，以所顔『賔漢』二字乞爲題跋。余方飯，不見。夢漁邀同麐伯、弢夫、彦清、仲彝、梅卿夜飲豐樓。余招秋蓤，弢夫招霞芬，夜二鼓歸。月望皎甚，氣和如春時。曾比部之撰招飲景龢，不往。歸後裵回庭院，閑亦讀書。内外通明，清絶忘睡。

邸鈔：上諭：刑部奏承審要案覆驗明確一摺。浙江餘杭縣民人葛品連身死一案，該縣原驗葛品連屍身係屬服毒殞命，現經該部覆驗，委係無毒，因病身死。所有相驗不實之餘杭縣知縣劉錫彤即行革職，著刑部提集案證，訊明有無故勘情弊及葛品連何病致死，葛畢氏等因何誣認各節，按律定擬具奏。上諭：都察院奏熱河已革生員張振元、佃民郭殿元遣抱以官吏科斂民財、移禍於人等詞，赴該衙門呈控。此案前據瑞聯奏稱，張振元、郭殿元係圍場巨蠹，有句串委員、巧據肥地、苛斂民財等情，擬請發遣。茲據張振元等遣抱控訴，有無冤抑，著延煦親提人證卷宗，秉公研訊，務得確情，以成信讞。該革生等儻係砌詞妄控，刁風斷不可長，即著從嚴懲辦。慈銘謹案：甚矣折獄之難也！圍場之情形，未嘗目擊；瑞都統之賢否，亦未能知。惟觀其近日奏疏，禁開墾，懲委員，去積蠹，設官弁，以及劾瑞文莊父子，類能不避嫌怨，實力任事。蓋要而論之，請開墾者，其意不可謂盡非，而利之所在，賄賂必至；請封禁者，其事或未必盡行，而怨之所歸，倖門自絕。此其心之公私不待辯而明者也。乃上甫易任，而下即翻控，奸民之可畏如是。然浙獄凡三次上控，歷四年而始白。當其初，亦何嘗不疑其奸猾哉。烏虖，此奸猾之所以爲良弱累歟！　以光禄寺卿瑚圖禮爲太常寺卿。以詹事府少詹事錫珍爲詹事。以太僕寺少卿周家楣爲大理寺少卿。左春坊左中允温忠翰升司經局洗馬。

十七日癸卯　晴和。弢夫來，牧莊來，禔盦來，敦夫來，以今日仲彝、梅卿、彦清約諸君同具酒饌，爲余豫作生日，并招秋蔆、霞芬、扶雲。日甫午，秋蔆已至，即設飲。至夜更鼓動始散。賦七古一首。弢夫以月出佳甚，欲邀飲景龢，余謂樂不可極，不如弗往。仲彝邀飲春馥，亦辭之。遂偕牧莊、敦夫、弢夫、梅卿作采籌之戲七局，余得全色，二更後散。得紱丈書，饋内廷乳餅一匣，即作小啓復謝，犒使二千。付秋蔆、霞芬車飯八千。

丙子季冬十七日孝仲敦夫敦叔彦清匡伯弢夫仲彝置酒越縵堂爲余豫作生日且招秋蓤霞芬兩郎奉觴賦詩爲謝

游桃嘉平月既望，風日和霽如春妍。南窗喜見晴旭滿，不須榾炭紅鑪然。歲事漸促百不理，室中坐卧依寒氈。故人相約共治具，爲我衰暮開愁顔。古人生日不稱祝，况我孤露尤堪憐。行年五十無一就，所得霜雪滋華顛。二親未享一日養，弟姪飢餓耕無田。生值灾星逼殘臘，蓼荼百萃攻中堅。幸恃頑鈍得不死，支撑病痼能增年。每逢此日輒慘戚，何敢口腹恣珍鱻。素心知我益繾綣，特先十日開華筵。芳醪佳果滿几案，蔌肴膾炙紛盈前。冬笋寸寸斫寒玉，蒸鳧肥滑堆吴綿。談諧互作務醞藉，禮數雖設無周旋。舍人博雅守家學，窮經矻矻争前賢。謂孝仲。諸君各擅詞賦妙，葩華絡繹供丹鉛。就中鮑叔敦夫同里巷，清漳夾岸連華椽。鹽官羊仲敦叔居稍遠，海航一日能來還。海寧與越之三江口海岸對峙，相去僅數十里。王翰弢夫迥絶隔回浦，會稽東部同山川。其餘四君盡同縣，斜橋光相衡相連。孝仲居斜橋。新河近匯郭西水，匡伯居新河。陶堰時泛城東船。彦清居昌安門外，仲彝居陶堰。同學同歲分少長，孝仲、敦夫同學，匡伯、弢夫、仲彝同年，敦叔、彦清亦兄弟同年。舊雨今雨無拘牽。長安泠落守素業，不附時局誇飛騫。天涯難得一朝聚，對此不飲真癡頑。名花照眼更殊絶，酒波艷映雙枝懸。錢郎膚清秋水鮮，朱郎雙頰争紅蓮。手持翠盞勸我醉，玉山未倒先蹁躚。庭前翠竹千琅玕，斜陽晼晼催暝烟。卷簾俄見明月上，更分銀燭擘華箋。

十八日甲辰　晨至午後澹晴，晡後陰。閲《經義述聞》。繆小山來，久談。

邸鈔：詔：已故福建巡撫李殿圖案：殿圖字恒符，高陽人，乾隆丙戌進士。嘉慶己巳由福建巡撫調江西，召入京，以中允贊善降補，旋由中允升侍講，未嘗開復原官。今忽請謚，以尚書鴻藻之祖父也。然直以侍講得謚，而章疏没之。在福建服官年久，興利除弊，善政甚多，迄今士民感戴；已故閩浙總督季芝昌在任時整飭地方，搜捕艇匪，亦屬功德在民，均著加恩予謚。從署閩浙總督、福州將軍文煜請也。李殿圖賜謚文肅，季芝昌賜謚文敏。上諭：侍郎袁保恒奏請將福建巡撫改爲臺灣巡撫，其福建全省事宜專歸總督辦理等語，著該衙門議奏。詔：候補三院卿文銛前於粵海關監督任内捐辦洋槍等項，尚屬急公，著以副都統記名簡放。從神機營請也。

十九日乙巳　晴。先本生祖父生日，供饋。弢夫送梅花兩盆，木瓜五枚，冬笋一合，紅燭五斤，即作小啓復謝，犒使四千。是日東坡生日。傍晚作書致弢夫，并屬其招霞芬來，以餕餘偕仲彝、梅卿同作小集，至夜二更後散。

二十日丙午　晴陰相間。剃頭。以宣紙朱絲闌横幅爲牧莊書前日宴集七古一首，又九日登瓊島七律二首，樂毅墓七律一首畢，即作書致牧莊，并還《麗濾薈録》。寫單約夢漁、廖伯、孺初諸君後明日豐樓夜飲。得牧莊復，言前夕被竊。夜陰，二更後雪。

二十一日丁未　雪，至午積三寸許，下午稍稀，傍晚止。夜子初三刻八分立春，明年正月節。雪復作。得鏡江書。爲鏡江寶漢堂額作跋尾數行。鏡江家舊有寶漢樓，儲藏金石，漢刻爲多，經亂散失。今鏡江復酷耆之，搜求不已。仍以『寶漢』顔其寓齋，屢來乞余題識，今日匆匆書訖歸之。得弢夫書，即復。以銀八兩并息錢十七千九百四十文贖敝裘一襲。彦清來。夜洗足，浴下體，書春勝。

二十二日戊申　終日霠陰，時有飛雪，傍晚雪復大作，夜稍止。以夾袍褂質錢九十千。比迫歲除，窮愁特甚。天陰連雪，黯慘積寒，便覺俯仰倉黄，跬步逼仄。自惟學養未深，不免爲境所累。然終不肯少夷崖岸，開口向人，此亦秉性使然，非關道力也。得廖伯書，得孺初片，俱辭飲。晚赴豐樓，夢翁、弢夫、彦清、梅卿、仲彝俱先至。余招秋菱，弢夫、梅卿招霞芬，夜二更散。弢夫復邀飲霞芬家，秋蔆亦來佐觴，三更後歸。四更時偕梅卿祀門行户井之神，報賽且祈福也。牲醴苾芬，燭炮闐溢，事皆躬涖，叩祝維虔。禮畢後復以牲醴祀財神，此亦古人逐貧送窮之意。五更以祭餘偕彥清、仲彝、梅卿小飲，爲受福也。飲畢作采籌之戲五局，已曙光達户矣。是夕四更後雪復大作，至曉更積數寸。付秋蔆車飯二千，豐樓下賞三千，車錢二千八百。

二十三日己酉　竟日霒陰。日加巳始睡，至未正起。孺初來，方盥漱，不晤。作書致廖伯。得禔盦書，饋佛手柑、木瓜、茶葉兩瓶，雉一對，即作小啓復謝，犒使三千。梅卿饋酒一瓮及桃、麵，作啓復謝，犒使四千。作書致紱丈，饋蜜漬枇杷、桂飴、梅實各一瓶，木瓜、佛手柑各四枚，雉雙，得復。作書致孺初，得復。夜祀竈，送以竹馬、薪芻、炮杖。

二十四日庚戌　晴。殷蕚庭饋桃、麵、餅、肉，還其餅，犒使二千。弢夫來夜談。客去後料量瑣事，至五更始睡。

二十五日辛亥　晴寒。黄庶子體芳來，不晤。揭櫫《説文義證》三十二册。爲伯寅侍郎代擬文字一首。夜將旦始睡。

二十六日壬子　晴，下午薄陰。牧莊來。弢夫來。敦夫來。作書致伯寅。得伯寅書，饋銀四十兩，即復謝，犒使八千。

二十七日癸丑　晴，晡後微陰。余生日。梅卿姬人饋蓮子湯。得星丈書，以昨在萬尚書席上所賦一律相商。萬尚書青藜前日七十生辰，寶相國寶鋆今日七十生辰。弢夫來。楊定旉饋酒一瓮及麵，即復謝，犒使三千。蕚庭來。下午小設酒肴點心，同蕚庭、弢夫、梅卿、仲彝飲，招秋蔆、霞芬兩郎佐觴。付秋蔆錢百千，車錢四千；霞芬錢五十千，車錢八千。得雲門書，以爲余壽也，適今日至。再得星翁書。吴松堂送二伯父、二伯母誥命一軸來，犒使二千。傍晚定㝃來，兩郎始去。夜初更客散。作書并詩致星丈，得復。賞兩家内外僕媪錢十六千，殷氏僕兩千。是日得詩二首。

丙子生日定㝃弢夫蓴庭仲彝梅卿枉過留之小飲即席賦呈

知己相從慰歲寒，生辰聊復具杯盤。可憐孤子終天恨，猶博良朋一日歡。膝下伶仃同伯道，客中僵卧比袁安。奉觴難得雙花侍，强解衰顔倚醉看。謂朱、錢兩郎。

生日方飲酒間適雲門書來爲壽且寄新什賦此答之

玉顔翠袖勸銜卮，恰是瓊瑶入手時。五日梅花馳薊驛，一篇橘頌抵湘纍。殘年風雪天涯感，獨客琴尊夢裏思。爲報旗亭零落甚，更無人唱渭城詩。謂傅生、雲門赴保定前夕，余餞之，招生不至。雲門書來，甚以不一見爲恨，故云。

邸鈔：命協辦大學士、吏部尚書英桂充文淵閣領閣事。工部尚書魁齡、理藩院尚書察杭阿、户部右侍郎翁同龢俱充經筵講官。内閣學士宗室崑岡等充文淵閣直閣事。上諭：御史王昕奏大吏承審要案，任意瞻徇，請予嚴懲一摺。據稱浙江餘杭縣民人葛品連身死一案，原審之巡撫楊昌濬、覆審之學政胡瑞瀾，瞻徇枉法，揑造供詞，請旨嚴懲等語。人命重案，承審疆吏及派審大員，宜如何認真研鞫，以成信讞。各省似此案件甚多，全在聽斷之員，悉以研究，始得實情，豈可意存遷就，草菅人命！此案業經刑部覆驗，原訊供詞，半屬無憑，究竟因何審辦不實之處，著刑部徹底根究，以期水落石出，毋稍含混。楊昌濬、胡瑞瀾等應得處分，著俟刑部定案時再降諭旨。自海會寺覆驗後，冤誣大白，稍有識者，無不切齒胡、楊，思食其肉。而刑部尚書桑春榮耄而庸鄙，欲見好於外官，又覬楊昌濬之書帕，必欲從輕，比屬司官研訊楊乃武、葛畢氏，强其自伏通奸罪。尚書皂保輕而妄，以劉錫彤爲大學士寶鋆鄉榜同年，亦欲右之。時貨藥者錢寶生之母及佐肆者皆以質賣砒霜有無羈刑部獄，今驗葛品連實病死，於是司官白皂保可先釋二人，亦不許。適丁寶楨以川督入覲，聞覆驗得實狀，大怒，揚言於朝曰：『葛品蓮死已逾三年，毒消則骨白，此不足定虛實也。』於是湖北、湖南人以胡、楊同鄉也，合而和之，桑春榮大懼。丁寶楨又面斥桑曰：『此案何可翻？公真憒憒，將來外吏不可爲矣。』桑益懼。侍郎袁保恒、紹祺頗持之，不能奪也。王御史此疏可謂昌言矣。御史，薊州人，壬戌翰林。

二十八日甲寅　晴。得星丈書。得族姪寬昌平書。作書復星丈。作書致廖伯。作片致蓴庭，饋歲物，得復。得星丈書，饋桂花木耳一匣，紫厚朴花一匣，龍井茶兩瓶，五采糕一方，受茶及糕，作牋復謝，犒使二千。得紱丈書，饋酒十斤，西藏刻燭一對，筒麵廿六枚，年糕五方。兩公皆誤以余今年爲五十生日也。受麵及糕，作啓復謝，犒使二千。張𠪚民來。梅卿邀飲景龢堂，不往。梅卿贈壽星封函一百，報以芽茶一筒，燒鷄一對。壽星封函，即余爲之贊者也。三得星丈書，即復。夜作書致弢夫，并寫生日詩致定甹。作復雲門書，寫寄前日兩詩。是日付賃屋銀四兩，計至十月矣。夜四更風起。

二十九日乙卯　晴，晨至午大風，下午稍止。是日嚴寒。剃頭。書春聯，大門兩副，聽事一副，堂柱一副。子蓴來夜談，以雙雉及醬菜兩小筥爲饋，犒使二千。客去後料量歲事，四更始睡。大風。

三十日丙辰　晨及午晴，有風，下午陰。作書致伯寅。得弢夫書，即復。得蓴庭書。得伯寅書，饋銀二十兩，即復謝，犒使四千。署吏送冬季養廉銀十六兩二錢，付車錢三千。秋蓤來，予以銀二兩，賞其僕十千。再得伯寅書，再饋銀十兩，即復謝，犒使三千。下午祀竈。敬懸三代神位圖。劉介臣來。弢夫、仲彝皆來賀過年。霞芬來，予以銀二兩。祀屋之故主。夜得廖伯書，并饋銀，即復片，還其銀。得蓴庭書，以銀十兩見借，即作書謝，犒使二千。今日弢夫亦借余銀八兩，亦暫受之，皆以道誼交也。祀先，以肉肴、菜肴十二簋，火鍋、果食二事，年糕、角黍兩盤，糖兩盤，時果四盤，茶湯一巡，酒一巡，飯二巡，燭三對，至二更後畢事。梅卿邀江蘇狎客數人招歌郎酣飲於外，轟呼跳叫，至是亦闃然矣。是日付估衣鋪銀十六兩，米鋪銀十兩，煤鋪錢九十三千，豐樓酒食錢百千，廣和居酒食錢二十六千五百，榮記南物錢二十千三百，過年節物錢五十千，其餘零星小帳及諸僕媼、長班、皂役、隸卒犒賞復不下百千，米酒之錢尚欠其半，書紙之債一概不還，長安真不易居也。夜半後有風，寒甚。

光緒三年（一八七七）

光緒三年太歲在强圉亦作『强梧』。赤奮若亦作『汭漢』。春正月月在終陬元日丁巳　晴，嚴寒，有風。予年四十九歲。晨起拜竈神，叩先像，燃爆竹，供湯圓。同仲彝、梅卿賀年。書元辰吉語。下午坐聽事南榮負日，偕兩君擲采籌十五周，采選格三周，余采籌七得狀元，采選兩得探花，此亦古人試年庚之意也。見放翁詩注。夜以朱筆點金蕊中《禮箋》九葉，王鳳喈《尚書後案》三葉，王曼卿《經義述聞》三葉，皆取宋人三魁之義，以經學大師爲科名利市，足爲吉祥佳話。

初二日戊午　晴寒，有風。紫泉來。禔盦來。復偕兩君擲采選格廿周，余十一得狀元。先像前供紗帽、清茗。

初三日己未　晴。得星丈書，以新作《七十述懷》詩四律見示。弢夫來。彦清來。作書復星丈。再得星丈書。先像前供炒年糕及酒。

邸鈔：命左都御史景廉爲軍機大臣。上諭：沈葆楨、吴元炳奏特參玩視民命之知縣，請旨革職一摺。江蘇前署桃源縣知縣湯佶昭於孀婦朱周氏被搶服毒身死一案，並不據實詳報，實屬荒謬。湯佶昭著即革職，朱周氏著該部照例旌表。上諭：沈葆楨、吴元炳奏道員稟請開缺懇請賞假一摺。據稱江蘇蘇松太道馮焌光因伊父馮玉衡病故伊犁戍所，禀請開缺，前往迎柩等語。馮焌光著加恩免其開缺，賞假一年。江蘇蘇松太道篆務著沈葆楨、吴元炳揀員署理。上諭：前因都察院奏吉林民人張琛呈訴阿勒楚喀協領英林等開賭斂錢等情，特派銘安前往查辦。兹據奏稱，查明阿城實有開賭情事，協領英林供詞狡展，請旨革職審訊，並請將防禦托林等及防禦依勒杭阿等分别革訊各等語。協領英林、防禦托林均著先行革職，佐領富城阿著暫行革職，提同人證，一併嚴行審訊，毋任狡展。署佐領防禦依勒杭阿、雲騎尉托克通額、驍騎校依青阿、防禦門中餘於提傳要犯，飾詞禀復，均著暫行革職，限五日内將賭犯領催慶喜等按名拏獲，歸案究辦。阿勒楚喀副都統秀吉輒據依勒杭阿等禀詞率行咨覆，亦屬不合，著交部議處。

初四日庚申　晴。是日不見客，竫坐讀書作字。霞芬來，與之飲茗坐話，賞其僕十千。下午風起，晡後大風霾，入夜未止。先像前供饅頭、清茗。禔盦來。夜初更後風稍止，二更後復大風，徹旦震盪。

初五日辛酉　晴，大風徹日，夜寒甚。星丈來。祀先，以七簋加杏酪酒一巡，飯兩巡。夜焚楮錢，收先像。

初六日壬戌　晴，寒甚，有風。爲伯寅代擬文字一首。敦夫來。作書致伯寅。弢夫來。夜和星丈詩七律二首，又閲陳氏《詩毛傳疏》，五更始睡。是日戌初三刻十二分雨水，正月中。

歲首二日潘星齋丈以七十述懷四律見示奉和二首

春風杖履報新年，開八吟成第一篇。竹葉觴稱新畫錦，梅花香滿舊平泉。丈所居本宛平王文靖怡園。司空早領文昌省，退傳長依尺五天。老福期頤詩更健，白鬚彩筆是神仙。

坊築東西比二疏，齊眉更羨卞田居。圖書常自隨鴻案，山水難忘挽鹿車。鹿影亭中花放早，鷗波亭畔雪晴初。豫知燈節團圞宴，蘭玉園林錦不如。

初七日癸亥　晴，稍和。作書并詩致星丈。得伯寅書，即復。牧莊來，午後偕牧莊、仲彝步詣弢夫寓小坐。遂偕至廠廟閱市，買馬湘蘭竹石畫幅、汪時齋瓶花畫幅，俱不成。於寶森書攤購得明槧《唐詩紀事》兩帙，價銀四兩。晤繆小山，同行至廠甸。晚歸。是日雪融，道濘甚，艱於行。剃頭。再得星丈書，皆爲商榷《述懷》詩也，夜作一紙復之。小燃花爆，以點歲華。

邸鈔：詔：以吏部尚書、協辦大學士英桂爲大學士，開去步軍統領及總管内務府大臣差使。以户部尚書輔國公宗室載齡辛丑翰林。爲吏部尚書、協辦大學士。以工部尚書魁齡爲户部尚書。以都察院左都御史景廉爲工部尚書。以禮部右侍郎金慶爲左都御史。以内閣學士、署兵部左侍郎長敘爲禮部右侍郎，内閣學士慶福署理兵部左侍郎。　户部左侍郎、左翼總兵榮禄兼補步軍統領。工部左侍郎、右翼總兵成林轉左翼總兵。副都統文秀補右翼總兵。武備院卿茂林補總管内務府大臣。

初八日甲子　上午晴，下午薄晴。是日和煦，始覺有春氣。出門答客二十餘家，下午歸。牧莊來。族姪厚甫來。夜二更客去後閱《唐詩紀事》。是日付車錢八千，弢夫僕人四千。

邸鈔：詔：内閣學士、正白旗蒙古副都統鐵祺調補正紅旗漢軍副都統。候補副都統鍾泰補正白旗蒙古副都統。

初九日乙丑　晴和，晡後微陰。終日閱《唐詩紀事》。得雲門初四日書，并寄和生日七律二首。弢夫來夜談。

初十日丙寅　晨及上午晴，午後多陰，晡陰，傍晚風起，夜晴，大風徹旦。終日閱《唐詩紀事》。比日稍和，春氣漸動，遂覺疲茶，時欲就床偃卧。病體日深，老景日益，龍鍾至此，尚復逐黄面小兒，提籃踏闈，争冬烘之一吷耶！今年誓不應試，并擬閉關謝絶計偕之客。念明日是先母生日，因賦一詩，以當誓墓之文。

先母生日前一夕大風獨坐京邸泣賦是篇

五十孤兒泣斷蓬，亡靈慚對影堂中。豈真白髮充朝隱，虚負黄泉眄祭豐。先母臨歿時語慈銘曰：『汝貧甚，藥物不必復求。他日富貴，祭我稍豐可也。』每思此語，肝腸欲裂。徙宅分無酬教育，首丘何日得來同。猶遲地下萊衣戲，一盞殘燈獨聽風。

十一日丁卯　微晴，大風，寒甚。先母生日，供饋肉肴四簋，加春餅，爲先君也，菜肴六簋，火鍋一器，點心四盤，時果四盤，杏酪一巡，素麵一巡，酒三巡，飯兩巡。晡後畢事，焚楮錢。作片致孺初，致颰民。得孺初復。弢夫來。颰民來。夜邀弢夫、彦清、仲彝、梅卿小飲，并招秋蓤、霞芬，至二更始散。晚風稍止，夜晴。

邸鈔：以内務府郎中文璧爲武備院卿。上諭：國子監司業寶廷奏敬陳管見一摺。據稱近年江浙等省邪教盛行，請飭宣講聖諭，以維教化等語。宣講聖諭廣訓，憲典昭垂。著順天府、五城御史、各直省督撫、學政，督飭官紳認真舉行，毋得稍形懈弛，所有設立講舍等事宜，並著酌量辦理。前諭令各路統兵大臣、督撫保舉將材，出具切實考語，奏明存記，原以備干城之選。該司業請仿照博學鴻詞例，特開一科，試以兵法，酌授文職。均屬窒礙難行，著毋庸議。方今時事艱難，中外臣工陳奏事件，如有堪采擇，無不立見施行。亦有留中備覽，及寄諭各直省督撫等辦理，豈能概行宣示？至毛舉細故，或所言未當，每予優容，正以廣開言路。該司業所陳，無論可否，均請明降諭旨，是成納諫之虚文，轉非求言之實意。封疆大吏，因地擇人，各部堂官，分理庶務，隨時擢用，並無成見。該司業所陳各部堂官、各省督撫藩臬，均令久於其任，毋庸紛紛更調，是未悉朝廷因才器使之心。另片奏傳聞宫中將大張燈火，製燈甚多等語。現在穆宗毅皇帝、孝哲毅皇后梓宫在殯，各省水旱頻仍，灾民困苦，深宫宵旰憂勞，豈敢耽心玩好。至左右近侍，前奉兩宫皇太后懿旨，嚴加訓飭，當亦不敢以此嘗試。該司業所稱，自係傳聞之誤。將此曉諭中外知之。疏略言：皇太后兩次垂簾，詔求直言，初次雖未一律施行，而皆答以優詔；二次大半不報，且於御史潘敦儼嚴加譴責。敦儼所奏固謬，而當求言之際，似宜寬宥，以養言者之氣。又言近來更調，似近於繁：文格始護川督，繼升滇撫，未離川而旋改山東；李瀚章久任楚督，忽改川督，尚未受篆，又回楚省。督撫如此，兩司更不一而足。其言皆極亢直。

十二日戊辰　晴。作書致牧莊，約今日同閲廠市。午後偕仲彝、弢夫至火神廟閲市，於寶森書攤購原刻《經籍纂詁》一部，直銀九兩；又《方望谿集》一部，咸豐辛亥桐城戴鈞衡所編刻，有集外文十卷，年譜二卷，直銀三兩；又《華陽國志》一部，直銀一兩。此書不知何人所刻，其本與何鏜《漢魏叢書》本、吴琯《古今逸史》本皆同，闕蜀郡、廣漢、犍爲（犍，俗皆作『揵』）、士女二卷，又惟《後賢志》有總贊，疑亦明刻也。紙槧尚佳。於鑒雅畫攤以京錢五十千購得錢文敏紫藤紅藥直幅、汪時齋總憲瓶花諸果直幅，皆南齋供奉筆也。又於一畫攤以錢八千購得姚文僖七言楹帖。傍晚至廠甸，買花及糖果而歸。又至鍾香光鋪取南中蜜果四色，皆爲燈供也。得牧莊書，即復。

十三日己巳　晴。上午出門，答客十餘家，至内城東江米巷徐蔭軒師處投刺，午後歸。閲《唐詩紀事》。明槧脱誤甚多，又補刻者幾半，舛謬尤甚，不及汲古本也，當退還之。料檢燈供，敬懸先世神位圖。晚行禮，供清茗及蓮棗湯。仲彝邀夜飲豐樓，偕梅卿同車往。坐有禔盦、彦清、弢夫。予招秋菱、霞芬，二更時歸。月色皎甚，衢巷洞明，時有燈爆。讀爲礟。是日頗倦，歸後甚不快。付車錢四千，徐門茶四千，秋菱、霞芬車飯四千。

邸鈔：詔：前任吏部尚書、署盛京將軍崇實靈柩現已到京，著派貝勒載澂帶領侍衛十員往奠。

十四日庚午　晴。孺初來。剃頭。得紱丈書。閲《唐詩紀事》，遂至昏睡，入夜始醒，甚覺困劣。先像前供紗帽、餃子及茗。弢夫邀飲豐樓，坐有禔盦、彦清、仲彝、梅卿，予招秋菱、霞芬。二更酒罷，禔盦復邀飲霞芬家，予仍招秋菱，三更後歸。是夕月色彌佳，極有春江花月之思。是日付明日營饋食物錢三十千，車錢二千，菱、霞車飯四千。

十五日辛未　晴。作書致牧莊，作片致子蓴，俱約今夕小飲。以房山醬菜一簍、山陰香糟四斤遺秋菱。以《唐詩紀事》兩帙還寶森。牧莊來，彦清來，弢夫來，禔盦來。晚以湯團祀竈。夜祀先畢，邀諸君夜飲，并招秋菱、霞芬，三更後散。夜月皎如晝時，加丑食之既，輪郭盡浸，惟有紅黑色者，如鷄子塊大耳，晦塞歷兩時許始復，以明日望，故今夕加丑即食也。聞司天者前日呈進月蝕圖，止食七分，蓋有所諱，或其術疏耳。是日得詩一首。仲彝饋麗參一斤。

丁丑元夜孝仲禔盦彦清弢夫匡伯仲彝小集寓齋并招錢、朱、蔣三郎

杯盤鄉味試初筵，同調才華盡若仙。生世幾逢元夜飲，帝都幸見中興年。燈銜畫燭争花艷，坐蔟春人比月圓。轉瞬杏園風信好，錦屏佳語喜先傳。是夕有燈花之瑞。

邸鈔：前河南彰德府知府佘培軒補廣東瓊州府知府。

十六日壬申　晨及上午晴，午後陰。終日閲《望谿集外文》及《年譜》。是日疲極，下午尤甚。從牧莊借《麓澞薈録》，即轉借紱丈，作書致之。先像前供角黍、年糕及餡。夜陰，有微雪。

十七日癸酉　晨及上午晴，午後晴陰相間。爲子縝出銷假印結二紙，交楊編修頤。梅卿邀同牧

莊、彦清、弢夫、仲彝夜飲，予與弢、梅二君招霞芬。先像前供紅棗白果湯。夜二更時酒畢，邀牧莊、弢夫入内暢談，至三更後去。作書致趙心泉，託其入署代請會試假。是夕二更月出，三更皎甚。

邸鈔：左宗棠奏甘肅按察使成定康患病，請准開缺。詔：成定康准其開缺，以安肅道史念祖爲甘肅按察使，以前直隸口北道奎斌補甘肅安肅道。上諭：裕禄奏甄別庸劣不職及人地未宜各員據實參奏一摺。安徽潁上縣知縣陶鴻才識庸闇，不洽輿情；盱眙縣知縣陶炳南居心巧滑，辦事顢頇；候補知縣周春暄心地糊塗，行爲乖謬；鳳陽縣縣丞吕鳳池舉動躁妄；署宣城縣縣丞蔣慶穀等聲名甚劣，均著即行革職。旌德縣知縣馮得林才具平庸，著以府經歷縣丞降補。懷寧縣知縣趙志和直隸，舉人。兩耳重聽，精力漸衰，著以原品休致。亳州知州曹桂韞辦事粗率；英山縣知縣張達五性近疏略；蕪湖縣知縣李熙瑞才欠開展，均著開缺，另行酌量補用。

十八日甲戌　晨及上午陰，傍午晴，下午晴陰相間，有風。祀先，至晡供饋，逮闇畢事，焚紙錢，收神位圖。作書致飈民，饋以祭菜四簋。閲《望谿文集》。

十九日乙亥　晨至午陰晴相間，午後晴。是日開印署中，請會試假。今日爲燕九節，偕仲彝、梅卿同車出廣寧門，至白雲觀，遍歷殿廡，士女甚盛。夕陽時登三清閣，憑闌俯柏陰，坐話久之。回車游天寧寺。傍晚入城，仲彝邀飲，牧莊亦來，余招秋菱、霞芬，夜一更後歸。得紱丈書。

二十日丙子　晴。作書致紱丈。得趙心泉書，即復。飈民來。繆小山來，久談。賞廣東司吏送考文書錢八千，本司吏六千。夜倦甚，早睡。

二十一日丁丑　酉正一刻十分驚蟄，二月節。晴和，晡時有風。始徹火鑪。水仙花盛開。檢飾堂屋。始澆花竹。得雲門十七日保定書，并除夕絶句八首，風致甚佳。仲彝移寓内城。以印章遍識新得諸書。付裝表字畫錢九千。

邸鈔：江西饒州府知府薛允升陝西，丙辰。升授四川成潼龍綿茂道。楊能格病故。

二十二日戊寅　晴。作書致牧莊，以《舒藝室隨筆》借閱。作書致星丈，饋以蜜漬楊梅、青梅各一器。

陳碩甫《毛詩音》云：『參差，雙聲。參音如縿，又音人參之參。差音如瑳，又音等差之差。』案《經典釋文》：『參，初金反。差，初宜反，又初佳反。』是讀參如讖，平聲；讀差如齹，又如釵也。《廣韵》二十一侵：『嵾，嵾差不齊也。亦作參，楚簪切。』《集韵》二十一侵：『嵾，初簪切。嵾差，山不齊皃。』又出參字云：『參差不齊。』考嵾嵳是後出字，《廣韵》猶以嵾、參爲一字，《集韵》竟分二字，誤矣。然其音則皆與陸氏合也。縿音所銜切，《說文》系部、《廣韵》二十七銜、《集韵》二十七銜皆同，其讀如衫。人參之參，音所今切。《說文》木部有槮差，竹部有篸差，皆音所今切。『槮』下且引《詩》曰：『槮差荇菜。』此殆陳氏《音》『人參之參』所本。差音如瑳者，蓋因《左傳》『鄭有子齹』，《說文》引作『子䶢』，而䶢音昨何切，故音差如瑳耳。《說文》本有齹字，曰齒參差也，楚宜切。䶢字當是後人竄入，非許書本有。其引《春秋傳》曰『鄭有子䶢』，當本作『子齹』，引在齹下，今本皆後人亂之。《廣韵》言䶢字出《字統》，不云出《說文》；又䶢从佐聲，而《說文》無佐字。此其顯然者。段氏玉裁注本乃反删『齹』存『䶢』，其誤甚矣。段氏偏信《釋文》『齹，《說文》作䶢』之言，不知元朗所引《說文》多不足據也。總之，初金之音，自是六朝以來相承舊讀，與初宜、初佳、昨何三音皆爲雙聲，即讀倉含切，亦與雙聲不隔。今俗語曰舛錯，吾越方言曰侵瑳，皆自然音轉。若讀如衫如森，則與初宜等三音皆非雙聲，不特音和不合，即以類隔取之，亦相遠矣。至其本字，則參當作槮，或作篸；差當作縒，見《說文》系部，楚宜切。或作齹。而參、差，皆借字也。

《檀弓》：『滕伯文爲孟虎齊衰，其叔父也；爲孟皮齊衰，其叔父也。』《正義》云：『孟虎是滕伯文叔父，滕伯是孟皮叔父，言滕伯上爲叔父、下爲兄弟之子，皆著齊衰。』案《正義》以此經上文云『古者不降，上下各以其親』，故知『其叔父也』兩句，一指上言，一指下言。然兩句同文，古無此例，且鄭氏不應無注。疑下『其叔父也』本作『己叔父也』。古書『其』『己』多通。《詩·鄭風》『彼其之子』，《左傳·襄二十七年》引作『彼己之子』。此上句『其叔父也』，言孟虎是滕伯之叔父也，『其』字指滕伯；下句『己叔父也』，言己是孟皮之叔父也，『己』字指滕伯。文義本自分明，故鄭君止注：『滕伯文，殷時滕君也，爵爲伯，名文。』此蓋據《世本》言之，非止以周制諸侯降旁親，故遂疑爲殷人也。其餘不待更注。《正義》雖別白言之，而未言其字當兩解，蓋唐初本尚不誤。今注疏中亦出『爲孟皮齊衰，其叔父也』句，疑亦後人所轉改。由兩『其』字誤同，而宋、元人若馬彥醇晞孟、吳幼清等異説遂紛紛矣。

邸鈔：命户部左侍郎殷兆鏞、兵部右侍郎烏拉喜崇阿知丁丑科貢舉。前授四川敘州府恒裕授江西饒州府知府。

二十三日己卯　晨陰，上午微有日景，下午霒陰，夜微雪。

閲《望谿文集》。望谿粹然儒者，其文多關世教，又語必有本，事能見道，自責之言，尤近聖賢刻己之指，宋儒以後，誠不多見。惟務以至高之行繩切常人，其家訓及示道希兄弟諸書，謂春秋二祭及考妣忌日皆三日齋，生日及祖考妣忌日皆二日齋，祖考妣生日及高曾祖妣伯叔兄弟忌日皆一日齋，期喪雖伯叔兄弟皆終喪不御于内，緦麻喪雖舅甥亦終月不御于内，大功以上同財共居，小功以下同財異居，婦人歸寧，非遠道不得信宿，父母殁不得歸寧，其親伯叔父兄弟、兄弟之子來視者相見於堂，食飲於外，嫂叔惟吉凶大節以禮見。此皆今日所必不能行者。古人於祭，散齋七日，致齋三日，皆止時祭耳。忌日惟父母有終身之喪，亦止一日，不樂、不飲酒食肉而已。期喪惟祖父母及妻終喪不御于内，餘皆止三月。大功同財異居，小功異財，望谿謂聖人制法，以民非賢者，所宜自處，是以禮爲未盡，而責其後世及天下之人，皆務加崇於古哲，而不肯俯就禮文，恐無此理也。凡教人者，必使中材可及，家訓尤宜淺近簡易，俾子孫可守。望谿所言，亦大而近迂矣。

又古有世封世禄，故有宗法。後世無之，則無所謂宗子。惟嫡庶之分、長幼之别，則無論貴賤，萬世不易，此即宗法所寓也。望谿拘守禮文，未明禮意，謂必立宗子，祭必於宗子之家。不知古之宗子，禄足以收族，爵足以馭貴，故皆宗而尊之。今之宗子，何所取也？自唐及今定制，士大夫皆祭及高祖，其或立祠堂通祭始祖以下者，皆民間私爲之，朝廷特不禁不問耳。望谿乃定其先世曰某始遷，某死節，某有重德，某始爲大夫，當百世不祧，餘親盡則祧。不思百世不祧，是天子、諸侯之制，私家何可擬也？

望谿立朝，議論亦多如此，泥古而不切，强人以難行，當時皆厭苦之。雖曰堯舜君民之心，不知堯舜之世，民亦未必皆法堯舜，所謂比屋可封者，不過嬉游化日、安分自守而已。儒者陳義過高，適足壞事，此温公所以不滿於伊川也。然其大體嚴正，足以箴砭人心，使我輩不肖者讀之，凛然如對師保父母，其益非淺。

傅子尊來，留共夜飯，至三鼓後去。

二十四日庚辰　晨晴，上午微陰，下午晴。連日疾動。董芸龕舍人開吊，送奠分六千。芸龕兄弟三人，皆與余善。芸龕素多病，其官舍人，與牧莊同直委署侍讀處，每見必詢余病狀。余與之居近隔一街，自乙亥後未嘗相見，亦不一通問。至去年九月，而芸龕竟以瘵卒矣，年三十八，無子。哀哉！

今其柩將歸，始來訃。余本欲往吊，聞無主喪者而止。其夫人知書，伉儷甚相得。余家庸媪楊氏舊庸其家，前日往視，夫人與之言芸龕在日，常道余，且以余羸瘠善病爲憂。感念存亡，凄然何已，以一詩哭之。剃頭。夜陰，寒甚。

哭董芸龕舍人文燦

才名三陸早知聞，汾晉風流總出群。薇省久聯簪筆侶，玉樓促召上梁文。望衡稀見憐同病，念我無多更哭君。爲憶令原持使節，笛聲凄咽隴頭雲。謂峴樵觀察。

補成十九日游白雲觀詩五首：

燕九節出游白雲觀歸飲豐樓得五絶句

百市争趨太極宫，不嫌燈節過匆匆。西山晴翠朝來滿，毬杖風鳶一路中。

一花七葉北宗傳，玉哲方瞳尚儼然。獨憶蘇常高節在，無人玉帶禮儒仙。

霧閣三層峙玉清，窗窺朱鳥自分明。釵光鬟影天河上，環佩虚傳下界聲。

漸覺雲璈罷道場，風幡低散鵲鑪香。蒼松斜轉蓬壺影，閑坐闌干俯夕陽。

鳳城歸路逐香車，重向東頭問酒家。消得當筵人一笑，層城開遍碧桃花。

二十五日辛巳　晨陰，上午微晴，午陰，下午晴陰相間。閱《麗濵薈録》。敦夫來，言牧莊長郎玉綸去冬府試第一，爲之色喜，即賦詩賀牧莊。爲弢夫書横幅竟。比日積陰，寂寂多思，賦一詩柬弢夫、仲彝。夜有風，寒甚，早睡。

春陰瑟居有懷弢夫仲彝

久與二君處，相憐蹶駏行。别來將十日，積晦滿重城。風義慚師友，天涯倚弟兄。事親成獨羡，餘力勖科名。

聞孝仲長郎玉綸郡試第一以詩賀之

同學今同旅，惟君最我知。喜聞君有子，勝似我生兒。絶業後賢紹，巍科此日基。泮宫芹滿擷，正及杏花時。

二十六日壬午　晴寒。作書并寫詩致仲彝。作書致牧莊。終日閲《麓澞薈録》。其中異聞頗多，間論詩文，亦有識。所載《題嚴子陵圖》五古一首，議論筆力俱老到，蓋亦工於此事者。惜其書太紛糅無條理，又於經學不甚得門徑，小學尤疏，然博覽之功，不可没也。孫鏡江來，不晤。買藍段綿袍一領，銀九兩，賒之。得牧莊復、仲彝復。

二十七日癸未　晨晴，上午澹晴，下午晴，晡後陰晴相間。閲《望谿集》。其讀經、讀子史諸文，多不可訓。時文序、壽序，亦嫌太多。若其書後之文，語無苟作；墓銘志傳，亦多謹嚴；敘述交游，尤爲真摯；與人諸書，無不婉切有味。此實可傳者也。余二十年前讀之，多爲浮氣所中，又過信錢竹汀、汪容甫諸公之言，頗輕視之，故自後從不寓目。此以知讀書貴晚年也。

二十八日甲申　晴，午後大風。得族弟小帆書。作書致雲門。終日閲《魏書》。弢夫來。夜大風。

二十九日乙酉　晴，有風，微陰。孫鏡江自去冬持漢至隋碑帖十餘種求審定，余恐勞目力，且憚考索，久庋不觀。鏡江好古特甚，屢來催索，今日爲審閲之。比來窘甚，炊烟甚稀，而春日滿庭，門無喧吠，窗明几净，環以圖書，水仙數盆，茗碗相間，亦是人生清福矣。

三十日丙戌　晴，午後澹晴，晡晴明。詹儀部鴻謨送來陶心雲去年十二月六日書，索回片。余自去年二月江敬所入都贈紅紙兩束，計百紙，色淡而幅陜，雅與余宜，因印名摹而用之。直計偕之客紛至，亦出報答，已用五六十紙。自後絶不出門，至今年尚餘四十許，獻歲答賀，意悉用之。尚餘三紙，比日皆付作回片，今日無以應矣。客主僮僕皆失笑，以爲不聞此事。余亦自知京華無第二人也。文衡山詩云：『紅紙朝來滿敝廬。』足知停雲此老，不免奔競。得紱丈書，借日記，即復。印結局送來兩月公費銀十一兩。先生真當從孤竹於首陽耶？終日爲諸碑題跋，因雜考史傳及地志諸書，頗有創獲。所苦寓中所儲甚少，并《南》《北史》《北齊》《周》《隋》《新唐書》俱不可得，性又健忘，往往閣筆冥搜，殊爲悶絶耳。有跋十五首，俱詳下册。

邸鈔：以太僕寺卿志和爲通政使司通政使。上諭：馮子材奏稱該提督咸豐元年三月間被賊虜去十餘日，即於四月初間乘間逃出，投營效力。伏讀《欽定剿平粵匪方略》，有與賊目黄錦泗同時投誠之語，連類奏報，情節不符，請飭更易等語。馮子材宣力有年，戰功卓著，迭承恩眷，已極寵榮，惟當勉爲名臣，以副朝廷委任。至該提督當日身陷賊中，旋即投出，業經周天爵奏報，奉文宗顯皇帝諭旨宣示。此次纂輯《方略》，復蒙穆宗毅皇帝欽定，豈得率行更易？所請著不准行。子材疏言此事萬世蒙耻，請於《方略》中所書投誠事將子材改爲子林，所頒之書，一體飭改云云。

附録王御史劾胡瑞瀾、楊昌濬疏：

掌四川道監察御史臣王昕跪奏：爲大吏承審要案，任意瞻徇，有心欺罔，請旨嚴懲，以肅紀綱而昭炯戒，恭摺仰祈聖鑒事。竊臣伏讀本月十六日上諭，刑部奏承審要案覆驗明確一摺云云。欽此。仰見我皇上欽恤用刑、慎重民命之至意。臣愚以爲欺罔爲人臣之極罪，紀綱乃馭下之大權。我皇上明罰敕法，所以反覆求詳者，正欲伸大法於天下，垂炯戒於將來，不止爲葛畢氏一案雪冤理枉已也。

伏查此案，奉旨飭交撫臣詳核於前，欽派學臣覆審於後，宜如何悉心研鞫，以副委任。萬不料徇情枉法，罔上營私，顛倒是非，至於此極。現經刑部勘驗，葛品蓮委係因病身死，則其原定供招證據，盡屬捏造，不問可知。夫藉一因病身死之人，羅織無辜，鍛鍊成獄，逼認凌遲重典，在劉錫彤固罪無可逭，獨不解楊昌濬、胡瑞瀾身爲大臣，迭奉嚴旨，何忍朋比而爲此也。胡瑞瀾承審此案，熬審逼供，惟恐翻異，已屬乖謬。而其前後覆奏各摺片，復敢狂易負氣，剛愎怙終，至謂現審與初供雖有歧異，無關罪名，並請飭下各省著爲律令，是明知此案盡屬子虚，飾詞狡辨，淆惑聖聰，其心尤不可問。而楊昌濬於刑部奉旨行提人證，竟公然斥言應取正犯確供爲憑，紛紛提解，徒滋拖累，是直謂刑部不應請提，我皇上不應允准，此其心目中尚復知有朝廷乎？臣揆胡瑞瀾、楊昌濬所以敢於爲此者，蓋以兩宫皇太后垂簾聽政，皇上冲齡踐阼，大政未及親裁，所以藐法欺君，肆無忌憚。此其罪名，豈止如尋常案情，專就故入誤入，已決未決比例輕重也！

臣惟近年各省京控，从未見一案平反。該督撫明知其冤，猶以懷疑誤控奏結。又見欽差查辦事件，往往化大爲小，化小爲無，積習瞻徇，牢不可破。惟有四川東鄉縣一案，該署督臣文格始而迴護，繼而檢舉。設非此案在前，未必不始終欺飾。可見朝廷舉動，自有風聲，轉移之機，正在今日。臣亦知此案於奏結時，刑部自有定擬，朝廷必不稍事姑容，惟念案情如此支離，大員如此欺罔，若非將原審大吏究出捏造真情，恐不足昭明允而示懲儆。且恐此端一開，以後更無顧忌。大臣倘有朋比之勢，朝廷不無孤立之憂。臣惟伏願我皇上赫然震怒，明降諭旨，將胡瑞瀾、楊昌濬瞻徇欺罔之罪，予以重懲，並飭部臣秉公嚴訊，按律令擬，不得少有輕縱，以伸大法於天下，以垂炯戒於將來，庶幾大小臣工知所恐懼，而朝廷之紀綱爲之一振矣。臣愚昧之見，是否有當，恭摺具陳，伏乞聖鑒。

此疏義正詞嚴，必傳之作也。御史薊州籍，聞其先本越人，嘗任山西學政。此疏或云出其姻親邊潤民寶泉手。蓋邊曾上疏争此案，故不便再言，而以屬御史上之。聞兩宮見疏頗怒，刑部奏請定擬，時樞府以比受楊昌濬厚賄，尚力爲之地，援案懇請革留。兩宮舉此疏爲言，竟不許也。